港澳台与海外新闻传播丛书　　丛书主编　董天策

海外华文传媒概论

An Introduction
to Overseas Chinese Media

彭伟步　著

暨南大学出版社
JINAN UNIVERSITY PRESS

图书在版编目（CIP）数据

海外华文传媒概论/彭伟步著. —广州：暨南大学出版社，2007.11
（港澳台与海外新闻传播丛书）
ISBN 978-7-81079-940-9

Ⅰ. 海… Ⅱ. 彭… Ⅲ. 中文—传播媒介—研究—世界 Ⅳ. G219.1

中国版本图书馆 CIP 数据核字（2007）第 164984 号

出版发行：暨南大学出版社

地 址：中国广州暨南大学
电 话：总编室（8620）85221601
营销部（8620）85225284 85228291 85220693（邮购）
传 真：（8620）85221583（办公室） 85223774（营销部）
邮 编：510630
网 址：http：//www.jnupress.com http：//press.jnu.edu.cn

排 版：暨南大学出版社照排中心
印 刷：佛山市浩文彩色印刷有限公司

开 本：787mm×1092mm 1/16
印 张：22.25
字 数：500 千
版 次：2007 年 11 月第 1 版
印 次：2007 年 11 月第 1 次
印 数：1—3000 册

定 价：39.80 元

本书为广东省哲学社会科学“十五”规划研究项目
（海外华文传媒研究，批准号为05L－02）成果

An Introduction to Overseas Chinese Media

目 录

001 总序

001 前言

001 第一章 华文传媒研究文献综述

第一节 华侨、华人、华文、华文传媒的概念 / 002
第二节 海外华文传媒的发展历史 / 004
第三节 海外华文传媒的研究状况 / 007
第四节 海外华文传媒的研究意义 / 010

014 第二章 亚洲华文传媒业

第一节 东亚华文传媒业 / 016
第二节 东南亚华文传媒业 / 029
第三节 南亚华文传媒业 / 085
第四节 亚洲华文传媒评析与展望 / 088

094 第三章 欧洲华文传媒业

第一节 西欧华文传媒业 / 096
第二节 东欧华文传媒业 / 114
第三节 欧洲华文传媒评析与展望 / 128

133 第四章 美洲华文传媒业

第一节 加拿大华文传媒业 / 135
第二节 美国华文传媒业 / 152

第三节　拉丁美洲华文传媒业 / 174
第四节　美洲华文传媒评析与展望 / 185

190　**第五章　非洲、大洋洲华文传媒业**

第一节　非洲华文传媒业 / 191
第二节　大洋洲华文传媒业 / 199
第三节　非洲与大洋洲华文传媒评析与展望 / 214

223　**第六章　海外华文传媒的作用与功能**

第一节　为华人提供新闻与娱乐信息 / 224
第二节　文化承传 / 231
第三节　社团联系 / 236
第四节　维护华人利益 / 241
第五节　促进华人团结 / 247
第六节　推动华人参政议政 / 255
第七节　肩负提升海外华人形象的文化使命 / 266

274　**第七章　华文报纸社会影响力**

第一节　作为主流媒体的华文报纸影响力 / 275
第二节　作为非主流媒体的华文报纸影响力 / 283
第三节　双语报纸的影响力 / 292

297　**第八章　海外华文传媒面对的困难与发展策略**

第一节　海外华文传媒面对的困难 / 298
第二节　加快华文传媒发展的策略 / 312
第三节　海外华文传媒前瞻 / 318
第四节　我国面向海外传播存在的问题及展望 / 326

338　**参考文献**

总　序

2006年，华侨最高学府暨南大学百年华诞，暨南大学新闻传播教育恰好六十周年。在中国文化语境中，“百年”、“六十”意味深长，不仅令人回首过去的光荣，更令人憧憬未来的梦想。惟其如此，走过六十个春秋的暨南大学新闻与传播学院，在热烈的庆典氛围中不能不冷静地思考：暨南大学新闻传播教育有什么样的传统与特色？有什么样的经验与教训？有什么样的未来前景？

回顾历史，暨南大学新闻传播教育可谓历经风雨而不断奋进：1946年，暨南大学新闻学系在上海创立。1949年，因暨南大学停办而并入复旦大学新闻系。1958年，暨南大学在广州重建，中文系1960年开办新闻学专业。1970年，暨南大学在文化大革命中被迫停办，新闻学专业也随中文系并入华南师范学院（今华南师范大学）。1978年，复校后的暨南大学重建新闻学系，设立新闻学专业。从此，暨南大学新闻传播教育才走上不断开拓与发展的道路：

1983年，开设国际新闻与传播双学位专业（后更名为国际新闻本科专业）；

1985年，继中国人民大学新闻学院、复旦大学新闻学院、北京广播学院（今中国传媒大学）之后，成为第三批次获得新闻学硕士授予权的单位之一；

1994年，创办广告学本科专业；

2000年，获传播学硕士学位授予权；

2001年，在原新闻学系的基础上组建新闻与传播学院，下设新闻学系、广告学系、广播电视学系；同年，创办广播电视新闻学本科专业；

2003年，新闻学专业被评定为广东省名牌专业，新闻学科被确定为国务院侨务办公室重点学科；

2005年，获新闻学博士学位授予权。

在这样一个本科专业不断拓展、办学层次不断提升的过程中，暨南大学新闻传播教育的传统与特色越来越清晰地呈现出来。作为最高华侨学府的新闻传播教育，一个最突出的传统与特色就是大量招收华人华侨子弟，为港澳以及东南亚等地培养了大批的新闻传播专业人才。暨南大学新闻学系创立之初，著名华侨报人冯列山首任系主任，一开始就具有鲜明的“侨”字特色。在以后的发展过程中，招生、教学、科研，“侨”字特色始终保持。暨南大学1978年复办当年，新闻学系招收的香港、澳门等地的学生，就将近招生人数的一半，而现在的本科生中，港澳台与海外华人华侨学子更占70%以上。针对这样的生源结构，新时期以来学院陆续开设了海外新闻采写、海外报刊编辑、港澳社会问题研究之类的课程，2005 年重新修订的本科人才培养方案更开设了国际时事政治、国际传播、港澳台新闻事业、海外华文传媒、港澳台广告业、海外公益广告等特色性课程。与此同时，也一向比较注重开展对港澳台媒体、海外华文传媒的研究，陆续发表了一批关于港澳台与海外华文传媒的论文，出版了《香港报业春秋》、《东盟国家媒介透视》、《东南亚华文报纸研究》等著作，从而有力地促进了特色化的人才培养。

正是由于暨南大学新闻传播教育始终具有这样的“侨”字特色，本人于 2006 年 9 月受命担任暨南大学新闻与传播学院常务副院长主持日常工作以来，在规划未来学科建设的时候，特别重视将华文传媒研究作为一个富有特色的学科方向加以强化。在广东省重点学科暨南大学新闻学的建设规划中，把海外华文传媒研究作为一个重要的研究方向；在广东省高校人文社会科学重点研究基地暨南大学海外华文文学与华文传媒研究中心，把海外华文传媒研究作为一个重要的研究领域；在暨南大学“十一·五”、“211 工程”建设项目中，把海外华文传媒研究作为暨南大学华侨华人与海外华文教育学科的一个重要内容。

为了切实推进暨南大学海外华文传媒的研究，并将有关研究成果转化为人才培养的教学资源，深化暨南大学新闻传播教育的专业特色，学院在 2006 年底结束百年校庆、六十周年院庆活动之后，立即启动“港澳台与海外新闻传播丛书”的编撰工作：精心策划丛书的内容，确定各部书稿的撰写人，组织有关教师讨论撰写体例。由于各部书稿的研究基础不同，加上丛书作者大都承担了相当繁重的教学科研任务，这套丛书将陆续推出。该丛书的出版得到暨南大学出版社的大力支持，策划编辑杜小陆先生高度重视，从封面设计、版式设计到编辑校对，都找行家里手反复斟酌，使出版质量得到充分保障。

在“港澳台与海外新闻传播丛书”编撰的第一年——2007 年，暨南大学新闻与传播学院的学科专业建设又迈上一个新的历史台阶：新闻学先后被批准为广东省重点学科、教育部高等学校特色专业建设点，海外华文文学与华文传媒研究中心被批准为广东省重点人文社会科学研究基地，新闻传播学博士后科研流动站被国家人事部批准设立。所有这一切，都为暨南大学新闻传播教育迈向更辉煌的明天奠定了坚实的基础。

衷心祝愿“港澳台与海外新闻传播丛书”的出版，该丛书的出版有利于强化暨南大学新闻传播教育的“侨”字特色，提升暨南大学新闻传播教育的办学水平，从而为培养高素质创新型的海内外新闻传播专业人才作出更大贡献！

董天策

2007 年 11 月 15 日

前　言

笔者对东南亚华文报纸的追踪研究长达十年之久，并于2005年出版了《东南亚华文报纸研究》一书。在此基础上，2005年暑假，笔者以“海外华文传媒研究”为题申请到广东省哲学社会科学“十五”规划研究项目。

笔者利用暨南大学侨校的各种有利条件，充分利用图书馆征订的海外华文报纸（东南亚华文报纸尤多），从中收集到许多珍贵的资料。同时，笔者也上网浏览了几乎所有能够看到的华文传媒网站，如新加坡的《联合早报》，马来西亚的《星洲日报》和《南洋商报》，美国的《侨报》、《美南新闻》、《圣路易时报》、《世界日报》、《星岛日报》、《明报》，日本的《华人周报》，欧洲的《欧洲时报》、《欧华报》等。这些华文传媒网站对笔者了解海外华文传媒的内容和报道特点提供了很大的帮助。事实上，许多关于海外华文传媒现状与发展的认识，也是通过对这些网站内容的深入研究后形成的。除此之外，笔者还对来自马来西亚、印度尼西亚、泰国、美国、加拿大等国家的华人留学生，以及到这些国家留学的中国留学生进行访谈，了解各国华文传媒的发展情况和面对的困难。

2006年，应星洲传媒集团总编辑萧依钊的邀请，笔者赴马来西亚和新加坡进行了为期40天的学术访问，并在两个华人聚集的社区进行田野调查。2007年1月至4月又接受新加坡国家图书馆的邀请，赴狮城做访问学者，在此期间又赶赴柬埔寨进行调查，收集了大量的第一手材料，并对华文传媒的发展有了更深的了解，对华人与华文报纸之间的关系也有了更深切的体会。

在撰写本书过程中，笔者也利用各种机会向海外华文传媒的负责人了解传媒发展情况，因此能够掌握海外华文传媒发展及其实际运作的最新情况，这对于本书的撰写有相当大的帮助。比如说，在2005年、2007年世界华文传媒论坛期间，笔者曾与多位传媒负责人交流，了解到很多关于各国华文传媒的实际情况，倾听他们在开拓海外华文传媒市场中的经验和体会。与海外华文传媒负责人的面对面交流，使笔者受益匪浅。

此外，笔者还在中国期刊网检索了大量有关华侨华人的研究文章。虽然谈及华文传媒的文章不多，但是却能帮助笔者从中了解世界各国华侨华人的生活状况和人数，了解各国华人的不同特点，这为本书在论述各国华文传媒的背景及展望提供了相当宝贵的资料。传媒的发展离不开受众和经济基础，华文传媒也不例外。如果不了解华文传媒的生存环境和华人数量，光谈华文传媒的发展，就必然会陷入一种缺乏事实和背景支撑而只作纸上谈兵的学术困境之中。

本书主要按照洲别、国别的体例撰写，即首先介绍该洲的华文传媒发展情况，然后再具体介绍某一个国家的华文传媒。为增强本书的学术色彩，笔者又在每一章分别论述了各洲华文传媒的发展前景，并专辟一篇探讨海外华文报纸的社会影响力，此外还对海外华文传媒的功能与特点作了比较深入的论述。

海外华文传媒传承中华文化，传递中国的声音，是一个很值得研究的课题。研究是一项无止境的工作，对于海外华文传媒的研究来说，尤其是这样。随着时间的推移和国际形势的变化，它也在这种形势下不断发展变化，呈现出新的特点，需要我们以更大的热情去研究它。研究华文传媒，了解海外华人的生活状况，加强与他们的联系，加快华文传媒的发展，有助于维护中华民族的统一和中华文化在全球的传播。

据笔者所知，暨南大学新闻与传播学院是全国新闻院校中第一个开设“海外华文传媒”课程的院校。此课程的开设将帮助学生加深对海外华文传媒的认识，了解其与国内传媒不同的媒介特点和使命，并从中了解海外华人的社会生态。

海外华文传媒研究课程是新闻与传播学院的特色学科之一，得到了学院的大力扶持。此书得以出版，并作为暨南大学新闻与传播学院特色教材之一，要感谢学院领导和其他老师的大力支持和帮助。常务副院长董天策教授对笔者的研究给予相当多的勉励，还对此书提出了许多建设性意见，才使此书能够顺利完成并出版，曾建雄教授也对此书的撰写提出了宝贵的修改意见，在此谨表谢忱。

此书是2005年度广东省哲学社会科学“十五”规划项目“海外华文传媒研究”（项目批准号05L－02）的研究成果。由于海外华文传媒涉及的面太广，资料繁杂，书中一些有关海外华文传媒的现状描述可能会有所疏漏，敬请同行和读者批评指正。

2007年10月2日终稿于暨南园

Chapter 1　　第一章

华文传媒研究文献综述

Comprehensive Summarization of Overseas Chinese Language Media Research Documents

有海水的地方就有华人，有陆地的地方就有华人足迹，有华人就会有华文报刊。据统计，目前全世界华侨华人已有4 000多万，他们分布在140多个国家和地区，其中东南亚华人占了80%。这些远离中国的华侨华人，已经形成了一个庞大的族群。他们既有中华民族的血缘，承传着中华文化，同时，他们又融入当地社会，甚至被当地民族所同化。像已经是第三代、第四代的华裔，经过民族、种族间的通婚和生活，许多都与当地人没有太大的差异。唯有不同的是，他们身上还有华人的血统。这些华人为当地社会的发展作出了巨大贡献。

民族认同主要靠文化认同，而文化认同要靠文化教育，所以，维系华人族群认同主要体现在三个方面：华文教育、华文传媒、华人家庭教育。在许多国家，为了推行国家认同，淡化民族差异，教育国民树立强烈的爱国思想，当地政府都会推行当地国家语言教育。在世界各国当中，除新加坡外，在其他国家，华人在当地国都是少数族裔。这种生活环境和政治环境，迫使华人一方面要融入当地社会，以获得生存的机会，另一方面，又要维持自己的华人色彩和文化，于是在华文教育无法开展的情况下，华人就只好通过家庭教育和传媒来传承中华文化，以使自己的华人族群色彩和思想得以维系。然而家庭教育毕竟比不上正规的华文教育，所以，要提高华文水平和增强对中华文化的认识，最终还要通过语言文字的掌握，于是华文传媒就成为华文教育的一种特殊的补充方式。

一般情况下，传媒的主要功能就是传播新闻和娱乐信息，但是在国外，华文传媒不仅要承担传播新闻和娱乐的任务，而且还要发挥教育功能和族群认同作用，这是华文传媒特有而且必须承担的重要任务之一。翻开所有的华文报纸，在副刊上我们几乎都可以看到许多华文教育的版面。华文传媒与华文教育就一直这样相伴相随，跨过了将近两个世纪。

从20世纪90年代开始，海外华文传媒随着移居海外华侨人数日渐增加愈办愈多，愈办愈蓬勃。可以说凡是有华侨华人的地方，几乎都有华文传媒。在众多传媒中，报纸的历史最为悠久，而电子传媒在现今科技的带领下，亦在这十年内快速发展起来。随着卫星技术、数码通讯技术的推动，无形中把世界上国与国之间的距离缩短了。新传媒的创新与不断发展，也对海外华文传媒的生存与发展提出了新的挑战。

第一节　华侨、华人、华文、华文传媒的概念

华侨是指客居在国外的中国人，英名为 Overseas Chinese，或者叫 The Chinese abroad、Chinese ethnic。如果按照中文译名，就叫做“海外华人”。在1955年之前，海外华人与华侨之间的意义是没有区别的。1955年4月22日中国宣布取消双重国籍之后，华侨、华人之间就有了清晰的界定。

一、华侨华人的界定

1984 年，国务院华侨办公室颁布了《关于华侨、归侨、华侨学生、归侨学生、侨眷、外籍华人身份的解释（试行）》，对华侨与华人的身份进行解释：

第一，华侨必须是拥有中国国籍的中国公民。也就是说，定居在国外的中国公民——华侨，若已经取得或加入当地国国籍，即成为具有中国血统的外国人，就不再是华侨。

第二，华侨必须是在国外定居，这样就把留学生、到国外务工、驻外机构人员、访问学者等区别开来。当然，这些人如果符合当地国的法律要求，取得在该国的长期居留权，并在那里定居，但又保留中国国籍，他们的身份就转变为华侨。此外，这个规定还包括另一层的意思，就是华侨定居的地方必须是中华人民共和国之外的国家或地区。比如说，定居在香港、澳门、台湾的居民就不是华侨，不享有华侨的各种权利。

第三，华人是具有中国血统，但没有中国国籍的外国人。现在居住在东南亚一带的华人已有 90% 以上加入了当地国籍（文莱是一个华侨比较多的国家，这是因为文莱对华侨采取高门槛的入籍政策。在文莱的 5 万华侨华人当中，大概有 60% 没有文莱的国籍，他们只有长期居留权，没有公民权。许多出生在文莱的华人既没有加入中国国籍，又无法入籍文莱，变成了没有国籍的人士），而且许多国家禁止没有当地国籍的华侨出版各种刊物。不像 1955 年之前在一个东南亚国家创办报纸那么容易。

随着华侨身份的转变和老华侨的逝去，华侨的数量越来越少。现在，许多研究者为了研究的方便，从广义的角度把华侨和华人统称为华人，但是我们如果严格按照华侨华人的概念，最好还是对海外华人进行区别。

二、华文、中文、华文传媒的界定

至于华文与中文的区别，主要体现在地域区别、文化与其他种族文化的融合程度、文化的色彩等方面。华文不等于中文。中文是世界语言中的一种，而华文特指海外华侨、华人聚居国的一种民族语言，它们所使用的语言与其他当地民族语文已经相互交叉，有些用法和词语的意思已与中文有着明显的区别。即使像新加坡这样华人占主体的国家，其使用的华语在某些方面与我国也有显著的差别，华语中的一些马来文舶来语，已经在某种程度上改变了语言的性质。

《中国大百科全书·新闻出版卷》1990 年版对华文报纸有如下解释：华文报纸是中国国外的华侨、华裔公民和非华裔公民创办的中文报纸。“在研究海外报刊时，在保留‘海外华文报刊’、‘华侨报刊’两个概念的情况下，应当同时使用‘华人报刊’的概念，译为英文时，不能将‘华人报刊’译为‘Chinese Newspaper’，‘Ethinc

Chinese'。"① 借鉴华文传媒的概念，华文传媒的定义就是把华语作为传播语言的传媒，包括报纸、广播、电视、网站等。华文传媒不一定非要华人创办，只要传媒是以华语作为传播语言的，就可称之为华文传媒。

第二节 海外华文传媒的发展历史

海外华文传媒历史悠久，可追溯至1815，迄今已接近200年。

一、1815年至"二战"结束前

19世纪初至19世纪中叶，在华人聚集的地区，如东南亚地区和美国，先后涌现出一批华文报刊，如1815年马礼逊、米怜在马六甲创办的《察世俗每月统纪传》，1823年麦都思在巴达维亚创办的《特选撮要每月纪传》，1828年纪德在马六甲创办的《天下新闻》，1833年郭实腊在广州创刊《东西洋考每月统记传》（但第二年停刊，1837年又在新加坡复刊），1854年威廉·霍德华在旧金山创办的《金山日新录》，1855年基督教长老会在旧金山创办的《东涯新录》。早期的华文报刊有一个共同的特点，即它们都是由外国传教士创办的。

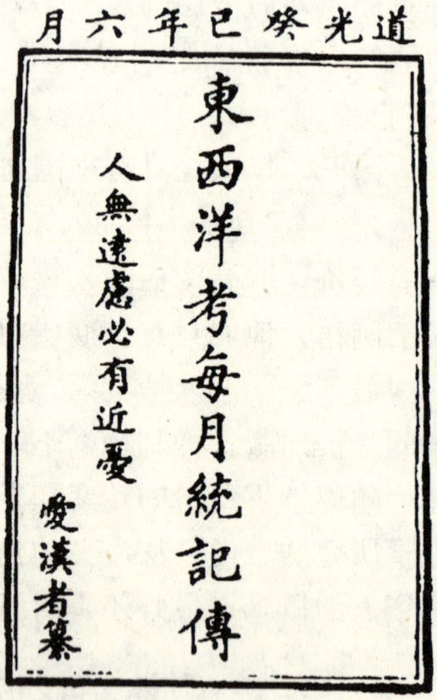
道光癸巳年六月
東西洋考每月統記傳
人無遠慮必有近憂
愛漢者纂

《东西洋考每月统记传》封面

从19世纪50年代开始，中国人自己创办的华文报刊在华侨聚居的美国和东南亚一带相继出现。如广东籍华侨司徒源于1856年12月在美国加利福尼亚州首府萨克拉门托创办的《沙架免度新录》，福建籍侨商薛有礼于1881年12月在新加坡创办的《叻报》、福建籍华侨杨汇溪于1888年在马尼拉创办的《华报》等。中日甲午战争以前，海外华文报刊数量不多（海外各地总共出版过三十多种华文报刊），发行量有限，内容也大都以商业信息为主，不介入国内及所在地的政治斗争。甲午战争以后，由于国内政局发生剧烈动荡，各派政治力量纷纷到海外创办报刊，宣传政见，以争取华侨的支持。海外华文报刊也因而具有越来越鲜明的政治色彩。

为了推翻政府，以孙中山为首的革命派与以康有为、梁启超为首的保皇派在世界各地展开言论激战，争取世界各地华侨的支持。言论大战长达数年，最终以革命派全

① 王士谷．海外华文新闻史研究．北京：新华出版社，1998. 197

胜告终。革命派创办各种华文报刊，既向世界各地的华侨宣传只有推翻腐败的政府才能实现中华民族的复兴的思想，同时还借此获得华侨的支持，并筹集到大量的革命经费，这为革命派最终推翻清朝政府创造了极好的环境和条件。抗日期间，为驱逐日本侵略者，各地华侨华人大量创办华文报刊，传达中国抗日消息，号召华侨华人募捐，以支持祖籍国的抗日斗争。像东南亚一带的华文报刊为此作出了巨大的贡献，《南洋商报》、《星洲日报》在当时成为东南亚华侨华人抗日的喉舌。

二、“二战”结束后至上世纪70年代

抗战胜利后，中国共产党和国民党为获取各地华侨华人的支持，各自创办和支持各种华文报刊，于是华文报刊分为两派。随着中国大陆开始改革，经济迅速发展，社会全面开放，偏台湾各地的华文报刊逐渐改变倾向，变得客观公正，甚至转向亲内地。特别是李登辉、陈水扁上台后鼓吹独立，受到海外华侨华人的强烈谴责，他们纷纷团结起来，对““台独”分子”给予了强烈的抵制，自觉和自动地维护中华民族的统一。

1955年，为解决华侨的国籍问题，也为了保护华侨在当地的生存安全并获得更多的权利，经与其他国家的协调，中国放弃了双重国籍政策，明确表示华侨只能选择一个国籍。绝大多数的华侨选择了归化当地国籍的道路，自然，他们创办的华文传媒就变成当地国家的传媒之一，从此要效忠当地国家，受当地国家的管理，再不以中国的利益为依归。这是一个根本性的转变。这个转变也使得华文传媒的宗旨发生了根本性的变化。从当初拥护和效忠中国，转变为效忠当地国家，为当地社会的发展作出贡献，而把维护和争取华人利益作为一种诉求。

华文传媒转变宗旨之后，接受当地政府的管理。在20世纪六七十年代，由于国际形势相当复杂，华文传媒在各国受到了严格管理，甚至被取缔。像东南亚国家，随着当地政府推行反华、排华的政策，华文传媒也受到极大的摧残，许多华文传媒被取缔。

三、20世纪80年代至今

20世纪80年代以来，随着中国改革开放的成功，中国迅速强大，为加强与中国的联系，在世界新的保护各民族权利、维护人权的新形势下，世界各国政府逐渐改变了压制华文传媒的政策，放松了对华文传媒的管理，甚至鼓励华文传媒的创办，于是华文传媒又得到了迅速发展。如中国香港的《星岛日报》、《明报》和中国台湾的《世界日报》等在许多国家创办发行，不但传播中国大陆、台湾的有关信息，而且还维护华人利益。据统计，在美国700余种（累计数）华文报刊中，有2/3是1970年以后创办的，华语广播电视、华文电子传媒也获得了前所未有的发展。20世纪八九十年代，北美华文传媒继续保持稳步增长的势头，其他国家如巴拉圭、多米尼加、瑞

典、奥地利、阿根廷、哥伦比亚、意大利、西班牙、匈牙利、尼日利亚、肯尼亚等也开始出现华文报刊。在1992年开播的欧洲东方卫视的基础上，欧洲第二家华文电视台凤凰卫视欧洲台又于1999年8月开播，此举对于传播华语文化，增进海外华人同母语地区的联系具有特别重要的意义。

据王士谷在《华侨华人百科全书·新闻出版卷》一书中的统计，从1815年至1996年，海外共有52个国家和地区出版过华文报刊，累计总数为3 976种（日报657种，周报975种，期刊1 783种，会刊535种，类别不详者26种）。1897年以前创刊的只有33种，占0.83%，99%以上的华文报刊都是在1898年以后陆续发展起来的。东南亚地区虽然有的国家出现过华文报刊由盛到衰的变化，但该地区一直是海外华文报刊的中心。在累计总数中，亚洲国家有2 672种，占总数的67.2%；其次是美洲，有979种，占总数的24.6%。从国别看，新加坡的华文报刊最多，累计达1 027种；其次为美国，有753种；再次为马来西亚，为440种。以上三个国家华文报刊累计数之和，超过累计总数的一半。20世纪70年代以后，由于新移民大量涌入，在西方国家出版的华文报刊有突飞猛进的发展。在北美洲、欧洲、大洋洲，1970年以后26年间新创刊的华文报刊共有827种，为1969年前154年间创刊的报刊总数361种的2.3倍。1995年内（有些国家为1996年内）存在的海外华文报刊总数（不包括会刊）为496种，日报78种。

2005年，笔者经过大致统计获悉，华文传媒数量大约有683种，其中日报为120家，比1995年增长了37.7%。其中衡量报业发展程度的日报数量增长了66.7%。在这十年中，华文报业的发展是相当快的，见表1－1。

表1－1　2005年世界华文传媒数量统计表

报刊	日报120家
	周报或双周报193家
	刊物230种
广播	80家
电视	60家
网站	难以统计

《华侨华人百科全书·新闻出版卷》的资料还显示，海外以华侨华人为对象的华文电子传媒是以每30年上一个台阶的速度在发展：20世纪30年代出现了华语广播，60年代创办了华语电视，90年代有了被称为“第四传媒”的华文电子报刊。至20世纪90年代中期，仅在北美洲先后创办的华语电台至少就有34家。华语电视台，包括有线、无线和卫星电视，主要分布在北美洲、欧洲和大洋洲等地。1996年在北美洲共有35家，分布在11个城市，其中卫星电视有6家。华文电子报刊，先由留学生创

办，共出现不下于30种，均为期刊。华人社会在因特网上的华文电子报刊，是从1995年开始创办的，现至少有日报12家和一批期刊。

踏入21世纪之后，随着留学生和移民的大量增加，海外华文传媒得到了进一步的发展。大量的电子传媒如雨后春笋般涌现，仅在美国一地，华文广播和电视就达到了40多家。在泰国、印度尼西亚、越南也都有新的华文广播和电视出现。一大批新的华文传媒不断创办，不但为华侨华人、留学生提供了了解中国最新信息的途径，而且也推动了海外华文传媒的发展，进一步丰富了海外华文传媒的发展历史。一些国家的广播电视也创办了华文电视和华语广播。如土耳其之声广播电台，其中就设置了华语广播，既为土耳其人了解中华文化提供了机会，也向外传播了土耳其在政治、社会、文化、经济、科技和教育领域及卫生和旅游取得的成就，架起中国与土耳其之间沟通的桥梁。

第三节　海外华文传媒的研究状况

华侨华人问题已经成了世界性的研究课题，这是因为中国在短短三十余年里，在经济建设和社会发展方面取得了举世瞩目的成就。海外研究者对这个问题相当感兴趣，他们纷纷从学理上探讨各种促使中国社会发展和经济建设的成因。他们对海外世界华侨华人一落地就焕发出巨大的生命力和创造力，以及对他们强烈的文化寻根意识，对他们强烈的祖籍观念和建设家乡的情结感到惊奇，并展开研究。这已经形成了自20世纪90年代以来日益高涨的“华人研究热”。

一、海外华文传媒文献综述

在研究和记叙海外华文传媒历史的文献中，王士谷先生在《华侨华人百科全书·新闻出版卷》中说，大致有三种情况。

一是华文报纸是海外各国的华侨华人报人和报刊机构，他们以亲身经历为基础记述历史、总结经验，写得有血有肉，生动感人。许多报纸的报庆纪念刊，不仅纪录了本身的历史，也有关于本地其他华文报刊的论述文字和相关资料，有重要的史料价值。还有的报人不仅根据亲身经历写回忆录和有关报史，也搜集其他资料，就某一地区或某一专题的研究所得写成专著。

二是海外各国华人学者。他们广泛收集第一手资料，不辞劳苦到图书馆查阅报刊原件，以科学方法进行学院式的研究，所得成果更显理性化和更具系统性。其中国别华文报刊史的研究成果最为突出。新加坡、马来西亚、泰国、菲律宾、印度尼西亚、柬埔寨、美国、法国等一些国家，都有海外学者所写的关于该国华文报刊历史和现状的宏观论文多篇，有的国家还有专著出版。在微观上，对大多数日报和部分期报、杂志的基本情况，都已有归纳和记载。还有多种“一览表”、“系年编目”等，记录了多数报刊的简况。特别是一些海外学者就所在国的华文报刊“开始朝向利用大量一手资料（原报），同时也向当事人进行个案访谈，以达到下笔时言必有据的严格的学院式学术道路发展”，非常令人敬佩。以上两部分研究成果，以新加坡的最多。仅新加坡人以华文所写关于新加坡华文报刊的论文，到1993年为止就有专著52本，学位论文11篇和单篇论文268篇 。

三是中国（含大陆和港台）有关机构和学者。中国是海外华文报刊的故乡，有广阔的视野和同海外千丝万缕的联系，海峡两岸和香港就海外华文报刊分别积累起来的研究成果，特别是那些涉及全局和反映深层次情况的资料，是海外学者难以得到的。

我国对海外华文传媒的研究，始自20世纪80年代，在21世纪得到了迅速的发展。中国新闻社自2001年始每隔两年举办一次“世界华文传媒研讨会”，邀请所有的海外华文传媒的负责人相聚一堂，共同探讨华文传媒的发展，对促进海外华文传媒的发展起到了推动作用。在所有有关海外华文传媒的研究著作中，王士谷先生主编的《华侨华人百科全书·新闻出版卷》相当详尽地论述了海外华文传媒的历史和现状，介绍了各种海外华文传媒的发展历史、宗旨、传播内容、刊期、版面等，为我国的海外华文传媒的研究作出了相当重要的贡献。中国新闻社属下的世界华文传媒年鉴社，2003年开始每隔两年编纂的《世界海外华文传媒年鉴》，介绍了有关海外华文传媒的最新研究状况，向读者提供了相当翔实的关于各种海外华文传媒现状的资料，为我们了解海外华文传媒最新的状况提供了极好的窗口。北京大学新闻学院程曼丽教授2001年出版的《海外华文传媒研究》全面深入地论述了各个时期的海外华文传媒的发展历史，对每个时期的华文传媒进行总结，并对其作学理的归纳和梳理，有很浓的学术色彩，也为我们更加深入地了解和研究海外华文传媒提供了条件。笔者于2005年由社会科学文献出版社出版的《东南亚华文报纸研究》也比较系统全面地论述了东南亚华文报纸的历史、特点及功能，以及它们与当地华人的关系。此外还有一批学人，如杨力、胡文英、方积根、方曙、吴庆裳、黄昆章、周聿娥、卓南生（新加坡）、崔贵强（新加坡）、王慷鼎（新加坡）、杨松年（新加坡）、许云樵（马来西亚）等，在华文传媒的研究上也作出了相当大的贡献，其中崔贵强、王慷鼎出版了多部专著，对新马华文报纸作了相当深入的研究。

二、海外华文传媒研究著作

笔者统计了国内外研究海外华文传媒的学者及其出版的著作，发现新加坡和马来西亚仍然是海外华文传媒研究的重镇，但是国内对海外华文传媒的研究也逐渐增多。具体的海外华文传媒研究著作见表1-2。

表 1－2　有关新、马华文报纸研究的代表专著

作者	书名	规格	出版机构	出版时间
冯爱群	华侨报业史	32 开	台湾学生书局	1967 年
Chen Mong Hock (新加坡)	The Early Chinese Newspapers of singapore 1881－1912	32 开	University of Malaya press (Singapore)	1967 年
何舒敏（新加坡）	新加坡最早的华文日报——《叻报》(1881—1923)	16 开	新加坡：南洋学报	1978 年
王慷鼎（新加坡）	战后初期的新加坡华文报刊 (1945—1948)	小 32 开	新加坡：新加坡国立大学	1982 年
王慷鼎（新加坡）	《中南日报》研究	小 32 开	新加坡：National University of Singapore	1983 年
王慷鼎（新加坡)、姚梦桐（新加坡）	郁达夫研究论集	小 32 开	新加坡：新加坡同安会馆	1987 年
王慷鼎（新加坡）	新加坡华文报刊史论集	小 32 开	新加坡：新加坡新社	1987 年
王慷鼎（新加坡）	新加坡华文日报社论的沿革	小 32 开	新加坡：新加坡国立大学中文系	1989 年
方积根、胡文英	海外华文报刊的历史与现状	32 开	新华出版社	1989 年
杨力	海外华文报业研究	32 开	北京燕山出版社	1990 年
崔贵强（新加坡）	新马华人国家认同的转向 1945—1959	32 开	新加坡：南洋学会	1990 年
崔贵强（新加坡）	新加坡华文报刊与报人	32 开	新加坡：海天文化企业	1993 年
王慷鼎（新加坡）	新加坡华文报刊史研究的回顾与前瞻	32 开	新加坡：新加坡国立大学中文系	1994 年
朱自存（马来西亚）	纵观华报五十年，马来西亚华文发展实况	小 32 开	马来西亚：东方企业有限公司出版	1994 年
王慷鼎（新加坡）	新加坡华文日报社论研究 1945—1959	32 开	新加坡国立大学中文系汉学研究中心	1995 年
王慷鼎（新加坡）	《槟城新报》政论编目索引	小 32 开	新加坡国立大学中文系汉学研究中心	1996 年
杨力	启迪与借鉴：新加坡华文报业的源与流	32 开	福建省海外交流协会出版	1996 年
叶观仕（马来西亚）	马新新闻史	16 开	马来西亚：韩江新闻传播学院	1996 年
吴庆裳	新加坡华文报业与中国	32 开	上海社会科学院出版社	1997 年
王士谷	海外华文新闻史研究	32 开	新华出版社	1998 年
王士谷	华侨华人百科全书·新闻卷	16 开	中国华侨出版社	1999 年

（续上表）

作者	书名	规格	出版机构	出版时间
刘子政（马来西亚）	沙捞越华文报业史	小 32 开	马来西亚：沙捞越华族文化协会出版	2000 年
程曼丽	海外华文传媒研究	32 开	新华出版社	2001 年
林德顺等（马来西亚）	报殇——南洋报业沦陷评论集	小 32 开	马来西亚：飞脚制作室	2001 年
卓南生（新加坡）	中国近代报业发展史	16 开	中国社会科学出版社	2002 年
崔贵强（新加坡）	东南亚华文日报之研究	32 开	新加坡：南洋华裔馆	2002 年
徐艰奋（新加坡）	铁笔春秋：马来亚《益群报》风云录	32 开	新加坡：新加坡新社	2003 年
彭伟步	东南亚华文报纸研究	32 开	社会科学文献出版社（北京）	2005 年
古玉梁（马来西亚）	我在南洋 133 天	32 开	马来西亚：大众科技出版有限公司	2006 年
赵振祥	菲律宾华文报史稿	32 开	世界知识出版社	2006 年

注：在出版机构列中，未注明出版地的出版机构均在中国。

“在此要提及的是，新加坡国立大学中文系老师指导学生以华文报刊研究为本科学位论文，收集了相当多的华文报刊研究资料。这些以华文报刊研究为学位论文题目的同学，花费了大量心血统计了一些有代表性报纸，如《叻报》、《益群报》、《总汇报》、《南洋商报》等言论、新闻的数量，并通过这些统计数量来反映当时华人社会的动态，描述该报的办报特色。有些论文的质量相当高，几乎可以与硕士研究生的学位论文相媲美。”①

第四节　海外华文传媒的研究意义

海外华文传媒既是中国新闻史的研究对象，又是外国新闻史的重要内容。作为中国新闻史的研究对象，它们远离母体，与国内传媒有许多不同之处；作为外国新闻史的重要内容，它们又带有更多中国特色，明显区别于当地传媒。这就使它成了世界新闻传播领域中的一个独具特色的支系。

一、研究的价值

世界各国的华侨华人在为繁荣当地经济作出贡献的同时，还利用各种条件继续承

① 彭伟步．族群和文化认同：从新马华文报纸的历史看其与华人的关系．新加坡国立图书馆（未公开出版），2007. 14

传中华文化，延续中华民族的“根”，维系民族观念。在这方面，华文传媒的宣传可谓居功至伟。华文传媒在世界各国不同时期的兴衰从一个侧面反映了华人在当地相应时期社会地位的沉浮、文化的衰落和繁荣。因此加强对华文传媒的研究，将有助于人们深刻理解饱经沧桑的海外华人社会的变迁历史，认识华文传媒与华人之间的鱼水关系，加强中国与海外各国华人之间的联系，对促进中国与其他国家的经贸联系和文化交流以及祖国统一有着重要的参考价值和积极意义。

目前生活在海外的华侨华人超过4 000万人，而东南亚的华人就占了80%以上。他们对中国的经济发展起到了重要的推动作用。广东以至中国的早期投资，大多来自华人的投资，他们输入大量资金，极大地促进了广东以至全国的经济发展。他们之所以愿意把资金投入到广东以至中国，原因之一就是血浓于水的乡情。远离文化母体的炎黄子孙，其家庭观念、服务桑梓的情结和色彩仍然相当浓厚，这种文化和情感的认同，以及桑梓情怀的积淀大多来自华文传媒的传播。应该说，华文传媒的存在，起到了文化承传、凝聚族群观念的作用，同时也传递着中国的各种信息，是一个沟通中国与海外游子的最好桥梁。

传媒是一面镜子，通过这面镜子，我们可以看到世间百态，看到社会的历史变迁。传媒是反映社会现实和精神走向的重要窗口。通过这个窗口，我们可以看到海外华侨华人的文化与精神价值观的取向，了解他们的精神苦闷和希冀，面对的困境与展望。媒介是反映社会动态的晴雨表。它对社会动态的嗅觉特别敏锐，一是因为传媒每天要报道新闻，所以记者要到基层采访，把基层中的现实情况报道出来；二是因为传媒容纳了大量的读者来信、来稿和作家的作品，而读者来信、作家的作品又往往是对现实生活的凝缩和提炼，因此最能反映读者的精神面貌和华人社区的文化走向，所以我们从传媒的内容就可感觉到当地社会的变化和文化状态，感受到华人的心理变化，把握到华人的思想脉动。如早期的华文传媒具有浓郁的时代特征，刊登的作品表现早期移民无奈之下背井离乡、远渡重洋到异国他乡寻找生存之地的无奈、痛苦和迷茫，流露出他们漂泊异国他乡的孤独凄惘的感情。传媒直接面对华人，反映华人社区的现实，传递华人社区对社会的态度，承传着中华文化，成为维系族群和文化的认同物，这就为我们更加深入了解华人社会提供了窗口，帮助我们多层面、多角度地辨析华文传媒的文化现象。

开展海外华文传媒研究，不但可以介绍史实，而且更重要的是，它通过深层次反映华人历经社会变迁而不屈不挠的民族性格，弘扬他们勇于进取、顽强生存的精神。我们研究海外华文传媒，在为华人顽强的生命力所震撼的同时，也听见了他们不屈的脉搏声，体会到华人在异文化环境中所呈现的疏离、苦涩的心情，感受到华文被当地国主流文化同化时所表现的悲怆和无奈。华文传媒的发展历史，折射出华人面对困境时不屈不挠的抗争精神，这种精神不但成为海外华人宝贵的精神财富，而且也是中国悠久历史文化宝库的重要补充。

当前正值台湾加速去中国化，逐渐放弃自20世纪50年代以来与中国大陆争夺海外华人的政策。许多原来亲台湾的华人因此感到迷茫，此时如果我们能通过研究华文传媒的传播特点，加强与当地华文传媒的联系，推出具有针对性的感情联络策略，增强与他们的精神思想沟通，把他们争取到中国统一的道路上来，就会在海外形成一股强烈反对“台独”的力量。因此，研究华文传媒，有显著的时代色彩和现实意义，更重要的是，它能为我们提供针对海外华人的文化传播策略，为巩固中国统一战线提供新的启示。

二、研究的重要性

有海水的地方，就有华人的足迹。世界上几乎每个国家都有华人的存在。海外华人，与我们同根同源。一衣带水的乡情，落叶归根的观念，服务桑梓的热情，是一股促进中国统一的强大力量。借助传媒广袤、迅捷的传播优势，扩大中国的影响，提升中国的知名度，传播中华文化，是目前有待和值得研究和开拓的重要课题。

《欧洲时报》（法国华文报纸）曾经报道，美国有不少华人一直保持着中国的风俗习惯，在家里讲“家乡话”，让孩子们读中文，希望古老优美的中华文化能在异国土地上代代相传，绵延不息。而在海外华文传媒的诸种功能中，传扬中华文化无疑是最重要的一项。有些报刊还以承传华文教育为己任，开辟专栏专版，协助中文学校推展华语教学。“从这个意义上说，海外华文传媒实际上担负起了国内传媒的部分使命，成为国内传媒在海外的延伸。这就为我们提供了一种可能性，即通过海外华文传媒将中华文化和中国影响扩展到更广大的地方，形成自己的优势。在目前的世界传播格局下，这一点尤其重要。”①

目前，西方国家的传媒在其强大的经济、政治、军事势力的支持下，在日新月异的通讯科技的推动下，正在推行“全球化”战略。无论哪一个国家，无论多么偏远的地区，哪怕是对外封闭，从技术上说，都处于西方通讯网、广播网和发行网的覆盖之下。这种强大的力量对世界造成的冲击和影响是不言而喻的。要想改变这种状况，掌握信息传播的主动权，我们除了采取相应的措施之外，还应当在民族性上做文章。著名华文传媒研究者王士谷先生认为，争取信息传播的主动权，就是通过拥有世界五分之一人口的汉字、汉文化，通过具有强大向心力的“大中华圈”，建立我们在国际传播中的优势，逐步改变信息传播中的不平衡状态。而为数众多的海外华文传媒正可以在此过程中发挥重要的作用。

研究表明，“美国的节目虽然在世界传播内容的数量上居于垄断地位，但其成功并不像人们想象的那样巨大。如果本土节目艺术上乘、制作精良的话，会比国外节目

① 王士谷．世界华文传媒年鉴总论．世界华文传媒年鉴．北京：世界华文传媒年鉴社，1993. 37

更具吸引力。"[①] 这是一个很好的思路，如果我们将面向海外传播内容制作精良，并延伸至海外华文传媒，其影响将不仅限于华语地区，还会在世界范围内产生影响。

南洋理工大学传播学院院长郭振羽教授对此也有着很好的见解。他指出："世界上不同地区的华文报业，所处环境不同，经验有异，但是隐隐然却是血脉相连，命运与共。这不止是因为共同的历史和文化语言背景所带来的认同感，同时也因为今日各地华人社会经济和文化互动日益频繁，已经形成了'大中华经济网络'以及'大中华文化网络'。未来世界华文报业的发展，势必成为这经济网络和文化网络之中重要的一环，发挥整合联系的功能。各地华文报加强合作交流，建立'世界华文报业网络'，可以说是大势所趋。"[②] 而这个"世界华文报业网络"完全可以纳入我们面向海外传播的战略格局中。王士谷认为，一方面，这样可以在海外形成对"台独"分子的包围圈，限制"台独"的活动，另一方面也为促进我国与其他国家的和平共处，创造和平稳定的国际环境，为我国的经济建设提供良好的外部环境，为维护和争取我国的权益，实现中华民族的伟大复兴创造条件。王士谷认为："事实证明，华文报纸有着旺盛的生命力和广阔的前途。它作为各国多元民族文化的一个组成细胞，将长期地在世界传播事业中发挥自己应有的作用，成为当地华侨、华人自己的喉舌，并为发展所在国人民同中国人民的友谊作出更大的贡献。"[③] 这充分体现了海外华文传媒研究的价值和重要性。

① 郭镇之. 全球电视传播环境对中国与加拿大的影响. 国际新闻界，1997（5）
② 郭振羽. 展望二十一世纪世界华文报业. 台湾中央日报，1993-12-09
③ 王士谷. 海外华文新闻史研究. 北京：新华出版社，1998. 94

Chapter 2 第二章

亚洲华文传媒业

Cause of Chinese Language Media in Asia

就各大洲的华文传媒的发展情况来看，亚洲华文传媒不但历史最为悠久，而且规模也相当大，现代化的程度也比较高。这是因为在4 000多万的华人当中，亚洲占了绝大多数，仅在东南亚地区就占了80%。(见表2－1，截至2006年底，此数字仅是估计）由于很早华人就在这一地区落地生根，所以最早的华文传媒也在这里诞生。1815年，《察世俗每月统记传》就创刊于华人聚集之地——马六甲。

表2－1　亚洲各国华人数量统计表

国家	人数	国家	人数
阿富汗	2 000	蒙　古	4 000
巴基斯坦	3 600	日　本	700 000
阿　曼	80	朝　鲜	10 000
巴　林	48	韩　国	100 000
伊　朗	200	越　南	1 900 000
科威特	200	老　挝	200 000
伊拉克	100	柬埔寨	300 000
约　旦	200	菲律宾	1 000 000
黎巴嫩	12	泰　国	6 100 000
阿拉伯联合酋长国	150	缅　甸	2 000 000
沙特阿拉伯	45 000	马来西亚	6 250 000
孟加拉国	700	新加坡	4 200 000
斯里兰卡	3 500	文　莱	50 000
印　度	5 000	印度尼西亚	7 310 000（也有人认为有1 000多万）
锡　金	400	东帝汶	10 000
尼泊尔	20 348		

人数众多，自然催生了华文传媒的发展。一是华人需要这些信息，增强华人族群、社区之间的了解和认识；二是华人也希望听到和看到来自中国的信息。特别是刚移民和定居在异国他乡的华人，对故乡的思念，就更需要华文传媒这一渠道来弥补心中的那一片文化空白，稀释那一份魂牵梦萦的故乡情。

亚洲各国的海外华人数量也不平均，如印度尼西亚华人多达1 000多万，而华人少的只有12人。华人人口不均，必然导致华文传媒发展有很大差异。在西亚，几乎没有华文传媒，而在东南亚，华文传媒不仅数量多，而且水平也相当高。像新加坡《联合早报》，不仅其印刷质量高，而且编辑水平也很高；同时，从业者的薪酬也相当可观，发行量在20万份左右。在马来西亚，《星洲日报》突破了35万份，但是在一些华人人口数少的国家，一份华文报纸发行量只有200多份，大部分的华文报纸发行量只有数千份。

在亚洲，华文传媒历史悠久。《察世俗每月统记传》（1815 年）、《特选撮要每月纪传》（1823 年）、《天下新闻》（1828 年）、《东西洋考每月统记传》（1833 年）等都诞生在东南亚一带。这个地区也是华人聚集的地方。经过数代人的努力，东南亚华人在经济上已经有了一定的地位，而且又注重保持中华文化，这使得华文媒体一直有生存的空间，并有发展的动力。今天，一些华文传媒已经组合成报业集团，向外发展，如星洲传媒集团等，而且取得了显著成绩。

在东亚，虽然中日关系因为政治原因关系一度冷淡，但是并没有阻碍两国的经贸往来。大量华人移民、留学生、务工人员前往日本，也使日本的华文传媒有了较快的发展，不仅数量上升，而且质量也得到了提高，传媒的种类也比较齐全，发行和开办了报纸、广播、电视、网站。由于中日是一衣带水的两个国家，所以，两国在历史上有着密切的联系，唐朝时，日本派了大量的人员前来学习，而中国鉴真和尚六次东渡日本，将中国的佛教、建筑、雕刻、文学、医药等先进文化毫不保留地带到日本，对日本文化的各个方面起到了重大而深远的影响，被日本人民尊为“日本医学之祖”、“日本文化恩人”、“日本律宗太祖”、“盲圣”。清朝时，两国人员往来也很密切，大量中国人前往日本学习和交流，特别是在清朝末年，大量留学生前往日本学习，也直接催生了华文传媒的发展。比如说 1898 创办的《东亚报》，就是有据可考的第一份华文报刊。此后，以康有为、梁启超为首的保皇派和以孙中山为首的革命派相继在日本创办了许多有名的报纸，展开保皇与革命大论战，成为中国报业史上最重要的时期。总体来说，亚洲是华文传媒的发源地，新马是海外华文传媒业的重镇。

第一节　东亚华文传媒业

除了中国外，东亚还有四个国家，即蒙古、朝鲜、韩国、日本。由于四国的经济发展程度不同，华人数量差异很大，所以这四个国家的华文传媒发展程度有着很大的差异。其中，日本的华文传媒发展程度最高，次之是韩国，之后是朝鲜和蒙古。

一、日本华文传媒业

1. 日本华文传媒发展简况

中国人旅居日本始于秦汉，历史上曾出现过四次移居日本的高潮。17 世纪，中国人在长崎取得了稳定的发展，并逐渐向横滨、东京、神户和大阪等地迁移。目前，在日华侨华人总数近 70 万。大多分布在东京、横滨、大阪、京都、神户等大城市及周边地区。

新的华侨华人大部分是中国改革开放后赴日的留学人员。他们学有所成之后，有的自办企业，有的就职于日本大学、科研机构和公司，他们活跃在日本的经济、科技、文化、教育等多个领域，并取得了令人注目的成就。

由于在日本居住的华人绝大部分都是具有比较高的文化水准，而且人数众多，自然催生了华文传媒的发展。

（1）戊戌变法—1920 年

早在中国的“戊戌变法”运动前后，旅居在日本的中国人已开始创办华文报刊。1898 年 6 月 29 日在神户创刊的《东亚报》①，是日本第一家华文报刊。这份报刊主要向华人介绍西方政治制度和科学知识，鼓吹政治改良，除在日本发行外，还销往中国主要城市和东南亚一带。

百日维新失败之后，大量维新派和革命分子逃亡日本，以及留日学生的增多，形成一个文化水平较高，又喜欢纵论国事的知识分子群体。他们为宣传各自的政治主张，陆续在东京和横滨等地创办华文报刊，开创了百年日本华文传媒史的新篇章。

辛亥革命前夕是日本华文报刊的黄金时代，政界人物和留学生创办的华文报刊相当多。梁启超创办的《清议报》，是继《东亚报》后资产阶级改良派在海外创办的第一份机关刊物。《新民丛报》也是改良派创办的一份较有影响的言论刊物，其主张是鼓吹君主立宪、开明专制；还有《新译界》、《东洋新报》和由杨度创办的《中国新报》。这类报刊在思想启蒙及对新闻文字的改革和创新方面所起的作用，是不容忽视的。而以孙中山为首在日本所创办的《国民报》、《民报》，则是资产阶级革命派的喉舌，其主张是宣传民权、共和。

图 2－1 1898 年 6 月 29 日《东亚报》

由于在日本留学的中国学生很多，保皇派和革命党都希望利用传媒来影响学生，希望他们参加保皇派或者革命派，由此引发了著名的保皇与革命之间的论战。论战最终以革命大获全胜告终。在此期间，梁启超每日发文 6 000 多字，以多个笔名，与革命派展开论战。这段时间是梁启超成名并建树卓越报人名气的黄金时期。梁启超用多个笔名，同一天发表多篇文章与革命派论战，一方面说明梁启超有过人的才干，但另一方面也反映了保皇派人才匮乏，得不到公众支持的事实。

辛亥革命前后，在日本出版的华文报刊先后不下百数十种，辛亥革命前面世的就有：《学术界》、《白话》、《教育》、《中国实业杂志》、《武学》、《教育今语杂志》、《中国商业研究会月报》、《浙湖工业同志会杂志》、《中国青年学粹》等。这些报刊

① 图片来源：世界华文传媒年鉴．北京：世界华文传媒年鉴社，2003．696

多数是进步刊物，倾向于民主和革命，特别是针对留日学生的革命报刊，在此期间如雨后春笋般出现，达六七十种。其中地区性留学生刊物占很大比重，而女学生创办的几份宣传妇女解放、男女平等的刊物，也引起人们的关注，引发人们对妇女革命、解放问题的思考。1899 年创刊的《开智录》，是中国第一个由留日学生创办的政治性刊物。

这些早期留学生革命报刊的创办和出版，对中国民族民主革命的兴起与发展起到了巨大的推动作用。此外，当时还出现《天义报》、《衡报》等宣传无政府主义的刊物。这个时期出版的华文报刊的特点是：

第一，关注中国问题进行评论，主要面向中国发行，许多在中国国内设有办事处，有的在条件成熟时即回到国内出版。

第二，所刊内容包括政治、经济、法律、教育、历史、地理、文学等诸多方面；除宣传各自的政治主张外，还大力介绍西方的政治学说及科学文化知识。

第三，虽有不少以“报”字命名，但均为杂志型而非报纸型，除个别的周刊和半月刊外，多数为月刊或季刊。

第四，编辑具有一定水准，体裁多样。在文字写作上多采用半文半白的文体，稿件的编排亦分门别类、丰富多样、图文并茂。一般都设有社论、时论、谈丛、译丛、要闻、中外近事等栏目，有的栏目办得很有特色。印刷方面大多数报刊由线装改为洋装，纸张和装订都更接近于现代期刊的式样。

第五，由于清政府不断颁令查禁革命报刊和清领事馆多次勾结日本当局查封革命报刊，加上办报经费不足等原因，有些刊物往往只出一两期或几期就停刊，有的则过一段时间换一新名再行创刊。辛亥革命后，同盟会会员和留日学生纷纷回国参加革命，日本华文报刊已较前大为减少。至 20 世纪 20 年代，先后创刊的华文报刊仅有《军声》、《国民杂志》、《说报》、《醒氓》、《甲寅杂志》、《民国》、《国学》、《人籁》、《郢中学报》、《神户华侨商业研究会季报》、《教会警钟》等，其中有些是中国“二次革命”后出版的反袁刊物。还有一些科学技术期刊如：《医药学报》、《农桑学志》、《中国蚕丝业会报》、《中国药学杂志》等。其他种类的华文报刊已不多见。

（2）1920 年—1972 年

进入 20 世纪 20 年代后，一些非政治性刊物逐渐增多，到第二次世界大战结束前的 20 多年内，断断续续出版的华文报刊不下 70 种。由于推翻清朝政府的任务已经完成，曾经远离政治的华文报刊，随着袁世凯上台，又再一次兴起推翻袁世凯实现中国共和的浪潮。袁世凯被推翻之后，军阀混战，引起了在日报刊的忧国情绪，所以这个时期，关注中国民主和社会发展的思想成为报刊的主流。

“这时期，报刊类型也仍非报纸型而为期刊型，基本上分为季刊、双月刊、半月刊、不定期刊等，而存在的时间都很短。这类报刊有《教育》、《兴化》、《留日学生学报》、《新经济》、《现代农业》、《时代文化》、《译丛月刊》、《留东学报》等。而这个时期只有《实业杂志》、《同泽月刊》、《人生》、《东流》等期刊发行的时间较长，但也仅有两三年的时间；还有的如《学术界》前后出刊时间虽有六七年，但中间曾停刊两年多。然而科学技术期刊和纯文艺性期刊在这个时期则有所增加，如《机械》、《医药》、《工业》、《新医药观》、《自然学会会刊》、《理科论丛》等。文艺类如左联东京分盟主办的《杂文》、郭沫若（1892—1978）支持并写稿的《文海》以及《诗歌》、《新兴美术》等存在时间也都不长。此外，这个时期还陆续创刊一些社团及留学生刊物。1937 年，中国的抗日战争爆发后，由于受日本军国主义的限制，日本的华侨华人报刊进一步减少，新创刊的华文报刊也仅是日本人办的或汉奸刊物等为数不多的几家。华文报刊已经失去了为中国人服务的思想，纯粹变成了拥护大东亚共荣，为日本侵略中国辩护的刊物，为华人所不齿。”①

抗日战争胜利后，中国战胜国的地位为日本华侨华人报刊的复兴创造了条件。“从战后到六七十年代创刊的华侨华人报刊就有 50 种左右，这些报刊多数为华文与日文或英文合刊。按其政治观点分，一部分是为亲美亲台、反共反对中华人民共和国、由台湾官方或国民党人士、亲台侨商创办，如《中华周报》、《自由新闻》（原名《自由中国新闻》）等，反共的色彩相当浓郁。由于特定的历史条件，战后一段时间内，这类报刊在华侨华人报刊中居多数。至 1972 年中日建交后，情况才有所改变。另一部分则是认同新中国的爱国侨报，如日、华文《华侨报》（后改全日文）、《大地报》、日文《国际新闻》和中国通讯社等。此外，这个时期还出现一些“台独”报刊，如《台湾自由新报》、《台湾独立通讯》等，但发行期均较短，读者很少，影响也不大，先后均告停刊。至于 70 年代所创刊的日文侨报如《横滨华侨通讯》、《台湾省民报》、《关西华侨报》，以及继续出版的《华侨报》均分别为当地华侨总会和台湾省民会创办的左派报刊。这些报刊较多刊登中国新闻，正面介绍中国，《台湾省民报》还经常刊登报道台湾黑暗面的消息或述评。这些报刊存在的时间也较长，多数还在继续出版。与战前相比，日本华侨华人报刊，显然已从低潮逐渐走向复兴。”② 然而，随着中日关系的起伏不定，日本华文传媒处在比较尴尬的境地，尤其是受到日本右翼势力的骚扰。

（3）1972 年以后

自 1972 年中日建交后，中日关系有了实质性改善，中国政府开始向日本派遣留学生，尤其是实行改革开放政策以后，中国留日学生迅速增加，面向留学生的报刊也迅速增加。仅 1985—1996 年，在日中国人新创刊的报刊就有 77 种，其中直至 1996 年仍继续发行的有 20 多种。除 20 世纪七八十年代或此前所创刊的《华侨报》、《横滨华侨通讯》、《关西华侨报》、《自由新闻》等外，新创刊的报刊则主要为留学生及

① 夏桂荣．日本华侨华人报刊．华侨华人百科全书·新闻出版卷．北京：中国华侨出版社，1999．302

② 夏桂荣．日本华侨华人报刊．华侨华人百科全书·新闻出版卷．北京：中国华侨出版社，1999．303

就业者所创办，“如《留学生新闻》、《外国学生新闻》、《中国留学生》、《新交流时报》、《中日新报》、《中文导报》、《半月文摘》、《华人时报》、《东方时报》、《日本侨报》、《中日产业开发》等”①。

20世纪80年代中期开始，由留学生创办的刊物，相继在京都、大阪、神户、东京等地问世。然而，这些刊物印刷粗糙、版面欠缺美观、内容较为贫乏，发行量很小，又不定期发行，因此在读者当中缺乏影响力，此阶段只能称之为现代日本华文传媒的萌芽期。这期间较有影响的杂志是在东京的后乐寮创办的《新大陆》月刊，虽然总共只发行了十几期，但是它在日本华文传媒史上占有相当高的位置，已经成为研究80年代初期留日中国人的重要刊物，既反映80年代留学生的在日生活，同时也可从另一个侧面反映中、日之间的关系。

中日新報
中国国家観光局が後援

图2－2　《中日新报》

20世纪80年代末，由热心国际交流的日本人出资，中国留学生包括台湾留学生出力共同创办的报纸型《留学生新闻》，于1988年12月在东京问世。《留学生新闻》的成长，促使日本华文传媒高速发展，也为以后的其他华文传媒培养了相当多的人才。1992年9月25日创刊的《中文导报》，1995年5月1日创刊的《东方时报》，成为20世纪90年代初期、中期问世的华文传媒代表性的报刊。特别是经过这几年的努力，《中文导报》和《东方时报》无论是质量还是数量都超过了当年的“老大哥”《留学生新闻》。由于《中文导报》和《东方时报》的办报人员许多来自《留学生新闻》，所以《留学生新闻》被誉为日本华文报刊人才培养的摇篮。

中文導報
物價普漲牽動華人生活
交流融通　誠信永恆

图2－3　《中文导报》
2007年11月12日

① 夏桂荣．日本华侨华人报刊．华侨华人百科全书·新闻出版卷．北京：中国华侨出版社，1999.303

“这个时期的留学生报刊虽不如早期留日学生报刊那样多，但也有显著的特点：一是一些周刊、双周刊报纸相继创刊，标志着日本华侨华人报刊由杂志型为主转为报纸型阶段。二是从生活信息报刊向综合型报纸的转变。从东京的5家华文报刊的内容分析，如《留学生新闻》在1988年12月创刊时，有关政治经济的内容几乎是零。但以后政治经济内容年年增加。其他华文报纸的头版头条也同样是有关政治经济的报道。三是把报刊作为一种新的实业来办，出现一些刊登大量广告的商业性报刊。四是编辑人员和经营者的学历高，许多为博士生和硕士生。”①

这个时期的华侨华人报刊的作用也越来越引人注目：一是帮助旅居日本的中国人适应新的留日生活，尽可能为他们提供生活知识和信息，帮助其解决实际困难。如《留学生新闻》无论在内容还是在形式上，都精心营造一种朴实精致的风格，而且在细微之处都一丝不苟。版面设计清晰、易读、朴素而美观；版面设置和选题内容都是围绕着想要学习和了解中国、日本文化，或者关心消费的这一群体而进行定位的，同时针对特殊的时间和问题会不断对版面设置和内容进行相应的调整；在文字表达方面，提倡朴实、典雅的文风，以吻合留学族的口味。二是促进华人地位向上及新华侨社会形成，丰富在日中国人的文化活动，对在日中国人和民间团体活动的报道都占有很大的比例。以中国留学生为主要对象的某华文报还主办多次“留学生文化节”，其参加人数之多，社会影响之大，是当今之少见的。三是为中国人说话，对在日中国人人权保护方面的报道越来越多，这在某种程度上也是对日本社会的批评，这已被认为是华侨华人报刊发展的条件之一。“《中文导报》的华人新闻，既关注华人社会的突发性事件，也扫描华人社会的现象、动态和趋势，关注华人社会的各个层面，特别注意保护留学生、研修生、残留孤儿、新老华侨的权益。”② 四是传播中华传统文化，起到了民间交流的桥梁作用。五是消除误会和敌意，促进中日关系的发展。

20世纪90年代初，仅有的几份华文报刊，只能采用黑色印刷墨汁，而且版面也相当少，一共只有四五页。而如今，刚创刊的报纸动辄20多页，甚至有的达到40～50页。自《中文导报》从1998年8月改为对开大版以及《东方时报》从2002年5月改为对开大版以来，以这两份对开、彩印、周报改版为代表的日本华文报刊，出现了令人耳目一新的版面变化。现在发行的数十家报刊里，对开型的报纸至少有五六家。各报的彩页增多了，版面也不断增多，更加美观，反映了现代社会科技进步、华文传媒不断发展的事实。不少华文报刊虽然从因特网上大量摘抄编译，但几家主要的、有影响的华文报刊，记者采写的消息或有分量的报道却越来越多。如《中文导报》、《东方时报》上发表的不少消息，都为包括中国新闻社在内的国内传媒所转发，这足以证明日本华文报刊的办报质量在不断提高。

---

① 段跃中．日本华文传媒发展综述．世界华文传媒年鉴．北京：世界华文传媒年鉴社，2003．100

② 夏桂荣．日本华侨华人报刊．华侨华人百科全书·新闻出版卷．北京：中国华侨出版社，1999．303

曾经被称为“剪刀加糨糊”的日本华文报刊时代已经成为历史，现在所有的华文报刊全部实现了电脑排版。从各报招聘工作人员的启事也可以看到，必须会使用电脑是录用的标准之一。这反映了新一代报人在办报方面实现了质的飞跃。

数家主要周刊报纸，如《中文导报》、《东方时报》、《联合周报》、《华人周报》、《华风》等，都有一支比较稳定的记者和作者队伍。《中文导报》、《东方时报》还建立了日本地方通讯员制度，通过东京社记者和地方通讯员的共同努力，实现了比较完善的采访报道体系。这个完善的采访报道体系，可以比较全面报道华社的消息，反映华人的心声，进一步拉近了报社与华人之间的距离。

为加强与读者的联系，反映华人的意见，维护华人的权益，许多报社都走“华文报纸华人办”的道路。如开辟读者投稿专版，把记者的手机号码公开刊登在报纸上，不仅是希望读者提供新闻线索，也为读者排忧解难提供了方便。在报纸上开辟专栏，一个一个地解答读者来信所提出的各种各样的实际问题，为读者出谋划策，也受到了读者的高度评价。既发挥读者参与热情，又可以增加报纸的信息量，不失为是一种加强与华人联系、提高办报质量的有效方式。近几年，日本的华文报刊几乎都有专门刊登读者来稿的版面，有的甚至达到三页，既丰富了报纸的版面，又为读者发表自己的言论提供了方便，很受读者的欢迎。《日本新华侨报》“华人众议院”和《中文导报》的“笔会”，定期刊登专栏作者、读者的杂文随笔，几年下来拥有较大数量的读者，是读者参与办报方面较为成功的例子。

日本华文传媒近年来还注意报道华人社会的优秀人物，积极树立华人社会的正面形象，为历史留下了一个个感人的奋斗故事。“如日本侨报 1997 年首创‘负笈东瀛写春秋——在日中国人自述’征文活动，在华人社会引起强烈反响。104 名活跃在各个领域的中国人把自己的奋斗经历诉诸纸面，形成生动的征文，在上海教育出版社的支持下，出版了厚达 785 页、60 多万字的纪实文集，记录了在日中国人的形象，反映了中国人在日的生活与艰辛努力，在中日两国产生了很大影响。2000 年，日本侨报社又把该书译成日文，推出了《中国人的日本奋斗记》日文版，对改变日本对在日中国人的偏见起到了很大的作用。”①

现在，华文传媒办报已脱离了单一办报的形式，由过去的以报纸为依托发展文化事业，到企业养报，通过报纸宣传自身、服务企业。如《中文导报》、《东方时报》，可以说是前一种办报模式，报纸质量的提高、影响不断扩大，带动了所属企业的良性发展。近两三年，不少比较成功的华人企业纷纷办起了报纸，通过报纸宣传自己的商品。这种自我服务的方式，提高企业知名度，加深企业在读者中的印象。“《知音》半月报、《中国产业经济新闻》半月报，就是后者最为典型的代表。但是，我们也看到，在日华文传媒处境也相当困难，正在发行的报纸多数都是周刊。很少有真正意义

① 段跃中. 日本华文传媒发展综述. 世界华文传媒年鉴. 北京：世界华文传媒年鉴社，2003. 108

上的日报。这从一个侧面反映了日本华文传媒面临比较艰苦的办报环境。”①

华文报刊中还有一个特点，那就是有一部分是双语报刊，以华文或华、日文合刊出版。这些双语报纸的出版，有助于日本人对华人社会的了解，也促进了中日两国的文化交流。

随着在日中国人活跃范围的变化，在日华文传媒的重心也在不断地随之发生变化。20 世纪 70 年代末和 80 年代初来到日本的中国留学生大多集中在京都、大阪、神户等关西地区，因而当时在日本发行的 10 家中文报刊中，有 7 家在关西地区。中国人原来移居日本主要是在长崎、横滨、函馆、大阪、神户等几个贸易开放城市口以及东京等地，但是由于近年来东京接受的中国留学生最多，因此现在东京地区的外国人已经远远地超过了日本其他地方。现在，除了《中日新报》、《关西华文时报》等是在大阪发行以外，其余的全部集中在以东京为主的首都圈，而在东京原有的各报以及新创刊的报刊，均有不断向池袋（东京都丰岛区）这个华人聚集区集中的趋势，逐渐形成了以池袋为中心的华文报刊发行中心。

目前，池袋有 11 家大陆移民创办的华文报刊（加上《台湾新闻》共 12 家），已经形成了报纸、杂志、网络、出版等多种形式的传媒格局。

“在池袋大陆移民创办 11 家报刊中，周报有 5 家（印刷版 4 家，按创刊时间先后分别为《半月文摘》、《华人周报》、《阳光导报》和《网博周报》，电子版 1 家，即《日本侨报电子周刊》），旬报和半月报 2 家（分别为《日本新华侨报》和被圈内人士称之为每期发行量最大的《知音报》），月刊报纸、杂志 4 家（其中报纸 1 家，即《日本侨报》，杂志 3 家，即《华信志》、《第一杂志》和《走进日本》）。另有出版社，如日本侨报出版社，截至 2007 年 6 月，已经出版中日文书籍 150 多本。很多书籍被评为畅销书，有 3 本被日本图书馆协会选为推荐图书。”②

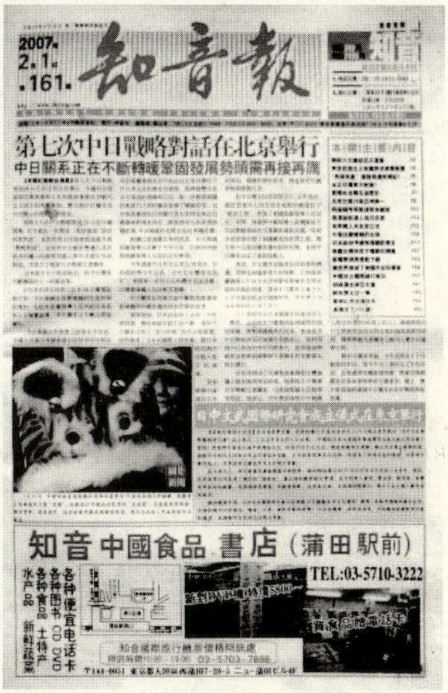
2007. 2. 1. .161.
知音報
第七次中日戰略對話在北京舉行
中日關系正在不斷轉暖鞏固發展勢頭需再接再厲
知音 中國食品 書店（蒲田駅前）
TEL:03-5710-3222
各种便宜电话卡
各种图书 CD DVD
各种食品 土特产
水产品 新鲜蔬菜

图 2－4　《知音报》2007 年 2 月 1 日

（4）电子媒体迅速发展

日本百年华文传媒史，主要是华文报刊史。随着“CCTV 大富”和“乐乐中国”的诞生，日本华文传媒结束了没有广播电视的历史。1998 年 7 月 1 日同时取得播送资格的“CCTV 大富”和“乐乐中国”电视台的诞生，改写了百年

① 段跃中．日本华文传媒发展综述．世界华文传媒年鉴．北京：世界华文传媒年鉴社，2003. 109

② 段跃中．日本华文传媒发展综述．世界华文传媒年鉴．北京：世界华文传媒年鉴社，2007. 88

史的内容，由过去的传统型向现代型转变，130 多年的日本华侨历史也翻开了前所未有的崭新一页。华文传媒也进入了立体型、多元化的时代。

2002 年，上海频道在日本正式开播，形成三足鼎立的局面。这 3 家公司共运营着 5 个电视频道，见表 2－2。

表 2－2　日本华文电视

频道	频道来源	节目内容
上海东方卫视	上海	新闻、综艺（节目与国内相同）
TVB 大富	香港	娱乐
CCTV 大富	北京	央视 CCTV－4
乐乐中国	日本	凤凰卫视、东风卫视、乐乐中国
CCTV－9	北京	以英语为主，也播出部分华语节目

2002 年 1 月 1 日，“上海东方卫视”（改版前使用的是上海卫视）正式在日本开播。上海东方卫视与日本 STV－JAPAN 株式会社签署协议，成为继中央电视台之后第二家获得日本政府许可播出的中国电视传媒，也是国内唯一一家得到广电总局批准在日本落地播出的省级电视频道。

“CCTV 大富”于 1998 年 7 月 1 日在日本正式开播，它 24 小时与中国同步，将 CCTV 节目向日本全境播出。该频道的宣传语是将“今日之中国”最直接地展现在观众面前。2002 年，CCTV 大富与香港 TVBI 合作，对 TVB 主力频道的代表性娱乐节目进行重新整合，成立了新的电视频道——“TVB 大富”。

“乐乐中国”是由 1992 年创刊的日本“中文导报”出资建立的，现为日本中文产业株式会社属下乐乐通讯株式会社经营的电视台；该台于 1998 年 7 月 1 日开播，是日本第一家由华侨华人经营的中文电视台。“乐乐中国”电视台目前拥有 SkyPerfecTV784 和 785 两个频道，拥有两万户的固定用户。

“虽然‘乐乐中国’节目制作水平尚待提高，但由其独家制作的‘新闻纵横’（周一至周五晚 22:45～23:00）和‘叶千荣的新闻空间’（周六晚 21:00～21:50）充分发挥了其作为华语传媒的优势，特别是‘叶千荣的新闻空间’，集新闻信息、新闻评论、人物采访于一体，在积极关注在日华人社会生活的同时，努力拓展新闻报道领域。”①

“乐乐中国”电视台没有任何政府或海内外财团的背景，它以近十年里发展起来的在日新华人企业为主体，是纯粹的在日华人自己的电视台。经过艰苦创业，现在取得了显著的成绩，从根本上改变了在日华人的文化生态和信息渠道，实现了在日华文

① 宋晓阳．华语电视媒体的全球化战略——日本华语电视媒体发展的启示，http：//column. bokee. com/21627. html 博客网

传媒由平面向立体形态的提升。

路透社每天通过卫星为“乐乐中国”提供最新的国际及亚洲地区新闻，CCTV（中央电视台）每天为在日华人传送最新的经济信息，TBS每天为“乐乐中国”传递最快的日本当地新闻，曾在日本华人社会里有广泛影响的国际性华文电视传媒CTN（中天频道）也及时为日本华人观众传送新闻报道，当然还有台湾唯一被允许进入大陆自由采访的TVBS以及大陆各地方电视台都成为“乐乐中国”的新闻来源。可以说，以“新闻纵横”为标志的新闻类节目，向广大华人观众提供了多层次、多视角的新闻报道，真正满足了华人观众多元的收视需要。

有了“乐乐中国”这个电视传播窗口，就可以在日本社会里真实传播在日华人社会的情况，反映中国真实的现状，有助于消除误解，维护中国形象。开台至今，该台持之以恒地以反映在日华人生存面貌为主题的“东瀛华夏人”节目迄今已有百集，通过一个个生动鲜活的真实故事，在日本社会里，树立起在日华人的正面形象。“这是对那些被夸大的华人犯罪形象的有力补救，更是对所有歪曲华人生存状态的企图的有力驳斥。“乐乐中国”有关华人的自制节目，积累起了一份生动的在日华人活的历史。”①

“乐乐中国”还开设华语教育节目，开创了海外中文电视教育的先河。2001年4月创办了“新世纪中文电视学校”。“开学至今短短两个月，学生已经超过600名，遍布日本各地，成为目前日本规模最大的中文学校，自行组织编剧拍摄制作了长达520集的系列教学片（目前已完成一半以上），为华人孩子提供声画并茂，形象生动的正规的中文教育。相信经过三年半的学习，持之以恒的10岁以下的华人孩子可以达到小学三年级以上的中文水平，这也为在日本继续弘扬中国文化埋下了希望的种子。”②

“在精心的策划下，观众数量不断增加，1999年底，开台仅一年半的‘乐乐中国’的视听用户突破了万户大关，两年之后，‘乐乐中国’的收视用户已接近20 000户。据来自观众服务中心的信息显示，每月送出的卫星天线超过1 000台，新签约加入的收视用户不断增加。”③

为了提高播出质量，该台还不惜血本，添置各种新设备，比如，在日本建立了一套比较完整的自给自足的拍摄、编播和后期制作设备，建成了第一个属于在日华人自己的电视演播室兼摄制棚。电视台除了传统的录像带剪辑方式之外，还采用最新型的

---

① 杨文凯．“乐乐中国”电视台 焕然歆动三周年．中新社网站，2001-09-16（http：//www.fcm.chinanews.com.cn）

② 杨文凯．“乐乐中国”电视台 焕然歆动三周年．中新社网站，2001-09-16（http：//www.fcm.chinanews.com.cn）

③ 杨文凯．“乐乐中国”电视台 焕然歆动三周年．中新社网站，2001-09-16（http：//www.fcm.chinanews.com.cn）

计算机剪辑编程技术。

日本华文电视台不仅实现滚动发展，而且还为华文传媒培养了大量人才，直接推动了日本华文传媒的发展。

虽然中日关系常受到政治因素的困扰，但是日本的华文电视的收视率却不断增加，其中关于中国文化、旅游等方面的节目尤其受到日本人和在日华人的欢迎。

从1994年起，已有多家报刊在因特网上开设电子版。无论报刊的种类、质量、读者规模都有很大的发展。如《中文导报》网络版自2006年改版以来，逐渐发展成为一个较为综合的网站，集新闻、娱乐、服务等功能于一身，赢得了很高的点击率。不仅如此，中文导报网还提供了博客汇总服务，让华人博客有了一个展示自我的平台。而通过该网站的"华人行事历"，读者则可以浏览在日华人的各种活动的预定日程，登录会员后可随时发布活动信息，大大方便了华人生活。"《中日新报》（大阪）网络版既有汉语版也有日语版，包括新闻中心、时政、国际等诸多方面，信息较为全面。《日本新华侨报》除了将纸质内容搬到日本新华侨网上之外，还在该网站上开通了IT咨询、房产咨询、人才交流等服务项目。"①

电子杂志《日本侨报电子周刊》荣获日本最大电子杂志发行网站magumagu主办的"2006优秀电子杂志"提名奖（新闻类十佳之一）。"这不仅是《日本侨报电子周刊》自1998年8月创刊以来的第一次，也是在日华文传媒的首个记录。这个奖项是在全日本的电子杂志中展开评选的，《日本侨报电子周刊》从参评的32 367家中脱颖而出，获得殊荣，从一个侧面反映了在日华文传媒，尤其是通过网络等新通讯手段进行发布的华文传媒日益增长的影响力。"②

（5）读者群和内容发生变化

华文传媒的读者从过去单一的初来日本的中国人，特别是留学生为主要读者，发展到现在不仅有在日中国人，还有不少日本人也成为中文传媒的读者或观众。

随着中国留学生逐渐走出校门，大批进入到日本社会，读者的身份有了很大的变化，对华文报纸就有了不同的需求。《留学生新闻》在1990年做的读者调查显示，留学生占读者总数的93.6%，而1998年的读者问卷调查时，留学生占了读者总数的26.2%。从读者的身份来看，除了留学生以外，还有日本公司就职者、日本人配偶、中国公派常驻日本者、归国者、短期探亲访问者、超期滞留者及偷渡者等各种人。

除了中国人读者，还有许多学习中文的日本人把华文报刊当做最实用的中文教材，通过报纸了解在日中国人的情况，认识现代中国的发展和变化。据《留学生新闻》和《中国留学生》的统计资料，日本人在订阅华文报纸的人中占有不小比例。

从文章的内容来看，20世纪80年代末至90年代初，由于留学生在读者中占绝

① 段跃中．日本华文传媒发展综述．世界华文传媒年鉴．北京：世界华文传媒年鉴社，2007.89

② 段跃中．日本华文传媒发展综述．世界华文传媒年鉴．北京：世界华文传媒年鉴社，2007.87

大多数，那时报刊上有关留学生的内容占了相当大的比重，除了提供留学生急于了解的各种信息情报外，还为留学生提供具体帮助。

随着读者层次的变化，报纸的内容有了很大的变化。以《留学生新闻》为例，根据《日本侨报》段跃中的分析和统计，1988 年 12 月《留学生新闻》创刊时，报上有关政治、经济的内容几乎是零，创刊第一年和第二年有关日本接受留学生情况的内容占到全体的 58.33%，2000 年后有关留学生内容逐年减少，而有关中国改革开放的报道、日本政治经济社会以及文化娱乐方面的内容却逐年增加，渐渐由单纯的生活信息报转变为有分量的综合性报纸。

又如"《中文导报》从创刊伊始就保持综合性报纸的性质。如创刊号头版的四篇报道中，头条就是中国与韩国建交的消息。1993 年 11 月 4 日改为周报以后，有关中国政治、经济、社会的报道占 21.23%，日本政治经济社会报道占 18.4%，在日中国人、海外华人的报道占 41.87%。"①

读者群和内容的改变反映了日本华文报刊的变化，同时也从一个侧面反映了报刊的发展方向，揭示了随着电子传媒，如在网络、手机、电视的冲击下，华文报刊必须改变以往的办报策略，从单独面向留学生，转向既为留学生也为日本华人以及日本公众服务，并改革版面和内容，同时开设中文、日文版，增加中日两国的经济文化内容，不仅有助于增强报刊的生存能力，而且也为其在日本扩大影响力提供条件。

二、韩国华文传媒业

中韩山水相连，自古交往密切。1894 年甲午战争时曾超过 10 万人，1931 年日本侵占我国东北三省后，曾强迫大批中国劳工去那里做苦力，日本战败后有不少劳工就留在当地成为华侨华人。随着朝鲜半岛划分南北后，华侨也随之被"三八线"隔开。韩国现有华侨约 10 万人。

中韩建交后，旅韩华侨的政治生活状况有所改善。2001 年韩国国会"政治改革特别委员会选举关系法小委员会"表示，在韩国境内居住超过 5 年以上的外国人，可以参加地方选举投票，并在国会内进行运作。2002 年 3 月，韩国法务部决定修改出入境管理法施行令，规定对持有"居住签证"在韩国境内住满 5 年以上，或以其他资格停留 10 年以上的旅韩外国人士给予"绿卡"，可无限期居住韩国的永居权。

韩国华侨华人虽然不多，但华侨社团和华文学校仍然得以存在，只是华文报纸难以为继，许多华文报刊已经纷纷停刊。"韩国有一百多个华侨社团，以'华侨协会'命名的就有五十多个。此外还有几十个其他性质的社团。华文学校有 40 多所，其中中学有四所。因此，第二代以后的华侨后裔仍能讲一口流利的普通话。中老年华侨的普通话仍带有浓重的山东口音。华侨先后发行过 1946 年创刊的《韩中日报》、1960

① 段跃中．现代日本华文媒体概况．中国新闻网，http://www.sina.com.cn，2003-08-08

年创刊的《正声日报》和1963年创刊的《华侨新报》等报纸，说明韩国华侨十分重视维护中华传统文化，但这些报纸现在都已经停刊了。”①

由于人数少，1992年之前又没有与中国建交，所以，韩国的华文报业发展缓慢。大部分的报纸都在20世纪90年代停刊。现在唯一一份华文报纸——《中文周报》也面临停刊的困境。

《中文周报》由在韩国留学的中国朝鲜族同胞金鹤哲2004年6月在韩国创办。金鹤哲2001年到韩国国立首尔（汉城）大学留学、2004年获得硕士学位、目前正在攻读博士学位，他一直对韩国没有正规的华文报纸感到遗憾，因此2003年创办了《中文周报》，主要面向对中国感兴趣和热衷于学习汉语的读者刊登有关中国的消息。

《中文周报》由韩国一家大型产业开发株式会社资助。每周三发行一期。2004年5月还创办了韩语版——《中国经济FOCUS》。由24版组成的《中文周报》分别于2004年2月和5月同新华社及上海《新民晚报》结成合作联盟，并发行了《新民晚报》（韩国版）。目前，由于人数少，无法吸引广告，报纸亏损严重，面临停刊的困境。

韩国许多报刊，如《朝鲜日报》、《东亚日报》、《韩国日报》等，倒是保留了许多汉字，但是只是用于报道韩国主流社会的新闻，并不报道华侨华人的新闻，也没有传播中华文化。

三、蒙古、朝鲜华文传媒业

蒙古与朝鲜华人人口不多，分别仅有4 000人和10 000人左右。人数少，当然影响华文传媒的发展，这两个国家的华文传媒规模不大，影响也很小。

1. 蒙古华文传媒简况

《蒙古消息报》是蒙古唯一的华文报纸，它的前身是《工人之路报》。《工人之路报》1929年9月1日在乌兰巴托市创刊，由蒙古工会主办。该报是石印周刊（1956年改为铅印），主要向当地华侨介绍蒙古党和政府的方针政策以及蒙古国内外的重要消息。20世纪50年代中期至60年代初期是该报的鼎盛时期。此时在蒙华侨有1万多人，又有大批中国员工来蒙援助社会主义建设，他们也成了该报的读者，这使得该报发行量一度高达数万份。

1962年以后，由于中苏分歧，蒙方倾向于苏，中蒙关系出现裂痕。1946年10月，《工人之路报》交由蒙古通讯社接办，改名为《蒙古消息报》（主要负责人为蒙古人）。1962年以后，中国援蒙员工陆续回国，在蒙华侨也逐渐减少，到80年代只有三四千人。《蒙古消息报》的发行量也大为下降。1991年，报纸停刊。

“20世纪90年代，中蒙关系逐渐好转，两国交往日益增多。在此背景下，1998年9月1日，《蒙古消息报》在乌兰巴托复刊。复刊号上刊登的《致读者》一文指

① 黄昆章．心系故土的韩国华侨．人民日报海外版，2002－10－31

出：蒙中两国、两国人民有着悠久的历史关系，《蒙古消息报》是我们友谊的结晶，愿它永远成为人民的使者。该报表示它将向读者广泛介绍各种有益的消息包括商业信息。同一期报纸还发表了对中国驻蒙大使齐治家的访谈录。齐大使对《蒙古消息报》的复刊给予了高度的评价，并谈到中国国务院新闻办公室为该报复刊提供了1万美元的资助。复刊后该报仍为周报，4开4版，内容包括要闻、蒙古新闻、人物介绍、副刊以及火车、飞机时刻表等。”①

2. 朝鲜华文传媒简况

朝鲜与我国接壤，但由于实行传媒相当集中的管理体制，曾经出现的华文报纸在严格管理下，由于读者不多，创刊之后不久便停刊，现在境内基本没有华文传媒。

历史上，朝鲜有几份华文报纸。如《朝鲜中华民众》、《华讯》、《民主华侨》、《战友》等，但这几份报刊在20世纪60年代都停刊了。《朝鲜中华民众》创刊于1930年，华文半月刊，该刊是朝鲜较早的华文报刊之一，直到第二次世界大战后，朝鲜才有其他华文报刊出现。《华讯》1956年3月创刊于平壤，为朝鲜华侨联合会中央委员会机关报，该会宣传部编，4开纸旬刊，1959年改为5日刊，1964年7月停刊。

第二节　东南亚华文传媒业

东南亚是华文传媒的发源地。全世界4 000多万华人当中，就有80%生活在东南亚一。除了新加坡外，东南亚华人虽然是当地的少数族裔，但是，他们为当地的经济、文化发展作出了巨大的贡献。与此同时，他们还努力地传承中华文化，维系族群认同，弘扬民族文化。他们特别重视华文传媒的新闻传播、娱乐信息与文化教育。

东南亚的华文传媒数量最多，规模最大，人数也最多。华文传媒不仅成为华人的族群象征，而且还成为争取华人权益的重要工具。这些华文传媒不仅在当地华人社会有重大的影响，而且在当地的主流社会也有相当大的影响力，像泰国的《世界日报》、马来西亚的《星洲日报》、新加坡的《联合早报》等，都在当地拥有相当大的影响力。近几年来，华文传媒的发展日益加快，不断在内容和形式方面创新和突破，朝集团化方向发展并取得了显著的成绩，扩大了读者市场，增强了实力，为华人了解世界提供了窗口。

一、东南亚华文传媒发展综述

东南亚华文报纸历史悠久，从《察世俗每月统记传》开始算起，迄今有将近200年的历史。华文报纸种类繁多，内容丰富。华文报纸的历史，就是一部华人在东南亚

① 程曼丽．海外华文传媒研究．新华出版社，2001. 311 ~ 312

开拓和生存的血泪史和奋斗史。华人在求得自身生存与发展的同时，也为当地国家作出了巨大贡献。翻开华文报纸，一股独具东南亚华人特色的人文气息扑面而来，一幅反映华人与原住民的文化融合的历史画卷映入人们的眼帘。将近200年的华文传媒发展史，展现了华人自强不息，艰苦奋斗的民族性格。

1. 华文报纸的历史简况

众多华人移居南洋，慢慢形成华人社会，围绕着华人社会的需求，以及随着经济上的独立和发展，各种精神上的读物不断创刊，越来越多地出现在人们面前。

东南亚早在1815年就出现了与近代报业相类似的报刊《察世俗每月统纪传》，之后经过后人的不断努力，新报刊不断推陈出新，为华文报刊业加入新鲜血液，才形成今天如此繁荣的局面。报业所历经的坎坷，也从某个角度反映了华人饱经沧桑的开拓史，甚至是屈辱史。翻开厚重的华文报业史册，我们既为华人为求得生存而付出的巨大努力而感慨，同时又为华人强大的生命力所赞叹。

东南亚华文报刊起源于19世纪初，1815年在马六甲创刊的《察世俗每月统纪传》被学术界公认为世界上第一份近代华文期刊。近代的华文传媒就从这发轫。它的出现与发行，不仅对当时当地的华侨产生了重大影响，对中国近代传媒的诞生也起到了十分积极的历史推动作用。

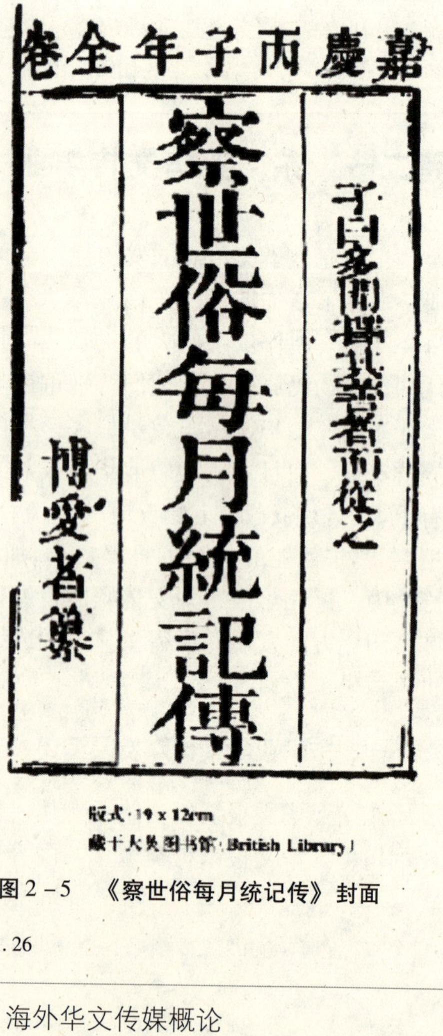
嘉慶丙子年全卷

察世俗每月統記傳

子曰多聞擇其善者而從之

博愛者纂

版式·19 x 12cm

藏于大英图书馆（British Library）

图2－5　《察世俗每月统记传》封面

为什么东南亚华文传媒发端于1815年的马六甲？“《察世俗每月统纪传》的创办人米怜在其《回忆录》中谈到，马来半岛在马六甲、爪哇和槟城都可以发展成为传教据点。他认为，从华侨人口数目上考虑，爪哇要比马六甲有利，但是马六甲离中国比较近，加之它位于交趾支那、暹罗与槟城之间，方便同散居于各群岛的华侨接触，而且它与印度、广州的往来也十分方便。因此，米怜认为，马六甲人口虽然比爪哇少，其地理位置却有利于教会向更多的当地民众（特别是中国人）展开传教活动。此外，米怜认为，从学习语言的角度，马六甲也较为适宜。”① 由此可见，华文报纸的诞生与发展需要一定的地理环境和传播

① 程曼丽．海外华文传媒研究．北京：新华出版社，2001. 26

需求。

《察世俗每月统纪传》[1] 的创办对东南亚华人和中国内地影响深远。它冲破了清朝的言禁，打开了言论自由的大门，带给中国新的思想和风气，有力地促进了中国的思想进步。由于它是一份在近代相对来说比较正规的报刊，因此它还成为现代东南亚华文报纸期刊的蓝本。东南亚华文报纸此后出版的版式都基本模仿《察世俗每月统纪传》，后来经过不断改进，成为集新闻、言论、副刊、广告于一体的颇有南洋特色的报纸。

1823 年，英国人麦都思在巴达维亚创办了《特选撮要每月纪传》，旨在继承米怜的传教遗志。它以中国书册式印刷，版式长 21 厘米，宽 13 厘米。麦都思模仿米怜取了一个中文笔名“尚德者”并署上“尚德者纂”，右上角则印上《论语》第十一章先进篇的“子曰亦各言其志也已矣”。[2]

《特选撮要每月纪传》[3] 于 1826 年停刊，仅过了两年，又有一份华文报刊在马六甲问世，那就是《天下新闻》。其出版资金由两名热心人士提供，以活版印刷的报纸形式出现。“该报除了刊载有关中国的新闻，借以引起中国读者的兴趣之外，主要内容还包括西方知识、欧洲的科学、历史、宗教与伦理等。该报于 1929 年停刊。”[4]

《天下新闻》停刊后，1833 年，德国传教士郭实猎在广州创办了《东西洋考每月统记传》。由于受到清政府的阻挠，1935 年停刊。两年之后，该报在新加坡复刊。

19 世纪中叶以后，东南亚华人人口增长非常快。在新加坡华人在总人口中所占的比例越来越大。与此同时，新加坡华人中产生了一大批富有的商人，这就为华文报纸的诞生提供了读者群与办报财源等条件。在这种良好的氛围下，1881 年新加坡《叻报》创刊。由于新加坡是世界远东货贸和转运中心，因此《叻报》的出版对加强新加坡、东南亚、中国的信息交流起到了十分重要的作用。它虽然持保守态度，反对推翻清朝统治，但还是向广大的华侨传递了戊戌变法与辛亥革命的信息，满足了华侨了解祖国的需求。

戊戌变法失败后，康有为、梁启超流亡海外，办起了保皇报纸，而以孙中山为首的革命派，则力主推翻清朝统治，实现民主与富强，并以报纸为先锋，办起了革命性报纸。于是在辛亥革命前后，两派围绕是否推翻清朝统治、保皇还是革命、实行平均地权还是维持封建土地所有制等主张展开了政治论战。论战对华侨的思想产生了重大影响，帮助他们分清保皇与革命的区别。经过论战，许多华侨认清了推翻清朝统治是实现中国民主与富强的必经之路，因此转向拥护革命派。随着论战的深入，拥护革命

---

① 图片来源：[新加坡] 卓南生. 中国近代报业发展史. 北京：中国社会科学出版社，2002. 25
② [新加坡] 卓南生. 中国近代报业发展史. 北京：中国社会科学出版社，2002. 39
③ 图片来源：[新加坡] 卓南生. 中国近代报业发展史. 北京：中国社会科学出版社，2002. 40
④ [新加坡] 卓南生. 中国近代报业发展史. 北京：中国社会科学出版社，2002. 43

派的华侨日益增多，保皇派最后不得不偃旗息鼓。缺少了读者的支持，保皇报纸逐一被迫停刊。

辛亥革命成功之后，东南亚华文报纸有了进一步的发展。此时创办于马来西亚的《南洋商报》与《星洲日报》是东南亚影响比较大的两份华文报纸。它们对增强华侨爱国爱乡、服务桑梓的热情，提高他们的语文水平，推动华社的进步，特别是抗战时期宣传鼓动华侨捐赠财物，甚至回国参战以致获得抗战胜利起到了十分重大的作用。

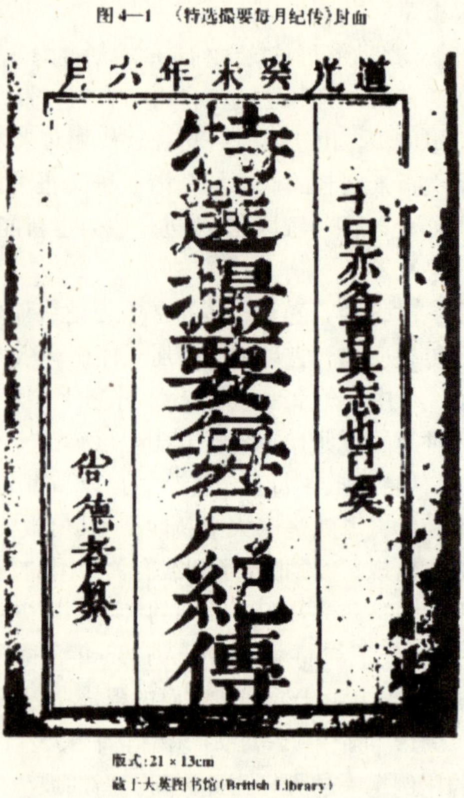

图2－6　《特选撮要每月纪传》封面

新马早期之所以有如此多的华文报纸诞生，是与当时的新马华人人口不断增多、物质条件改善密不可分的。当时，新马华侨富商在南洋拥有强大的经济实力，这其中最主要的原因，是他们掌握了锡矿与树胶的生产。橡胶园主与矿主们大量雇请华人，再加上英国人早期并不干涉华人在新马的商业活动，社会亦相对稳定等种种因素，致使新马华人大量增加。这就为新马华文报业的形成提供了物质和读者条件，华文报业也开始以崭新的面貌出现在南洋华人面前，如采用铅字印刷，购买新的柯式印刷机等。此时，南来的中国文化人中，许多都是富有办报才华和经验的著名报人，如傅无闷、胡愈之、张楚琨等，他们带来了中国报业的传统和风格，促进了新加坡华文报的完善和成熟。

1949 年新中国成立后，为解决众多华侨身份的“历史问题”，中国政府采取只承认一个国籍的做法，鼓励华侨根据自愿原则，自由地选择自己的国籍。许多华侨无法放弃去多年苦心经营的事业，因此选择了入籍当地国的做法，成了外籍华人，但又无法接受不是中国人的事实，心中充满了痛苦和迷茫。入籍当地国后，自然他们所创办的华文报纸也就成为当地国的华文报纸，他们便要受到当地国的文化出版法律的制约，以当地国的利益为依归，于是内容和办报的宗旨便有了极大的改变，但是华文报纸还是从华侨华人的心理出发，大量报道华人社区的新闻。从以中国利益为依归到以维护当地国利益的办报宗旨的改变，是东南亚华文报纸的一个重要的历史嬗变。

20 世纪 80 年代以来，随着科技的发展和中国经济改革的成功，再加上当地国政府放宽对华文报纸的限制，华文报纸发展空间得到了扩大，大量网站纷纷涌现，新移民报纸、期刊创刊，广播电视开办，媒介传播实现了多元化。虽然空间有了扩大，但并不表明华文报纸就拥有了快速发展的条件。由于历史原因和民族问题，东南亚各国大多是发展中国家，包括唯一的华人占多数人口的新加坡，都对媒介实行较为严厉的审查制度，对华文报纸的言论控制十分严格。今天随着国内局势的缓和，泰国、菲律宾等国家放松了对传媒的管制，华文报纸才拥有比较多的新闻自由。除新加坡外，东南亚各国采取民族与文化同化政策，减少和限制华文学校的开设，不资助华文学校，使认识华文的华人日见稀疏，从而对华文报纸的生存与发展产生了不利影响，东南亚华文报纸的历史延伸受到了制掣，因此，虽然华文报纸充满了发展希望，但需要华文报纸更加努力地开拓新的受众群，培育新的华人读者。

历史上，东南亚华文报纸一直受到中国大陆与台湾政治的影响，分成不同的派系，互相间有合作也有竞争。但20世纪90年代来，这种派系的界限逐渐模糊，对大陆报道呈现出客观公正的趋向，而且随着中国经济的迅速崛起，这种趋向越来越倾向大陆。这种现象的出现有三个原因。一是中国经历二十余载的改革开放，国力愈来愈强，在世界上的地位越来越高，迫使原来亲台的华文报纸掉转笔头，从原来贬共亲台转变成客观公正地对待共产党领导的改革开放事业。二是中华民族统一大势所趋，人心所向，原来鼓吹分裂的报纸发现自己已失去民心，面临关门倒闭的境地，因此不得不改变办报宗旨。三是中国内地移民越来越多，广大的炎黄子孙包括华文传媒工作者对“台独”产生不满，原来亲台的报纸已很难在华人当中造成影响，这也直接影响到它们的生存。四是中国改革开放后，大陆新移民逐渐增多，原来闽南语充斥在一些亲台湾的报纸的现象也趋于减少。同时中国实行改革开放，两岸三地的语言互相融合，这种融合影响也到了东南亚的华人社会，华文报纸注意到读者群的结构在发生变化，力图争取这群大陆移民读者。为此，一些华文报纸不仅在新闻报道方面一改过去“一边倒”的倾向，还创办了一些受大陆新移民喜爱的栏目。现在东南亚华文报纸大多正面报道中国大陆的新闻，并担负起中国统一大业的使者与呼吁者的角色。

2. 华文报纸发展的四个浪潮

史料记载，从宋朝开始，华南的乡亲就到南洋谋生。华人大规模的移居东南亚却是在19世纪中叶，当时清政府被迫解除禁止华人出国打工的法令。之前，华工出境都是通过秘密招募和运送，类似于现在“蛇头”组织非法出国一样。那时候，清政府一发现有华工秘密出国的情况，抓到了就格杀勿论。但英、美、法等国为发展资本主义急需民工，于是强迫清政府签订包含有让华工自由出境的条例，如《北京条约》、《蒲安臣条约》。这些条约的签订，为大批华工出境提供了法律保障。这时候，移民到南洋的人数激增，成为当时民族迁移史的重要时期。有专门研究民族迁移的中外学者，就认为此时中国华工的迁移与爱尔兰迁移到美国并称为世界民族迁移史的两个重要的人类学现象。

东南亚为移民提供了新的生存环境，同时为满足这些移民的各种服务也就应运而生了，其中之一便是华文报纸的诞生和发展。伴随着移民潮的出现，当地政府不同的对华政策，以及因应国内形势出台的政策措施，华文报业出现了四个发展浪潮。

第一个高潮是在戊戌政变至辛亥革命前（1898—1911）。戊戌政变后，许多维新知识分子被迫出国，相当多的人选择了到东南亚求生存、求发展，以图继续变法维新。如康有为、梁启超等人逃到东南亚，以图在国外印制报刊，通过秘密渠道带回国内，鼓励民众继续保持变法维新的观念。由于观念落后，思想顽固，他们蜕变为保皇派。而与此同时，立志以推翻清政府腐败政权为己任的革命党人，也利用东南亚华侨众多的特点，寻求支持，并影响华侨的革命观。因此，革命派与保皇派各自利用报刊在东南亚展开言论激战。比如，《中兴日报》（1907—1910）为中国同盟会新加坡分会所办，《光华日报》（1910 至今）在槟城出版，这两份报纸成为同盟会的舆论工具，同保皇派展开激烈的论战，最终压倒保皇派。孙中山等革命党人经常为这两家报纸撰稿。这两份报纸为华侨明晰中国改革局势起到了宣传和鼓动的作用，影响相当大。而思想保守的《叻报》最后停刊，其中一个原因就是因为跟不上形势，保皇观念太浓，以致逐渐失去华侨的支持。

第二个高潮是在 20 世纪 20 年代（1921—1930）。据估计，这期间的华文报数达（包括杂志和周刊）60 种。当时，由于世界对橡胶原产品的需求多，东南亚的经济命脉橡胶价格上涨，人民的收入随之提高，谋生变得容易，于是吸引更多的中国华工前来打工。中国南来的移民掀起了一波又一波的浪潮，其中也包括了许多落难的文人，他们为办报解决了人才荒的问题。国民党的党报这时也开始涌现，主要宣扬三民主义。

第三个高潮出现在“二战”结束和新中国诞生之后的稍短一段时间（1945—1957）。日本侵略东南亚，把东南亚作为原材料的供应地，大肆掠夺当地的原材料，激起当地民众的反抗。由于在中国抗日期间，许多华侨从民族感情和文化母国出发，捐赠财物，甚至亲身回国参加抗日活动，因此受到日本侵略者的残酷镇压和迫害。日本侵略者要么封闭华文报馆，要么通过当地国的统治者封闭华文报馆，杀害华文报人。几乎所有的东南亚华文报纸都被封闭，这是华文报业史上的一段黑暗时期。战后，随着日本侵略者撤出东南亚，直至 1957 年的 8 年中，东南亚涌现了 86 种华文报。这期间报纸风起云涌，首先得归功于人们迫切需要情绪的发泄。三年多的日治期间，东南亚人民生活在水深火热之中，心中的怨恨无从诉说。日军投降后，人们心中积淀的愤怒，就像火山的熔岩迸发出来。与此同时，东南亚各地复掀起反殖民地主义的浪潮，于是办报成为斗争的必要工具。因此导致华报林立，其中有一部分是左翼的喉舌。其次，殖民地政府的自由放任政策，也是造成报业蓬勃的原因之一。

截至 1957 年，华文报高达 96 种。这段时间，中国志愿军与美国开战，橡胶价格飙升，人民生活比较稳定，收入也有所提高，这时便需要一些精神食粮。于是各式各样的小报也不断涌现，通过报道社会趣闻和文化现象来娱乐读者，满足人民的精神需要。但1957年之后至80年代初期，由于民族主义高涨，各国在脱离殖民统治的同时，也敌视华侨华人。印度尼西亚、菲律宾及缅甸等国，间歇性地爆发了排华的浪潮。当地政府视华人为外来人，积极推进同化政策，华报、华校、华社首当其冲，遭受到无情的摧残。许多华文报纸被封杀，报人或被驱逐出境，或被送进监狱。印度尼西亚、缅甸、越南、老挝、柬埔寨是五个最典型的国家代表。即使在华人聚集比较多的马来西亚，华文报纸也受到压制。除了新加坡的华文报纸仍能有所发展外，其他国家的华文报纸经济困难，都是在苦苦经营。

第四个高潮产生于中国的改革开放之后，尤其是20世纪90年代之后。随着中国经济迅猛发展，又采取与其他国家交往的和平共处原则，加强睦邻友好关系，特别重视与东南亚各国的外交关系。东南亚各国基于形势发展的需求，都放松了对国内华人的限制，在一定程度上鼓励发展当地的华文报纸、教育、社团，以求借助中国迅猛的经济发展推动本国经济的发展。像泰国、马来西亚、菲律宾、印度尼西亚等国，都强调了发展华文对本国发展的重要性。从抑制华文发展，到鼓励甚至放任华文发展，华文报纸又迎来一个春天。

3. 近年东南亚华文传媒的发展①

目前，东南亚华文传媒面临诸多困难，但是普遍呈现良好的发展势头，华文广播电视纷纷落地和开播，马来西亚的星洲传媒集团与香港明报集团、南洋报业集团准备合并，酝酿建立跨越全球性的庞大华文传媒集团。新加坡华文报纸虽然面临社会英语化的困境，但是近几年销量下降的趋势已有所缓解。这些新现象都反映了近一两年来华文报纸在培育读者、协助开展华文教育、巩固华文市场等方面取得了新进展。

（1）华文报纸销量增加

新马仍然是东南亚华文传媒最发达的两个国家。在华文报业领域，无论是报刊的销量，还是报刊的数量，马来西亚已经远远抛离了昔日海外华文报刊中心的新加坡。然而，在广播电视领域，新加坡却仍执牛耳。

在马来西亚，2005年，据AC尼尔森的调查数据，《星洲日报》以及属下的《光明日报》读者人数约占华文报市场的56%～57%。2005年7月1日至2006年6月30日，马来西亚发行审计局发表了马来西亚的日报发行量，其中日销量最高的是华文报，英文报排第二，马来文报排第三。在增长率方面，华文报纸多于英文报和马来文报的总和，见图2－7、图2－8。

① 此部分参考了笔者所撰写的《东南亚华文媒体现状与展望》（《世界华文传媒年鉴》2007年53～62页），以及《族群和文化认同：从新马华文报纸的历史看其与华人的关系》的部分内容，此研究论文由李光前学术基金会（新加坡国家图书管理局管理）资助完成，现存于新加坡国立图书馆。

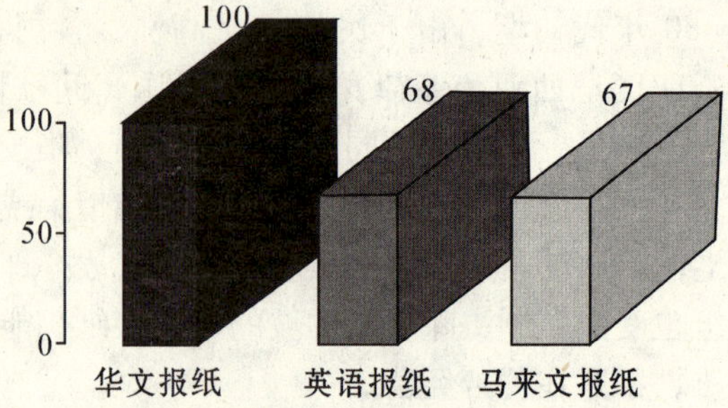

图 2－7　马来西亚各语文报纸每日销量

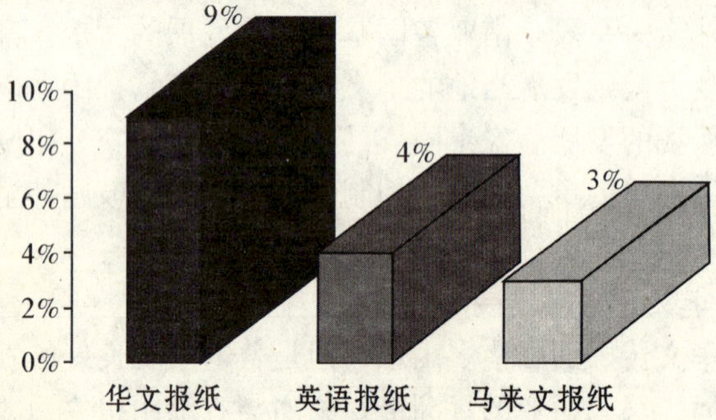

图 2－8　马来西亚各语文报纸增长率

目前，马来西亚约有 87% 的华人（大约 522 万）通晓华文，其中 77% 的华人（大约 402 万）为华文报读者。由此可见，国内各报读者群持续增长，海外华文传媒未来展望相当乐观，同时华文报的渗透率也继续上涨，有利于提高集团报纸的发行量。

另一个华文报业重镇——新加坡，随着中国经济迅速发展，华语商业价值不断提高，政府为保持华族文化不懈推广华语以及华文。近几年来，其华文报业的销量也比以往有所起色。《联合早报》延续了下降的势头，但比较而言，英文报《海峡时报》的销量仍然远远超越《联合早报》（如图 2－9、图 2－10 所示）。

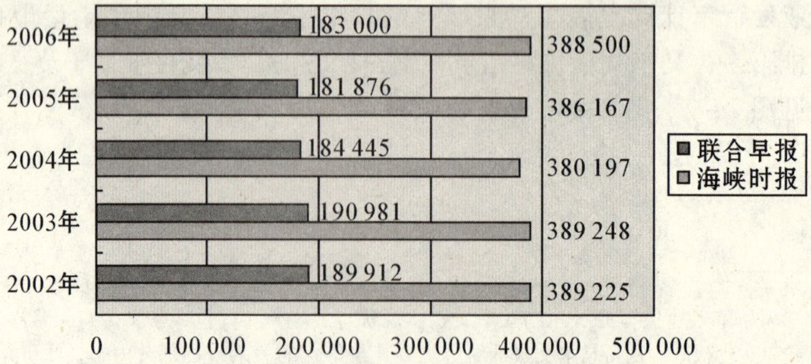

图 2－9　新加坡主要两份语言报纸销量比较

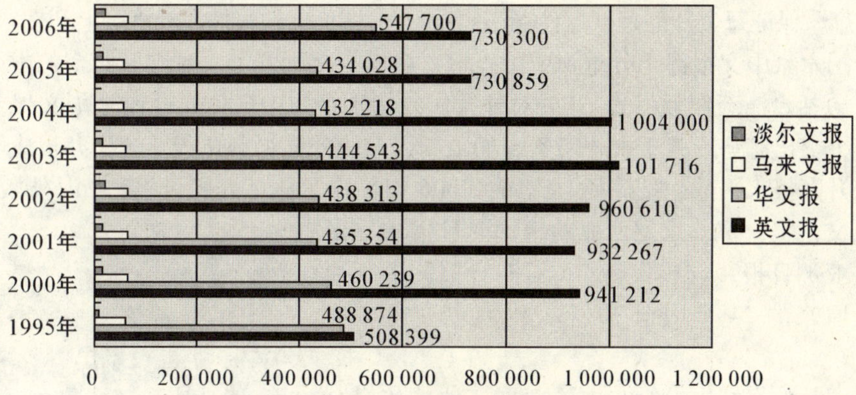

图 2－10　新加坡各语言报纸销量总计

在新加坡，华文报纸无论是单份报纸销量，还是各语言报纸的总销量均不及英语报纸，但是华文电视的收视率却远远超越英语电视频道。这是因为新加坡使用英语作为教学媒介语言，华语掌握的程度比较低，相当多的华人只会说简单的华语，却无法使用华语写作，因此阅读华文报纸对于他们来说是一件难事，但是由于电视声画并茂，语言通俗易懂，剧情比较接近新加坡华人的生活，因此来自中国内地以及香港、台湾地区的电视节目在新加坡大受欢迎，造成华文报纸销量不及英文报，但是华文电视节目收视率却超越英语频道的奇异现象。

在泰国，随着中国日益繁荣富强及其国际地位、国际影响力的提升，越来越多的人到中国投资经商，因此有必要通过华文报纸了解中国情况，从而增强了华文报的吸引力，拓展了华文报的市场。泰国的华文报纸销量也从 2000 年的 10 万份增加到目前的 13 万份。虽然增长不是相当明显，但是其不降反升，显示了泰国华文报业谨慎乐观的前景。

在印度尼西亚，华文报业也令人感到乐观。2006 年《千岛日报》、《国际日报》的销量有数千份的增长。《印度尼西亚星洲日报》2007 年 1 月抢滩印度尼西亚，表现不俗。在柬埔寨，华文报纸的销量也有所上升，《柬埔寨星洲日报》目前的销量已经超过 5 000 份，这对于一个比较贫穷、百业待兴的国家来说非常不容易，也反映了柬埔寨华文报业比较光明的未来。在越南，《西贡解放日报》的销量也有比较大的增长，许多非华裔的越南人也购买该报，把它当做学习教材。在菲律宾，华文报业稳中有升，还新出版了免费报纸，总销量轻微上升。

（2）加强与中国报业的合作

迈入 21 世纪，中国与柬埔寨等东盟国家进入一个全方位发展与合作的新时期，柬埔寨华文报刊也迎来了一次前所未有的发展机遇。比如，柬埔寨《柬华日报》从 2004 年 4 月 8 日开始，专门抽调两名记者收集有关中国—东盟自由贸易区和中国—东盟博览会的信息，保证每个月都有10篇甚至更多的有关博览会的稿件在经济版上刊发。

泰国六家中文报都十分重视中国报道，各辟有多则八个、少则一两个的中国新闻专版（包括台湾新闻版面）。开展对外合作，特别是与中国传媒合作是华文报业发展中的一个突出态势。基于人才与资金的限制，与境外强势华文传媒合作办报成了泰华报业提升办报水平的一条捷径。比如，2006年8月1日《人民日报》（海外版）、香港的《文汇报》和印度尼西亚的《国际日报》在泰国随《亚洲日报》同步发行。《亚洲日报》的版面因此从原来的24个增至30个，内容也变得丰富多彩。

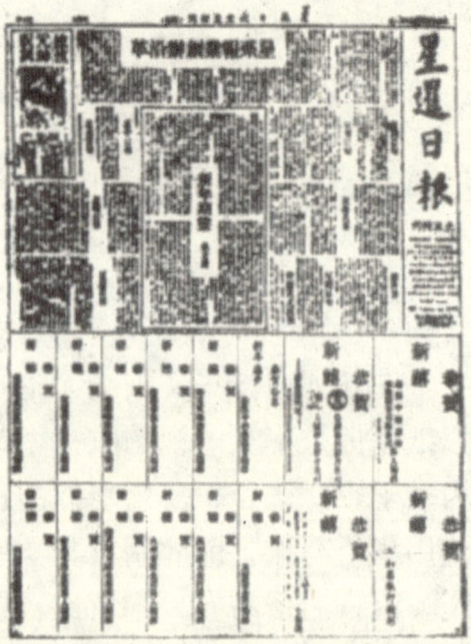
星暹日報

图2－11　《星暹日报》创刊号（1950年1月1日）

泰国其他报纸也纷纷与中国两岸三地的传媒合作。如创刊57年的《星暹日报》[①] 从2006年12月18日起，每逢周一便刊载上海《新民晚报》采编的四个“泰国版”，新增有“上海一周、中国瞭望、养生之道”等内容。《京华中原联合日报》更标新立异，除借助《汕头经济特区报》和广东梅州对外文协分别为它编排的《潮汕乡情》、《梅州乡情》版以外，还加赠香港《新报》，以及提供两版艳情娱乐新闻与广告。《世界日报》则利用台湾联合报系的资源，加强对中国内地以及香港、台湾地区的报道。

马来西亚《星洲日报》准备与广东传媒合作，转载其新闻，之前该报已经与上海《新民晚报》、云南《云南日报》开展合作，互相转载新闻。

新加坡《联合早报》则早已加大对中国的报道。该报把中国新闻组从国际新闻组分离出来，使之成为与国际新闻组平起平坐的新闻组。该报在北京、上海、广州、重庆、香港、台北派驻记者，全方位报道中国新闻，目前该报也寻求与中国传媒合作，希望借助中国传媒进入庞大的报业市场。

对于在当地国家仍属弱势传媒的华文传媒，加强紧密合作，让海外传媒的视角和经营理念同中国传媒的资金和人才优势相结合，让华文传媒的声音更响亮，这已经成海内外华文传媒的共同呼声。

（3）华文报业集团化趋势明显

2006—2007年中，东南亚华文报业集团化趋势明显加强。其中最令人注目的是，马来西亚星洲传媒集团宣布南洋报业集团与星洲传媒集团、香港明报集团合并组成明报集团，同时在香港和马来西亚上市，打造成为海外华文出版业的巨头。

① 图片来源：世界华文传媒年鉴．北京：世界华文传媒年鉴社，2003.697

《星洲日报》2003年上市，2004年3月8日，星洲日报社社长张晓卿拥有的朝日报业私人有限公司（1983年3月15日注册成立）转为公共有限公司，并易名为朝日报业有限公司，同年5月9日，再易名为星洲传媒有限公司，主要涉及《星洲日报》、《光明日报》的出版、印刷与分销业务和印刷其他出版商的报纸和分销杂志。这样，星洲传媒有限公司就转型为综合性的传媒集团。旗舰报是《星洲日报》，下辖《通性光明日报》、星洲互动私人有限公司、姆禄报业私人有限公司、传媒传播私人有限公司。

图2-12　颇具规模的星洲日报报社

2006年10月17日，张晓卿通过名下的益思（Ezywood Option）私人有限公司，以64 675 800令吉（1令吉相当于人民币2元）的价格从南洋报业控股大股东兼马华公会的华仁管理有限公司购买了南洋报业集团21.02%的股份。之前，张晓卿名下的常青集团已经购买了23.74%的南洋报业集团的股份。收购后，张晓卿拥有44.76%的南洋报业集团股份，一跃成为南洋报业的最大股东。按照马来西亚的有关股票管理制度，张晓卿拥有44.76%的南洋报业集团股份后，可在市场上实行强制性的全面收购其他股东的股票，其收购行动于2007年4月结束。收购完成后，张晓卿拥有两家马来西亚最具影响力的华文传媒集团，控制四份日报，即《星洲日报》、《光明日报》、《南洋商报》、《中国报》。这四家华文报纸的销量占据了80%以上的马来西亚华文报业市场份额。

星洲传媒集团、香港明报集团、南洋报业集团将于2008年2月合并，合并后它将成为中国大陆以及香港、台湾地区之外最大的华文传媒集团，足迹遍及全世界。目前，南洋报业集团、星洲媒休集团、明报集团每日报份总发行量逾100万份，三家集团有员工5 000人。合并后，明报集团就成为拥有五大报纸（《星洲日报》、《光明日报》、《南洋商报》、《中国报》、《明报》），超过30份杂志的大型中文出版集团。

新加坡《联合早报》、《联合晚报》、《新明日报》已经是新加坡报业控股公司的附属机构。在其他东南亚国家，华文报业的集团化也在酝酿之中。比如说，在泰国就曾经一度传出六家华文报纸合并的消息，以实现资源共享、扩大报纸利润、增强影响力、减少亏损的目的。

（4）马来西亚华文报业向外扩展

马来西亚已经成为中国（内地、香港、台湾、澳门）之外最繁荣、竞争最激烈的华文报业市场，将近20份华文报刊在马来西亚展开竞争。当前该国华文报业已经形成《星洲日报》一骑绝尘、其他报纸相互混战的局面。马来西亚不仅在国内激烈竞争，同时也把视野扩展至邻近国家。比如，东马的《国际日报》、《亚洲日报》等销至文莱，《星洲日报》则在柬埔寨、印度尼西亚开辟了新的华文报业市场。

2000年11月8日，星洲日报在柬埔寨创办《柬埔寨星洲日报》。该报日出对开纸5张20版。周日出对开2张8版。2006年12月2日，《星洲日报》开始进军印尼华文报业市场，入主印尼有40年历史的《印度尼西亚日报》，并将它改名为《印度尼西亚星洲日报》。《印度尼西亚星洲日报》出版初期每天出版3大张计12版，全部由吉隆坡《星洲日报》总部编排，与印尼有关的新闻则经过当地编译人员整理后，也寄往总部统一排版。总部排版后，再发版至印尼印刷。

《星洲日报》能够收购具有40年历史的《印度尼西亚日报》，一方面说明《星洲日报》的办报宗旨得到印尼政府的信任，印尼政府相信《星洲日报》凭借其雄厚的财力、物力和人才，能够客观报道印尼政府的活动和政策。另一方面，也说明印尼政府在全球兴起华文热的背景下，把向华人解释政府政策的责任转移给《星洲日报》，让影响力强大的《星洲日报》承担报道政府信息、沟通政府与华人的责任，也借此御下这个财政包袱。

《星洲日报》挟雄厚财力及相当专业的新闻人才向印尼发展，抢攻销路不超过10万份的华文报业市场，立刻改变了现有的华文报版图。2007年2月29日，《星洲日报》创刊后不久，由台湾《联合报》经营的《世界日报》无法面对长期亏损以及面对《印度尼西亚星洲日报》竞争的局面，宣布停刊。

目前，《星洲日报》在柬埔寨和印度尼西亚的发展势头良好。星洲传媒集团利用其雄厚的财力，派遣优秀报人赴各地办报，以“文化办报”的理念在东南亚扩展华文报业，传播中华文化。虽然创办初期面临巨额亏损，但是从长远来看，却为星洲传媒集团扩展生命线播下了收获的种子，实属明智之举。

（5）新加坡华文传媒仍有强大生命力

众所周知，由于政治、经济、文化、种族原因，新加坡在独立时就实行英语优先发展的策略。如今，社会各个层面的英语化程度都在加强，华文报业面临市场萎缩甚至消亡的危险。但是从近几年的情况来看，鉴于政府推行的一系列挽救华语的措施，中国经济迅速发展以致华语商业价值提高，以及外来新移民不断涌入新加坡的事实，华文报业仍有发展的空间，至少在20年之内不会消失。

2006年，《联合早报》销量已控制住了不断下跌的趋势，大约增加了2 000多份，总销量达183 000份。2006年6月1日，推出免费报纸《我报》，市场反应不俗。在华文报业总销量中，华文报纸《联合早报》、《联合晚报》、《新明日报》也出现逆势增长的势头。这说明，在中国经济迅速发展的带动下，越来越多的新加坡人意识到华语的商业价值，由此加强对华语的学习，造成华文报纸销量出现反弹。

由于市场有限，新加坡独立时与马来西亚达成协议，华文报纸不发行到马来西亚，这使华文报纸失去了邻近最大的市场。为扩展市场，《联合早报》曾经想在印尼创刊，但是印尼会讲华语的华人很少，《联合早报》要承担巨额的亏损，权衡利弊之下，只好放弃创刊念头，每天空送300份报纸至印尼，但成本很高，最后不了了之。

中国是新加坡华文报业最想开拓的市场，早在1994年，《联合早报》就开始进入中国市场，但是只局限于三星级酒店以及新加坡人聚集的城市，如北京、上海。由于无法在中国印刷和出版，《联合早报》每天靠空运报纸到中国，成本高昂。2006年，《联合早报》加大对中国市场的开拓。2006年3月28日，香港TOM集团有限公司与新加坡报业控股有限公司达成一项战略合作协议，新加坡报业控股将向TOM户外传媒集团注资2 600万美元，持有户外传媒集团35%股权，TOM集团公司则保留其余65%的股权。众所周知，TOM是中国非常有影响的门户网站，新加坡报业控股入股TOM的意图非常明确，就是希望借其进军中国的传媒业。目前，它与中国南方航空公司达成协议，每天免费在机舱内派发报纸，一方面继续扩大它在中国的影响，另一方面也借此希望能够招揽中国的广告客户。华文报业的前途虽然比较迷茫，但是从目前的情况来看，它仍然具有强大的话语权和生命力。

（6）华文广播电视纷纷落地开播

以往除了新加坡外，其余东南亚国家普遍不设立华语广播或电视频道，即使开设了华语广播和电视频道，也仅是用于简单地播报新闻，而且时间很短。故此，东南亚华语广播和电视的历史基本上是空白的。近几年，随着中国经济地位日益提升以及与东盟贸易的不断增长，了解中国、走进中国成为东南亚社会的迫切愿望，他们对中国新闻的需求度也日益提高。东南亚各国电视台纷纷增加购买华文节目的数量，增加华文电视的播放时间。

自20世纪80年代开始，中国就与菲律宾的广播协会签订了协议，实现节目互换。目前，菲律宾国家电视台开设了华文电视节目，名为“福华有线中文电视服务”，每天用闽南话、广州话和普通话播出7.5小时。

中国与马来西亚广播电视业的联系近几年也得到明显加强。自1992年以来，中国广播电视电影总局与马来西亚的新闻局每两年开展对话、交流活动。2004年5月，中国电影集团和中国电视总公司与马来西亚的寰宇电视公司分别签订了电影合作合同，与ASTRO天映频道签订落地合作协议，华人因此能够收看到大量的中国电视节目。

马来西亚电视台播放华语新闻的风气也越来越盛，马来西亚影响最大的私营电视台第三电视（TV3）增设了华语新闻时段。第三电视播放华语新闻，意味着所有马来西亚的电视台皆有华语新闻时段。自2003年马来西亚TV2电视台将中文新闻播出时间改到晚间8点后，节目素质亦相应提升，得到观众的好评。据《光华日报》报道，TV2将华语新闻安插在晚上8时及8时30分黄金时间播出之后，收视率直线上升，从20万人上升到60万人。现在，该台准备开设中文音乐频道并增加其他华文节目时段。

2005年12月18日泰国中文电视台开播。开播后在当地晚上9时到12时的时间段每天播放三个小时的电视节目；节目由新闻、纪录片、文艺三大板块构成，将以中文会话、泰文字幕为主播出，同时也会有以泰文会话、中文字幕或潮州话、客家话等地方方言播出的节目。新闻节目将以中国新闻、中泰交流活动新闻和当地侨团新闻为主，而电视短片、纪录片节目将重点介绍中国的风景名胜、民俗风情、文化教育等，文艺节目将突出播放流行的影视剧。

中央电视台每年向全世界销售5 000小时的节目，其中一半以上集中在东南亚地区，仅缅甸国家电视台2003年就向中央电视台购买了300多个小时的电视纪录片。近几年，缅甸延续购买中央电视台节目的习惯，大量在国家电视台上播放中国电视节目。

在新加坡，大量中央电视台的节目进入新传媒频道和优频道。2007年3月，中央电视台制作的《大国崛起》每周三在新加坡8频道播出。播出之前，8频道大做广告，几乎在黄金时段每隔20分钟就有一次《大国崛起》播映的广告，引发观看热潮。优频道则播出《张骞通西域》与8频道对垒，收视率也很高。近几年，新加坡电视传媒大量从中央电视台购买节目，特别是电视纪录片，观众反映都相当不错。电视剧则大多来自香港、台湾，用普通话重新配音，代替粤语、闽南语。从笔者的观察和统计来看，新加坡各个华语电视频道80%以上的节目来自中国。这对新加坡延续华语，推广中华文化作出了相当大的贡献。

印尼美都电视台是印尼播放华语新闻的电视台，它与中央电视台有密切的合作关系。2000年11月，用印尼语、英语和华语进行播音的“地铁电视台”开播；2001年3月，万隆一家华语广播电台开播。华人因此很容易收看收听到来自中国原汁原味的广播电视节目。

在越南，国家电视一台和二台每天都播放中国新闻，这些新闻直接采用中国新闻画面，并配有中文字幕。2005年11月26日，“云南卫视”在越南河内广播电视台有线网开播，成为中国首家进入东盟国家有线电视网的省台。柬埔寨目前已有七家电视台。中央一台、九台、四台以及福建台、广东台和凤凰台的节目都能通过当地有线电视台收看到。它们成为柬埔寨人认识中国、了解中国的重要窗口。

二、东南亚华文传媒展望

随着中国的迅速发展，东南亚各国均希望借助中国的发展，开展与中国的经贸联系，推动本国的经济发展，于是华语热应运而生，但是由于长期对华文教育的排挤和压制，开展华文教育又面临诸多困难。实际上，政府面对的问题，也是东南亚华文传媒面对的矛盾，一方面传媒面对良好的发展契机，另一方面又苦于低水平的华文教育和人数不多的华文读者。

1. **东南亚华文传媒面对的问题**

（1）读者少，华语水平低

几乎所有的海外华文报纸面临的问题都是读者少，华语水平低。菲律宾《世界日报》总主编侯培水说，菲律宾华人读报率很低，而且90%的华文读者集中在马尼拉市区。华人后代读华文报纸的人不仅越来越少，而且华语水平比较低。对于侯培水的感受，泰国《世界日报》的社长兼总编辑黄根和有同感。他也认为，泰国华文教育有待提高读写能力。

在新加坡，由于政府40年大力推广英语，致使华语逐渐走向式微，造成中学生的华文表达能力越来越差。2007年4月10日《联合早报》针对学生华语水平低的情况，刊登了《辞不达意 新加坡中学生的华文表达能力令人担忧》的文章。报道说，老师在批改几百份中学生的华文作文时，发现中学生在表达能力上特别差，有些甚至加入似英文又像华文的拼音（都缺乏音调）或英文单词来书写，这种情况令人颇感忧虑。比如，一学生以《我鼓起勇气做的一件事》为题，写他如何第一次上台演唱："我在台上 slowly bian，我在想运气好不好，因为以前我得了一个大奖在 lucky draw，我看见朋友在那里，他们有一个样子的在嘴上微笑，我左右摇摆，特别的做给他们的……"老师猜了半天，也不知道这名学生到底想要表达什么心情和想法。

新加坡政府面对学生畏惧学习华语的现实，不得不一再降低学习要求，以致语词使用越来越平淡，文章缺乏想象力和文采。长期下去，新加坡的华语水平将有可能进一步下降，甚至无法登上大雅之堂。

目前虽然东南亚各国的华文教育有一定程度的发展，但是距离较高水平的华语使用仍然有很大的距离。由于政府限制中国人移民，华文报纸的记者和编辑只能由当地培养的华人来承担，造成报纸缺乏高水平的记者和编辑。菲律宾《世界日报》总主笔侯培水认为，由于本地华文教育式微，报社出现人才荒，缺少记者和编辑，更缺少能够独当一面的报人。这种情况在东南亚相当普遍。印尼《呼声》总编辑程子华和《星洲日报》执行副总编辑郭清江也对新闻从业人员的素质表示了担忧，程子华抱怨说："华文报刊上经常出现一些很明显的错别字，有时连大标题也文理不通，不知所云。"郭清江也坦承一些记者的新闻写作拖沓冗长，错别字多，有时出现词不达意的现象。

华语水平较低的现实，影响华文报纸的质量，也困扰报纸的发展，这个问题只能靠一方面大力培养当地记者和编辑，甚至把这些记者和编辑送到中国大学再接受华文教育，另一方面大力引进中国的记者和编辑等措施来解决。除此之外，笔者认为，中国也应大力协助东南亚华文报纸培训记者和编辑，提高他们的华语使用水平，借此帮助他们提高办报质量。

（2）新媒体的冲击

作为传统传媒，报纸正面对新传媒的强劲挑战。在马来西亚，由于政府实行多媒体超级走廊①“不审查制度”的政策，网络因此得到快速发展。星洲互动网站每月的浏览量数以万计。1995 年 10 月 18 日，《星洲日报》首开马来西亚华文报先河，建立华文网站。短短数月过后，深受海内外中文网友的欢迎和赞许，《星洲日报》也充分利用信息资源丰富的优势，即时播报新闻，加强内容服务和其他的信息功能服务，浏览量每日超过 30 万。

为了让更多读者能够阅读《星洲日报》网页及让资讯有效传播，1996 年，《星洲日报》网页提供繁体和简体两种版本，使《星洲日报》成为马来西亚唯一提供繁、简两种字体资讯的华文传媒网页。《星洲日报》网页内容丰富，提供的资讯以新闻为主。2000 年 4 月 21 日，《星洲日报》推广星洲互动网站，此后该网站集商业与信息传播为一体。目前，星洲互动网每天的浏览量数以万计，网民浏览的时间也在半个小时以上，是一个充满商机和发展机遇的数字社区。在网络的冲击下，马来西亚华文报业市场有可能将在未来萎缩，新传媒占据越来越大的读者份额。

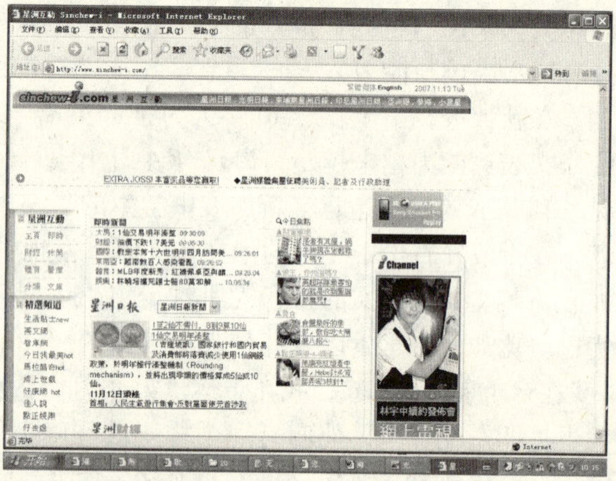

图 2－13　星洲互动网（2007 年 11 月 12 日）

在新加坡，华文报业也面临更多的问题，与马来西亚已经形成了完整、系统的华文教育不同，新加坡基本上失去了完整的华文教育。华文报业一方面要面对读者减少的问题，另一方面还要应付网络的挑战，可谓腹背受敌。虽然早报网每天的浏览量数以万计，是海外影响力最大的华文网站，但是 87% 的读者来自中国。这原本对《联合早报》是一大好事，但是由于无法在中国办报，再加上广告具有明显的区域性特点，早报网无法招徕到更多的中国广告客户，以致不能获取更多利润。

目前，东南亚各国的华文报纸基本上都开设了网站，由于网民可以免费上网浏览这些信息，无形之中对传统印刷报纸的发行及营利造成冲击和挤压。如何应付网络的挑战，寻找新传媒带来的机遇，是海外华文报纸共同面临的问题。

（3）竞争过度

在快速发展的过程中，东南亚华文传媒面对竞争激烈的问题。电台、电视台一般属于国有机构，竞争虽然激烈，但还没有达到过分激烈的程度，但是对于华文报纸来说，竞争可以用剧烈来形容。

“东南亚大部分的华文报纸都集中在华人聚集的城市，尤其是东南亚各国的首

① 多媒体超级走廊，Multimedia super corridor，简称 MSC，是马来西亚为发展信息产业而出台的一项政策。

都，往往十几份报纸都挤在那里办报，都想分一杯羹，结果造成竞争相当激烈的局面，见表2-3。一份新创办的报纸倒闭了，过不了多久，又有一份报纸创办，给人既有点前赴后继又有飞蛾扑火的感觉。”①

表2-3　东南亚六国华文报纸总部一览表

地名		报纸名称
新加坡		联合早报、联合晚报、新明日报、星期五周刊
马来西亚	吉隆坡	星洲日报、南洋商报、中国报、东方日报
	槟城	光明日报、光华日报
	沙巴州	华侨日报、亚洲时报、沙巴日报、晨报
	沙捞越	沙捞越晚报、诗华日报、国际时报、美里日报、中华日报
印度尼西亚	雅加达	世界日报、印度尼西亚日报、国际日报、商报、和平日报、华文邮报
	棉兰	印度尼西亚广告日报
	泗水	千岛日报
菲律宾马尼拉		世界日报、商报、菲华日报、联合日报、环球晚报
泰国曼谷		中华日报、世界日报、亚洲日报、京华中原联合日报、星暹日报、曼谷时报、新中原报
柬埔寨金边		华商日报、柬华日报、柬埔寨星洲日报、高棉独立日报、金边时报、大众日报、新时代报
越南胡志明市		解放日报、越南经济新闻

从表2-3可见，泰国曼谷一地就聚集了七家报纸，几乎全国最有影响的华文报纸都集中在曼谷。菲律宾马尼拉、印度尼西亚雅加达也几乎聚集了该国所有的华文报纸。马来西亚稍为好一点，但是报纸扎堆的现象也相当严重。吉隆坡聚集了全国影响相当大的四份报纸，而东马两个州聚集了12家报纸（包括南洋商报、星洲日报在东马开设的子报）。报纸聚在一块办报，必然会产生竞争，除了马来西亚、新加坡、印度尼西亚外，其他国家的华人读者原本就比较少，数家报纸挤在一块办报，严重分散了读者群。

以马来西亚为例，据2004年的人口统计，该国总人口是2 308万人，华人占23.96%，计有约610万人，其中大部分居住在西马。由于西马的华文教育普及，华人的识字率相对比较高，对华文报纸的需求量比较大，所以在西马，竞争虽然激烈，但是各报的读者群比较多，最少的也有七万份以上，各报仍然有一席生存之地。而在东马情况却比较严峻。“在东马，华人人口约70万人（沙捞越48万，沙巴则只有22万），华文报日销量约10余万份，读者大概只有30余万人。这样计算，每份报纸平

① 彭伟步．东南亚华文报纸研究．北京：社会科学文献出版社，2005. 164～165

均只发行8 000份。销量最高的《星洲日报》，发行量也仅有30 000份左右，《诗华日报》与《华侨日报》也有发行25 000～30 000份的业绩，但其他报纸的发行量普遍比较少，有些报纸发行仅有2 000多份。”① 这样的销量仅可维持报社的日常运作，很难谈及发展。

在泰国，华文报纸日发行总量约十余万份，但是全部由设在曼谷的七家报纸分享，平均每家发行1.7万份。读者群分散，影响力远不如一份发行90余万份的《泰叻报》（泰文报）。为了争夺更多的读者群，报纸之间相互挖脚，甚至还相互攻击。

除了读者少，传媒竞争激烈外，造成报纸过度竞争的原因，还与华人社团热衷办报来传达社团信息有关。许多华人社团一有资金除了办教育外，就都会想到办报，把报纸当做其机关报，来传递本社团的消息。比如，柬埔寨的《柬华日报》，就是柬埔寨华人总会机关报。所以，它通过发动会员订购《柬华日报》来使《柬华日报》得以生存，与我国党委机关报的发行情况类似。华人社团众多，报纸集中在一个地方，市场小甚至萎缩，又缺乏灵活机动的办报策略，使得华文报纸始终做不大，也因此限制了华文报纸在当地的影响力。

2. **东南亚华文传媒需要创新与改进**

由于竞争激烈，华文传媒都在加强内容和形式的创新与改进，这是近年来最令人欣喜的现象。综合考虑当前东南亚华文传媒规模过小、竞争过度激烈的现状，笔者认为，只有创新和改进并实现资源整合和优化，才能实现更快更健康的发展目标。

（1）提高报道的质量

报道质量是当前许多华文报纸亟待解决的问题。过去，许多报人把华文报纸当做对中华文化的怀旧，只是满足于剪、抄、贴其他报纸的新闻，或者一味以猎奇、庸俗的内容来取媚读者，新闻不全面，报道不及时，内容不深入，版面不活泼，这些办报方向都不可取。

作为一份现代报纸，华文报纸应尊重多元化的社会，加强报道的深度，发挥评论的功能，朝深度、准确地捕捉新闻事实、追求新闻品质上努力，与实时短小、量多味杂的电子传媒有所区别，避开电视、网络电子传媒的优点，在新闻的内容深度上做文章，这是华文报纸在电视、网络冲击下必须走的道路。

所以，新闻背后的新闻，是激发读者兴趣、吸引读者阅读的重要手段。如印度尼西亚《和平日报》、泰国的《世界日报》等，其新闻追踪策划相当好，每天追踪一条新闻做深入报道，有记者的独家采访，也有评论家的时评，很受读者欢迎。署名为“一家言”，综合各家之言，加上作者的现场采访，写出以分析性报道见长的文章，通过用一个专版文字加照片报道这条新闻，内容翔实，发人深省，有助于读者弄清事件的来龙去脉。

---

① 崔贵强．东南亚华文日报现状之研究．南洋学会（新加坡），2002.115

（2）加强对新闻人才的培养

由于缺乏必要的新闻学教育和写作能力的培训，除了马来西亚、新加坡外，其他东南亚国家的华文传媒的记者水平普遍有待提高。如果不提高记者的写作和报道水平，那么新闻的质量就不可能得到质的提高，所以，各个华文传媒都把提高记者的华文水平当做重中之重的事情来抓。

在东南亚，一般而言，报人的薪酬菲薄，工作繁重，较高级人员如总编辑及采访主任，多是土生留台毕业生，其中也有毕业于新加坡南洋大学的。至于普通的记者及编辑，大多是本土华人，又因国家严格限制外地人移居本地工作，所以报人中几乎清一色是土生土长的本地人，缺少外地专才的助阵，这必然会影响报纸的质量。近几年东南亚各国对外来人才采取比较灵活的政策，华文传媒纷纷从中国大陆招聘人才。例如，泰国的广播电视台就到北京广播学院（现在称中国传媒大学）招聘记者，新加坡的《联合早报》也欢迎北京大学新闻学院的学生到它那里工作等。通过招聘和培训，华文广播和电视节目的主持人华文水平有了较大的提高，如 2005 年 3 月 4 日新加坡 UFM1003 广播频道到科兰芝中学进行联谊，其中一位学生接受联合早报记者的采访，说："我觉得广播员的语音很标准，而且反应灵敏，值得我们学习。"该学生的感觉正反映了当前华文传媒工作人员华文水平正逐渐得到提高的事实。

此外，为留住素质高的记者和编辑，许多报社还大幅度提高薪酬，例如，新加坡的《联合早报》，马来西亚的《星洲日报》、《东方日报》、《南洋商报》，泰国的《世界日报》等大幅度提高工作人员的福利，招聘到较多有水平的报人。

从近年华文传媒面向中国大陆、台湾招聘记者的情况及其内容和形式的改进情况来看，传媒工作者的低水平问题已经得到了一定程度的改善，但是加强对记者和编辑的培训，提高他们的写作水平，培养他们的新闻采访和理解能力，增加他们的新闻实战经验，仍是华文报纸当前亟待解决的问题。

（3）强化服务功能

在竞争激烈的情况下，强化传媒的服务功能，是避免传媒陷入被动局面的一大策略。传媒的商品无非是信息，如果传媒都参与价格战，最终的结果就是所有参与恶性价格战的华文报纸的势力都被严重削弱，缺乏资本进行扩张和做大做强。事实上，华文传媒并没有财力进行这种不明智的价格战来抢占市场，即使像马来西亚的《南洋商报》与《星洲日报》这样两份财力比较雄厚的报纸，也没有能力打一场持久的价格战，更遑论其他地区的华文报纸。特别是华文传媒正处于做大做强的时期，价格战只会迫使华文报纸延缓发展的进程，更重要的是，由于恶性竞争，资本流失，华文传媒缺乏动力，在社会上的影响力不足，就很难帮助华人争取各种利益。所以，很多传媒特别是华文报纸现在都相当重视传媒服务功能的开掘。

泰国《世界日报》从服务读者的角度出发，报道一些看起来很琐碎但却可以为华人解决生活中实际困难的新闻，或者编辑一些服务类的版面，使读者既能阅读到需要的新闻，又能了解有关的服务信息。比如说，刊登天气预告、劳动就业、柴米油盐销量情况等服务类信息，虽然琐碎，但确确实实能为读者提供许多对日常生活有用的信息。对于这样一份报纸，读者就像自己日常生活的必需品一样，每天都少不了这份报纸。所以，从策略的角度来看，《世界日报》的策划是比较成功的。

（4）整合资源

发展华文传媒，特别是对于华文报纸来说，资源的整合是必然方向。华文报纸的传播对象重叠，报道的内容大多相同，造成资源的重复浪费，竞争过度，受众分散，影响力降低。因此摆脱困境的办法唯有实现报纸的整合，通过资源的重新调配，才能提高华文报纸的竞争力。华文报纸应根据自身情况，成立传媒集团，实现报纸、广播、电视、网站的融合，出版两至三份针对不同对象的报纸，开辟一至两个广播电视频道，各司其职，这样既可以实现资源的有效配置，降低成本，又可以集中精力营造影响力，促进华文报纸的发展。

比如在泰国，华人社会的信息、华人社区与中国的交往、中泰两国的重大事件、中国的状况等，主要靠六家华文报纸向华人传递。由于这六家报纸面对的对象都是懂中文的一部分华人，发行对象和内容都大致相同，造成过度竞争。所以，许多有识之士认为，多家报社联合改制成集团，无疑是一个符合经济发展和应对市场风险的正确方向。集团化可以增强报社抵御外来风险的能力，能具备更强的协调能力，提高决策者的能动性。充分利用报社的资源，获取更多的盈利，调动员工的积极性，使报社处于适应性强、调节能力高的位置，确保报社各个部分协调发展，相互促进，实现滚动发展的目标。

2007年，越来越多的东南亚华文传媒走上了内引外联的集团化道路。海外传媒的视角和经营理念加上国内传媒的资金和人才优势，已经被大多数的华文传媒负责人认为是最理想的合作模式。马来西亚《星洲日报》报业集团总编辑萧依钊说，马来西亚的华文传媒近年来已经由各自为政、恶性竞争的格局，向融合兼容的集团化方向发展。他说："如果中国传媒与海外华文传媒结合，相信其效果绝不是一加一等于二。"《星洲日报》报业集团旗下的报纸和杂志现今遍及香港、纽约、温哥华、多伦多以及东南亚，全球发行量约为100万份，读者超过250万人，成为中国大陆及台湾以外最大的华文出版商之一。

事实上，关于跨国华文传媒各个层面的合作都不乏成功的例子，例如上述所说的《国际日报》集团与香港《文汇报》（东南亚版）和《人民日报》（海外版）组合发行的新办法，一方面提高《国际日报》版面内容的可读性，另一方面也实现了信息资源的共享，有助《国际日报》扩大影响，提高销量。《星洲日报》、《南洋商报》采用现代集团化和上市的经营办法，在市场上也屡有收获。特别是《星洲日报》报业集团，经过近几年的快速发展，现在已经把眼光转向世界各国的华人世界，目标定位成为华人出版业中的龙头老大，向世界传达华人的声音。这种雄心大志，尤令华人产生自豪感。

集团化才能有效配置资源，增强实力，降低经营风险，减少无谓的恶性竞争和不必要的力量损耗。就目前华文传媒的集团化趋势来说，笔者觉得，集团化趋势是华文传媒做大做强的正确方向。

3. 华文报业前景美好

中国改革开放后，华语的商业价值不断增加。目前，全球正在兴起一股华语热潮。这个热潮中，一部分人学习华语确实是希望了解中华文化，而更多学习华语的人则是希望通过掌握华语寻找到更好的工作。

东南亚各国政府对待中华文化和华文教育的态度也发生了改变。新加坡政府推动华语运动，鼓励人们成为双文化精英。在新加坡，面临华语的商业语言大增，总理李显龙 2004 年 10 月 19 日晚在出席华侨社团举办的晚宴上，“强调中国经济崛起，带动国内外公司机构对华语人才的需求，一再呼吁华社要协助政府推动华文学习，让华语成为新加坡人的生活用语”。为推动华文教育的复苏和发展，2004 年 11 月 26 日，国会批准了教育部提交的华文教学改革白皮书。教育部长尚达曼当天宣布，这项改革将在 2008 年全面执行，其中部分内容会在明年启动。官员称，此举目的是使新加坡这个以英语为日常语言的国家重回“华语世界”。

马来西亚政府则逐渐增加对华文学校的拨款，在国小开设越来越多的华语课程。除了华人学习华语外，其他族裔的小孩也进入华校接受华语教育。2005 年，在马六甲郊区的一所华小，学生来自华族、马来族、印度族和其他土著等近十个种族。2005 年该校录取的 55 名一年级新生中，其他族裔学生占 43 名，华族学生仅 12 名。这种其他族裔学生超过华族学生的华小在部分地区已经不是个别现象。据了解，大约有 7 万名其他族裔学生在华校接受华语教育，其中有 2.7 万人是马来族学生。

柬埔寨现在有 74 所华文学校，而 1995 年时只有三所，华文学校的学生人数从 1990 年时的 3 000 人增加到 2006 年的约 4 万人。在越南，随着华商投资渐多，华文的“市场价值”也不断提高，越来越多的人希望能够学习华文。学习华文的不仅有华裔，也有越南人。这股华文热从越南唯一的华文报纸《西贡解放军日报》即可看出，两大张报纸琳琅满目的广告版，征聘广告都附注“须会中文”，可见华语成为当地除英文外的优势语言。

在菲律宾，教育部长银沙礼斯提出修改华校课程的建议。他说，华语不应仅作为一种语言来教，还应该用它来教其他学科至少一门，督促学生把华文学好。在泰国，2006 年 5 月 20 日开学的新学期中，曼谷市部分中小学即开始教授汉语，以后将逐步推广到市政府所辖的全部 430 所中小学，使汉语成为英语之外的中小学第二外语课程。

华文热促进世界各国的人们学习华文，虽然不能为华文报纸的发行带来直接、显在的提升，但是长远来说，却有助于华文报纸的生存。懂华语的人多了，自然华文报纸的生存基础就会得到充实。就像在新加坡，当越来越多的人重新拿起华文教材学习华语，通过华文报纸了解新闻，关注中国的经济发展，他们自然会促进《联合早报》在内的华文报纸销量的提升。

不可否认，报纸面临以网络为代表的新传媒的强劲挑战，但是基于报纸某些无法替代的特点，比如深度报道、版面编排、阅读方便等，报纸仍然不可能被网络所取代。以前，广播也经历过今天报纸正经历的阶段和困境：广播将被电视所取代。然而，时至今日，广播仍然有众多的听众。所以，一种传媒只要具有其他传媒无法代替的特点，它就不可能完全被取代，更何况华文报纸是传播中华文化、推动华语运动、提升华文教育的重要载体。纸质的阅读媒介所产生的阅读感觉与网络有显著的差别。从这个角度来说，华文报纸不可能被网络所代替。

虽然东南亚华文传媒的发展面临诸多难题，但是只要中国经济继续发展下去，东南亚各国的对外经贸离不开中国，越来越多的中国人到东南亚观光旅行，那么华语热将更加火爆。华文传媒的受众群不仅会得到巩固和扩大，而且华文传媒也将受到更多的社会关注，成为学习和了解中国的重要窗口，在众多利好的条件下快速发展。

三、东南亚各国华文传媒业

东南亚华文报纸的发展，既有赖于华人的努力和开拓，更依赖当地国宽松的文化经济政策。它们的发展往往随当地国的华人政策调整而呈现不断起伏的曲线态势。

1. 新加坡

东南亚华文传媒的历史一般追溯至1815年创刊的《察世俗每月统记传》。虽然这是一份具有宗教性质的华文杂志，销量不多，也没有市场化，但是它在开启明智、传播科学技术和地理知识方面做出了较大的贡献。此后，从1815年到1837年的22年间，马六甲、巴达维亚及新加坡三地，先后出现了四份宗教性的华文杂志，即马六甲的《察世俗每月统记传》及《天下新闻》，巴达维亚的《特选撮要每月纪传》以及新加坡的《东西洋考每月统记传》。

图2－14　叻报创办人薛有礼与其长子薛兆熊

照片来源：《联合早报创刊70周年特刊》，新加坡联合早报出版1993年版55页。

新加坡一直以来都是华文报刊的重镇，早期还是海外华文报刊中心。《东西洋考每月统记传》停刊后，直至1881年12月10日《叻报》在新加坡创刊，东南亚才真正开始了日报发行的历史。《叻报》人称“南洋第一报”，一直出版到1932年，维持了51年。由于该报是新马第一份日报，不仅善于招揽广告，特别是银行广告，而且也精于广告设计，因此在华文报业史上有重要的地位。

《叻报》之后，又有许多报纸创刊，如《星报》、《天南新报》、《图南日报》、《日新报》、《总汇日报》、《星洲晨报》、《中兴日报》、《国民日报》等，见表2-4。

表2-4　新加坡主要华文报纸创刊、停刊时间一览表

报纸名称	创刊、停刊时间
《叻报》	1881年12月10日—1932年
《星报》	1890年2月14日—1898年
《天南新报》	1898年5月26日—1905年
《日新报》	1899年10月5日—1901年
《图南日报》	1904年1月—1905年
《总汇日报》	1906年—1929年（改名《总汇新报》），1940年卖给胡文虎，1941年停刊，1945年与星洲日报联合出版，但不久星洲日报单独出版，该报从此停刊
《星洲晨报》	1907年—1910年
《中兴日报》	1907年7月12日—1910年
《国民日报》	1914年5月26日—1918年8月6日停刊，1919年10月11日—1941年以《新国民日报》刊发，1937年6月1日被《南洋商报》收购，1941年移至吉隆坡出版，1941年12月日军侵入吉隆坡后停刊
《南洋商报》	1923年至今，1961年出版吉隆坡版，最终成为独立的马来西亚《南洋商报》
《星洲日报》	1929年至今，1962年出版吉隆坡版，最终成为独立的马来西亚《星洲日报》
《昭南日报》	1942年—1945年，新马沦陷时日军所创报纸
《中南日报》	1946年—1957年，1947年5月16日傅无闷卖给国民党，改名《中兴日报》
《南侨日报》	1946年—1950年
《新明日报》	1967年至今，1967年出版吉隆坡版，1996年吉隆坡版停刊
《联合早报》	1983年至今
《联合晚报》	1983年至今

20世纪20年代后，南洋华文报业逐步朝商业与企业化方向发展。其中以陈嘉庚于1923年创办的《南洋商报》与胡文虎于1929年创办的《星洲日报》为代表。

20世纪四五十年代黄色小报相当繁荣，对各种稀奇古怪的事情大肆渲染，尽力报道名人的隐私，唯恐天下不乱，特别是明星的私生活经常成为这些黄色小报的眼中猎物，令众多明星对小报记者避之三尺。1959年，新加坡政府（当时还是自治邦，没有加入马来亚）吊销8份黄色小报的执照，黄色小报至此才有所收敛。1965年8月，新加坡政府独立建国，基于国内外形势，对境内传媒采取了种种限制措施，逐渐把境内的传媒收归国内，终于形成了新加坡报业控股集团一统天下的局面。

"新加坡报纸十分重视广告，广告经营成为报纸经营的主体，收入也相当可观。

华文报纸集团广告营业额，1983 年为 6 400 万新元，1993 年为 1.25 亿新元，十年间增长了 95%。国家规定广告版面不得超过报纸总版面的 1/2，实际保持在 1/3 左右，广告内容广泛，不仅有商品广告，还有出租求购、招聘求职、贺词挽词等。”① 华文报纸的讣告广告是新加坡华文报纸的一大特色。据《联合早报》的编辑说，吸收广告是《联合早报》最重要的任务，即使是报纸即将付印时还有广告商前来刊登广告，报纸也宁愿重新调整版面，下其他内容也要上广告。

新加坡华文报纸的发行量，据 1996 年公布，《联合早报》每日平均发行 20.6 万份，《联合晚报》为 12.8 万份，《新明日报》为 11.1 万份，3 份日报的平均总销量为 45 万份，另有《星期五周报》5.4 万份，华文报纸的读者超过 110 万人。1996 年是新加坡华文报纸最鼎盛的时期，之后便一直往下滑。《联合早报》的发行量 1997 年是 19.99 万份，1998 年是 20.1 万份，1999 年是 19.89 万份，2000 年是 19.67 万份，一直滑落至 2006 年 18.6 万左右。从这个角度来看，新加坡华文报纸面临许多隐忧。它面对马来西亚华文报纸的挑战，已无法保住东南亚华文报中心的位置了。目前，无论是报纸的数量还是发行量，马来西亚都远远超越了新加坡，成为东南亚甚至海外华文报业中心。

新加坡虽然逐渐丧失了海外华文报业的中心地位，但是在电子传媒，特别是华文广播和电视方面的兴盛却是其他国家和地区无法比肩的。这是因为新加坡原本是一个华人社会，华人是主流，而在其他国家华人是少数族裔，因此华语广播电视受到很大程度的压制。此外，新加坡虽然英语化程度很高，但是由于广播和电视通俗易懂，它们的收听率和收视率也远远超过英文电视。

目前，新加坡的华语广播主要由新传媒集团负责，而华语电视则由新传媒集团的 8 频道和新加坡报业控股的优频道负责。

在众多华文报纸中，比较有名的报纸是由华商创办的《叻报》、《南洋商报》、《星洲日报》、《联合早报》、《新明日报》等。

2. 主要华文报纸

(1)《叻报》

19 世纪后期，大批华人在马来西亚半岛的最南岛——柔佛定居。大量华人前来定居，带来了先进的农业生产技术，商业开始发展，慢慢出现了一批富有的商人。有了经济基础之后，又随着华人在当地的人口比重越来越大，当地华商感到有必要创办一份能够交流华人社会信息的报纸，于是《叻报》便应运而生了。

《叻报》② 于 1881 年 12 月 10 日创刊，是一家真正具有新闻性的日报，人称“南洋第一报”。它一直出版到 1932 年，维持了 51 年，因此在华文报业史上占有重要的

① 王士谷．华侨华人百科全书·新闻出版卷．北京：中国华侨出版社，1999.411

② 照片来源：世界华文传媒年鉴．北京：世界华文传媒年鉴社，2003.696

地位。

创办人薛有礼既是一个商人，也是一个文化人，在追求商业利益和文化传播两个目的的促使之下，他决定创办一份华文报纸，起名为《叻报》，叻是马来语 Salat 的译音，意为海湾之意。有人高度评价薛有礼办报的目的。薛有礼受英文教育陶冶，接触西方文化良多，视野开阔，同时又有感于当时当地其他民族办报之活跃，而华文报章则独付阙如。于是决定办报，以开启华人社会风气，推广文化活动，同时表示华人社会不落人后。

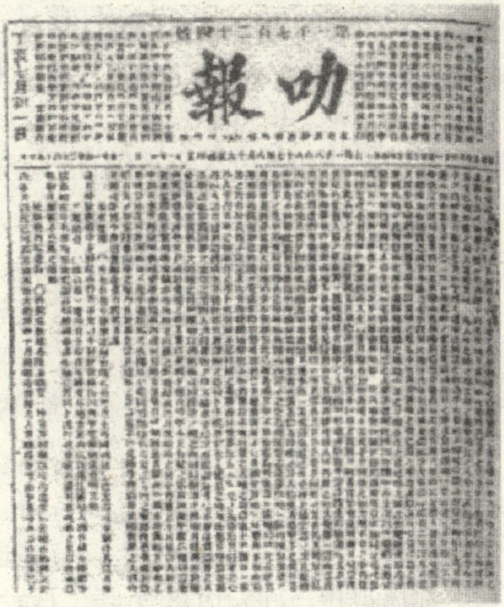
叻報

图 2 – 15　现存最早一期《叻报》第 1724 号，1887 年 8 月 19 日

薛有礼请来曾在香港《中外新报》工作的叶季允做主笔。叶季允充分发挥他在评论方面的专长，大胆开拓和革新《叻报》，为其服务 40 年，帮助《叻报》在南洋扩大影响，而他自己也因此被称为“南洋第一报人”。

叶季允，笔名“惺噩生”，19 岁到香港，任职《中外新报》，受薛有礼礼聘，出任《叻报》主笔，为《叻报》撰写了超过 300 篇的评论。文章观点独到，写作流畅，妙笔生花，受到读者的欢迎。其中他的文化评论最为深刻。例如，他强调要树“中国衣冠文物之气”，革除旧弊，以启新风。初时以写封建道德之题材为多，如教子弟、诚实、傲学、交友、报恩、禁财、戒赌等，少涉及国内政局，大谈“傲学为处世之大病”、“诚实乃为人之本”。叶季允维护当地华人利益，敢于发言，与当地政府力争。他主张“报外之我，不能移于报中”，意即办报无私见，为人应尽忠于任职机构。

《叻报》于 1932 年停刊。51 年的出版历史，在中国新闻史学上占有重要地位，史学界甚至把它与《申报》的历史价值相提并论，认为它在促进发展中国现代华文报业方面起到了示范作用，特别是它对于广告的刊登和设计以及经营管理都对后来的华文报纸提供了相当重要的启示意义，甚至为现代报业市场化的经营管理提供了许多借鉴。

（2）《南洋商报》

《南洋商报》是南洋最负盛名的一份报纸。它于 1923 年 9 月 6 日由陈嘉庚在新加坡创办，其目标是促进实业和激励教育。五四运动期间，新文化运动直接影响南洋商报的风格，其副刊《新生活》全部采用白话文。1928 年购进当时最先进的卷筒印刷机，每小时可出报 5 000 份，大大提高了效率，增强了报纸的时效性。这在当时东南亚华文报中是一大创举。

1929 年初，首刊《文艺周刊》（后改为三日刊），并改用横排标题，正文直排，从形式到内容都相当新颖。1930 年，打破星期日不出报的惯例，增出星期刊，1931 年报纸日销量逾 7 000 份。

20 年代末，世界发生经济危机，陈嘉庚损失巨大，再无力独撑《南洋商报》。1932 年 8 月，陈嘉庚有限公司宣告收盘，《南洋商报》改组，由李光前与李玉荣兄弟等人接收。1937 年《南洋商报》再改组，李光前任董事长，其弟李玉荣任社长兼总经理，《南洋商报》于是成了李氏家庭的企业。1937 年，请著名报人傅无闷出任总编辑，报纸无论是内容、编排还是经营管理，都搞得相当好。1938 年底，日发行量突破 3 万份。

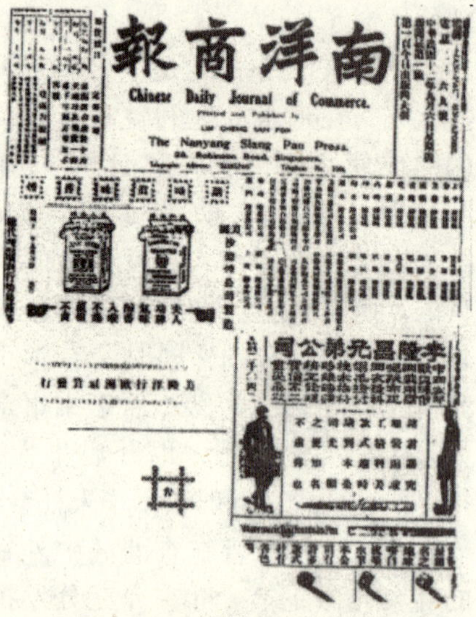
南洋商報

Chinese Daily Journal of Commerce.

The Nanyang Siang Pau Press.

《南洋商报》创刊号封面版

图 2－16　《南洋商报》创刊号

1941 年，著名政论家胡愈之出任主笔，《南洋商报》成为抗日救亡的喉舌，号召华侨捐赠钱财，支援中国前线抗日，1942 年 2 月占领新加坡前夕停刊。

日军投降后，《南洋商报》于 1945 年 9 月 8 日复刊，经过苦心经营，《南洋商报》影响大增，除了新马之外，还远销至印度尼西亚、泰国等国。为满足发展的需求，1955 年自购小飞机送报，成为当时轰动性新闻。1963 年新加坡并入马来亚，由于中国不承认双重国籍，《南洋商报》的办报者成为马来亚国民，言论开始转向当地话题。1965 年，新加坡脱离马来亚后，言论更加转向内政，争取华文教育的发展。1971 年 2 月，报社负责人李茂成、仝道章、李星可及郭隆生被指控违反安全法，被政府下令扣押，史称“五月风暴”。

1974 年和，根据《新加坡报章法令》，该报结束家族控制报纸的历史，1975 年上市。1975 年 2 月 15 日，南洋报社新加坡有限公司成立，1977 年 9 月公开发售 498 万普通股，公众反应踊跃，认购额超过 11 倍。此后，《南洋商报》稳步发展，1978 年，销量每日达 9 万份，星期天更增至 111 000 多份，报社的盈利丰厚，1978 年扣税前盈利有 2 587 000 令吉，1979 年增至 3 097 630 令吉。

1970 年 1 月 5 日改用简体字，首先在副刊改版，然后逐步扩大到整张报纸，最后全面采用简体字。1979 年 6 月 16 日，第一版及部分新闻版开始改直排为横排，直至 9 月 3 日整张报纸全部实行横排。改版之后的南洋商报版面清新、活泼，也适合青年一代阅读。

根据政府的法令，1983 年 3 月 15 日与《星洲日报》合并成《联合早报》。《南洋商报》在新加坡的历史从此告一段落。

(3)《星洲日报》

《星洲日报》由万金油大王胡文虎于 1929 年 1 月 15 日在新加坡创办出版，办报目的除了提高侨胞的爱国意识外，也为了促销其药品。他说：“与其花钱登广告，为什么自己不办报。”于是便在这样的商业理念的推动下，创办了《星洲日报》。蒋介石为《星洲日报》题写报头，我们现在看到的《星洲日报》的报头就是蒋介石亲笔题写的。胡文虎在创办该报宣言中阐述该报的使命：“求民族、政治、经济的平等地位；力倡华侨投资祖国，藉定国基；提供各种教育，沟通中西文化，以增进华侨地位。”此后，他一发不可收拾，在中国内地、香港、马来西亚等创办多份“星”字头报纸，成为当时著名的星系报业集团。

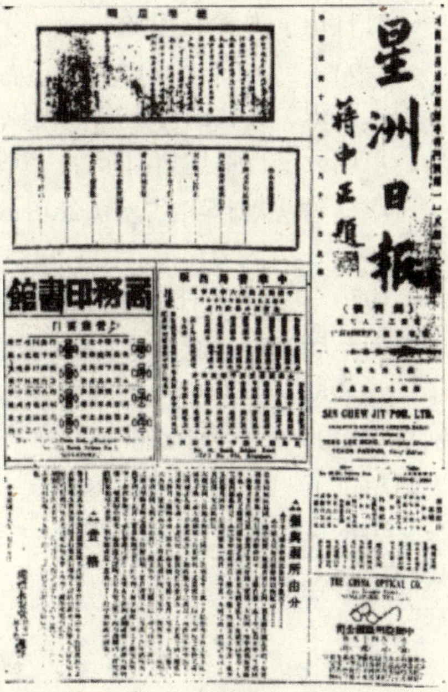
星洲日報
蔣中正題
商務印書館

图 2－17　《星洲日报》创刊号

1954 年 9 月 4 日，72 岁的胡文虎因心脏病复发，在檀香山与世长辞。接掌胡家报业的是他最小的女儿胡仙。那一年，胡仙只有 22 岁，当时的星岛报业尽管名声在外，但业务经营却相当不景气。经过胡仙的改革，星报集团逐渐扭转亏损局面。1960 年胡氏家族发生争产诉讼，经过协议，新、马、泰等地星系报纸归胡文虎两个儿子，香港星系归胡仙及其母陈金枝所有。1972 年星岛报业在香港上市，80 年代雄霸香港报业的广告，一度垄断了地产广告收益，其经营收益无人能与之匹敌。在 1998 年亚洲金融危机时间，胡仙囤积的房地产价格急剧下滑，债权人不断催债，1999 年 3 月，在风雨飘摇下，胡仙终于被迫同意将星岛报业出售给 Lazard Asia（泛华集团），胡文虎和胡文豹两兄弟在香港建设的虎豹别墅也以 1 亿多港元卖给李嘉诚，以偿还其债务。1981 年，《星洲日报》已经被他人接手，随着胡仙转让星岛报业集团，胡文虎创办的星系报业基本易手他人。星系报业近 80 年的历史沧桑，令人感慨万千，也使人看到市场经济的无情之处。

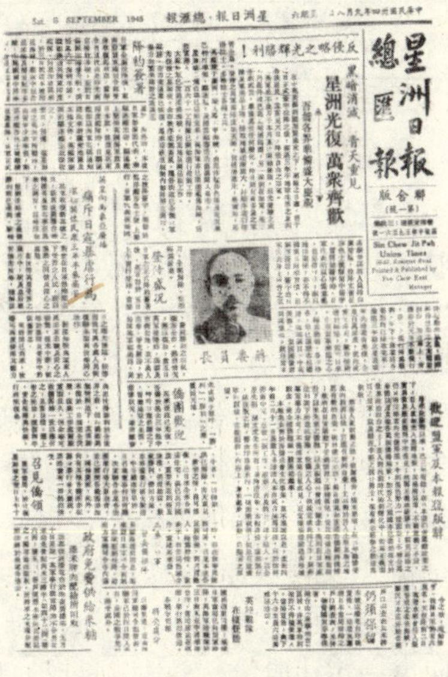
星洲日報
總匯報
星洲光復 萬衆齊歡

图 2－18　战后复刊的星洲日报（1945 年 9 月 8 日）

1942 年 2 月 15 日，《星洲日报》停刊，1945 年 9 月 8 日复刊。到了 50 年代，《星洲日报》快速发展，改进印刷质量，加强采编人员队伍，充实内容，报纸的销量大幅度上升，1956年，每日销量为48 430份。

1965年，新加坡建国后，《星洲日报》确定新的办报宗旨："宣扬本邦国情，培养国家意识，促收国防基金，提供本地色彩的文学艺术。"1971年日销量达到85 843份，星期天发行量达96 103份。1975年7月1日，成立星洲日报（新加坡）有限公司，1977年10月21日，新公司公开发售532万余股，公众踊跃申请，认购额超过22倍。

1976年《星洲日报》添增设备，印刷版面显得更清晰，画面色彩更鲜艳，经过改革创新后，内容更加充实，时效性大幅度增加，销数直线上升，见表2-5。1976年，每日销量达89 369份，星期天达101 698份；1977年，每日与星期天的销量分别是96 200份与108 400份；到了1978年5月间，每日销量已突破10万大关，星期天则超过了118 000份。1983年与《南洋商报》合并成《联合早报》，但《星洲日报》占上风，其员工大多留下主持《联合早报》工作。《星洲日报》在新加坡的历史从此结束。

表2-5　《星洲日报》发行量历史

年份	日发行量（份）
1956	48 430
1971	85 843
1976	89 369
1977	96 200
1978	100 000

（4）《联合早报》

新加坡政府鉴于国内复杂的民族构成及国际环境，决定对国内的传媒进行合并与整顿，避免传媒言论导致社会发生骚乱，使新加坡能继续存在于一个由马来人包围的国际环境当中。1972年，政府修改由英国殖民政府制定的有关报章法令。1974年，鉴于修改后的法令无法满足形势的需要，贯彻政府的意图，因此政府对有关报纸管理的法律再次进行修改，称为《新加坡报章法令》。此法后来又经过了1977年、1986年、1988年、1990年四次修改，有效地规范了境内的报业。法令规定，报业公司所有董事必须是新加坡公民，报业公司必须公开挂牌出售股份，任何个人拥有的股份不得超过3%。这两项规定既排除了非新加坡公民出版报纸的可能性，又排除了家族、公司控制报纸的可能性。在明确的法令规定下，《南洋商报》与《星洲日报》就必须向市场转让股份。《南洋商报》1977年9月公开发售股票，而《星洲日报》于1977年10月公开发售股票。于是李氏与胡氏家庭所拥有的两份报纸就转变为社会公共企业。

为确保传媒不会导致新加坡社会的崩溃，政府又于1982年4月20日出台新的文告，表示将对全国报业进行调整，其中一项重要的决定就是把《南洋商报》与《星洲日报》合并成一份报纸。在政府的干预下，《南洋商报》与《星洲日报》于1983年3月15日合并，取名《联合早报》，同时推出《联合晚报》。1984年7月，政府又宣布将合并当时国内三家报社（新加坡新闻与出版有限公司、海峡时报有限公司以及时报出版有限公司），名为“新加坡报业控股有限公司”。

南洋·星洲
联合早报
LIAN HE ZAO BAO
我们的话
双喜双庆
本报及晚报今日创刊文化部长主持典礼
丹那巴南献词
《快报》新面貌
本报启事
房屋贷款 90%
湘园
湖南名菜
有口皆碑
喜爱宴客
飙涨万千

图2-19 《星洲日报》和《南洋商报》合并后的第一份《联合早报》

从政府于1972年至1984年12年间对国内传媒的整顿与合并过程来看，显然新加坡采取了一种较为平稳、有步骤地把传媒收归国有的做法，这是具有针对性且比较稳妥的做法。比较那些急进地把传媒收归国有的国家的做法，这种做法更加可行，既避免了西方国家对新加坡政府限制新闻自由的指责，又可以根据法治的形式收购国内传媒，让这些传媒公开发售股票，使报社企业避免经济损失，从而避免让外界产生新加坡政府独断专行、不顾企业利益的印象。新加坡政府管理报业的做法，充分反映了新加坡政府高超的管治手段，值得我们学习和借鉴。

1983年3月15日，《南洋商报》、《星洲日报》彻底在新加坡消失，随之而来的就是《联合早报》。《联合早报》大幅度进行机构改革，更新版面，购买印刷精美的柯式印刷机，大量增加新加坡本地新闻，并开辟四到五个版面报道两岸事务，以新的面貌出现在读者面前。它在大陆、香港、台湾派驻记者，以便及时准确地报道两岸事务。但是，这些外派的记者发回《联合早报》的新闻，不少来自当地报纸的新闻，独家新闻比较少。

《联合早报》用七个到八个版报道新加坡本地消息，其中言论版的影响相当大。有许多著名的时事评论家为之撰写文章，如香港的王家英、杨锦麟、阮次山等，文章内容紧扣两岸关系，平均每天至少有一篇评论两岸关系的文章。

《联合早报》比较关注中下层群众的生活，早报标榜“接近中下层人民，积极反映民生民情”，开辟“交流”栏目让群众发表意见。在2000年12月份里，有关教育问题43篇，指出国人华文水平低下等；有关交通问题22篇，大多是对交通服务的投诉；有关睦邻之道7篇。

为了吸引年轻的读者，编辑、记者力求报纸文字深入浅出，让年轻的读者阅读比较容易，激发他们阅读的兴趣。据调查统计数字显示，截至20世纪90年代中期之前，华文报的读者逐年有所增加，但近几年却每况愈下，读者日渐减少。不过，随着中新贸易的扩大，居留在中国的新加坡人日益增多，中国的北京及上海等大城市都有少量《联合早报》的销售，自1995年《联合早报》上网以后，更吸引了海外相当多的华文读者。

新加坡是一个重要的港口国家，虽然政府推出双语政策，但是由于国际化程度相当高，不会熟练使用英语的人很难找一份好工作，因此许多人都很勤奋学习英语，而华文却有所荒废，以致出现读者人数每年减少，而英文报纸的读者数量却每年递增的现象，见图2－20。

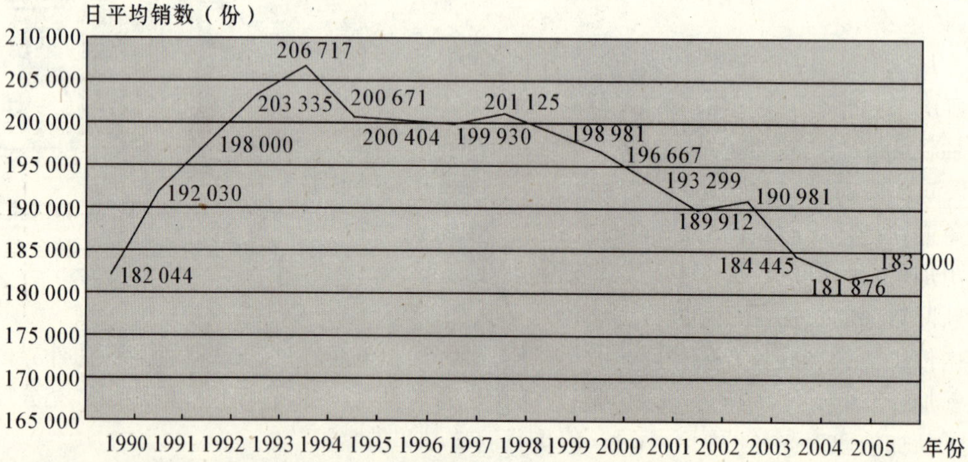

图2－20 《联合早报》历年销量一览图

从图2－10的数据来看，销量最多的是在1993年，之后便向下滑。从趋势上看，英文报读者节节上升，华文报读者人数却停顿不前甚至日趋下降。所以，近年来，政府不断推出和鼓励新加坡学习华文的措施。

新加坡报业控股有限公司是新加坡最大的出版机构，出版《联合早报》、《联合晚报》、《新明日报》和《星期五周报》、《海峡时报》等五份华文报纸，2001年1月17日新创刊《大拇指》周刊以及其他三份华文期刊。在广播电视方面，从1996年5月起，新加坡国际传媒集团属下的广播机构和电视机构，每天用四种官方语言和六种华语方言播送各类节目。1999年7月，新加坡政府还批准新加坡报业控股有限公司创办电视台。2000年5月6日，该电视台中文电视“优”频道正式开播。

（5）《联合晚报》

1983年3月16日，《联合晚报》创刊。在创刊号上，《联合晚报》开章明义地表明了立场：“传播现代知识，发扬传统文化，是晚报所负的重大使命！我们晚报同人，决心把这一份真正属于大家的晚报办好，我们用轻松活泼的文字处理精彩的副刊，工余一读，解闷尽忘忧，我们用浅白生动的文字报道国内外新闻，翔实快捷，翻阅晚报，立知天下事！报纸必须与民众声息相通。基于这个信念，我们竭力反映民情。”

“轻松活泼的文字处理精彩的副刊”是做到了，但是社会效果却不一定好。《晚报》非常重视内容的趣味性，除了报道国内外的新闻外，还专门开辟一版“趣闻”，网罗世界各地简短有趣的新闻，给读者在茶余饭后提供消遣话题，以娱乐读者。如“海边垂钓，毒品上钩，钓起一箱可卡因，导致毒贩遭捕”，“纽西兰女权运动者出法宝，如意袋（安全套）当气球，国会上空飞舞”等消遣性新闻。

南洋星洲联合晚报
本报带给组屋申请者好消息！
10万户今年起有新家
去年底前申请者后年之前可全获分配
一份真正属于大家的晚报
国会问答
女性不必服役
退学小学生人数减三倍
派报公会启事
本报启事
金和源肉干肉丝
KIM HOE GUAN
東方石油
20W/50
电发美容
招新生

图 2－21　《联合晚报》创刊号

《联合晚报》内容的另一大特色是“大特写”。不断推出一系列大块文章，有的是有关历史文物，有的是民俗与民生的话题，有的是各地旅游与风情，有的是奇人奇事，五色缤纷，颇为引人入胜。如果说 1990 年之前，《联合晚报》一直是一份健康益智的报纸，它一方面给广大读者提供了茶余饭后的谈资，也给读者增添了许多有益的知识，那么 1991 年之后，《联合晚报》就完全改变了风格，变得庸俗和低级。特别是对于影视明星的追逐，其手法和内容不敢让人恭维。

为了与《新明日报》抢夺市场，《联合晚报》特别重视电影电视与副刊小说，逐渐走小报的路线，经常借助追踪内幕消息为名，以头二三版的篇幅，大肆渲染男女间的情欲横流与畸形恋情，而且图文并茂，内容不堪卒读。

《联合晚报》的娱乐副刊《星海》（后来改为《星辰》及《歌影视》）占两大版，专门报道歌星影星的起居饮食及绯闻，而且添油加醋，大肆炒作，不达到轰动效应决不罢休，所以色情的内容相当多。每隔几天，《联合晚报》便会推出某影星私生活的绯闻版，从新加坡到香港，从香港到台湾，从台湾到中国，轮流炒作明星的绯闻。例如，1992 年 6 月，新广男女演员在休息室胡搞，被拍照捅出来。《联合晚报》顿时来劲，花了三版追踪，害得当事人向报社求饶。同年 6 月在义顺因为绯闻发生命案，《联合晚报》也不惜以两版来个“大揭秘”，把命案讲得头头是道。

有时实在没有新闻猛料，就采取捕风捉影的方法，说某影视明星生活有问题，引起该明星的抗议，但是这些内容又不点名道姓，明星有时对其也无可奈何。而有些希望打入娱乐界的新手，则利用《联合晚报》的炒作来取得自己进入娱乐的资本，比如，某新手特地瞄准当地一个相当有名气的明星，声称与他发生性关系，然后自己不出面，通过第三者透露给《联合晚报》，《联合晚报》如获至宝，发挥大肆炒作的能力，结果炒了半天之后，却发现这些猛料是无中生有的事情。面临明星的诉讼，又急忙转换角度，抨击新手，然后一个劲地向明星示好。明星为了继续在娱乐界生存，也只能让此事不了了之。

《联合晚报》之所以改变风格，显然是为了满足部分读者低级趣味的需求，打开销路，但《联合晚报》大肆报道桃色新闻，甚至追求“裸体新闻”，当然受到公众的批评，但为了迎合读者的口味，《联合晚报》还是不惜以牺牲道德和伦理来换取销售量。很快，《联合晚报》就以这种手法超越了《新明日报》。到了 1999 年，《联合晚报》的日发行量冲破 14 万销量的大关，远远超过了《新明日报》。

这种用性、色情、裸体新闻，通过大肆炒作的手法来提高销量，从市场和读者的需求来看，是比较符合市场规律的，但是从长远来说，这种手法却是违背社会文明发展规律的。越炒越猛，越脱越光，各份报纸相互比拼色情新闻的写作技巧，到最后读者看腻了，报纸还有什么东西来满足读者不断被吊高的胃口呢？所以，报纸最终的发展应该依靠健康的内容来取胜，更何况报纸还负有引导社会、教育读者的任务。《联合晚报》和《新明日报》该到了改弦易辙的时候了。

（6）《新明日报》

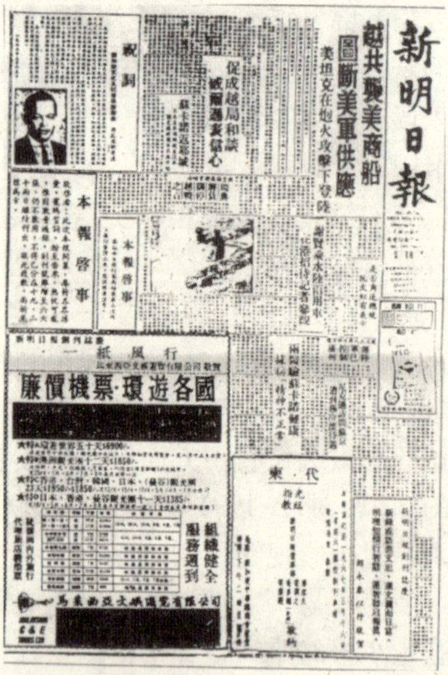
新明日報
越共襲美商船 圖斷美軍供應
美坦克在炮火攻擊下登陸
促成越局和談 威爾遜表信心
祝詞
本報啓事
本報啓事
一紙風行
廉價機票·環遊各國
紙織健全 服務週到
代東

图 2－22　《新明日报》创刊号（1967 年 3 月 18 日）

1967 年 3 月 18 日，《新明日报》创刊。这份日报是由金庸（查良镛）与梁润之联合投资经营的。金庸是香港武侠小说作家，人称金大侠，而梁润之则是新加坡斧标驱风油的企业家。《新明日报》要跟《联合早报》、《联合晚报》竞争，必须另辟蹊径，以新风格呈现给读者，金庸因此决定加强娱乐与社会新闻，并以自己的武侠小说创作，抢先在《新明日报》上发表以吸引读者。由于报纸内容多姿多彩，版面轻松活泼，很受读者欢迎，销量节节上升，广告来源也越来越多，迈入第三个年头，便开始赚钱了，令人始料不及。到了创刊后的第五年，在新马地区的销量就突破了 15 万份，与《南洋商报》、《星洲日报》形成三足鼎立之势。“1982 年 8 月 7 日，海峡时报集团以 112.5 万元购买了《新明日报》45% 的股份，1983 年 12 月，海峡时报业集团增购《新明日报》14% 的股份，共拥有 60% 的股份，使《新明日报》成为海峡时报有限公司的子公司，1987 年 8 月，海峡时报集团进一步购买《新明日报》剩余的 40% 股份，于是《新明日报》成了时报集团独资拥有的公司。1990 年 3 月 19 日，新加坡报业控股进行结构改组，属下的《联合早报》、《联合晚报》、《新明日报》都归入华文报集团管理。”①

新加坡报业控股接手管理《新明日报》之后，重申该报采取“独立的”言论立场，既“不鼓吹任何思想体系或理论，也不做任何集团的传声筒”，而“以国家利益以及新加坡各民族和谐共处为最高原则”。

1993年，《新明日报》的风格有了显著的改变，开始走小报的路线，竭力渲染男女间情欲，不但夸张诲淫诲盗的内容，而且标题的遣词用句也教人摇头叹息，如“蹂躏500女人，红舞男悔恨”、“色狼用树枝，弄少女下身”及“利用小女友，诱干爹上床”等，此后，新明风格延续至今。

2002年初，《新明日报》每日出版在20至24版之间，报道本国新闻、综合新闻及国际新闻，给读者提供国内外的信息，不过编者却常以显著的版位，刊登一些男女间畸形之恋及色欲横流的新闻，用触目惊心的标题，穿插了令人想入非非的图片，以期吸引读者，增加销量。此外《新明日报》还设有娱乐、体坛、美的天地、饮食市场、周末特区及遨游四海及保健生活版，满足不同读者的需求，给他们添增若干生活的情趣。

《新明日报》的《非常话题》，每天都有三份之二版，所刊载的文字，有专题论析，如依然的“消费社会的隐忧”、翁德生的“谁强谁弱”、曾渊沧的“传统宗乡会馆须向新移民招手”，这类专题分析都是些益智的文字，有助于开拓读者的知识领域。此外，《非常话题》也容纳了读者的观点，反映了民间所面对的若干问题，有些也获得有关当局的回应，《非常话题》成了官方与民间互动交流的工具。

《新明日报》副刊内容及题材呈多样化、多元化的特点，其中尤以“风月堂/秋芙信箱/小说”最为典型。“风月堂”是“吟风笑月，欢喜一堂”的缩写，刊载的大多属风花雪月、茶余饭后搞笑的题材，这些题材大多来自人们身边的故事，范围相当大，来自新加坡、东南亚、中国等，如“越南少女争嫁中国郎”、“斗狗，香港赌风又起”及“中国小皇帝气闻奇观”等。“秋芙信箱”则是编辑为读者解答问题的园地，其中的问题基本上都是青年男女的婚姻爱情生活，比如，有爱上一个有夫之妇无法自拔等一类的三角恋，也有一个女孩面对诸多男子追求，脚踏两只船，不知道如何选择。还有敢恨敢爱的来信，比如，希望编辑公开自己对某某人的恋情，甚至在报纸上向自己钟情的女性示爱、求婚，这些来信都反映了当代青年对婚姻和家庭的新观念，有些来信读起来令人不禁莞尔。有些来信也谈性的问题，比如说夫妻床笫之欢不如意怎么办等，此类话题不少。副刊也刊登小说，比如不知刊登了多少回的金庸、梁羽生、古龙武侠小说，以及现当代的各种言情小说，偶尔也会介绍国外翻译过来的优秀小说。总之，副刊内容五花八门，天上的、地下的都有，能挖掘出来的，基本上都给副刊的编辑登了。

① 崔贵强．东南亚华文日报现状之研究．南洋学会（新加坡），2002. 46

现在，新加坡几乎所有的出版业由新加坡报业控股集团控制。这个报业集团成为政府的喉舌，对新加坡的舆论起着决定性的作用。这从它的简介可见一斑："维护国家利益，迅速提供客观翔实的新闻信息，并在一个多元种族的社会里，保持与发扬华文的传统文化和价值观，是我们办报的基本原则。在精益求精、力争上游的理念下，我们发挥了报章为读者提供沟通、教育与娱乐三大功能，以不断的革新为推动力，与时并进。"

这个办报理念对新加坡既有好的一面，也有不好的一面。它有助社会稳定，言论能与政府保持一致，有助政府推行各种政策，但是不利的方面也是显而易见的。比如，它缺乏政府的舆论监督，缺乏本地的政治评论等。新加坡政府一向以高效、廉洁的形象出现在世人面前，很少出现腐败与贪污的现象，所以报纸很难找到政府出大错的地方，这或许是新加坡报业为政府说话的理由吧。

2. 马来西亚

马来西亚原名马来亚。马来亚由马来西亚、新加坡、沙捞越（Sarawak）、沙巴（Sabah）组成，是华文报纸的发源地，之后新加坡独立，马来亚改变成今天的马来西亚，由西马、沙捞越、沙巴组成。从《察世俗每月统记传》开始算起，迄今已有192年的历史。

辛亥革命时期的华文报纸主要有1895年创刊、1896年改为日报的《槟城新报》和1910年创刊的《光华日报》。1936年《槟城日报》被《光华日报》收购。这一时期还有《广时务报》、《吉隆坡日报》、《槟城日报》等，见表2-6。

表2-6　马来西亚（马来亚）主要华文报纸创刊、停刊时间表①

报纸名称	创刊、停刊时间
《华洋新报》	1890年—不详
《屿报》	1894年—不详
《槟城新报》	1896年—1936年
《广时务报》	1897年—1898年
《南洋时报》	1897年—不详
《光华日报》	1901年至今
《吉隆坡日报》	1909年—1910年
《四州周报》	1911年—1911年
《益群报》	1919年—1936年
《华侨日报》	1936年至今
《星槟日报》	1939年至今，1986年改名《光明日报》，1992年被《星洲日报》收购
《建国日报》	1940年—1986年

① 彭伟步．从新马华文报纸的历史看其与华人的关系．*BiblioAsia*（新加坡国家图书馆学报），2007（2）

（续上表）

报纸名称	创刊、停刊时间
《中国报》	1946 年至今
《马来西亚通报》	1957 年—1994 年
《诗华日报》	1952 年至今
《美里日报》	1957 年至今
《国际时报》	1968 年至今
《自由日报》	1868 年至今
《亚洲时报》	1976 年至今
《东方日报》	2003 年至今

20 世纪 20 年代至太平洋战争爆发前，《南洋商报》和《星洲日报》在马来西亚广泛发行，逐渐在马来西亚扎下根来，其他华文报纸也纷纷创刊，不仅在西马有众多报纸，而且在东马沙捞越、沙巴州都有报纸创刊。1927 年，《新民日报》是沙捞越的第一份华文报纸，1936 创办的《华侨日报》是沙巴的第一份华文报纸。

日本占领马来西亚期间，几乎所有华文报纸停刊。战后，华文报纸如重见天日，复办成为潮流，几乎每隔一个月就有新报出现，但是竞争激烈，每隔一个月也有一份报纸停刊。现在马来西亚 18 家的华文报纸大多数是在战后复刊和创办的。1948 年 6 月，英国殖民政府出台“紧急条例”，宣布马来西亚共产党为非法组织，加强对进步力量的镇压。支持马共的报纸，如《民声报》、《战友报》、《现代日报》、《中华公报》（古晋）等被查封。华文报纸的办报势头逐渐减弱。

1965 年 8 月 9 日，新加坡宣布退出马来亚联邦。马来西亚就由西马和东马组成。吉隆坡是华人人口最多的地方，三家最大的华文报总部都设在这里，它们是《星洲日报》、《南洋商报》与《中国报》。另一个华人密集的城市是北部的槟城，这里工商业繁荣，人民富庶，两家华文报也在此设立大本营，它们是《光华日报》和《光明日报》。

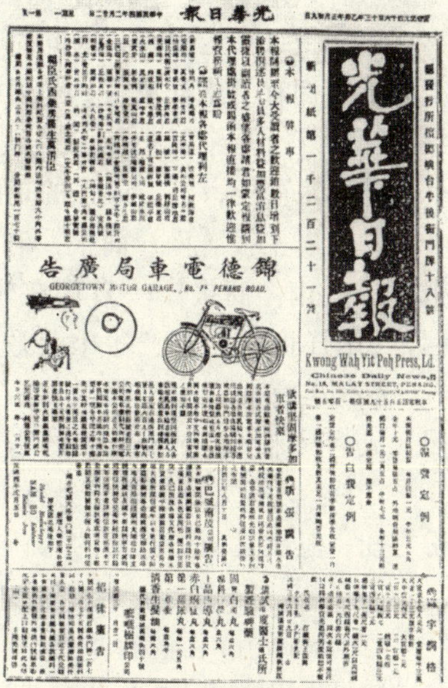
光華日報
光華日報
Kwong Wah Yit Poh Press, Ld.
Chinese Daily News
錦德電車局廣告
GEORGETOWN MOTOR GARAGE, PENANG ROAD.

图 2－23 《光华日报》

1957 年 8 月 31 日独立前，马来亚只有几家报纸，如槟城的《光华日报》与《星槟日报》，吉隆坡的《中国报》，以及怡保的《建国日报》，这些地方性的报纸，都有共同的特征：资金薄弱、设备落后、规模小、读者少。那时《南洋商报》与《星洲日报》是主要的两份报纸。

1965 年 8 月 9 日，新马分家，《南洋商报》与

《星洲日报》脱离设在新加坡总部，独立印刷出版。

20世纪70年代以来，马来西亚政府加强了对传媒的限制，立法限制外国人对本国报业的操纵。1974年1月24日，国会通过了1974印刷（修正）法案，规定外资在本国报纸的拥有权不得超过三分之一，其他股权归本地人所有，这样一来，股权便向马来西亚国民转移，外地编务人才渐渐离去，也慢慢由本地华人取代，到了20世纪80年代初期，华文报业资金及人才的马来西亚化宣告完成。

马来西亚的华文报业在20世纪70年代相当蓬勃，同时并存的华文日报共有八家，它们是《中国报》、《南洋商报》、《星洲日报》、《马来亚通报》①、《建国日报》（1940年创刊于怡保），《光华日报》、《星槟日报》（1939年创刊于槟城）与《新明日报》（1967年于新加坡创刊，1971年在马来西亚成立报社）。但自20世纪80年代以来，华文报纸竞争趋于白热化，再加上纸张升价，销量停滞不前，又遇上经济不景气，广告来源少，《建国日报》与《星槟日报》先后倒闭。20世纪90年代中期，《马来亚通报》与《新明日报》也关门结业。其他华文报纸如《南洋商报》、《星洲日报》等得到财团收购和资助，才能逃离关闭的厄运。

20世纪80年代后期开始，华文报纸又呈现快速发展势头。据1989年统计，全马各语文报纸日销售总量为265万份，其中华文报纸为61万（比1987年增加6万），马来文报纸为120万，英文报纸为84万，华文报纸占总销售量的23%。而1990年各语文报纸读者人数则分别是：华文报纸227万（比1987年增加4万），英文报纸151万，马来文报纸305万，共计683万，华文报纸读者占报纸读者总数的33%，约一半华人总人口。

华文报纸在走向繁荣的同时，不断兼并其他的报纸，朝集团化方向发展。如南洋报业集团拥有《南洋商报》、《中国报》、《新生活报》和其他多份杂志，而朝日报业集团则拥有《星洲日报》、《光明日报》等。

在马来西亚，实力最强的是两家报业集团，即南洋报业集团与朝日报业集团。两者较劲又以主报《南洋商报》和《星洲日报》的竞争最为激烈。数十年来，《星洲日报》与《南洋商报》一直都在较劲，都希望坐上发行量的第一把交椅。自1992年起，《南洋商报》在竞争中落败，发行量屈居《星洲日报》之下。1992年10月15日，《南洋商报》完成收购马来西亚境内的《中国报》有限公司与生活出版有限公司，成为马来西亚数一数二的华文报业集团。

“在东马华文报的销量排行中，《星洲日报》最佳，日销量介于20 000至30 000份之间，其次是历史悠久的《诗华日报》与《华侨日报》，各销约25 000至30 000

① 1957年7月1日在吉隆坡创刊，是由三日刊的《达报》与《通报》合并组成，由闽籍出版商周瑞标创办，1968年1月1日改为日报，1981年8月马华公会通过华仁控股公司收购该报，但经营不善，亏损严重，1992年下半年，又转让给新协利集团，但该集团回天乏力，1994年8月3日停刊。

份。接下来依序是《美里日报》及《亚洲时报》（各销约12 000至15 000份）及《国际时报》（日销约3 000至5 000份），其他的如《中华日报》、《晨报》、及《沙巴日报》，都只日销1 000至2 000份左右。”① 东马的报纸极其重视本地的新闻，主要围绕东马晋汉斯省、拉让区、北砂和文莱国传播新闻。

沙捞越州人口只有210多万，其中华人大约有60万，而当地的华文报纸就有《国际时报》、《沙捞越晚报》、《诗华日报》、《星洲日报》和《中华日报》。华文报业发达，历史悠久，从一个侧面反映了当地华人社会重视中华文化传播和华文教育的事实。这些华文报纸都是以弘扬和传承中华文化，为华社服务，担当政府和侨社的沟通桥梁，促进华人与其他族群的团结为宗旨。《国际时报》和《沙捞越晚报》由黄文彬集团创办，该报业集团还发行了《文莱国际时报》、《少年周报》和《国际周报》，读者覆盖了文莱和沙捞越。《诗华日报》是由启德行集团创办，该报除了发行面向华人读者的中文《诗华日报》外，还面向其他族群读者发行英文版《The Borneo Post》和马来文版《Utusan Borneo》，是一份多元化的报纸，为华人与其他族群的融合和友好相处起到了促进作用。《星洲日报》设有诗巫、古晋版，在东马沙捞越设有分支机构。

（1）《南洋商报》

《南洋商报》战后复刊时，属权已归闽籍企业家李光前、李玉荣兄弟所有。马来亚版则交由李光前之侄李有成、李茂成兄弟经营。1962年8月31日马来西亚独立四周年之日，该报声称吉隆坡办事处已升格为独立核算的支社，马来西亚版也移至吉隆坡编排印刷。从1965年8月9日起，新加坡退出马来西亚，两报公开分立，并删去版头上“马来西亚版”字样，成为一家立足当地、完全独立的华文日报。马来西亚政府公布实施“新经济政策”后，该报作为华资企业也按规定其股份的1/3卖给马来西亚国营企业机构，1/3仍由李氏家庭所有，1/3分散于社会人士手中，至此，该报已遵照政府“马化”政策，转化“纯粹马来西亚人（包括已入籍的华人）经营的华文日报”了。作为马来西亚实力最强的《南洋商报》，目前已是一份以登刊经济消息和广告为主的商业化报纸。

1972年10月22日，《南洋商报》改名为“南洋报业有限公司”，1983年新加坡《南洋商报》与《星洲日报》合并为《联合早报》，马来西亚《南洋商报》于是成为唯一的一份《南洋商报》。1990年11月24日，马新最大的华资集团之一丰隆集团入主南洋商报。1998年10月28日“南洋报业有限公司”改名为“南洋报业控股有限公司”。1996年11月，《南洋商报》上网，1997年10月24日，推出网上即时新闻。2000年6月成立南洋报业线上（即网络）有限公司。

“20世纪70与80年代，在所有华文报的销数与读者群中，《商报》都是独占鳌

① 崔贵强．东南亚华文日报现状之研究．南洋学会（新加坡），2002. 115

头。据马来西亚年鉴的估计，1979 年西马共八家华文日报，平日的销数达 51 万份，《商报》的销数最多，达 11 万份，占总销数的 22%。各报的星期刊的版数较多，内容较丰富，销路也比平日好，这一天的八家日报总销数是 55 余万份，《商报》销数达 13 万份，占 24%。嗣后，《商报》继续维持这种唯我独尊的优势。1987 年，根据同样的资料，五家华文日报（星洲、商报、中国、通报与新明，缺少光华的统计数字）的总销数约 42 万份，商报约占 14 万 5 千份（34%），星期刊的总销数达 476 400 份，商报独占 164 900 份（35%）。”[①]1989 年《南洋商报》发行量为 152 800 份，1990 年为 166 600 份，居马来西亚华文报销量榜第一位。但 1992 年开始，《星洲日报》后来居上，坐上了销量第一的位置。

2001 年 5 月 28 日，由马来西亚富商郭令灿家族掌舵的丰隆集团旗下的谦工业（Hume Industries）把南洋报业控股（Nanyang Press Holdings）的 72. 35% 的股权，以 2 亿 3 100 万马币（约 6 084 万美元）出售给由马华公会[②]，之后马华公会又购入《南洋商报》12 078 711 股（20. 64%），总共持有 92. 14% 的股份。当时南洋报业是马来西亚比较大的华文出版集团，拥有《南洋商报》、《中国报》、《新生活报》、《亚洲时报》、生活出版社及各类杂志 17 种。根据 2001 马来西亚发行稽查局的数据显示，《中国报》的发行量是 202 000 份，两者加起来发行量高达 389 500 份，对华人社会的言论影响相当大。所以，华人评论说，马华公会控制了马来西亚华文报章中发行量居第二和第三的报纸——《中国报》和《南洋商报》，也就基本上控制了华社的言论。马华公会通过属下公司收购南洋商报报业集团使之变成党产，引起华人社会的极大反响。许多华人社团和新闻工作从业者相继举行大型静坐、游行，对马华公会收购《南洋商报》表示抗议。在华人社会的压力下，马华公会出面表示，如果有企业接手《南洋商报》，会考虑出让部分股份，但当有企业表示乐意购买马华公会的股份时，马华公会又以种种理由婉拒，引起部分华人的不满。

《南洋商报》注重言论，每天都会有一篇社论。关于社论所涉及的国内外的课题，过去与近年有明显的转向，更加注重本国的问题。“以《南洋商报》为例，1946 年该报有关中国问题的社论占社论总数的 69. 7%，1950 年下降到 22. 5%，1953 年则为 2. 4%，而有关新马的社论则逐年增加，1946 年占 19%，到 1959 年已经高达 84%。”[③]“1975 年一个月（5 月 16 日至 6 月 15 日）的社论，涉及本国的只有 9 篇，约占 1/3。可是 1988 年 6 月份的 26 篇社论中，涉及国内的论题竟达 21 篇，占 81%。论题有减税、首相接班人、行动党内争、巫统、华小及新机场等。1998 年 9 月份的

① 崔贵强．东南亚华文日报现状之研究．南洋学会（新加坡），2002. 56

② 马华公会，（Malaysian Chinese Association），马来西亚最大的华人政党，属于执政的国民阵线（Barisan National），属下公司有华仁控股私人有限公司（Huaren Holdings）。

③ 周聿娥，陈雷．东南亚华文媒体发展综述．北京：世界华文传媒年鉴社，2002. 71

26 篇社论中，涉及国内的论题达 22 篇，占 85%，论题有安华事件（9 篇）、外汇管制（6 篇）、注资银行（3 篇）、办好共和联邦运动会（2 篇）、股市正常化（1 篇）以及新马关系（1 篇），2000 年商报的社论总共有 298 篇，涉及国内的有 256 篇，占 86%。”①

《南洋商报》日出至少 15 大张 60 版，视当天广告而定。通常包括全国版、吉隆坡版（或其他地方版）、南洋增版三大部分。每逢周一附送《经济纵横》周刊（四开本，二十版），周日则附送《南洋周刊》（四开本，三十二版）。主要内容有：国内新闻、国际新闻、经济新闻、体育新闻、娱乐、赛马。另有《南洋学生》、《新妇女》、《综合》、《风华》以及《南洋副刊》、《南洋文艺》、《小说天地》、《考试辅导》、《科技世界》、《医药保健》、《画页》、《服务》等每日出版或每周出一两次的专版。

《南洋商报》展现了南洋浓郁的地方特色，显示了马来西亚华人社会独特的人文景观，成为承传中华文化的主要桥梁和纽带，深受马来西亚华人读者的信赖，同时也成为海内外研究马来西亚华人社会的重要资料来源。为了满足新时期读者对信息的要求，《南洋商报》不断充实内容，扩大版面，陆续创办了各具特色的副刊、专刊、言论，信息量不断增加，形成了一份很有特点的报纸。

（2）《星洲日报》

1929 年 1 月 29 日创刊，日军侵入新马后停刊，1945 年 9 月 8 月复刊。在国共内战期间，《星洲日报》偏向国民党，但到了 20 世纪 50 年代，疏离中国情结，专注报道马来亚本地新闻。新马分家后，《星洲日报》独立成为一家马来西亚华文报纸。1980 年繁体与简体同时存在，1979 年 6 月 27 日，全部内容改成横排。1981 年 9 月槟城建筑商林庆金购下《星洲日报》和《星槟日报》，雄心勃勃，大展宏图，准备把《星洲日报》办成马来西亚第一大报，不料在 1986 年因为涉及“马华人反对马政府处理华人教育犯错误”等敏感问题，于 1987 年 10 月 28 日被政府采取“茅草行动”，吊销出版准许证半年。1988 年，以 2 100 万元转手给沙捞越木材大王张晓卿的“常青集团”下的“朝日报业有限公司”。复刊后，张晓卿宣布立场：“报道时考虑到多元

星洲日報
SIN CHEW DAILY
災民全撤離 · 只留下屍體
新奧爾良變大墳場
泰南回教徒紛到丹避難
3天/2夜澳洲游每月从RM228起

图 2－24 《星洲日报》2005 年 9 月 5 日

① 崔贵强．东南亚华文日报现状之研究．南洋学会（新加坡）2002. 83

民族社会，时刻自我克制和约束，扮演上情下达、下情上达的角色”，“为读者提供互通信息和表达心声便利，推广教育、发扬文化和促进各族间文化交流，在党派政治中严守中立。”①

“20 世纪 70 与 80 年代，《星洲日报》的销量远不及《南洋商报》。1979 年《星洲》的销量只有 64 000 份，不仅比起《商报》的 11 万份少，也比不上《新明日报》8 万份，《马来亚通报》67 000 份，1987 年，《星洲》的销数却高达 115 000 份，星期刊更跃至 135 000 份，排名上升第二位，1992 年《星洲》销数跃升第一。”②

《星洲日报》比较重视言论，言论的方向越来越关注马来西亚本国。“1980 年 1 月份的《星洲》共有 29 篇社论，其中 11 篇涉及本国，占 38%，课题包括推广华语、消费物价、官员外访、房屋、垃圾、橡胶及自杀风气等。至 1998 年 10 月份，共有 26 篇社论，有关本国的有 17 篇，占 66%，涉及的课题有金融危机与外汇管制、亚太经济合作峰会、振兴经济等。”③

1997 年，《星洲日报》向东马开拓市场，取得了相当不俗的业绩，销量在东马所有的华文报纸当中排名第一。《星洲日报》努力探索马来西亚以外的报业市场，再配合《星洲日报》在香港、加拿大和美国的姐妹报《明报》，还有巴布亚新几内亚的《国民日报》，以及加上《星洲日报》、《明报》属下多份期刊与《亚洲周刊》所建立起来的世界中文传媒网络，力图在世界报业市场壮大。《星洲日报》在集团化的系统运作中，整合资源，增强力量，向世界性的报业集团迈进。

2000 年 11 月 8 日《星洲日报》在柬埔寨的金边市创办《柬埔寨星洲日报》。该报日出对开纸 5 张 20 版，周日出对开纸 2 张 8 版，主要内容有：《国际新闻》、《国际财经》、《国内新闻》、《区域新闻》、《大特写》、《学生园地》、《学习天地》、《地图》、《科技新知》、《天下事》及《体育世界》、《快乐人生》、《旅游线上》、《活得健康》、《星光点点》、《娱乐》等副刊。该报星期天随报附送《星采周刊》，内容以消闲为主。2006 年 12 月 2 日，《星洲日报》开始进军印尼华文报业市场，入主印尼有四十年历史的华文《印度尼西亚日报》，并将它改名为

印尼星洲日报
总统：并非工商界独享
印日合作惠及人民

图 2－25　《印尼星洲日报》创刊号

---

① 王士谷．华侨华人百科全书·新闻出版卷．北京：中国华侨出版社，1999. 455

② 崔贵强．东南亚华文日报现状之研究．南洋学会（新加坡），2002. 60

③ 崔贵强．东南亚华文日报现状之研究．南洋学会（新加坡），2002. 83

《印尼星洲日报》。

《星洲日报》挟雄厚财力及相当专业的新闻人才向印尼发展，抢攻销路不超过10万份的华文报业市场，力图改变现有的华文报版图，这对由台湾《联合报》经营的《世界日报》等原有的华文报带来冲击迫使其不得不停刊。

现为世界华文报业协会主席的亚洲传媒集体执行主席拿督张晓卿在创刊词中说，新诞生的《印尼星洲日报》坚决与前身《印度尼西亚日报》的任何政治立场和政治联系划清界限，自我定位为社会公器；《印尼星洲日报》是民营报纸，不属于任何党派或利益集团，完全以社会整体与公意作为新闻言论价值判断的根据，力求为读者提供详尽、多元、客观的信息。

2006年10月17日，张晓卿通过名下的益思私人有限公司，以64 675 800令吉从南洋报业控股大股东兼马华公会的华仁管理有限公司购买南洋报业集团21.02%的股份。之前，张晓卿名下的常青集团已经购买了23.74%的南洋报业集团的股份。这样，张晓卿就一共拥有了44.76%的南洋报业的股份，一跃成为南洋报业的最大股东。按照马国有关的股票管理制度，张晓卿拥有44.76%的南洋报业集团股份，可在市场上实行强制性的全面收购其他股东的股票。张晓卿通过收购南洋报业集团，因此拥有了马国影响力最大的四份报纸：《星洲日报》、《光明日报》、《南洋商报》、《中国报》。这四家华文报纸的销量占据了80%以上的马来西亚华文报业市场份额。

2007年1月29日，星洲传媒集团与香港明报报业集团宣布合并，并邀请南洋报业集团参加。拥有星洲传媒集团和南洋报业集团的股东可置换香港明报集团的股票。也就是说，明报集团将收购星洲传媒集团和南洋报业的股份，并在香港和马来西亚两地股票市场上市。合并的明报集团因此一举成为中国内地、香港、台湾之外最大的华文传媒集团，足迹将遍及全世界。合并工作在2008年2月完成。

目前，五家报纸每日总发行量逾100万份，三家集团有员工5 000人，全世界每天有250多万海外华人通过报纸或网络，阅读《星洲日报》集团报业下各个子报纸的新闻。一旦完成合并，香港明报集团就会拥有五大报纸：《星洲日报》、《光明日报》、《南洋商报》、《中国报》、《明报》，超过30份杂志的大型中文出版集团。

(3)《中国报》

1946年2月1日，《中国报》在吉隆坡创刊，是“二战”后该市创刊最早的华文报纸。它立场保守，反共色彩浓郁，所以销量停滞。1963年随着新马及沙捞越、沙巴合并，政局发生改变，《中国报》的立场也跟着转向，冲淡了中国大陆、台湾意识，转而重视马来西亚的前途，强调新闻报道应采取公平独立、不偏不倚的态度。该报明申：“在支持政府各项政策的前提下，愿为弘扬包括华族在内的各族文化，增进各民族之间的团结，建立统一、独立的马来西亚而努力。”1982年在庆祝创刊36周年时，社长李孝式重申宗旨：“支持政府政策，塑造一个统一、独立的马来西亚，促进各民族文化，加强各民族的亲善关系，以便维持一个强盛的国家。”对于马华公会的党争，《中国报》表示“马华党争，本报在报道中采取中立”。

“《中国报》是一份地方性的报纸，主要销向中马地区，销数不多。据估计，1979年的销数只有5万份，还不如同时期的《通报》（67 000份）与《新明日报》（80 000份），直至1987年，销数不进反退，下滑到21 000份，1985年11月23日，《中国报》便因财务出现危机而自动停刊。”①

1986年7月25日，周瑞标家族从李孝式家族手中收购《中国报》。《中国报》得以复刊，锐意改革，以全彩色印刷图片吸引读者，创下马来西亚报坛一项纪录。在1990年推出《晚报》后，《中国报》树立了“有大事，看《中国报》”的口碑，新闻报道手法以“新、准、快”为指标。如今《中国报》除了新闻外，每天出版的评论、画刊从未间断。1990年销数已达到97 974份，读者人数高达296 000，仅次于《星洲日报》、《南洋商报》，成为大马第三华文日报，1999年《中国报》早报版和晚报版两者之和已经超过了《南洋商报》，跃升为马来西亚华文第二大报纸。1992年10月12日，持有《南洋商报》85.5%股份的丰隆集团（富豪郭令灿拥有）收购《中国报》，《中国报》于是成为《南洋商报》的姐妹报。

《中国报》比较注意知识性和趣味性，辟有多种副刊、专栏，以奇闻轶事、搜奇探秘等内容和谈古论今的手法，吸引读者。1999年《中国报》赢得十多个大型新闻奖，其中包括：消费人报道奖、最佳消费人记者奖、环境新闻奖、马鸣菩萨佛教文学奖、黄纪达新闻奖及新闻摄影奖等。

2000年4月6日，《中国报》网站启用。同年8月对广告进行改革，启用彩色广告印刷，吸引了相当多的广告客户。

（4）《光华日报》

《光华日报》1910年在槟城创刊，是全球历史寿命最长的华文报纸。它是由孙中山及一批革命党人筹办的，是革命党的重要喉舌，在辛亥革命前夕，革命党曾经利用此报与保皇派展开革命并与保皇立宪论战。“中华民国”成立后，它一直拥戴中国合法正统政府，即“中华民国”。1928年发生济南惨案，《光华日报》因发表激烈的言论，遭英殖民政府停刊3个月。

九一八事变之后，《光华日报》高举抗日旗帜，全面投入抗日的洪流，号召全民抗战，并组织华人捐钱捐物，充当临时银行，把各种支援抗日的款项寄往大陆。“鉴于华侨日夜涌到报社打听消息，该报遂于每日12时刊发号外，及时报道中国抗战的信息，大有洛阳纸贵之势。”② 1941年12月，日本发动太平洋战争，占领马来亚三年8个月，报纸被迫停刊。

战后，《光华日报》于1946年2月6日复刊，1950至1960年因为发生韩战，橡

① 崔贵强．东南亚华文日报现状之研究．南洋学会（新加坡），2002. 62

② 王士谷．华侨华人百科全书·新闻出版卷．北京：中国华侨出版社，1999. 86

胶原材料及各种制品畅销，价格上扬，马来西亚经济呈现繁荣景象，《光华日报》也因此踏入快速发展阶段。新中国成立之后，《光华日报》支持中国大陆，赞扬中国人进入独立自强的时代，政治倾向明显。

1955年后，《光华日报》改变办报宗旨，确定新的编辑方针：维护国家利益，作为政府桥梁，沟通民意，致力促进全民团结，亲善和谐。改变编辑方针后，该报更加注重本地华人的新闻。

《光华日报》主要在北马一带销售，但是自1960年《南洋商报》和《星洲日报》进入北马攻城掠地之后，《光华日报》的销量便不断下滑。1968年，《光华日报》董事局为破解《南洋商报》和《星洲日报》的夹击，决定注入巨额资金200万元（马币），购买先进印刷设备，锐意改革，才使《光华日报》在《南洋商报》、《星洲日报》进攻下的败退趋势有所缓和。1975年，《光华日报》大力改革，顺应报业发展趋势，销量上升，广告收入有了较大的增长，20世纪80年代中期，销量有所回升，日销量一度达到6万份，1987年日销量达到8万份，1988年该报宣布每天销量突破10万份。“据马来西亚市场调查公司1989年10月和1990年初两次公布的调查数字，该报1989年有读者29.6万，1990年初增为32.3万。然而，《光华日报》面对《星洲日报》姐妹报《光明日报》的冲击，销量一再下滑，面临生存危机。”①

《光华日报》比较注重言论，其社论较有水平，言论与国内大事有关，比较注重民生话题。“《光华日报》1975年10月份有26篇社论，其中涉及国内的有9篇，占35%，课题有消除贪污、保证投资、胶价胶业、渔民难题、畜牧业市场及中立化政策等。到了2000年10月，共有社论30篇，有关本国的有25篇，占83%，涉及的课题包括真假驾车执照、匡正贪污风气、手足口症、物价上涨、社会风气败坏、财政预算案、新马关系、宏愿学校及人身安全等。”②

该报现日出对开14至18张，版面内容主要有要闻、槟城新闻、全国新闻、言论、国际新闻、霹雳新闻、体育、娱乐、影视、少年、妇女等。

（5）《光明日报》

《光明日报》于1987年12月18日在槟城诞生，它的前身为1986年9月29日停刊的《星槟日报》。《星槟日报》由于财务陷于困境，于1986年被马来西亚银行接管，宣告停刊。其员工自行组织，另创报纸，起名为《光明日报》。该报纸执照由民政党主席林敬益医生出面向当时任首相的马哈蒂尔申请，得到特殊批准。

创刊初期，资金极度匮乏，经营管理不佳，直至1988年销量才有所好转，达44 000多份。1990年9月，被金马扬集团（Kemayan）收购。办报宗旨仍然沿袭前报的宗旨：作为一份民营报纸，立场鲜明，不偏不倚，绝不偏向任何政党，依全体读

① 王士谷．华侨华人百科全书·新闻出版卷．北京：中国华侨出版社，1999.87

② 崔贵强．东南亚华文日报现状之研究．南洋学会（新加坡），2002：83

者及大众的利益为依归。1992年，因金马扬集团改组，《光明日报》同年7月被迫停刊，幸亏张晓卿慧眼识英雄，1992年12月常青集团属下的朝日报业集团以220万令吉收购了《光明日报》，成为《星洲日报》的姐妹报。

《光明日报》的口号为“爸爸关心时事，妈妈情牵副刊，孩子最爱娱乐，《光明日报》：一家人的报纸”。口号相当有亲情和感染力，拉近与华人的心理距离，因此受到华人的喜爱，销量不断上升，超过了《光华日报》，直逼《南洋商报》。

该报从创刊的3张到现在日出14张，主要内容有：国内外重要新闻、体育、特写、副刊等，每周四天（周二、周三、六、日），加附12至24小开本的《凸报》、《名医》、《娱乐报》、《黄小姐报》（报导城市女郎生活）。

（6）《东方日报》

马来西亚执政党马华收购南洋报业集团16个月后，即2002年9月30日，拥有《诗华日报》的启德行集团通过一家印刷公司协助印刷出版《东方日报》，但第二天就被马来西亚内政部勒令停止出版。民政党主席亲自出面向首相马哈蒂尔申请。马哈蒂尔特批给启德行集团一张出版执照，于是2003年1月1日，《东方日报》正式创刊。一家新的华文日报《东方日报》在马国面市，为马国华人读者提供另一个选择，为华文报新一轮的竞争。

《东方日报》由抄捞越公司启德行（KTS）拥有，该公司业务多元化，主要从事伐木业。这家家族公司掌舵人为刘会干，它在沙捞越出版《诗华日报》、英文《婆罗洲邮报》（Borneo Post）及马来文《婆罗洲前锋报》（Utusan Borneo），现已发展成为报业集团。

东方日报每日出版12大张48版，目前，该报大概日发行量为10万份左右，但有相当一部分属赠送。《东方日报》的出现也导致华文报纸发生严重的挖角事件，挖走了不少《南洋商报》及《中国报》编采人员，这对《南洋商报》产生了相当大的冲击。

（7）《新明日报》

1967年3月18日《新明日报》在新加坡创办，3月29日出版吉隆坡版。1968年12月16日开始分别两地印刷发行，1975年，根据马国法律，马来西亚版把新加坡股份售给当地华人胡鸿飞，从此从新加坡《新明日报》分离出来，独立发行。1976年，华商陈群川购买该报68%的股份，1977年马华公会的下属机构购买了该报大量股权，1985年6月又被马来西亚新海峡时报集团收购。

新海峡时报集团收购《新明日报》后，并没有改变原来《新明日报》的办报宗旨，其负责人宣称，《新明日报》继续按照宪法精神，推动华人文化活动，为华社服务，营造一个和谐与团结的大马社会尽绵薄之力。

《新明日报》面对《南洋商报》和《星洲日报》的进逼，在20世纪90年代初期一度对其进行改版，提高可读性，增加副刊内容等，形成娱乐性、知识性较高的风格，销量有所有上升。当时每日出对开24版，发行数万份，社会新闻较多，新闻版面与副刊版面对半分，内容主要有：要闻、全国新闻、体育、财经、影视、小说、赛马、学苑/校园、新女性等副刊，每周三随报附送《新明少年》，每周日随报附送《新明周刊》。

随着西马日趋激烈的华文报业竞争，《新明日报》再也无法适应这种激烈的形势，1996年，新海峡时报集团终于宣告《新明日报》停刊，结束英文报经营华文报的历史。马来西亚《新明日报》的历史也画上了句号。

3. 印度尼西亚

1823年，麦都思（Walter Henry Medhurst，1796—1857年）在巴达维亚（雅加达）创办《特选撮要每月纪传》，1826年停刊，共出四卷，但它不是华侨创办的华文报纸，而是英国人创办的一种具有新闻性质的书册型华文刊物，其宗旨主要是传播基督教，兼及传播时事、历史、科学、天文、地理等，所以不能被学术界认为是印尼最早的华文报刊。

有学者认为，1908年在爪哇泗水发行的《泗宾日报》标志着印尼华文日报的开端，而有人却认为最早的印尼华文报纸应以《新报》及《天声日报》为开端。两者都是1921年在雅加达创刊，前者鼓吹中国民族主义思想，认同中国，而后者却是中国国民党的喉舌，宣扬三民主义。在这之前，有好几家华文报如《华铎报》、《爪哇公报》及《汉文新报》出版，它们虽创刊于1909年，宣扬孙中山的革命思想，但都是以周刊的形式出现，不能算是日报。

在20世纪20年代里，印尼华文日报的出版，如雨后春笋般发展。许多华人聚集的地方都有华文报纸，如棉兰、望加锡及坤甸。到了30年代，日军扩大了对华侵略，印尼华文报掀起了抗日救亡的序幕，投入援华的洪流，却横遭荷兰殖民地政府的迫害，多家报社被勒令停刊。“20年代后，《天声日报》、《新报》、《工商日报》（均在巴城发行）、《南洋日报》（棉兰）、《三宝垄日报》和《锚江日报》先后问世。它们揭露荷兰殖民主义者和日本法西斯的罪恶行径，支持印尼民族解放运动，立下了不朽功绩。印尼开国元勋苏加诺总统与《新报》领导人结下深厚友谊，还得到他们的很大帮助。印尼原住民报人称赞华侨报纸是印尼独立运动值得信赖的和可靠的战友。也正因为此，华文报纸经常遭到殖民主义者的迫害，不时被检查，有的被迫停刊。”① 20世纪20年代，华文报纸已经分裂成三派，一是亲中国，以《新报》和《泗水日报》为代表；二是亲荷兰，以《商报》和《中华指南》为代表；三是亲印尼民族主义，以《新直报》为代表。

日本侵占印尼期间，几乎所有的华文报纸都被封闭，但有极少数土生华人创办的报纸，如《太阳报》和《洪报》刊登日本人的广告和发表亲日言论，引起华人的公

① 黄昆章．从龙阳日报看印尼华文的沧桑．国际新闻界，2002（2）

愤。1942 年 9 月，《洪报》与华文报《新新报》合并为《共荣报》，鼓吹"大东亚共荣圈"，为日本军国主义辩护，为世人所不齿。

"二战"后，印尼华文报纸又出现了生机，许多不同派别的报纸纷纷出版和复刊。20 世纪 50 年代华文报纸多达 20 多家，是当时东南亚各国之冠。除了原有的《新报》、《天声日报》、《大公商报》及《苏门答腊民报》等外，还新创办了《生活报》、《印华经济》、《自由报》、《中华商报》、《黎明报》（坤甸）、《民主日报》、《华侨日报》、《兴中日报》、《诚报》及《匡卢日报》等。这些报纸分成两派，相互攻击。亲共的有《新报》和《生活报》，反共的有《天声日报》、《自由报》及《中华商报》等。"影响最大的《新报》和《生活报》发行量达四、五万份。其他为数千份至一两万份。"①

1958 年 2 月 15 日，在美国和台湾的支持下，马斯友美党和印度尼西亚社会党在苏门答腊发动叛乱。1958 年 4 月 17 日，印尼政府和军方联合颁布命令，禁止任何人出版非拉丁文字母、阿拉伯字母及印尼地方语言报纸、杂志及其他刊物。华文报纸因此全部停刊。然而，这种"一刀切"的华文报纸政策受到了中国政府的抗议和交涉，当时执政的苏加诺鉴于国际形势的变化，对禁令稍作调整，因此又有几份亲共报纸出版，如《忠诚报》、《首都日报》、《火炬报》、《建设报》、《革命日报》和《革命火炬报》，但对所有亲国民党的华文报，如《天声日报》、《自由报》、《中华商报》和《青光日报》等一概不允再复刊。由于中国与印尼于 1955 年签订了取消印尼华侨双重国籍的条约，这些新创办的报纸都是由华人负责。

20 世纪 60 年代初期，随着中国出台不承认双重国籍的政策，许多华人因此入籍印尼，从效忠中国转而效忠印尼。此时创刊的《首都日报》、《忠诚报》、《火炬报》、《革命火炬报》、《友谊报》都转变了笔调，主要报道印尼国内的新闻，兼顾报道中国内地的新闻。60 年代初期，由印尼籍华人创办的华文报如雅加达的《首都日报》、《忠诚报》、《火炬报》与《革命火炬报》以及泗水的《友谊报》相继问世，它们都是以报道印尼国内的消息为主，成为印尼民族报业的一环。

1965 年之前，华文报纸发展势头好，与此同时，由华人创办的印尼文报纸也有不俗的表现，如战后创刊的《新报》、《竞争》报发行量分别有 4.5 万和 4 万份。《新报》于 1910 年 10 月 1 日创办，原是周报，采用印尼文，1912 年 4 月 1 日改出日报，于 1921 年 2 月 21 日在雅加达创办出版华文版，致力宣扬中国民族主义，号召华侨华裔保持中国国籍，拒绝加入荷兰国籍，关心祖国的命运和建设事业，积极参与中国政治。该报大量报道中国和侨乡新闻，日本占领印尼期间停刊。战后复刊，1960 年印尼掀起排华浪潮，《新报》停刊，但是 1960 年 12 月又复刊，改名为《忠诚报》，还是出印尼文和华文两个版，1965 年 10 月 1 日因为苏哈托一纸命令停刊。此外华人还

① 黄昆章．从龙阳日报看印尼华文的沧桑．国际新闻界，2002（2）

创办了《新民》、《社会号角报》、《爪哇邮报》、《希望》、《光报》等印尼文报纸。1965 年，苏哈托封闭了所有华文报纸和华人创办的印尼文报纸。无论是华文报纸还是土生华人创办的印尼文报纸，它们均对印尼社会的发展作出了杰出贡献，充当了印尼与中国沟通和交流的渠道。

1965 年，印尼爆发“九卅政变”，苏哈托上台，随即掀起了大规模的排华运动。50 万华人或者被屠杀，或者被驱逐出境。华文报纸也遭受到前所未有的困境，全部停刊。当时仅存的 13 家华文报纸悉数被关闭。华人报业完全消失，甚至进口的华文报刊也被取缔。

苏哈托上台后，实行全盘同化华人政策，禁止华人出版报纸，关闭华文学校，禁止华人组建社团。华文在 30 多年里受到极度的冷落。1966 年 9 月 12 日，为实现华人与政府的沟通，当时印尼情报局在政府的同意下，出版了一份双语报纸——《印度尼西亚日报》。这份报纸成为从 1966 年至 1999 年之间的唯一一份华文报纸。但是由于编辑自主权被情报局所掌控，不能全国发行，无法更多地反映华人社会的真实情况，维护和捍卫华人的利益，因此发行量一直上不去，每天的发行量只维持在 3 万份左右。《印度尼西亚日报》每天出八版，其中三版半为中文，其余为印尼文。

苏哈托政权 1998 年垮台后，哈比比政府开放新闻政策，但未取消禁止发行华文报刊的法例，故仅有的华文报刊《印华之声》月刊和《印华文友》月刊均是在马来西亚与香港注册发行。

1999 年，瓦希德上台，对华人政策有所放松，如准许华人保护民族文化风俗，强调华人是印尼民族的重要组成部分等，于是华文出版业再度出现繁荣景象。绝迹 35 年的印度尼西亚华文报纸终于迎来了黎明的曙光。《印华之声》月刊，双语周刊《华文邮报》出现，《和平日报》、《新生日报》、《印度尼西亚商报》、《千岛日报》、《国际日报》、《世界日报》、《印度尼西亚广告日报》、《坤甸日报》、《诚报》及《华商报》相继创刊，再加上《印度尼西亚日报》，总共有 11 家。1999 年 9 月 9 日发行量最大的印尼文版《指南报》和英文版《雅加达邮报》联合推出电子华文版《指南日报》，在因特网发布华人消息。

这些新刊或复刊的华文报纸有的是华人自办，有的是由华裔与印尼族裔合办。比如说，《和平日报》是由新闻部长邀请三位来自马来西亚报的华人创办起来的。华文版《商报》是印尼文《商报》创办的，以报导财经新闻为主，宗旨是“促进全民团结与经济繁荣”。

华文日报都表示办报的主要任务是增进各民族友谊，这既符合印尼当前的客观现实，又与维护民族团结的执政党方针相吻合。各华文日报皆发行八大版，报道国际新闻、印尼新闻和地方新闻，也多辟有体育、娱乐、医药卫生、副刊等栏目，都注重热点新闻，争取时间及翔实报道。各报也刊登针砭时弊的文章。

2002 年 7 月 1 日，印尼全国有 10 家华文报，即雅加达的《印度尼西亚日报》、

《世界日报》、《国际日报》、《印尼商报》及《和平日报》，泗水的《千岛日报》和《诚报》，棉兰《印广日报》和《棉华日报》，以及坤甸的《坤甸日报》，其总销量超过5万份。2007年11月，印度尼西亚只剩下9份华文报，但销量有所增强，达到10万份。

《印度尼西亚日报》创办于1966年9月12日，它的背景是苏哈托取消一切华人社团、华文教育、华文报纸之后，面对境内上千万华人存在的事实由军方情报部门开办的一份双语（华文与印尼文）报纸。在创刊时说："向不大懂得印尼语和只懂得华语、华文的印度尼西亚居民提供有关政府措施、法令条例和诸事件的说明。"

1986年9月12日，该报在20周年庆典时说，《印度尼西亚日报》不仅担负着传达政府指示的任务与媒介作用，也促使社会大众更加领悟"身在印度尼西亚，必须忠心面对印度尼西亚"的思想与表现，"以两种文字出版的作用，也无形中促使未能掌握好印度尼西亚语文的读者能够逐渐学习与习惯于阅读印度尼西亚文，最后达到完全懂得和能够使用"。

"该报主要刊载官方新闻、政府法令条例、指示，极少刊载有关中国的消息。版面内容有国际新闻、国内新闻、国内经贸世界、股市行情、法令条例、世界体育新闻、影视、文艺副刊与医药卫生等。该报开辟的副刊版面较多，共有三个半版面，为广大爱好文艺的读者提供了一个学习的条件。"①

目前，此报被马来西亚《星洲日报》接手，改名为《印度尼西亚星洲日报》，成为马来西亚《星洲日报》的子报。

4. 泰国

泰国华文报业历史悠久，迄今已有一百多年的历史。泰国最早的华文报是1903年（光绪廿九年）的《汉境日报》，它是戊戌变法失败后由保皇党创办的，但不久就停刊。1906年，萧佛成、陈景华创办《美南日报》，后改组为《湄南日报》，因政见歧异，分裂出《启南日报》和《华暹新报》，前者宣传保皇，后者鼓吹革命。《启南日报》缺乏华侨支持，不得不停刊。保皇、革命的言论对战，引起泰国政府的关注，于是出台限制政策，对华文报纸进行言论控制。

"20世纪20年代后期，《国民日报》、《华侨日报》先后问世。《国民日报》出版后，在编辑形式、版面内容和印刷方面比过去有所进步。尤其是1928年创办的《华侨日报》，打破了守旧的办报观念和陈规，首先实行办报大众化，并试图向商业化、企业化迈进，提出了'革新宣言'，改进经营管理方法，并获得重大经济效益，不仅在30年代后期成为华文报纸之后的劲旅，而且当时被评为中国12大报之一。"②

日本发动太平洋战争后，泰国政府与日本结盟，出台严厉的华人政策，华文报纸

① 王士谷．华侨华人百科全书·新闻出版卷．北京：中国华侨出版社，1999. 476

② 王士谷．华侨华人百科全书·新闻出版卷．北京：中国华侨出版社，1999. 347

兴盛的景象消失，许多报纸被迫停刊。

“二战”后至20世纪80年代初，在近40年里，泰国的政治动荡不安，军人政变频繁，推行独裁政制。新闻自由一度被严密控制，直至20世纪70年代后期，报纸禁令被取消，报纸才拥有更多的新闻自由。

泰国华人中，广东潮汕籍占了大约60%以上。所以有人戏称，泰国唐人街是潮汕一条街。在泰国商界，除了泰文外，潮汕话可以当做商业通用语言，畅行无阻。据崔贵强先生在其著作《东南亚华文日报现状之研究》一书统计，华文报的读者有60%是泰籍华人，38%是持随身证的华侨。他们的教育水平较高，大部分是经济地位较好的商人。读者群中，有40%订阅超过一份报纸，华文报销量之较过去多，这是一个重要的原因。读者较关注国际新闻及国内政治新闻，占63%；其次才是经济新闻，占56%；有兴趣关注中国专题报道的读者占51%；社团新闻占37%；多数读者对文艺、小说、旅游及体育等副刊的兴趣不大，只占16%。该书报告又指出：多数读者批评华文报缺乏政论专栏及经济评论专栏，最令读者不满的是假日经常休刊。

从调查情况来看，很显然中国新闻仍是泰国华文报纸的主要内容，这与泰国华人与中国的关系密切、华人拥护中国政府有直接的关系。据了解，生活在泰国的华人，许多来自于粤东，他们相当关心家乡的变化，以至像2003年广东省政府撤销潮阳县和澄海县并作汕头市区的事情，都会引起泰国华人的强烈反应，甚至许多华人反对广东汕头撤县设区的政策。从这个实例来看，虽然生活在泰国的华人已经是第二代，甚至第三代，他们仍然非常关心中国内地的新闻，有浓郁的家乡观念。

泰国现存的华文日报共有六家：《星暹日报》、《世界日报》、《中华日报》、《新中原报》、《京华中原联合日报》及《亚洲日报》。

5. **菲律宾**

菲律宾华人估计介于75万至120万之间，据2000年人口普查统计的数据，全国总人口约有7 500万人，华人约占1.2%，近一二十年来，港台及中国大陆的新移民蜂拥而至，估计有5万人，实际移民人数可能加倍。

菲律宾中文报已经有一百多年的历史了，根据可靠的资料，第一份报纸叫做《岷埠华报》，创刊于1888年，总编辑为杨汇溪，但由于识字的华侨不多，销量有限，一年多便停刊。杨汇溪不甘失败，1890年再创办《岷报》，但是数月之后仍然无法逃脱停刊的命运。1899年，维新派创办《益友新报》，一年后改名为《岷益报》，但数月后停刊。

图2－26 《菲律宾商报》创刊号（1919年10月初刊号时名为华侨商报，1986年6月12日改为现名）

进入20世纪后，许多华文报纸创刊。1911年又有一份《公理报》问世，1919年《华侨商报》出版，1925年《新闽日报》创刊，1942年《华侨导报》创刊，1944年《侨商公报》付梓。一个世纪以来，大大小小的中文报纸大约有数十家，但是由于经营不善和主客观因素的影响，这些报纸很快就停刊。上述几份报纸是在20世纪70年代马科斯全面封锁华文报纸之前比较有代表性的报纸。在这些报纸当中，又以《新闽日报》比较有影响。

《新闽日报》是由著名侨领李清泉创办，由著名报人吴半生（战后改名吴重生）任社长，鼓吹“救乡运动”，提出“爱国爱乡、建设新福建”的口号。由于竞争激烈，经过市场淘汰，只剩下《公理报》、《华侨商报》和《新闽日报》。日本侵略和占领菲律宾期间，吴半生因之前倡导爱国主义，呼吁侨民抗日，结果上了日本通缉的重要人物黑名单，不得不四处躲逃，过着流亡生活。报纸也因此被迫停刊。

日本宣布投降后，《新闽日报》复刊，吴半生改名为吴重生，继任社长，倾向大陆，结果总编辑高承烈被暗杀。吴重生毫不畏惧，兼任总编辑的职务。吴重生善于经营，报纸得到很大的发展，日发行量曾经达到3万份。他因此成为当时华文报纸界的重量级人物。他不断扩大报纸的发行对象，并创刊星期日刊《礼拜天晨报》和英文报纸《新闻日报年鉴》，但是1972年因为马科斯的禁令而被迫停刊。

日本统治菲律宾三年多，华文报纸全部被迫停刊。日本占领菲律宾期间，日本出版《华文马尼拉新闻》，以其作为向华人宣传的工具，希望华人不要支持中国的抗日活动，归顺大日本帝国。1945年后，华文报纸又开始发展。但经济不景气，众多报纸纷纷倒闭，到了1972年，马可斯总统实行军法统治，对华文报的压制更加严厉。同年，菲律宾政府宣布戒严，查封报社与电台，对新闻实行控制。一些华文报纸相继被封。如当时影响比较大的《新闽日报》也难逃厄运。马科斯的华文报纸政策后来有所松动，原来的报纸与电台又恢复出版与广播了。1986年，有华人血统的阿基诺总统上台执政13年，出台比较宽松的华人政策，华文报纸又有一定的发展，但是由于恶性竞争，结果只剩下《商报》、《联合日报》、《世界日报》、《菲华日报》、《环球日报》等几份发行量比较大的报纸。

虽然近30年来华文水平滑落，读者有所减少，但是由于这一二十年中国内地、台湾与香港来了不少新移民，现在华文报的读者群人数相对来说与过去相差不大，但是随着老一辈华人逝去，华文报纸将面对严峻的读者群萎缩的局面。

据1992年的统计，销量最多的是《世界日报》，约1万多份，《联合日报》次之，约9 000份，《菲华时报》约6 000份，《商报》约5 000份，最少的是《环球日报》约2 000份（后改为《晚报》）。目前，菲律宾的华文报刊销量总体不下降，但是维持困难。总体来看，华文报纸的销量与当地英文报比较是少得多了。在海外办华文报不容易，受到客观条件的限制，一家华文报纸要站稳脚跟长期坚持下来就更加困难了。1987年菲律宾颁布新宪法，宣布新闻机构国有化，外国人不能拥有新闻机构，外侨也不能在新闻机构工作。现在菲律宾华文报是属于菲律宾的报纸，与过去的华侨报纸在性质上已不可同日而语了。

菲律宾华文报与其他东南亚国家的华文报纸一样，最早是作为一份外国报纸存在的，为侨胞们服务，报道新闻，作为他们的喉舌，为他们争取利益。但是，随时间的推移与环境的演变，各地的华文报纸都先后成为所在国的报纸，成为当地华人少数民族的喉舌。

作为菲律宾的报纸，对国家负有不可推卸的责任与义务，应竭尽自己的能力，为国家的富强与进步作出自己的贡献。然而，华文报又是一家华人的报纸，首先应该立足于华人社会，为华人读者服务，为他们传播新的信息，作为他们的代言人，保护他们的利益，成为他们可靠与知心的朋友。所以，华文报纸就承担这两个方面义务和责任。

菲律宾华文报纸有一个很显著的特点，就是华侨华人的家事广告特别多。华侨或华人家中凡有红白喜事，以及生日、毕业、教堂洗礼、出国留学归来、各种比赛得奖等，无所不登。这既反映了菲律宾华人的生活习惯，在某种程度也反映了华人爱斗阔摆富的不良习气。

6. 缅甸

据粗略估计，缅甸华人人口占全国4千多万中的2.2%，大约为80万到100万。仰光的华人可能有30多万。

“华文报纸在缅甸历史比较悠久。1903年，康有为就到缅甸创办了《仰光新报》，作为在缅甸向华人宣扬保皇思想的阵地。1905年停刊。1908年，保皇派又新办《商务报》，鼓吹君主立宪制。1908年，孙中山派汪精卫到缅甸开拓同盟会阵地，鉴于保皇派在缅甸传播维护清政府的思想的情况，决定创办一份革命报纸与之论战，于8月1日创办《光华日报》，当时胡汉民曾做过一段主笔，但是由于言论讽刺当时清政府驻缅甸领事萧永熙。萧永熙在缅甸没有执法权，于是威胁要把股东在中国内地的家产充公，并把其家人投入牢狱，迫使股东不得不变卖报馆资产。《光华日报》于是停刊。旋于11月24日，革命派再复办《光华日报》，但遭萧永熙诬告，1910年5月被缅甸政府关封。1910年12月20日，革命派第二次复办《光华日报》，辛亥革命后还继续出版。”①

1911年以后的30多年间，缅甸侨社同东南亚其他地区一样，大兴办报之风，《觉民日报》等10多家报刊，一度造成相当大的影响。当时共有华文报纸六家。

“《觉民日报》是辛亥革命后缅甸华侨创办的第一家华文报纸。该报是中国国民党驻仰光总支部的机关报，反对袁世凯的复辟活动，支持五四运动，发行量占当地华文报纸之首。该报自北伐战争后，沦为蒋介石的喉舌。《仰光日报》于1921年11月

① 程曼丽．海外华文传媒研究．北京：新华出版社，2001. 86

11 日在仰光问世。该报初以无党派、无政府立场报道新闻，北伐战争后，抨击南京政府，态度转向共产党，日本侵华后，主张积极抗日，受到华侨的欢迎。《缅甸晨报》1923 年 11 月 5 日由胡文虎创办，后改成晚报，但没有起色，于 1930 年停刊。《兴商日报》于 1930 年 3 月 1 日创办，但亏损额太大，不堪负担，坚持两年后倒闭。《中国新报》于 1938 年 8 月 16 日创办，版面新颖，消息灵通，但内容没有明显突破和特色，影响不大。《侨商报》于 1941 年 12 月 16 日创办，是日军侵缅前缅甸华侨创办的最后一份报纸，初出版时为三日刊，不久改为日报。"① 上述六家报纸，除了《缅甸晨报》外，其他的均是日军侵占缅甸后停刊。在日本占领期间，1942 年 8 月由缅华亲日派陈超森、张正藩等办起《华侨正谊报》，主要是为日本军国主义鼓吹"大东亚共荣圈"，该报于 1945 年 3 月因日本在缅甸战败而停刊。

战后，缅甸的华文报纸复苏。1945 年 7 月 6 日，《中国日报》出版，是战后仰光最先创刊的华文报纸，它对中国内战持中立态度，但事实上偏向中国国民党，后以 13 万缅元卖给徐四民后，立即转向亲中。1945 年 8 月 5 日，《新仰光报》创办，著名侨商陈守金任董事长，徐四民任经理，报纸立场亲中，但可惜的是，该报在奈温将军上台实行一系激进的民族主义政策后停刊。1946 年，《人民报》创刊，1947 后改为《人民日报》，后又改为《人民报》，以示与中国《人民日报》有所区别。这些战后创办的报纸在 1962 年前，因为执政的奈温将军与中共关系密切，发展势头良好，华侨的经济地位也比较好，但 1966 年 1 月 1 日，缅甸军政府一纸命令，便将包括华文报刊在内的全部外侨报纸关闭。

1962 年起奈温领导的纲领党政府，推行一系列闭关自守的激进民族主义政策，采取民族资本国有化的政策。大批华人的财产一夜之间化为泡影。面对国有化浪潮，华侨无法生存，很多人不得不纷纷离开缅甸。20 世纪 70 年代，缅甸推行国籍法，对入籍缅甸的华人采取相当歧视的政策。

华人人数原本就少，再加上缅甸政府接二连三出台歧视华人、限制华人经商的政策，华人不敢跟其他人谈起自己的华人身份，要想在缅甸办一份华文报纸更是一种幻想。自 20 世纪 60 年代，奈温实行极端的民族主义政策之后，华文报纸从此一蹶不振。随着中缅关系好转，"1999 年 11 月 4 日，《缅甸华报》出版，该报在《发刊词》中说'《缅甸华报》的诞生，不仅说明我国领导人对世界五大文字之一的华文的重视，而且认同了在缅甸发展华文的必要'。该报大部分篇幅为缅甸本地新闻，各国华人社会的新闻放在国际新闻中，对两岸动态也比较关注。"②

7. 越南

1885 年法国入侵越南后，越南成为法国的殖民地。法国殖民越南期间，大肆散

---

① 程曼丽．海外华文传媒研究．北京：新华出版社，2001. 89

② 程曼丽．海外华文传媒研究．北京：新华出版社，2001. 304

布反华言论，挑拨越南人与华人之间的矛盾，推行排华政策，因此华人纷纷迁走，人数日少。

由于法国殖民越南，很自然希望利用越南这块跳板，作为向中国入侵的桥头堡，而传教正符合它的意图。1918 年，越南第一份华文日报《南圻日报》在西贡创刊。1920 年，《华侨日报》问世。两份报纸均由法国天主教牧师安德烈所办，目的是向华侨宣传天主教教义和法国殖民政府的对华政策。

除了传教之外，华人自己也创办一些报纸，如《群报》、《中国日报》。1925 年《群报》是余奋公在华侨最集中的西贡创办，这是第一家华侨主办的报纸。

《中国日报》1930 年 1 月 1 日由广东人梁康荣创办，前身是《民国日报》。该报完全是市场化运作，所以社会经济新闻比较丰富，抗日期间，支持抗日运动，又加以版面改革，所以销量日升，最高达至 5 000 份，但日军侵占越南时沦为日军的喉舌。

越南 20 世纪 30 年代，办报风气相当炽热，华人办报积极性很高。那时华人在越南的经济得到比较快的发展，在经济的推动下，华人聚集比较多的西贡就出版了相当多的报纸。“1938 年至 1940 年间，越南新增华文报刊计有 10 家，加上原有的报刊，共计 15 家，其中 13 家在西贡（约有华侨 25 万），两家在河内和海防。”①

直至 1954 年，华文报纸仍有所发展，呈现比较繁华的景象。1950 年 9 月《和平日报》创办，10 月《新闻日报》创办，1952 年 3 月《世界日报》创办，10 月《中南日报》创办，11 月《西南日报》和《中正日报》创办，1953 年 1 月《大夏日报》和《中山日报》创办。

1954 年，越南分为南北两部分，南越吴庭艳集团得到美国和台湾的支持，反对北越和中国，迫使不少华人迁走。南方华文报纸不敢倾向中国，言论相当谨慎，保持中立。“60 年代华文报纸甚多，南越政权下令合并，最后共剩下七家。按发行量多少依次为：《远东日报》、《成功日报》、《新论坛报》、《越华报》、《亚洲日报》、《新闻日报》和《建国日报》。”②

1974 年 4 月，西贡共有 10 家日报，平均每 17 个华人就读一份报纸，相当密集，也反映出华文报纸的兴盛景象。1975 年初，西堤岸共有华文报纸九家，除了上述报纸还有《光华日报》和《人人日报》。而北方的报纸则倾向中国，唯一一家华文报纸《新越华报》坚持社会主义革命，并率先采用横排，发行 4 000 份左右。然而，1975 年 4 月 30 日，北越解放西贡后，这 10 家报纸全部停刊，特别是越南当局在 1977 年后进行有组织的反华排华，迫使大批华侨人逃离越南，致使越南华侨华人人数急剧下降。据 1989 年统计，越南尚存华侨华人 96. 17 万，他们大部分居住在胡志明市（50 万）、湄公河三角洲（20 万）、海防、河内等地，约 20 多万。

---

① 程曼丽．海外华文传媒研究．北京：新华出版社，2001. 91

② 潘玉鹏．越南：历史、文化与传媒．国际新闻界，1996（4）

"在南越地区，到1975年初西贡尚有华文报纸九家，但是在越南统一后，也被勒令停刊。具有20余年历史的《新越华报》也被越南当局取缔。有的报人如林祥发甚至遭到监禁。此后，越南政府不再允许民办的华文报刊出版，与此同时（1975年5月1日），当局还没收了在西贡的原华文报纸《亚洲日报》的设备，创办了新的华文报纸即《解放日报》，并向北越地区发行，但这家官办的报纸完全是政府的喉舌，自然不可能反映华人社会的意见和要求。"①

《解放日报》是越南文《西贡解放日报》的华文版，报头注明"越南共产党和胡志明市党部和人民的华文报"，面向全国发行，同时在东南亚各国也有订户。1996年7月改称《西贡解放日报》，每日八大版。内容主要有：政治要闻、国际新闻、经济及社会动向、娱乐等，其中有四版刊登广告，反映华人心声和动态的文章不多，欠缺华文特色。

1986年，越共中央委员会召开了一次关于越南华人问题的会议，肯定了华人对越南革命和建设所作的贡献，要求尊重华人的民族习惯和改善华人的政治、经济、文化地位，因此越南华侨华人处境有所改善，人数有所增加，1991年华侨华人有所上升，达到了111.6万。因此华文报纸又得到重视，销量有所上升。

《越南经济新闻》是越南官办的越文《越南经济新闻》的华文版。1993年4月10日由河内越南贸易通讯中心在胡志明市创办，主要内容有：政府经济工作报告及经济计划；各地经济、外贸、投资消息；市场一周；旅游景点介绍等，重要文章附有越南文原文。该报新闻夹杂越南文语法，文句晦涩，极难读懂。

8. 柬埔寨

柬埔寨的华文报业史一般从1933年创办的《播音台》开始计起。20世纪40年代，柬埔寨出版发行的有《播音报》、《大中报》、《华商报》、《中棉报》四种小报。1946年5月，《现实日报》在金边面世，它是柬埔寨历史上由华侨创办的第一张日报。由于影响较大，受到法国殖民统治者的敌视，于1951年3月下令封闭。1947年7月，中国国民党驻金边支部创办一份算是比较正规的报纸《公言报》，但办了一年，便停刊。20世纪50年代初，金边市出版《工商日报》、《湄江日报》和《高棉午报》等商业性报纸。1953年，《金边日报》创立，由于其"作风新颖、言论开放"受到广大读者欢迎，在当时影响比较大。

《金边日报》是在《公言日报》的基础上办起来的。《公言日报》由1948年中国国民党驻金边支部创办，但不久停刊，旋即复刊，改名为《救国日报》，该报因经费严重短缺再度被迫停刊。1953年郭文川再度在《救国日报》的基础上创办《金边日报》。郭文川任社长，虽然报纸受国民党控制，但郭文川却偏向中国共产党，报道中国及越南南方进步的消息，引起国民党的不满，并向法国殖民当局告密，于是郭辞去

① 梁英明．战后东南亚华人社会变化研究．北京：昆仑出版社，2001.243

社长职位，回到中国读书，郭离任，该报完全受国民党控制。1956年6月15日，因为劳资发生纠纷，被员工告到法国殖民地政府，被当局新闻部勒令停办一个月，同年因经营管理不当停刊。1957年1月改名《金边晚报》继续发行，不久又自行停刊。

柬埔寨独立后，华人政策比较宽松，华文教育的推广、华文报刊创办都有一个相当好的环境，此时华文报纸犹如雨后春笋般创办，最多时竟达到30多种。"如《生活午报》、《春秋晚报》、《新生活晚报》、《亚洲日报》、《华侨报》、《棉华日报》、《中柬日报》以及《亚洲周刊》、《人权月刊》、《交通周报》等，但是这么多的报纸创刊，立刻出现竞争过于激烈的场面，许多财力不够雄厚，办报质量差的报纸便不断倒闭、停刊。到20世纪60年代，柬埔寨只剩下了为数不多的五份报纸，如《棉华日报》、《工商日报》、《湄江日报》、《生活午报》和《新报》。"① 其中属《棉华日报》影响最大，发行量高达1.1万份，号称柬埔寨"第一华文报纸"。

随着中国"文革"的兴起，柬埔寨的华文报纸也在柬发动类似的文化革命，否定中柬两国关系发展，激起西哈努克亲王的愤怒，结果于1967年9月13日全数被查封。后来，鉴于柬埔寨生活着众多华人的事实，西哈努克国王授权其儿子创办《柬埔寨日报》。1970年郎诺在美国的帮助下上台，把《柬埔寨日报》改名为《柬埔寨救国日报》，亲郎诺华人后又创办《经济日报》。

1970—1978年，柬埔寨郎诺集团在美国的策动下发动了推翻西哈努克国王的政变，华人被当做西哈努克和越共的支持者而受迫害。1975年，红色高棉执政，由于当时的中国政府支持红色高棉搞纯洁的社会主义社会改造，红色高棉高呼"从肉体上消灭资本主义"，实行严酷的华人政策，勒令关闭华文报纸、华文学校。高棉统治柬埔寨期间，华人被当做资产阶级，财产都被没收充公，华人被强制迁徙到边远山区，由于无法适应那里的环境，许多华人纷纷死亡，当时迁出城市到山区的华人，十有八九都死在山区。迁回城市的，只有很少数的幸存者。从那时以后，华文在柬埔寨消失二十多年。

20世纪90年代之后，中国与柬埔寨加强了经济联系，再加上柬埔寨出台比较宽松的华人政策，大量华资流入柬埔寨。据了解，现在在柬埔寨金边，至少有一万人持中国护照的中国人在从事商业活动，来自中国的各种商品充斥金边大大小小的商铺。活泼的华人资本，带来对华文人才的极大需求，从而带动了华文教育的蓬勃发展。在金边，由于懂华文的柬埔寨人比较少，一些懂华文的雇员的薪金甚至超过懂英文的人。面对华文人才的需求，以及华人政策趋向宽松，华文学校纷纷复办。"2002年，全柬埔寨有较大规模的华文学校33所，各类学习华文的学生有5万人，金边最著名的华文学校——端华学校，涵盖了从小学至中专的教育层次，2002年就读的学生达

---

① 薛君度，曹云华．战后东南亚华人社会变迁．北京：中国华侨出版社，1999. 338

118 000 人，还有夜校华文初习班学生 2 500 多人，每年接受大陆和台湾的各种资助。”①

随着懂华文人数的增多，华文报纸便应运而生。1993 年 12 月 17 日，《华商日报》率先在金边出版。《高棉独立日报》、《金边时报》也在 1993 年 12 年创办。1999 年和 2000 年，《大众日报》、《新时代报》、《柬华日报》也先后创刊。2000 年 11 月 8 日，马来西亚的《星洲日报》在柬埔寨金边出版《柬埔寨星洲日报》。

此外，泰国的《世界日报》、香港的《亚洲周刊》、新加坡的《联合早报》等外国华文报刊，在柬埔寨也有少量订户。由于柬埔寨华人数量有限，所以估计阅读者只有 4 ~ 5 万人，主要读者仍然是外来华人和华文学校师生。华文传媒竞争激烈，《大众日报》和《新时代报》先后停刊，其余三家报纸各出奇招吸引读者。

《柬华日报》是柬埔寨华人总会机关报，于 2000 年 8 月 10 日在金边创办。其宗旨是弘扬中华民族优良文化、促进柬国经济发展和各民族之间的团结，发展柬中友谊，推动华文教育和创作事业。它能够通过其社团和华文学校网络维持和扩大发行量。《柬埔寨星洲日报》率先推出彩页，《华商日报》则加强对外国华商的资讯报道。

在金边现有华文报纸当中，有三家报纸影响比较大，即《柬华日报》、《华商日报》、《柬埔寨星洲日报》。创刊历史悠久、资格最老的是《华商日报》，它在创刊词中声称：要让当地华侨华人“熟悉华文，使用华文”、“促进柬中友谊”，每日出版对开 2 张半，主要版面有本地新闻、时事广场、两岸三地、文艺、体育和娱乐。《华商日报》的主要读者群是老华侨，报纸版式是竖排（另两家是横排），发行量较多，约有 6 000 份。

在三家报纸中，实力最强、有外资色彩的是《柬埔寨星洲日报》，销量每日 5 000 份，已开始赢利。该报日出对开 5 张，周日出对开 2 张 8 版，是柬埔寨第一份彩色华文日报，正逐步将发行网扩大至全柬各省各大城市，内容主要有：国内外新闻、财经、体育、娱乐、保健、宗教、休闲、生活、旅游和科技新知。每星期日附送以休闲内容为主的《星采周刊》，星期一附送供中小学生学习和参考的《学海周刊》。

9. 老挝

老挝的华文报纸发展不如其他东南亚国家，主要是由于华人人数少，又经过 20 世纪 70 至 80 年代的排华运动，华文报纸就更难在老挝生存。老挝华人少的一个原因，主要是因为它不是沿海国家，华人如果要想进入老挝，必须要经过其他国家，这就增加了许多麻烦。所以老挝的华文报业一直就不发达。历史上，比较有影响的华文报纸有如下几种。

《寮华日报》，第一家华文报纸，1959 年 5 月在万象创办，注册人兼督印人是老挝人刁丹，董事长何公谋，总编辑何汉光，政治上倾向台湾国民党当局。每日出版 4

① 庄国土．二战以后东南亚华族社会地位的变化．福建：厦门大学出版社，2003. 379

开纸1张。用新5号字印刷，发行量约为1 000份，因严重亏损，于同年12月停刊。

《万众报》，1960年在万象创刊，由海南籍华侨云昌镑主办，倾向台湾国民党当局，每三日出版4开纸1张。自身无印刷设备，在香港印刷，然后空运到万象，新闻时效差，办报费用太大，发行几个月后因不堪亏蚀而停刊。

《寮华新闻》，1965年9月在万象创刊，1972年时每日出对开约2张8版至3张半14版不等，发行人丹·朱拉满蒂，总编辑吴国华，自称发行量约1 000份，1975年停刊。

《寮声日报》，1971年6月28日在万象创刊。社长为老挝国会议员昭森堪·怒堪，总编辑黄鹤，总经理朱谋展，对中国海峡两岸持中立立场。消息主要采用欧美通讯社和中央社的电讯。1972年每日出版对开纸2张8版至3张12版不等，发行1 000多份，因报道不利于台湾当局的消息，朱谋展曾被老挝当局软禁一年多。1972年因内部发行纠纷而停刊。

《老华日报》，1976年在万象创刊，由万象华侨理事会主办，是老挝解放后第一份华文报纸，对中国友好，有关中国的消息较多。创刊时4开纸1张4版，发行量约1 000份，1978年2月23日被当局以"言论不符合老挝政府的对外政策"为由而封闭。

1975年，老挝当局出台排外社会主义，没收华人财产，封闭其工厂、商店，只许华人小本经营，并且禁止华文教育与华文报刊，导致大批华人离开老挝，至80年代初，华侨只剩下5 000人。1978年，当时唯一的《老华日报》被当局关闭。1988年以后，老挝政府重新调整政策，允许华侨华人从事各种经济活动，华文社团也相继恢复活动，华文学校开始复课，人口有所回升，但华文传媒仍然没有得到恢复。

第三节　南亚华文传媒业

南亚有印度、斯里兰卡、马尔代夫、孟加拉国、巴基斯坦、锡金、尼泊尔。在这几个国家中，印度和尼泊尔、巴基斯坦这三个国家的华人比较多。由于资料奇缺，对于南亚华文传媒的状况，这里仅对印度作一简单的描述。

近几年来，印度华侨华人越来越少，从半个世纪前的5万人减到目前的6 000多人。数十年来，在印度人口飞速增长的同时，华侨华人的数量却在持续下降。

17世纪末，一位来自广东的天主教徒成为最早在印度定居的中国人。清朝中后期，一批以广东客家人为主的中国人漂洋过海，来到当年英国殖民时期的印度首都——加尔各答。他们在距离该城市65公里的钻石港落脚、生根、繁衍生息，使之成为印度第一个华人聚居地点。此后，赴印度的华人持续增多。20世纪50年代，印度华侨华人迎来了"鼎盛时期"，当时的人口一度达到5万，仅加尔各答西北郊塔坝一地就有2万多人。

如今，在印度的华侨华人大约5 000多人，其中4 000多人在加尔各答，1 000多人在孟买，500多人在首都新德里，剩下的在安得拉邦首府海得拉巴和班加罗尔等地。2006年10月，一位新华社记者在走访加尔各答华人社区时发现，几乎每家都有人移民海外，留在当地的绝大多数都是老人和孩子。当地华人认为，按照目前的趋势发展下去，华人可能会在印度销声匿迹。

40多年来，印度华人的减少有很多原因。首先是20世纪50年代末，中印关系恶化。从1961年2月到1962年9月，有200多名印度华人被以各种名义驱逐出境。中印爆发边界冲突后，印度政府颁布法令，冻结华人的财产。印度西孟加拉邦政府甚至规定，被捕获释的华人不准在该邦北部定居，必须居住在加尔各答。一位孟买的老华侨告诉新华社记者，1962年，他的爷爷、父母都被关进监狱，当地政府还关闭了所有中文学校、华文报纸，封了许多商店，让华侨人人自危。

从那时起，华侨华人开始陆续离开印度，移民到香港、台湾、加拿大和东南亚等地，华人数量连年锐减。不过，随着中印关系的改善，针对华人的限制和歧视措施早已成为历史，留下来的华人逐渐过上了平静的生活。

除了历史原因，印度目前尚处于向外移民时期也是造成印度华人逐渐减少的原因。一方面印度作为发展中国家和人口大国不像世界上一些新的移民地点那么有吸引力。一位刚刚大学毕业的华人小伙子告诉新华社记者，印度失业率太高，薪水又非常低，留在当地，前途实在一般。另一方面，印度在移民和吸引海外投资方面采取的是欢迎又限制的措施，这客观上影响了新移民的进入。此外，当地的一些经济措施也动摇了华人留在印度继续发展的信心。在华人最多的加尔各答，政府为发展经济，整合当地制革行业，要求华人将制革行业搬到其他地方，导致许多人举家迁往海外。

“印度华人人数不多是事实，但他们在当地的生活富裕也是事实。印度华人目前大都从事家具、皮革、餐饮等行业。虽然无法与东南亚的华人巨富比肩，但绝大多数人的生活质量都高于印度当地平均水平。在孟买的华人，大都有房有车，雇有司机。在加尔各答，经过几代华人的艰苦努力，面积不到10多平方公里的塔坝地区早已成为印度最大的唐人街，当地华人拥有的200多家皮革厂，每天处理的皮革数量，占据全印度的1/5。”①

在印度最有名的华人聚居地塔坝的华人社区，随处可见红漆大门和高悬的大红灯笼，让人感觉就像来到了中国的南方小镇。五花八门的中国饭店广告牌，从“广东酒家”、“金陵饭庄”到“北京饭店”，不一而足。

在历史上，印度大约有八份华文报纸：《革命宣传》、《印度华侨商报》、《印度日报》、《印度商报》、《中国日报》、《中国新闻》、《中国周报》、《中央周报》，但如今随着人数锐减只剩下当地华人一份自办的中文报纸——《印度商报》。

---

① 钱峰．越来越少的印度华人．人民日报（海外版），2004－09－30

印度日报（The Chinese Journal of India），1933 年 7 月 3 日创刊于加尔各答。由中国国民党元老李渭滨、王志远、黎南兴、张国基、梁为英、翟肖佛等人发起，旅印华侨集资创办。长期以来是中国国民党驻印总支部的喉舌。

第二次世界大战期间，该报致力于宣传抗日。1941 年至 1946 年间为其黄金时代，销行颇广。除加尔各答、孟买、德里、马德拉斯等印度本土各地外，锡兰（今斯里兰卡）及西亚一些国家亦有订户。发行量曾达 3 000 份上下。20 世纪 50 年代以后，其销数便逐步下降至 1 000 份左右。50 年代中期，负责人被印度当局驱逐出境。

该报初为周报。后为两日报，最后才改为日报。日出对开纸 1 张 4 版，间或因广告增加而增版半张，广告约占总篇幅一半。版面内容包括：国际新闻、选论、印度各地新闻、各地通讯、华侨天地，以及武侠小说连载、海外文艺和医药顾问专栏等。

该报印刷方式落后，采用的是 50 年前的字粒和印刷机，用老 5 号排版铅印。其主要新闻来源，除当地英文报章外，就是台湾、香港等地的电台新闻。在稿源缺乏的情况下，一整版都可能刊登唐人街的生活琐事，但即使这样，当地华人仍然喜欢这份报纸。《今日印度》引述一名华文报读者的话说："这份报纸，成了我和我的华族背景之间仅存的唯一联系。"版面内容包括国际新闻、台湾新闻、印度新闻、诗词欣赏、武侠小说、医药顾问专栏等。广告约占篇幅的一半。

《印度商报》（Overseas Chinese Commerce of India）亦称《印度华侨商报》，1969 年 3 月 10 日创刊于加尔各答华人村——塔坝，系该地区的中国国民党元老李云珍等人集资创办。虽代表亲国民党的老辈华人的观点，却与台湾当局无政治上的直接联系。该报是一家没有记者的报馆，10 多名职员包括翻译员、编辑和抄写员。他们长期手刻蜡纸抄写内文，用红、黑油墨印刷出版，版面单调。日出对开纸 1 张 4 版到 1 张半 6 版。发行量初期约 700 份，至 90 年代初下降至 400 份左右。大多在加尔各答市唐人街发售，主要读者是塔坝和加尔各答的中老年华人，少量销往孟买和新德里。该报宗旨，在其 1988 年 3 月 10 日的报庆文章中阐述说，"从创刊伊始，即抱持着宣扬中华文化，提倡我国固有传统伦理道德……"；对侨社人事"就事论事，不避权势"，"提出刍见"；并表示印度华人"已把印度视作自己故乡"，因此，该报对"繁荣这个故乡"也"责无旁贷"。该报虽沿用"民国"纪年，但报道中国新闻和评论则持客观态度，没有任何评论或分析文章。版面内容包括：国际要闻、本地新闻、本地消息、武侠小说连载，医学知识、科学专题。在本地新闻和消息中，报道有关华人生意经和外地亲友短讯，也有红白事的贺词或悼词，还有古龙的《神龙灵鹤》以及其他武侠小说、医学知识科学专题。"其消息来源主要依靠翻译转载当地几份英文报的新闻和台湾、香港等地的电台新闻。报馆的收入 70% 来自广告费，不足经费由塔坝的厂商理事会赞助。社长兼发行人长期为李云珍，20 世纪 90 年代初由原编辑李彰明代发行人。”①

第四节　亚洲华文传媒评析与展望

有海水的地方就有华人，有华人的地方就有华文报刊。对中华文化的热爱，促使相当多的华侨华人通过创办华文报刊，弘扬中华文化。虽然华文报刊经历了一段相当黑暗和困难的历史，但是面对中国迅速发展而形成的华语热、华文教育热，以及国际形势缓和，中国开展全方位的外交和平，倡导和谐世界发展观，不仅使华侨华人在海外扬眉吐气，而且也使华文传媒面临极好的发展机遇。

一、历史悠久

亚洲的华文报刊，特别是东南亚与日本的华文传媒都有相当悠久的历史。东南亚和日本的华文报刊历史之所以悠久，主要是因为华人早期大量移民到东南亚和日本，勤劳致富后提供了传播中华文化的土壤，催生了传授中华文化的华文传媒。

回顾华文传媒的诞生，东南亚无疑是华文传媒的发源地。《察世俗每月统记传》的诞生，宣告了华文传媒的开端。虽然早期华文传媒的版面和格式与书、册子相差无几，但是它以刊登新闻（虽然时效性不强）为办报刊的目的，所以，它的地位是无法取代的。虽然早期的华文传媒被用来传教，但是不可否认，它也传播了西方的文化、科学技术，更重要的是，它打破了清朝的言论封禁，开启民智，对于激醒民众的反抗思想、萌芽民众的革命精神，起到了重要的作用。

正是鉴于传媒强大的宣传和鼓动作用，辛亥革命前夕，保皇党和革命派各自利用创办的机关报鼓吹立宪保皇与推翻清朝统治的思想，引起了世界范围内的言论大战。华文传媒仅是作为文化传播和政治思想传播的工具，在中国新闻史上具有重要的价值。而言论大战就在东南亚和日本发生。这是因为当时日本聚集了大量的留学生，而东南亚则聚集了大量的华工，在这两个地区进行宣传，一方面可以影响到更多的华人思想，另一方面可以募集到大量的资金。事实上，孙中山在辛亥革命前夕发生的数次革命活动，都是得到海外华人特别是东南亚华人大量的捐赠才得以进行的。

东南亚和日本的华文报刊对中国历史的变革起到了重要的推动作用。如维新变法失败后，康有为和梁启超等人逃难到日本和东南亚，办起了各种华文报刊，学习日本的宪制改革，鼓吹保皇立宪。虽然保皇言论有违中国历史发展的规律，但是梁启超等人在日本创办的华文报刊至少在启迪中国留学生的思想、破除封建思想、改革帝制、实现中国的富强方面作出了贡献。孙中山、胡汉民等人针锋相对，办起革命性报纸，

---

① 王士谷．华侨华人百科全书·新闻出版卷．北京：中国华侨出版社，1999. 480

批驳保皇言论，对当时中国留学生革命思想的形成起到了重要的推动作用。

二、各地华文传媒发展不均衡

除了中国内地、港澳台外，亚洲发展水平比较高的华文传媒集中在东南亚和日本。这是因为这两个地区有相当好的发展华文传媒的条件：受众数量、经济发展水平、物质基础。

亚洲的华文传媒发展给人的整体印象就是参差不齐。有些国家的华文传媒已进入现代化、市场化的运营阶段，如新加坡、马来西亚、日本，印刷精美，内容丰富，广告众多；而有些国家的华文传媒还在剪刀加糨糊的阶段，印刷粗糙，纸质低劣，内容奇缺，广告稀少等，如印度。

在其他地区和国家，由于华人数量少，而维持华文传媒的生存需要庞大的经费，所以，华文传媒不但稀少，其发展程度也不高，一般处在剪刀加糨糊的阶段。特别是现在因特网高速发展，传统的华文传媒因此面临巨大的挑战。虽然华人、留学生希望看到原汁原味的华文传媒，但是由于华文传媒发展水平不高，长期处在剪刀加糨糊的阶段，不能为当地华人、留学生争取权益，因此华文传媒就逐渐得不到华人、留学生的支持和拥护，失去了当地华人、留学生的支持，华文传媒也就失去了市场，华文传媒因此失去了生存的基础。

传媒的运作需要庞大的资金，如果没有资金的支持，只是凭借一股爱国心、一股思乡情，那么不论是报纸，还是广播、电视都无法得到健康的发展。这也是在一些华人比较少、经济比较落后的国家，华文传媒何以得不到创办和发展的根本原因。此外，如果传媒受到当地国有关制度的限制也不太可能诞生和发展。在西亚，华文传媒基本没有生存的空间，就是这个道理。

再以东南亚和日本进行比较。东南亚人数众多，能够保持完整的族群，它们虽然处在一个受政府文化同化的环境中，但是由于在经济上比较有地位，自成系统，因此他们能够通过争取，维护自己的权益。而政府为保持国内的稳定，利用华人经济上的优势建设国家，特别是现在中国经济高速发展，加强与中国的经贸联系已经成为东南亚各国的共识，在这样的情况下，东南亚各国都会在一定程度上容忍华文传媒的存在和发展，甚至鼓励华文传媒的发展。

而在日本，华人、留学生一般都具有比较高的文化水平，有一定的购买力，因此，华文传媒也就有一定的生存空间，但是由于中日关系长期受到政治因素的困扰，所以，日本的华文传媒发展磕磕绊绊。一方面，它们要消除敌对情绪，担当文化使者、和平使者的角色；另一方面，又要考虑自己的发展去招徕广告，以维持自己的生存。所以，在这样的情况下，日本的华文传媒虽然在过去的十年里得到长足的发展，但是这种发展是建立在大量留日学生的增加的基础上，一旦因为中日关系冷淡，留日学生大量减少，华文传媒也就面临生存的危机。在日本，华人不可能成为完整的族群去维系中华民族并保护自己的文化。近几年，日本华文传媒激烈竞争，甚至到了相互骂战、相互挖角的程度，就从某种程度上反映了日本华文传媒市场先天不足、竞争激烈的事实。

确实，在远离文化母体的异国创办华文传媒，这本身就是一大挑战，创办者的热情也值得赞赏，但是毕竟在一个异文化中应用汉字来传播华人圈中的消息，读者人数的多少，直接影响到传媒的生存，更何况还受到当地政府的严格管理。如果没有庞大的受众群作为基础，没有发达的经济提供经费来源，那么华文传媒的前景也就必然受到严重影响。就像《印度商报》一样，每期才发行数百份，这样的发行量，不但很难拉到广告，而且后续发展也会相当受影响，更遑论传媒产业化。故此，亚洲华文传媒发展参差不齐，是一个不争的事实。

三、华文传媒数量增加

虽然亚洲各国的华文传媒发展相当不均衡，但是它们仍然具备共同的特点，那就是基本上都能生存下来，而且有所发展。

"据统计，1980 年海外共有华文报刊 211 种，其中日报 70 种。1995 年（有的国家为 1996 年）海外共有华文报刊 487 种，分布在五大洲的 40 个国家和地区，其中日报 78 种，报刊的总数比 15 年前增加了一倍多。"① 2006—2007 年，日报减少了一倍，但销量却有所增加（见表 2－7）。而在此期间，东南亚华文报纸有 62 种，占了全世界华文报纸的 79.5%。所以，东南亚地区是海外华文报刊的中心。

表 2－7　东南亚华文日纸不同时期数量统计

年代	数量
20 世纪前	6
1900 年—1945 年	60
1945 年—1959 年	159
1960 年—1969 年	116
1970 年—1989 年	106
1990 年—2005 年	78
2006 年—2007 年	77

影响最大的日报，有半数都集中在这一地区。新加坡有《联合早报》、《联合晚报》、《新明日报》三家日报和一份免费报纸《我报》。马来西亚 1995 年有《南洋商报》、《星洲日报》、《中国报》、《光华日报》、《诗华日报》等日报 17 种，1996 年由于《新明日报》停刊剩下 16 种 2003 年《东方日报》创刊，目前日报共有 17 份。这

① 王士谷．世纪之交的海外华文报刊．国际新闻界，1998（3）

一数字与20世纪80年代的20余种相比大有下降，但仍居海外各国第一位。

新、马的期刊出版业也很发达，马来西亚的各类杂志有数十种，其中仅南洋报社集团所属生活出版社经营的就有12种。在泰国，现有六种日报：《星暹日报》、《中华日报》、《新中原报》、《京华·中原联合日报》、《世界日报》、《亚洲日报》，菲律宾也有五种日报：《世界日报》、《商报》、《菲华时报》、《联合日报》和1996年由早报改为晚报的《环球晚报》。自20世纪70年代以来没有一份华文报刊的柬埔寨，从1993年起已先后有《华商日报》、《柬华日报》、《柬埔寨星洲日报》等数种报纸面世。在越南，也有两份华文报纸：《越南经济新闻》、《西贡解放日报》。《西贡解放日报》是由越文版《解放日报》的华文版，于1996年10月改称现名。东南亚华文报纸数量之多，办报之规范，销量之大，市场化程度之高，令人惊讶。这些报纸绝大部分都是收费报纸，充分反映了华文报业较高的市场化程度。

在日本，中国留学生和华人所出华文、华文日文合刊和日文的报纸、期刊、电子传媒，1996年达30余种。近几年，由于日本办报门槛很低，而且申请出版执照很容易，因此华文报纸的数量大幅增长，涌现了如《知音》、《留学生新闻》、《中国导报》等规模比较大的报纸。目前，据不完全估计，包括各种周报在内，日本的华文报刊大概有50多种，从一个侧面反映了日本繁荣和竞争激烈的华文报业局面。由于很多报纸在东京创刊，而且许多留学生留日后为生存也选择办报，结果造成日本的华文报刊几乎免费派发，靠广告来支撑。

东南亚和日本地区的华文传媒，无论是数量还是质量，都是亚洲其他地区不可相比的。东南亚经济虽然比不上日本，但是由于有数量惊人的华人，所以华文传媒在东南亚得到迅速发展，并且呈现出集团化的趋势。而日本虽然经济高度发达，华人数量也多，但是中日关系起伏不定，华文报刊数量多，激烈相当竞争，所以华文报业有一定发展，但无法达到马来西亚华文报业的水平。马来西亚华文报业之所以如此繁荣，主要归功于其完善和系统的华文教育。从这个角度来说，华文传媒的发展，主要还是要依靠大量接受华文教育并且认同华人族群的受众来支持，华人经济发达但华文教育欠缺，也无法推动华文传媒的发展。

四、亚洲华文传媒展望

笔者相信，随着中国经济迅速发展，对外交流日益扩大，修读华语的华人和外国人越来越多，必然会推动华文传媒的受众基础扩大，这样也就保住了华文传媒的生存机会。虽然除了东南亚、日本外，其他亚洲国家的华文传媒面临相当大的生存危机，但是随着中国坚持和平共处双赢的外交政策，倡导和谐世界观，与其他国家一起促进世界的和谐与发展，其他国家对中国的戒心也会减少，这样就为华侨华人创造了一个良好的生活环境，为华文教育、华文传媒创造了宽松的环境。

一种传媒只要具备其他传媒无法代替的特点，它就不可能完全被取代，更何况华文报纸是传播中华文化、推动华语运动、提升华文教育的重要媒介。报纸的传播特性以及在海外传播中华文化的特点，使得华文报纸不可能被网络完全代替，仍然有发展的空间。

网络阅读的感觉，总是比不上阅读纸质图书和报纸。纸质图书和报纸的封面、印刷、排版、线条、色彩等，都蕴涵着丰富的信息，而网上的资料只有文字，没有排版，也不会有封面，读者无法感受到书香气味，闻不到油墨的味道，印刷传媒的文化韵味很难被网络所取代。因此，读者阅读网上的文字，无法感受到书籍更丰富、全面的文化气息。此外，网络上的信息大多属于快餐式的信息，其深度和广度都无法与纸质图书相媲美。从这个角度来说，如果读者仅是阅读网上的文字，而不阅读印刷的书籍，就很难感受到文化的陶冶和熏陶。

此外，一种文化和民族消亡的过程也是非常漫长的。印尼的华族文化就是一个非常典型的例子。苏哈托执政期间，出台了一系列政策试图消灭所有的华文，结果30年后，华文仍然随处可见，民族性仍然没有消亡。在此期间，《印度尼西亚日报》（双语报纸）每天仍然可以发行5万份。1998年，苏哈托下台，印尼涌现10多份华文报纸，虽然有些已经倒闭，但是后来华人仍然在印尼创办华文报纸，比如说，2006年底，《星洲日报》就接管了《印度尼西亚日报》，办成《印度尼西亚星洲日报》。从印尼华文报纸的例子来看，很显然华文报纸在生存过程中要面临许多挑战和困难，但是如果能够克服这些困难，在中国经济迅速发展的背景下，它仍然有很大的生存空间。

事实上，即使报纸销量减少，它们的影响力仍然相当强大。20世纪80年代以来，东南亚的传统华文传媒业虽然受到电子网络的挑战和冲击，但是销量并没有下降，报业的经济实力和影响力也没有下降。华文报纸仍然是华人公司、企业甚至是其他种族企业公司、跨国公司的理想广告投放媒体，收入和利润增长得比较快。新马华人众多，经济和文化教育相对发达，从今天他们的发展状况来说，他们仍然有生存与发展的空间。

一种语言和文化的消亡需要比较长的时间，更何况目前各国政府给华文教育提供了一个宽松环境，甚至鼓励华文教育。以前，马来西亚政府把华文教育视为对国家不忠的产物，决意要剿灭华文教育，然而，时至今日，不仅有80%的华人接受华文教育，而且还有其他族裔进入华校，目前在华小就读的马来人和印裔超过了8万人。在各语言报纸中，华文报纸的发行量最高，而且增长的幅度也最高。星洲传媒集团大举向其他新兴国家发展，如柬埔寨、印度尼西亚，2007年1月又宣布与南洋报业集团、香港明报集团打造跨传媒集团，足以让人们看到新马华文报纸生存空间不断扩大的事实。

亚洲华文报纸有将近200年的历史，《联合早报》、《星洲日报》、《南洋商报》在华人社会中拥有很高的知名度，在中国也形成了品牌效应，早报网和星洲互动网每天超过30万的浏览量，许多来自中国。如早报网有87%的浏览量来自中国。亚洲华文报纸通晓市场和商业运作，又以海外华人的眼光报道海外华人的新闻，评析中国时事，不仅在海外华人当中，甚至在主流社会也产生了强大的话语权。

面对亚洲华文传媒充满机遇的历史契机，众多华文传媒负责人充满信心。菲律宾《纵横》杂志社长兼总编辑黄栋星动情地说：“海外华人拥有一个世界人口最多的祖籍国，它既是海外华人的文化发源地与精神中心，也是经济发展巨大的市场驱动力，是海外华人在21世纪特有的机遇。”黄栋星的心声正反映了亚洲华文传媒发展面临机遇的真实情况。面对一波又一波的亚洲华文教育热，笔者相信亚洲的华文传媒会趁着这股热浪加速发展，在海外传播中华文化，与当地其他民族一起为促进世界和谐作出贡献。

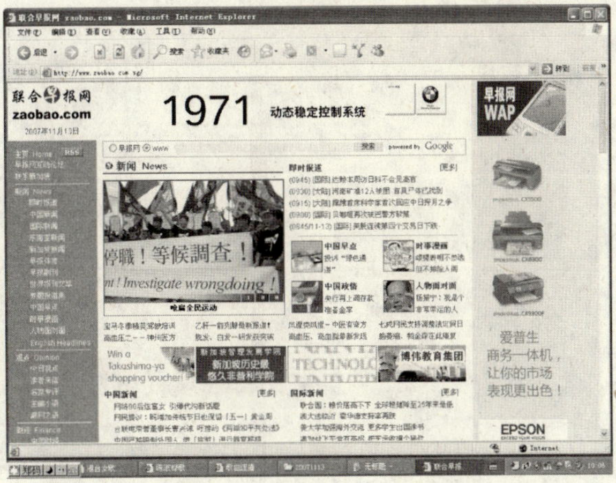

图2－27　新加坡早报网（2007年11月12日）

Chapter 3　　第三章

欧洲华文传媒业

Cause of Chinese Language Media in Europe

在欧洲44个国家中，几乎所有的国家都有华人移民和中国留学生。在欧洲生活着有将近200万人的华人，再加上数以千计的留学生和务工人员，欧洲的华人、留学生总数相当可观。由于西欧社会高度发达，大部分的华人和留学生都聚集在这个地区（如表3－1所示）。生活水平高，经济发达，华人、留学生文化水平高，自然就推动了华文传媒，特别是华文报纸的创办和发展。近年来，由于东欧诸国经济的发展，亦有数量可观的华人来到匈牙利、罗马尼亚、俄罗斯及捷克、波兰等国留学和经商。从分布的状况看，欧洲华人社会呈"大分散、小集中"的特点。

表3－1　欧洲华人人数统计表

国家	人数	国家	人数
奥地利	30 000	爱尔兰	5 000
保加利亚	25	比利时	30 000
冰　岛	100	波　兰	200
丹　麦	6 000	德　国	150 000
法　国	400 000	梵蒂冈	150
芬　兰	1 000	荷　兰	80 000
捷　克	4 000	卢森堡	6 500
罗马尼亚	35	挪　威	1 000
马耳他	15	葡萄牙	15 000
俄罗斯	200 000（也有人称50万）	瑞　典	20 000
瑞　士	13 286	西班牙	100 000
希　腊	229	匈牙利	20 000
意大利	100 000	英　国	250 000
土耳其	60 000	塞浦路斯	720
以色列	225		

欧洲华侨华人中，70%～80%是20世纪70年代后抵达的华侨华人。这些人中包括以家庭团聚、继承遗产、经商、留学等方式移民欧洲。来自中国内地以及香港、台湾地区的华侨华人占有很大的比重。总体来讲，欧洲华人社会是一个历史短、年龄轻、民族文化韵味足、与祖（籍）国关系密切、成分多元、动态性强的华侨华人社会。

华文传媒的创办不仅为这些远离中国的游子提供当地国的信息，而且还为他们了解远在千里之隔的中国发展的最新状况提供了途径。虽然有了高速发展的因特网，但是要了解当地华人、留学生的情况，就还需要通过华文传媒的传播。所以，每一种华文传媒的宗旨都是以服务当地华人、留学生为出发点。这既为华文传媒的生存提供了基础，也及时向当地华人、留学生了解华人社区新闻提供了渠道，可谓相得益彰，相互受益。

然而，在一个白种人为主导的社会和国度里，作为黄种人的华人、留学生生活是相当艰难的。而为华人、留学生服务的华文传媒面临的困难就更多了。比如，西欧华裔移民社会在过去20年发生了极大的变化，来自不同地区的新移民不断增加，打破了过去比较单纯的移民结构。尽管如此，西欧华人人口的分布仍非常分散，与美、加、澳大利亚等地的情况大相径庭。在这种情况下西欧各地先后出现了很多小规模的地方性中文刊物，但由于资源有限，不少刊物都不得不凑合出版，给华文传媒的正常发展造成了一定的混乱和困惑。其中一些刊物甚至以办报为名，经商为实，对欧洲华文传媒的健康成长造成了一定的影响。西欧华人人口本来非常分散，但有些微型的刊物只以某一地区的华人为对象，因此不可避免造成那些在某些地区本已孤立的华人眼界更缩小的局面，失去与欧洲其他地方华人团结并相互了解的台阶和机会。所以，人们越来越担忧唐人街华人的视野，甚至有些人毫不客气地说，唐人街是阻碍华人融入当地社会、开阔视野的罪魁祸首，"坐井观天"只会使华人视野越来越窄，缺乏进一步发展的思想。虽然这些批评有失客观，但是狭隘的社区观念，不愿走出唐人街，却是阻碍华人健康发展和华文传媒无法发展壮大的原因之一。

欧洲华文传媒是在20世纪70年代发展起来的，许多华文报刊也是在这个时候发展起来的。表面来看，在一个经济发达地区创办传媒是轻而易举的事情，但事实上，华文传媒的经营相当困难。以《星岛日报》（欧洲版）为例，它在欧洲创办过程中遇到了相当多的困难，其工作人员谈起在欧洲创办和发行报纸颇有一番感慨——欧洲创办和经营一份真真正正的中文报纸相当困难。事实上，也正如《星岛日报》从业者的感慨那样，欧洲的华文传媒是在一个面临相当多困难但充满希望的环境下，通过解决各种困难，不断积累经验，经历各种磨难而逐步发展起来的。

第一节　西欧华文传媒业

相对东欧来说，西欧的华文传媒比较发达，而且规模也比较大。这得益于西欧比较多的华人、留学生（见表3-1）。厚实的受众基础，物质条件又比较好，使西欧的华文传媒的发展能够得到保障。

一、西欧华文传媒发展历史

回顾西欧华文传媒的历史，可以追溯到一百年前。113年前的1894年，在英国伦敦创刊的期刊《中英商工机器时报》，是西欧最早的华文传媒。1907年6月，华文期刊《新世纪杂志》在法国巴黎和德国相继创办。这两份同名的杂志是法国和德国这两个西欧国家最早的华文刊物。1916 年 8 月 15 日，《旅欧杂志》[1] 在法国创刊，这份杂志对当时旅欧华人的影响相当大。这份杂志的宗旨是介绍西方现代科学文化知识，沟通旅欧学人与国内的联系，辟有《图画》、《论说》、《纪事》、《通讯》、《丛录》等栏目。蔡元培、吴稚晖、汪精卫既是该刊的主要策划者和编辑人，也是主要的撰稿人，由此可见，这份杂志在当时的影响是非常大的。

1. **西欧华文传媒的历史**

20 世纪初期，中国一批知识青年怀着救国的思想先后到西欧求学，寻求振兴国家的真理。由于胸怀政治抱负，他们来到西欧的文化中心巴黎，在求学的同时，纷纷办起了华文刊物，作为交流学习心得、宣传两方先进思想的园地。如 1916 年 8 月，由李石曾、蔡元培、吴稚晖、汪精卫等负责的《旅欧杂志》在巴黎创刊。这份杂志当时具有一定的影响力，可说是当时旅欧中国学人的一面旗帜。

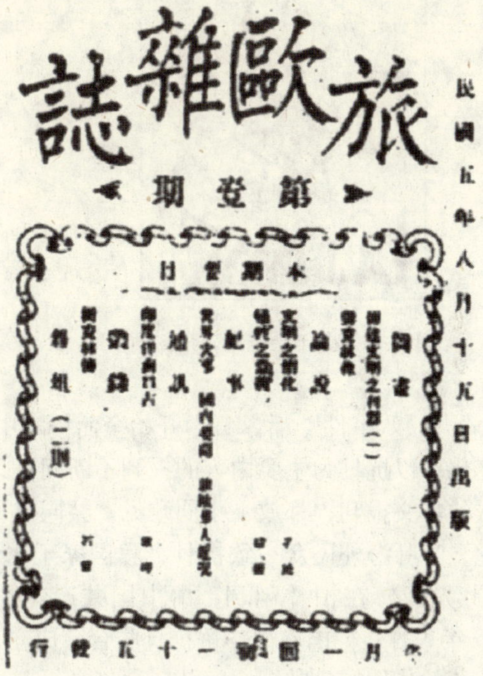
旅歐雜誌
第壹期
民國五年八月十五日出版
本期要目
圖畫
論說
紀事
通訊

图 3－1　《旅欧杂志》1916 年 8 月 15 日创刊号

第一次世界大战爆发后，西欧缺乏大量战地劳工。当时中国北洋政府应法英等国的要求，派遣了 14 万华工到西欧参加战地劳务工作。战后，大部分劳工回国，一部分留在了当地谋生。在这个时期，以华工为主要读者对象的华文刊物也应运而生。1917 年年初由巴黎法华教育会所属的勤工俭学会创办的《华工杂志》和 1920 年 10 月由旅法华工总会在巴黎创办的《华工旬刊》，就属于这一类的华文刊物。这类刊物为缓解华工乡愁，提供祖国消息作出了巨大的贡献。

1922 年 8 月，由周恩来领导的旅欧中国共产主义青年团创办了《少年》杂志。这是中国共产党人在西欧创办的最早的一份华文刊物。仅过了一年，1923 年 5 月，中国青年党旅欧机关报华文《先声》杂志也在法国巴黎创刊；1924 年 2 月，旅欧中共人士正式在巴黎创办了《赤光》月刊；1925 年，朱德等留德学生在柏林主办华文刊物《明星》；同年，中国国民党驻法国总支部先后出版了《国民》杂志和《三民周

① 图片来源：世界华文传媒年鉴．世界华文传媒年鉴社，2003. 697

报》。这个时期，中国不同的党派先后在欧洲创办了华文刊物，通过刊物宣传各自的观点，甚至就不同观点、不同主张展开交锋。

图 3－2　少年杂志第二期封面

图 3－3　赤光杂志封面

“九一八事件”后，日本开始全面侵略中国。这个时期，西欧的华文传媒也发生了变化，以抗日为主要内容的报刊不断问世，配合中国国内的抗日运动。不论是何种党派的华文报刊，都放下不同政见，共同抗日，报道国内最新的抗战消息，发表各种评论，呼吁海外民众一致抗日，救国家于水火之中。1934 年，由民族先锋社主办的《民族先锋》在柏林创刊，由中国共产党主办的《救国时报》在巴黎创办。到了 1936 年 3 月，德国旅德华侨抗日联合会成立，并出版了《抗日联合会刊》。1937 年 7 月，荷兰华侨抗日救国会海牙分会创办了《救国报》，号召海外华侨团结起来，以各种方式支援国内的抗日运动。该刊后来改名为《抗日要讯》，继续从事抗日宣传工作。

1938 年 10 月，巴黎的国民党总支部创办了机关报《三民导报》，在华侨中推介三民主义思想。1944 年 11 月，在巴黎还出版了一份叫《华侨时报》的华文报纸。

随着中国抗日战争的胜利，以抗日为主要目的的华文报刊先后停刊，完成了它们的历史使命。从 1945 年一直到 1970 年前后，西欧华文传媒经历了一段低谷。这是因为，抗日战争刚刚取得胜利，接下来又爆发了国共两党的内战。内战结束到新中国成立这段时间，在西欧的大量留学人士相继回国报效祖国，留下来的一部分华侨知识分子，也在为生计奔波，无暇顾及华文报刊。同时，由于大量留学生回国，读者人数锐减，使众多华文报刊感到缺乏读者群，经营难以维持，遂停刊。

到了 1972 年 2 月，德国以中国留学生为主的华侨华人创办了《欧洲通讯》，后改名为《欧讯》，寂寞多年的西欧华文传媒又重新焕发出新的活力。

1975 年 9 月，法国最早的华人社团旅法华侨俱乐部创办了会刊《简讯》。这是一份华文双周刊，手刻油印，以报道会务为主，同时也刊登一些当地政府的法律知识和中国内地的消息。这份刊物后来由于形势的变化虽然停办了，但它是西欧华人社团自己创办会刊的第一家。

翻开西欧华文传媒历史新的一页，应该是从1981年8月在巴黎问世的华文周报《龙报》出版算起。进入20世纪80年代，西欧的华侨华人不断增加，尤其是原属法国殖民地的东南亚三国（柬埔寨、越南、老挝）大量的华人作为难民来到法国。他们初到异国他乡，不谙当地语言，看不懂当地的报纸和电视，但他们为了生活又必须了解当地的有关法律和生活知识。在这个背景下，华文周刊《龙报》应运而生。《龙报》以较大的篇幅来刊登有关当地政府的法律、法规和日常生活知识，为读者提供相当详尽的生活常识和文化差异，受到初到法国的华人移民的欢迎，因此拥有一定的读者群。到了90年代，西欧华文传媒的形势发生了重大变化，东南亚华人移民越来越少，以东南亚华人移民为传播对象的《龙报》也就失去了原来的优势，读者群不断萎缩，最后只好停刊。

1982年12月16日，由台湾联合报系在巴黎出版华文日报《欧洲日报》；1983年1月1日，由法国部分华侨华人合作创办华文日报《欧洲时报》。这两份华文日报几乎同时在巴黎创刊，加上由香港《星岛日报》在伦敦出版《星岛日报》（欧洲版），西欧华文传媒出现了空前的繁荣期，标志西欧的华文传媒历史走向一个新的里程。

2. 西欧华文传媒的现状

西欧华文传媒在进入20世纪90年代后，可说出现了前所未有的繁荣期和不断变化期。从20世纪80年代中期到21世纪初，西欧各国大大小小的各类华文刊物达数十家。这些华文传媒的诞生，有它们诞生的历史条件和社会基础。

从20世纪80年代初开始，西欧各国的华侨华人人数激剧。华侨华人数量不断增加的主要原因有以下几个方面：

从20世纪70年代开始，香港新界一带的居民陆续移民到英国，主要集中在伦敦等大城市。从70年代后期至90年代初，东南亚三国（柬埔寨、越南、老挝）由于政权更迭，动乱不已，经济发展滞后，当地政府又采取反华、排华的政策，大批华人以难民的身份申请来到西欧各国。当时避难法国的华人最多，其次是英国。据不完全统计，目前从东南亚三国来到法国定居的华人高达15万之多。这么多的华人乍到新地方，人生地不熟，自然需要华文传媒来沟通信息，了解当地情况。这些华文传媒主要是基于服务华人移民的精神，有很强的使命感，不太注重市场经营，但是却为华人解决各种困难、了解各种信息提供了渠道。

中国改革开放后，大批中国内地人士通过各种途径，或家庭团聚，或继承遗产、或经商留学等，来到西欧，主要集中在法国、荷兰、西班牙、德国、意大利等国。与此同时，中国内地大批公派、自费留学生也相继来到了西欧。他们学成后，大部分都回国了，也有一部分留学生留在当地创业求发展。这样，在西欧的华人大量增加。与早期留欧的华人不同，改革开放之后的华人文化水平更高，经济地位也更高。

在西欧的华侨华人中，还有一部分是来自台湾和香港、澳门的留学生与生意人。从华侨华人的构成成分看，除了一部分原留学生懂当地语言外，大部分华侨华人不懂当地语言，这为他们在当地谋生和创业带来很多困难。他们在异国他乡生活，也非常希望知道祖国每天发生的事情和有关商机，以及最新的世界动态，于是一些财力比较雄厚，但又想在华人当中推销产品，提高公司、企业的形象和影响的华商，就办起了各种华文报刊。正是在这个大背景下，以华侨华人为读者对象的华文传媒也就不断涌现了。

目前，西欧的华文传媒可分为以下几大类：[①]

（1）电子传媒

1993 年，由香港商人出资创办的“欧洲东方卫星电视”在伦敦启播。1999 年 8 月，总部在香港的“凤凰卫视”进军西欧，收购了“欧洲东方卫星电视”，以“凤凰卫视欧洲台”的台名正式在伦敦开播。该台凭着总部的实力和节目的多样性及免费收看，已在西欧争取到越来越多的观众。

“香港无线”在伦敦开设欧洲台已有较早的历史，主要是转播香港无线的节目。该电视台的节目不少以反映香港生活为内容，且用广东话播出，所以能吸引广东籍的华侨华人收看。该电视台为收费台。

“法国著名的华商陈氏兄弟公司，从 2001 年开始，组建了‘陈氏传媒’，以促进欧亚影视文化交流为宗旨，进军影视业。2006 年 8 月，陈氏传媒将集合了中国中央电视台五个频道、七个地方卫视和凤凰台两个频道的中国电视节目‘长城平台’成功推广到法国。陈氏传媒作为‘长城平台’在欧洲的独家代理商和推广商，在未来的几年内，还将把这一平台陆续推向欧洲其他国家。目前，陈氏传媒正在积极筹备，准备建立欧洲第一家正规的华语广播电台，为华人提供更多的资讯服务。”[②] 目前，在欧洲作全日播放的主要中文电视台有三个：凤凰卫视欧洲台 PCNE、中央四台 CCTV－4 和无线卫星台 TVBS。法国国际广播电台每日有一小时的华语广播。

自网络兴起后，西欧华人社会中也出现了一些网络网站。较有影响力的有 1994 年 10 月柏林的“华德通讯电子月刊”、1995 年 5 月的奥地利“奥中资讯网”、1995 年 1 月丹麦的“美人鱼”双月刊电子版、1999 年 2 月法国的“欧中网”以及 2000 年 1 月法国的“欧洲时报网络电子版”。2004 年 2 月，文华传媒在法国诞生并建立了网

---

① 此部分参考了梁源法．西欧华文传媒发展综述．世界华文传媒年鉴，北京．世界华文传媒年鉴社，2003. 90

② 梁源法．西欧华文传媒发展综述．世界华文传媒论坛．香港：香港中国新闻出版社，2007. 80

站，以介绍中国文化特别是少林武功为主。

BBC 中文网站信息量很大，时效性也很高，但因其过度关注中国的阴暗面而为来自中国大陆的华人和留学生所诟病（据笔者调查，很多大陆留学生因此而不再访问该网站）。此外，在欧洲的一些国家，中国留学生亦开办了一些自己的网站。这些大小不一的华文网站，成了留学生们交流信息和互通有无的精神客栈。

（2）华文报刊

目前，在西欧有三家华文日报，分别为《欧洲时报》、《欧洲日报》、《星岛日报》（欧洲版）。这三家华文报纸均为综合性日报，面向全欧洲发行。

《欧洲时报》从2001 年开始创办，该报与法国最大的时事周刊《巴黎竞赛周刊》合作，出版法文版的《巴黎竞赛周刊中国特刊》，以介绍中国的现状、历史、文化为主要内容，每期发行10 万份。《欧洲日报》虽然是由台湾联合报系创办，但立场中立，专业水平较高。《星岛日报》由香港星岛报业集团创办，主要面向香港和广东移民，但近年内容作出调整，尽量吸收来自中国内地其他省市的移民和留学生。

歐洲時報
NOUVELLES D'EUROPE
42家欧洲华文传媒聚首布达佩斯 许嘉璐副委员长与会并发表
欧华传媒人 匈牙利论
偷渡意大利 数十人葬身大海

图3－4　《欧洲时报》2006 年8 月22 日

除此之外，欧洲还有一些周刊，如欧洲《华商报》于1996 年创刊于德国的法兰克福，现有德国版、意大利版、捷克版、芬兰版、北欧版和英国版共六个版别，每期总发行量为16 万份。新近创刊的《英中时报》是笔者所见的欧洲华文报纸中唯一用简体中文印刷的，其文笔和印制都是华文报纸中最好的。

随着西欧各国华侨华人的不断增加以及网络的发达，进入20 世纪90 年代中期以后，华文周报或月刊像雨后春笋般地冒出地面。

这些华文报刊在当地办刊，与当地的社团和商家比较熟，容易拉到广告，维持出报费用和员工薪水。这类刊物自由度较大，常刊登一些政治内幕或事件案情来吸引读者。

21 世纪后，西欧的华文传媒进入了前所未有的繁荣期。随着西欧华人的增多，华人的政治、经济实力的大幅提升，以及中国经济迅速发展，华文传媒也面临着一个相当好的发展环境。现在各类华文报刊已达到60 家。目前在西欧各国继续出报，并在当地有一定影响力的华文周报或月刊按创刊日期先后排列如下（见表3－2）：

表 3－2　西欧报刊出版周期统计表

国家	年度	报刊名称	目前出版周期
英国	1975	《星岛日报》（欧洲版）	日报
	1981	香港《文汇报》（欧洲版）	周报
奥地利	1990	《欧华侨报》	周报
	1999	《同乡报》	周报
	1995	《多瑙时报》	双周报
法国	1990	法华双语报《东西报》	月刊
	1994	《欧中经贸》	双月刊
	1995	《欧华侨志》	不定期
	1996	法华双语报《华报》	双周刊
	2005	《欧洲联合周报》	周报
西班牙	1994	《华新报》	周报
	2000	《欧洲晚报》	周报
	2001	《中国报》	周报
	2002	《欧华报》	周报
德国	1997	《欧华侨报》	月刊
	1998	《新天地》	周报
意大利	1996	《欧华时报》	周报
	1998	《新华时报》	周报
	2001	《欧洲商报》	周报
比利时	1994	《华人通讯》	月刊
	2000	《创业报》	周报
	2001	《欧洲华汇报》	月刊
葡萄牙	1999 创刊　2000 改版	《葡华报》	1999 年双周刊　2003 年周报
希腊	2005	《中希时报》	周报
波兰	2007	《环球周报》	周报

此外，还有一批华人社团创办的会刊和专业性的华文刊物，见表 3－3。这些会刊现在有的已停刊了，但是它们在西欧华侨华人社团的发展史上都留下了值得纪念的一页。专业性的华文刊物如 1994 年 2 月在巴黎创办的华文经济类月刊《欧中经贸》，1995 年 9 月在巴黎创办的《欧华侨志》。

表 3－3　欧洲华人社团创办的会刊一览表

创办时间	刊物名称	创办者
1975 年 9 月	《简讯》	旅法华侨俱乐部
1980 年 6 月	《华侨通讯》	荷兰华侨总会

（续上表）

创办时间	刊物名称	创办者
1983 年 5 月	《欧华学报》	欧洲华人学会
1990 年 7 月	《奥华，后改为欧华侨报》（周报）	奥地利华人总会
1992 年	《华侨通讯》	意大利米兰华侨华人工商会
1994 年 7 月	《西华之声》	西班牙西华总会
1996 年 2 月	《旅比侨声》	比利时上海联谊会

二、西欧各国华文传媒业

1. 法国

法国华文传媒比较发达，而且也是欧洲华文传媒最早的诞生地。法国华文传媒对欧洲的华文传媒起到了相当大的推动作用。

中国人移居法国可以追溯到 18 世纪末。第一次世界大战期间，英法两国联合在中国大批招募华工，战后约有数千人留居法国。此后，一批浙江温州、青田人身背石雕闯欧洲，不少人也在法国落脚。19 世纪 70 年代中叶，法国政府接收来自印支的华人难民约 15 万。改革开放初期，大批中国公民以旅游、探亲、继承财产、家庭团聚等方式抵达法国。法国现有华侨华人约 40 万人。80% 以上的华侨华人聚居在巴黎地区，其余散居在马赛、里昂、里尔、波尔多、南特、斯特拉斯堡等大城市。

据法国华侨华人研究者唐宏钧描述，中国人在法国侨居始于 1702 年，但直至 20 世纪初，全法华侨华人也不过 300 人。在此后的 40 年间，基本上保持在 20 世纪 20 年代形成的 4 000 ~ 6 000 人左右。直到 20 世纪 70 年代中期以后，才猛增到逾 20 万人。华文报刊的发展，是同历史上法国华侨华人人数两次出现的快速增加密切相关的。

第一次人数增加是第一次世界大战时期。因战事需要，当时的法英两国联合在中国招募 14 万名华工，战后有三四千人滞留未归，成为永久侨民，加上同期有 2 000 余勤工俭学人员赴法留学，从而使华侨首次在法国真正形成一个群体，促使了第一波华文报刊的出现。

第二次人数增加是 20 世纪 70 年代的印支战争时期。由于越、柬、老是法国的前殖民地，生活在这里的华侨华人与法国有着人际、经济等多方面的传统联系。20 世纪 70 年代，越、柬、老三国接连发生内乱，柬埔寨郎诺上台，亲向美国，接着红色高棉上台，滥杀无辜，实行坚壁清野政策，最后越南入侵柬埔寨和老挝。在此期间，华人受尽了折磨，大批华人被迫逃离家园，特别是越南采取残酷的排华政策，致使这三个国家的华人不得不举家外逃，成万计的华侨华人逃亡到了法国，并定居了下来。法国华人数量迅速增长，同时也促使华文报刊迅猛发展。

法国作为高举自由、平等、博爱旗帜的资产阶级革命的发源地和巴黎公社的诞生地，对于饱受外患内乱煎熬的中国知识阶层有着巨大的吸引力。在“五四”运动前后，他们成群结队地来到这里，寻求拯救祖国和人民的知识与力量。其中不少人成为后来推动中国近代历史发展、改变中华民族积弱贫羸的历史面貌的民族英雄，包括中国共产党最杰出的一批组织者、领导者、新中国的奠基人，如周恩来、邓小平、聂荣臻、陈毅、王若飞、李富春等；还有一批著名的学者，如大教育家蔡元培等。此外，也有如后来成为民族败类的汪精卫，以及国民党右翼著名人物吴稚晖等。虽然这些人后来有的走上了歧途，甚至与国人背道而驰，违背民族大义，但不可否认的是，法国的华文报刊随着他们的到来而诞生、繁荣和发展。

法国的首份华文报刊《新世纪》周刊诞生于1907年6月22日，它是由清朝首批派往法国的留学生之一的李石曾与张人杰、吴稚晖等发起创办的。这是“五四”运动前在海外出版的一份以宣扬无政府主义思想为目的且较有影响的刊物。在近3年中，共出版了121期，部分期次流传到国内。从20世纪10年代中期开始，法国的华文报刊逐渐进入第一个兴旺时期。

这期间的华文报刊大体分为两类，一类是以华工和一般留学人员为对象，以介绍文化、科学知识为主，无强烈的政治倾向，可以说是仅供华人茶余饭后的读物。如《华工杂志》、《华工旬刊》、《工余》等；李石曾、蔡元培、吴稚晖、汪精卫等是这几份刊物的主要编辑和撰稿人。另一类是以当时国内三个主要政党为依托，由中国共产党旅法支部、中国国民党驻法总支部、中国青年党欧洲支部相继创办的机关刊物，如《旅欧杂志》、《旅欧周刊》等。这些刊物有相当明显的政治倾向，密切联系国内的革命斗争，以宣扬该党的政治信仰，阐释该党对解决中国前途的政治主张，争取当地侨界和留学人员的同情与支持为目的。

以周恩来为领导的中共法国支部先后创办的《少年》和《赤光》杂志，无疑是其中最有影响的两份报刊。周恩来、王若飞、邓小平等亲自为这两份报刊撰写了许多极具分量的政论文章。而以中国青年党人曾琦、胡国伟、李璜等人创办的《先声》周报，则以《少年》、《赤光》为政治对手。此时，中国共产党与右翼国民党通过各自的刊物展开激烈的政治笔战，其影响远远超出当时的法国侨社，在此过程中，中国共产党赢得了更多的同情与支持，其政治纲领也被众多华人的接受和认同。

相比之下，当时的国民党法国总支部，因受国内该党内部派系斗争的影响，虽出版有《国民》半月刊和《三民周报》，但政治影响不大。1927年春，国共合作分裂后，旅法国民党人同国内的国民党人一样，公开分化成左、右和中间三个派别，三派都声称自己是国民党在法国的真正代表，并都以国民党驻法代表机构的名义出版“机关刊物”，从而出现被当地侨界视为笑话的机关报“三胞胎”怪事。这三份报刊各自鼓吹自己的政治主张，相互攻讦。

1927年是法国华文报刊发生重大转折的一年。随着旅法国民党人中亲蒋介石势力逐渐占优和20年代末赴法勤工俭学的最后一批富有战斗精神的学子返回中国，法国华文传媒的社会影响力明显下降。有些报刊虽在继续出版，但不再有往日的创造性和生动活泼的批判精神。这种状态直到1931年“九一八”事变日本帝国主义野蛮侵占东北之后，受侨胞和留学人员不断高涨的爱国激情的冲击，才部分地被唤醒。“这期间最具历史影响的是，1935年5月，驻共产国际的中共代表团根据中共中央指示，在巴黎创办了《救国报》（同年12月改名为《救国时报》）。该报发行范围遍及欧、美、亚洲的许多国家以及澳大利亚。在中国国内，人们争相传阅，秘密广泛流传，对组织抗日力量和激励人们的抗日斗志，起了巨大的鼓舞作用。与《救国时报》相呼应，当地侨界组织抗日救国团体，先后创办了月报《联合战线》和日报《祖国抗日情报》等，‘旅法华侨友谊会’后来又首次以‘华侨’冠名创办了《华侨时报》。这些报刊同德国、英国等抗日团体出版的抗日快报相配合，对动员和组织当地侨界支持祖国的抗日斗争，起了良好的作用。”①

法国华文传媒经历了从第二次世界大战结束到20世纪70年代的沉寂之后，从80年代起，又进入一个百花争妍、盛况空前的时期。但与20年代相比，由于时代不同，读者对象不同，两个时期的华文报刊的办报方针、经营方式，也大相迥异。简言之，20世纪20年代前后在法出版的华文报刊，创办者以血气方刚、充满革命激情的青年留学人员为主体，他们以报刊为阵地，希望使祖国从灾难深渊中解放出来，因而思想活跃，笔锋犀利，宗旨严正，语言泼辣，富有战斗色彩。80年代以来出版的华文报刊，尽管囿于当时中华民族历史遗留问题的原因，有政治倾向上的差别，但主要是面向当地侨社，为当地华侨华人的长期生存与发展提供多方面的信息，并为促进当地侨社成员间的团结、合作与互助，维护华侨华人的正当权益，以及增强华侨华人对祖国、故土的了解与联系为目的。

華報
LE JOURNAL PACIFIQUE
順記
PARIS HORES
華麗都大酒樓 大元酒家
新國泰旅行社
弘揚
文化

图3－5　《华报》（原名《法华报》）2005年9月5日

从1981年至1996年，法国先后出版的华文报刊多达20种以上，不仅有期刊、期报、会刊，还有真正的日报；创办者不单有华侨，还有华人，而且多为新闻专业人员；在经营方式上，也由以往的接受捐款赞助、以免费赠阅为主，改为商业发行，其发行量为1 000份至5 000份不等，个别的曾达到近万份。“其中如《欧洲时报》、《欧洲日报》、《龙报》等，已具有一定特色，且都有十年以上的

① 唐宏钧．法国华文报刊．王士谷．华侨华人百科全书·新闻出版卷．北京：中国华侨出版社，1999.49

出版历史，在当地拥有自己的读者群。1996 年还创办了华、法文合刊的周二刊大报《法华报》（后改名为《华报》）。情况表明，法国的华文报刊已成为华侨华人事业的一部分，它们将会随着华侨华人的整个事业的发展而继续发展下去。”①

2. 英国

英国是欧洲的一个重要国家，华人较多，经济发达，华文传媒数量较多且水平也较高，但是也面临诸多困难。

华侨旅英始于清代，但数量很少。1949 年增至 2 000 人。20 世纪五六十年代，香港新界大批农民移居英国，华侨华人人数迅速增至 5 万。香港回归前后，数万港英政府公务员及其家属申请定居英国。英国现有华侨华人约 25 万人，约占英国总人口的 0.3%。他们多数是 20 世纪五六十年代从香港移居到英国的，少数是 80 年代以后从中国内地到英国留学和工作的华人。据统计，70% 来自香港，来自中国内地约 2 万人、台湾地区约 1 万人，来自马来西亚、新加坡、牙买加、毛里求斯约 4 万人，70 年代接收印支难民约 2 万人。华侨华人大多聚居在伦敦、利物浦、伯明翰、格拉斯哥、爱丁堡、曼彻斯特、卡迪夫等大中城市，仅伦敦地区就达 10 万人。

20 世纪五六十年代移居到英国创业的华人当时很穷，在英国既没地位又没实力，但经过 30 年的奋斗，他们现在的生活水平比包括白人在内的英国任何其他种族都高。英国报刊在 1999 年刊登了这样一组数字：华人男子平均每周收入 368 英镑，白人男子平均每周收入 331 英镑，华人只有 9% 的人失业，白人则有 15% 的人失业。他们接受高等教育的比率远远高于白人社会。英国华侨华人主要从事餐饮业，经营中餐馆和外卖店上万家，华人新生代和一些新华侨华人专业人士已进入“白领阶层”。

由于香港 1997 年 7 月 1 日以前是英国的殖民地，所以，1997 年回归之前，许多香港市民担忧回归会引发动乱，纷纷移民英国，这使得在英国的香港市民迅速增加。这种情况恰好为有意开拓海外市场的《星岛日报》看中，于是《星岛日报》在英国开辟欧洲版，以向当地华人，特别是香港移民报道香港地区、中国大陆、台湾地区最新的情况。

也正因为有香港移民这一基础，《星岛日报》才逐渐稳住阵脚，逐渐把视野投向更大数量的其他地区的华人移民和留学生。经过多年的奋战，《星岛日报》终于能够在英国扎住脚跟，并逐渐发展壮大，受到英国政府和社会的关注，但是华文传媒在英国的发展仍然举步维艰。

许多报社整天从英文传媒翻译摘抄东西，一些拥有 30 多名工作人员的大报，虽然在整个欧洲发行，但由于华人居住分散，发行量也不高。有工作人员说，就算把报社所在的伦敦市中心的办公楼租出去，也比在这里办华文报纸赚钱。总体而言，华文报纸在英国“规模小、质量差、非主流”。

---

① 唐宏钧．法国华文报刊．华侨华人百科全书·新闻出版卷．北京：中国华侨出版社，1999．50

2003 年《英中时报》创刊。作为英国最大的华文周报，《英中时报》经过四年多的苦心经营，现在每周出版 80 多个版面，发行 32 000 份，在欧洲的华文传媒市场表现不俗。

移民英国的华人带动了当地中国餐馆等行业的兴旺，而华人的娱乐文化生活特别是电视文化则显得贫乏。1993 年，“北海集团”全资开创欧洲东方中文电视台，成为投资欧洲中文电子传媒第一家公司。1994 年又有时代华人电视（时视）在伦敦成立。两台都号称以全欧 22 个国家的华人观众为主要对象，形成对峙之势。此后，以香港为总部的传讯电视也在伦敦设立分社，播放全欧新闻。三家电视传媒的设立，顿时使原来信息落后的华人社会进入了信息过渡时期。

然而，频道租用昂贵，器材设备投资大，人才缺乏，华人客户实力有限，市场发展不易等，这些原因都迫使电视公司面临财政困难。相对于欧洲东方中文电视和时代华人电视，智才集团旗下的传讯电视在欧洲的工作条件就非常优越了，该台采用最新的数码传送科技，有经验丰富的新闻摄制队伍，以其专业手法每天向香港总部传送新闻和时事专题，再由泛美二号卫星向全球各地的华人广播。由于传讯电视与其他两台的服务对象和方式不同，彼此间并无显著的利益冲突。据了解，传讯电视面对的难题不是市场，而是采访工作的质量和顺利进行。尽管他们有强劲的专业采访队伍，但与欧洲传媒记者一起抢新闻，难免陷于少数民族的劣势。在一些国家，许多政府和私营机构都有意无意地冷漠华人记者和华文传媒。

目前，三家中文电视台各自在伦敦运作，脚步逐步踏进欧洲其他国家。传讯电视的摄制队配合派驻各地的特派员，进入当地主流传媒的采访范畴。

3. **德国**

中国人移居德国已有上百年的历史，主要是来自浙江、广东的商贩和海员，19 世纪末达到 2 800 人。20 世纪中叶，约两万来自港台地区和大陆的人士以及印支国家华裔再移民先后定居德国。改革开放以来，大批中国公民以亲友团聚、留学、旅游、劳务输出等形式进入德国，使华侨华人人数剧增至 15 万左右。

德国的华文传媒发育得也比较早。据史料记载，19 世纪末，德国柏林大学东方语言学者曾出版过一份华文报刊——《日国》，即日耳曼国之意。20 世纪初，大约有三份中文报刊在德国出版。20 世纪 20 年代，有朱德、周恩来主编的《政治周报》（1924 年）和朱德主编的《明星》（1925 年），宣传进步思想，紧扣时代主题，抨击时弊，传播爱国思想，在旅德进步青年中颇具影响。抗日战争时期，旅德抗日同盟会、留德中国学生会、留德抗日救国会和留德工商联合会各团体先后出版了 14 种抗日刊物，较有名的有《抗战报》、《抗联会刊》和《抗战情报》。1941 年后，德国与日本结成轴心国，对国内华文传媒进行压制，华文传媒多数被封。“二战”结束后，由于德国是战败国，经济萧条，人心低迷，德国的报业也逐渐式微，华文报刊也不例外，期间只有一份华文月刊《柏林通讯》。该杂志由台湾商人出资，于 1948 年创办。

在以后的50年时间里，这份刊物由于出版周期稳定，与德国政府及台湾、香港地区在德国的官方机构关系较为密切，一直成为德国华文报刊的领头羊。1998年，该刊由其家族后代继承，更名为《新新华人》，并对报道方向进行调整，现已成为政治倾向中立的月刊，至今还在出版发行。

20世纪70年代，旅居德国的台湾民乡联合会出版的会刊《乡讯》、西德欧洲和平统一促进会的《欧洲通讯》、西德华侨协会的《西德侨报》等也相当有影响。进入20世纪80年代，随着德国经济的飞速发展，从世界各地，特别是从亚洲各国移居德国的华裔人数的增加，德国的华文报刊也因此大量涌现。

《中华侨报》是20世纪80年代创刊比较早的一家。该报创刊于1982年，出版人是印度支那华人协会，受台湾地区政府的经济支持，版本为32开，编辑较为粗糙，复印出版，每期印数为几百份。随着新传媒的涌现，该刊的影响力大不如前，目前只靠一些赞助维持。

由在德学人主办的双月刊《莱茵通讯》创办于20世纪80年代末期，最初由大陆的留学生主办。"六四"后，该刊由一些激进分子把持，在报道倾向上为右派，较多地刊登一些对中国政府过激的言论。此刊物的姊妹刊物叫《留德学人报》，创刊于1993年，1999年更名为《德国导报》，其编排思想与《莱茵通讯》如出一辙，力求原创作，探讨热点难点话题，不同点是一个侧重德国，一个侧重全球，当然较大篇幅是关于民主话题的报道。但是近几年，该刊物影响大不如前，发行量也减少。

1997年创办的《华商报》在经济运转方面算是比较成功的。随着中德之间经济文化交流的日益增多，当时由德国华商会主持的这份报纸应运而生。后来这份报纸落入德国民主战线负责人手中，虽然是一份广告报，但也时常刊发政治评论，对中国大陆进行指责。一些想在德国得到政治庇护的政治难民或非法偷渡者常常在该报刊发所谓的抗议书、声讨信、结社游行通知等。

1999年，德国出版了两家政治倾向截然不同的月报《欧华侨报》和《自由华人报》。前者为左派报纸的代表，为在德的华人侨领郭志林先生出资创办，得到了全德华人社团联合会的支持，创刊时正赶上欧洲华侨华人联合会在德国举行年会，遂改刊成为欧华会的会刊。后者为激进的极右报纸的代表，整张报纸充斥着对中国政府的诽谤、漫骂和攻击，也时常对中国领导人的形象和尊严进行歪曲和侮辱。由于有时缺乏比较理性的报道，受到在德华人的批评。

20世纪90年代，德国还有许多华侨华人对新闻出版事业进行过尝试，最终由于人员、经费等多方面的限制，创刊不久就夭折或难以为继。这令在德华人十分惋惜。其中较为出名的是：全德华人社团联合会名誉主席马怀旭先生的《中欧时报》、波恩学人唐利军先生的《波恩中国人》、汉堡华商陈茫先生的《经贸信息》等。汉堡的朱奎和孙小平先生1997年就筹划出版《欧华报》，由于种种原因，一直未能实施。

新世纪的到来为德国的华文传媒带来勃勃生机。德国政府和有关传媒也开设华文刊物和频道。德国联邦新闻信息局与法兰克福沙西爱德出版社合作出版的双月刊——《德国》杂志进行改版，加强了中文版的出版力量。德国国际广播电台——“德国之声”增加了对华广播的播出时间，并在因特网发行电子版。德国的中国中心和德国国际交流中心也计划招聘人才，出版华文刊物。

目前，华文报刊进入一个提升的阶段。先是德中经济文化交流协会会长郑新先生年初出版了超党派的信息娱乐报——《新天地》报，以专业新闻人才的新闻理念去筹划整个报纸的运转，在欧洲一炮打响，引发了报业竞争。《华商报》最先作出反应，筹备出双周报；《新天地》不甘示弱，招聘新员工，购置新设备，出版周报。一些原本打算出月报的投资者，则暂时放慢了步伐，观望几家领先报刊的运作。德国现有华文报刊见表 3－4。

表 3－4　德国现有华文报刊一览表

报纸名称	创办时间	政治倾向	发行量（份）	规模	出版周期
《新新华人》	1948	中立	5 000	16 开 48 版彩色	月刊
《德国侨报》	1973	中立	不详	32 开 160 版彩色	双月刊
《中华侨报》	1982	左	500	32 开 32 版黑白	月刊
《莱茵通讯》	1987	右	5 000	16 开 48 版黑白	月刊
《德国导报》	1993	右	15 000	4 开 20 版彩色	月报
《德国》	1996	中立	10 000	16 开 64 版彩色	双月刊
《华德通讯》	1996	左	不详	网络版	月刊
《华商报》	1997	右	20 000	4 开 40 版彩色	双周报
《经贸杂志》	1998	中立	5 000	16 开 20 版彩色	双月刊
《华人报》	1999	右	20 000	4 开 32 版彩色	月报
《欧华侨报》	1999	左	15 000	小对开 16 版彩色	月报
《环欧信息》	2000	中立	15 000	16 开 48 版彩色	月刊
《新天地》	2001	中立	20 000	大对开 20 版彩色	周报
《大纪元》	2001	右	20 000	小对开 12 版彩色	周报

从表 3－4 可见，2000 年以后创刊的华文报刊一般都是以周报的形式发行，一方面说明德国华文报刊进入比较快的发展时期，华人对信息有更高的要求，希望能够看到最新有关华人和中国的新闻；另一方面，也说明月刊已不能满足华人的需要，反映了德国华文报刊竞争相当激烈的现实。

德国两份主要的报刊是《新天地》和《德国侨报》。

“由德国科隆新天地报社创办的中文报纸《新天地》自 2001 年 1 月创刊以来，已出版六期，是欧洲发行的一份华文双周报，对开 24 版，简体汉字，彩色印刷，在欧洲正式发行，成为海外华文报纸中的一枝新花。该报推崇中立性、客观性、超党派和多视点，报纸一面世，就以其独特的选题、新颖的编排、清新明快的风格，在整个欧洲华人社会获得好评。”①

《新天地》通过几期的运作，特别是2001年4月改版以来，该报受到读者的广泛好评。其编辑思想更趋成熟，队伍建设更趋完备，该报的《每期聚焦》和《欧洲华语传媒集粹》已成为该报的名牌栏目。

《德国侨报》（双月刊），原名为《西德侨报》，东西德统一后于1994年改为现名。《德国侨报》是一份综合性刊物，由“西德华侨协会”于1973年7月创办。该刊为免费赠阅，发行对象为旅居德国、意大利、瑞士等地的华人。该刊现为32开印刷版本。每期80页左右。内容包括新闻集锦、侨情报道、游学走廊、论坛、侨教报道、人物专访、小说连载、万象等。

纵观在德华文报刊的影响，我们不难发现，华人报纸仍停留在华人圈子里，没能融进德国的主流报业中去。受人员、资金的限制，德国所有的华文报刊仍处于小打小闹的状态，没有形成合力，没能出现像英国、法国华文传媒的情况，实现较大的突破。

4. 意大利

据估计，意大利华人约有10万人，比20年前的不足800人增长了130倍，其人数在欧洲居英国、法国、荷兰之后，大体上与比利时接近。

全意约有十多个华人社团，其中历史较长影响较大的是“米兰华侨华人工商会”。“由社团办的不定期刊物有‘米兰华侨华人工商会’办的《米兰侨讯》、‘罗马华侨联谊会’办的《简讯》，以及‘都灵华侨华人联谊会’办的《都灵侨声》。还有两个社团主办的中文学习班。”②

随着意大利华人不断增多，以及流动地域的扩大给华侨之间的信息交流带来了实际的困难，这也产生了华侨间信息交流的愿望和具备了创办华文报纸的可能性。然而，创办华文报纸的经费和专业人才严重制约了华文报纸的创刊和出版。这种情况持续到了1998年才有所改观，意大利首份华文报纸《欧华时报》才在罗马创刊。惨淡经营了两年之后才有起色。

一年之后，另一份华文报纸《新华时报》也在罗马创刊。罗马不仅是意大利华文报纸的诞生地，也是意大利华文报纸的斗兽场。远离罗马的米兰则因为多种众所周知的原因一度寂寞了许多年，大约5万多意大利北部地区的华侨犹如生活在贫困的文化沙漠之中。米兰地区广大的华文报业市场也拱手送给了“北伐”的意大利南方华文报业，形成了“北广告，北订户，南报纸”的现象。有鉴于此，意大利北方侨界积极联络和筹备北方自己的华文报纸，终于于2001年在米兰创刊了意大利及欧洲首份以经济为主的综合性周报——《欧洲商报》。

除了华文报纸之外，其他华文传媒也有比较快的发展。在米兰的华意电视台是意

① 刘贵江．德国报业一瞥．2001年世界华文传媒论坛论文集．香港：中国新闻社香港分社，2001

② 廖大珂．意大利华人现状．八桂侨刊，1995（2）

大利华文传媒中的非全天候华资中文电视台，在布拉托市由意大利人投资开办的电台播放华语节目。香港凤凰卫视和中央四台也在意大利落地。目前，意大利华文传媒中还缺少全天候华文电视台和广播电台以及华文门户网站。但是，华文网络传媒发展迅速。罗马的欧洲华商网是意大利华文网络传媒比较有代表性的网站。

据意大利华文传媒研究者杨光的介绍，当前，意大利华文传媒呈现如下几种特点：

（1）百花齐放，各自为政

近两年之内，在意大利创刊的华文报纸有五家。许多人和许多公司及众多华侨侨团，出于各种目的而跃跃欲试，筹备创刊出版各种华文报纸。

（2）个人全资私有

华文报纸的创业基金都来自华侨民间基金，多以入股或赞助的形式注入资金，少则100万里拉，多则10 000万里拉，一家报纸的股东多以10～20人为限。

（3）办报专业人才奇缺

由于意大利华侨多来自浙南农村，所以文化结构偏低。尽管在大量的华侨中也有浙江的知识分子移民，多以教师为主，但不能胜任此业。在意留学生也是寥寥无几。旅意华侨移民中在中国国内已经从事过新闻工作的专业人才更是凤毛麟角。在现有的几家华文报业中，仅有一家报纸拥有专业新闻人才。“武大郎炒股票”的现象十分严重。

（4）报纸量少质低

由于办报专业人才的奇缺，直接影响了意大利华文报纸的质量，大部分报纸在划版、拼版、编辑、美工和印刷上制作粗糙。大多数意大利华文报纸在没有实地采编稿件能力的情况下，或抄袭编译稿或干脆从因特网上下载，把华文报纸办成了华文文摘报，更有华文报纸办成了使馆报和领馆报，改变和失去了原来办报的目的和意义。

（5）报刊之间合作少，缺少团队精神

尽管意大利华文报纸处于萌芽和发展期，但报刊之间的横向合作较少，对整体华文传媒的发展不利。

（6）大部分华文报业为意大利人打工

“由于意大利政府对外国人在意大利从事新闻业的限制和歧视，加上大部分华文报业业主对意大利新闻法的不了解和本身缺乏从事此业的法定资格和能力。目前，除《欧洲商报》外，其他的华文报纸均不能以中国人自己的名义在意大利政府注册，华侨报人委曲求全，或以金钱或以交易求得意大利人中有法定资格可正式注册的人代为注册。这样在名义上出版的是华文报纸，而在法律上实际上是意大利人所注册的报纸，因为报社法人是意大利人。这为今后华文报纸的产权和归属问题埋下了隐患。”[①]意大利现有主要华文报刊《新华日报》、《华侨通讯》（月刊）。

---

① 杨光．意大利华文媒体现状及展望．2001年世界华文传媒论坛论文集．香港：中国新闻社香港分社，2001

5. 奥地利

奥地利现有华侨华人约3万人，半数居住在维也纳。

20世纪60年代初期，一些台湾青年到欧洲留学，学业完成后有的留学生留了下来，逐渐在奥地利扎根。70年代中期，中国大陆移民开始在奥地利出现，到80年代逐渐多起来，现约有30 000人。

1991年奥地利华侨华人总会在维也纳成立。每年举办各种活动，十分活跃。奥华总会的会刊《欧华》杂志目前发行18个国家300多个侨团。

《同乡报》是奥地利青田同乡会于1999年6月创办的综合性中文周报。《同乡报》本着爱国、互助的原则，不仅多次组织旅奥的华人座谈，还多次在《同乡报》的头版上刊登"反"台独"、促统一"等文章派发给华人，产生了广泛的影响。《人民日报》海外版对此曾进行了详细报道。该报由最初的6版发展为今天的24版，目前发行量约2 000余份，发行范围包括全奥地利中餐馆、华人公司，斯洛文尼亚、德国及奥地利周边华人旅居国家。

《多瑙时报》(周报)创刊于1996年10月，每周一出版，发行全奥地利。该报报道的主要内容有：奥地利政治、经济、文化、交通、旅游及娱乐、生活窗、社会新闻等。

6. 希腊

《欧洲信报》是由旅欧华人在希腊创办的立足东南欧，面向全欧洲的华人平面传媒，同时创办《希腊商贸信息网》，以沟通华人信息，弘扬中华文化，促进中欧文化交流，活跃与中国的经贸往来为办报目的，报纸的出版发行，填补了东南欧华文报纸的空白。

希腊华文报刊主要有《欧洲信报》。《欧洲信报》于2003年7月出版，暂为双周报，对开彩印，并逐步向周报过渡。主要栏目包括《要闻》、《东南欧新闻》、《时事聚焦》、《欧华社会》，《欧中商务》、《工作与居留》、《宗教与信仰》、《时尚生活》、《旅游概览》及《文化体育新闻》等。该报力求为生活在东南欧的华人提供一个了解身边大事，放眼世界的窗口和休闲娱乐的舞台。

7. 比利时

比利时华文报刊主要有《比中侨声》、《华人通讯》。《比中侨声》(双月刊)创办于1991年2月，是比利时侨界的旅比上海联谊会的会刊。该刊坚持以"联谊、交流、团结、服务"，促进祖国早日实现和平统一为宗旨。宣传当地的政策、法令、重大事件和信息，使侨民能在政策许可的条件内，发展自身的事业；鼓舞侨民融入当地社会，参政议政，提升华人的地位；介绍祖国形势，提供发展信息，使华人能身居他乡，心系桑梓，为居住国的繁荣昌盛努力的同时，也为中比两国人民间的友好往来和经济文化交流作出不懈的努力。会刊开设"联谊动态"、"比中长桥"、"浦江传真"、"神州天地"、"港澳台"、"养生之前"、"星座运程"、"环球"、"家政"、"名人专访"、"反独促统"、"海外华人"、"大千世界"、"广告"等栏目，已发行到欧、美、亚、澳等国家与地区。

《华人通讯》创刊于 1994 年 2 月，总部设在比利时，该刊免费派发给比利时、荷兰、卢森堡、德国、法国、意大利的华人，每月出版一期，对开 6 张 24 版。版面内容有“华人动态”、“比国之政与律”、“国际花絮”、“中国风采”、“俏丽佳人”、“家居乐”、“娱乐花边”、“宗教园地”、“咨询站”、“医疗与保健”、“城市菜单”、“商业指南”、“文章”、“比利时时间”、“港澳台时事”等。

8. 西班牙

在西班牙的华人有 10 万人，其中 10% 已入西班牙籍。人数虽然不多，但是却创办了五份在欧洲比较有影响的报刊（见表 3－5）。

表 3－5　西班牙主要华文报刊

报纸名称	创刊时间
《华新报》	1994 年 8 月 14 日
《中国报》	2001 年 5 月
《欧洲晚报》	2000 年 8 月 1 日
《新报》	2002 年 11 月
《欧华报》	2002 年 12 月 8 日

《华新报》自创刊以来即注意侨民的动态报道，采访侨团活动、侨民消息，走访西班牙境内九所华文学校，以专题深入的报道，希望引起对第二代侨民华文教育的重视。同时举办各种时事座谈，扩大侨民的思想领域，并对事业有成的华侨逐一加以专访，希望能以他们的经验带领侨胞走向成功之路。

《中国报》以“客观、公正、及时、全面地透视全球时事经济等要点；密切关注中国内地及港澳台发展动态；提供前瞻性、可行性商业投资咨询分析；弘扬中华民族精神，传播进步理念；体现社会正义，反映侨胞心声；协助华人融入侨居国，让西班牙更好地了解中国”为创刊宗旨的华文报纸。

EUROCHINESE NEWS
欧華報
飓风重创美国南部
中国捐赠灾民10万美元
马德里将对百元店展开清查
葡萄牙将大幅调整移民政策
最新推出葡汉双语驾驶题
549€
913 319 868
BOLMA
www.bolma.net
康华集团

图 3－6　《欧华报》2005 年 9 月 6 日

2002 年 11 月，以新闻和时政评论为主体的《中国报》之姐妹报——《新报》又相继问世；2003 年 1 月，有八年历史的《华新报》和《中国报》合并，成立了西班牙 C.M.S 报业集团，由《中国报》社长叶岩松担任集团总裁。现在，有了《华新报》和《新报》的加盟，《中国报》社已经成为西班牙名符其实的最大华文传媒报业集团。

《欧洲晚报》（周报），总部设在马德里，在欧洲部分国家设有代理处和特约通讯员，同时在中国国内几个主要城市和侨乡设有记者站和特约通讯员。

《欧华报》（周刊）于2002年12月8日创刊，其宗旨是：为侨胞再现天下大事，为侨胞提供实用服务，为侨胞丰富业余生活，为侨胞展现思乡之情，引导移民融入当地社会，推动和发展中西两国在经贸、文化方面的交流，全方位为广大中国移民服务，并始终坚持爱国爱乡、反独促统，团结融入、客观公正的鲜明立场。

《欧华报》版面清晰，印刷质量尚佳，报道的视角也比较新颖别致，贴近生活，也比较注重自编特色栏目。如“华埠新闻”、“百姓话题”、“各地传真”、“法律法规”、“双语交流”、“相约文苑”、“今日有约”、“欧洲风情”、“人在海外”、“欧华信息超市”、“为您服务”、“读者家园”、“文海拾贝”等。自创刊以来，发行量迅速增长，目前已有固定的广告客户250多家。但此报版面编辑有很大的改善空间。

第二节　东欧华文传媒业

东欧包括匈牙利、捷克、斯洛伐克、罗马尼亚、波兰、保加利亚、南斯拉夫、斯洛文尼亚、克罗地亚、波黑、马其顿，以及前苏联所属的俄罗斯、乌克兰、白俄罗斯等国。20世纪90年代以来，这些国家改变社会制度之后，人们已经比较习惯于将这个地区与欧洲中部的一些国家一起合称为“中东欧”。但是，就华文传媒的发展状况和特点来说，这个地区与中欧地区还是不太相同的。在这些国家中，匈牙利、俄罗斯是东欧国家华人数量最多的国家，所以，这两个地区的华文传媒也得到比较快的发展。

一、东欧华文传媒简况

东欧原来是社会主义国家，与中国关系时好时坏。20世纪90年代之后，它们都改变换了政治制度，实行资本主义制度，与中国的关系也随之发生变化，再不是社会主义国家一家亲，各自从国家利益出发，以前社会主义阵营同声同气的时代已经成为明日黄花。

1. 东欧华文传媒的历史

东欧地区各国华文传媒的诞生和发展，是与所在国华侨华人社会的形成、发展状况休戚相关、密不可分的。在华侨华人大量进入这些国家以前，这里没有一份华文报刊；随着华侨华人的大量进入和华人社会的逐渐形成，华文报刊便在一些国家应运而生。当华侨华人事业面临有利的外部环境，得以顺利发展的时候，华文传媒往往也会从中得益，呈现较好的发展态势。可以说，在这里，一个国家的华文报刊的状况，也从一定程度上反映了该国华侨华人的整体状况。

处于欧洲中心位置的匈牙利，是华侨华人“经商大军”在东欧地区最先登陆的国家，也是中国人进入欧洲的桥头堡。从最初“手提肩扛”的小本生意到后来“集装箱发货”的大额贸易，数万之众的华商们曾在这里成功地写下他们的创业史。同样，这里也是东欧地区华文报刊最先面世的地方，早在1991年8月就出版发行过一份叫做《旅欧导报》的中文报纸。严格地说，《旅欧导报》还不是一份成熟的报纸，没有正式注册，生存的时间也很短。但是，它却以自己的出现说明了在异国陌生语言环境里生活的华侨华人们对华文报刊的强烈需求。

正因为如此，在此后不久，匈牙利又有了一些华侨华人创办的中文报纸先后问世，如《欧洲导报》(1992年)、《欧洲之声》(1993年9月)等。在东欧地区华文传媒历史上，它们都属于创刊较早的报纸。

除了一个“早”字，匈牙利的中文报纸还有一个特点：多。据统计，匈牙利华侨华人通常比较稳定的人数不过2万，即使在过去最高峰时也只有5万多。可是到了20世纪90年代后期，这里的中文报纸最多时竟高达12家。“经过后来一番自我淘汰，到目前为止，能够正常出版发行的仍然有8家，分别是《中华时报》、《市场报》、《布达佩斯周报》、《欧亚新闻报》、《新导报》、《联合商报》、《欧洲论坛》(以上为周报)、《每日观察》(日报)，而且报纸的规模基本上都在每期20版或24版以上。”①

一个并不太大的华侨华人圈却有这么多的华文报纸，这固然与因特网时代给报纸资讯来源带来的便利有很大的关系，同时也说明了这些报纸有存在的价值。实际上，虽然这些报纸刊载的新闻内容差不多有75%甚至90%以上都来源于因特网，但是在内容的取向和读者对象的定位上，还是各有侧重的。“如《市场报》以及时提供读者需要的当地法规解析和政策动态见长；《布达佩斯周报》注重针对华侨华人所关心的生存环境等问题发表时评；《中华时报》、《欧洲论坛》比较符合华侨华人中知识程度稍高者的阅读需求；《新导报》锁定“新生代”和艺术爱好者作为自己的受众；《欧亚新闻报》瞄准的则是人数比例最大的、活跃在市场第一线的华商人群。这种有意无意地“分工”，对于各报开发和巩固自己的读者群都是有帮助的，也使得这八家报刊能够相安无事，共同发展。”②

与匈牙利相比，俄罗斯的华文报纸也有异曲同工之处。俄罗斯的华侨华人人数要比匈牙利多得多，在1991—1993年第一个移民高潮时曾达到20多万，现在仍有20多万，其中大多数是从事中俄民间贸易的商人。有这个庞大的华侨华人群体为基础，俄罗斯华文报纸也如雨后春笋，越办越多。从最初的《中俄信息报》(1992年创刊，1998年停刊)开始，前后共有九家中文报纸问世；特别是1995—2001年，基本上是

---

① 张执任. 东欧华文传媒发展综述. 世界华文传媒年鉴. 北京：世界华文传媒年鉴社，2003.96

② 张执任. 东欧华文传媒发展综述. 世界华文传媒年鉴. 北京：世界华文传媒年鉴社，2003.97

每年新增一家（2000 年有两家），一共创办了八家。时至今日，仍在运转的有五家，分别是《路迅参考》、《莫斯科晚报》、《莫斯科华人报》、《华俄时报》、《俄罗斯龙报》。其中，有日报四家，周报一家。

经过多年实践，俄罗斯华文报纸的质量有了很大提高，开始形成自己的特色。如《路迅参考》以朴实无华、通俗易懂和信息量大为特点，受到“集装箱市场”华侨华人的欢迎；《莫斯科晚报》在其独有的“晚”字上做文章，下了不少工夫；《莫斯科华人报》在关注大事、点评时局、引导舆论方面颇有独创，建树颇多；《俄罗斯龙报》则以报道迅速、内容丰富著称，吸引了越来越多的读者。难能可贵的是，经过各家报纸多年来的共同努力，他们现在已经在北起圣彼得堡，南至图拉、罗斯托夫，东起海参崴，西至乌克兰的基辅和白俄罗斯的明斯克的范围内，在大部分城市建立了发行点或通讯站，形成了一个覆盖俄罗斯主要城市甚至辐射到一些独联体国家的发行网络。

此外，东欧地区的华文报纸还有罗马尼亚的《旅罗华人报》和《欧洲侨报》、保加利亚的《中华报》、乌克兰的《五洲国际商报》和白俄罗斯的《留白学生报》等。

《旅罗华人报》系综合性周报，创刊于 1999 年 3 月。创刊的时候正是旅罗华侨华人在罗马尼亚经商过程中最困难的时期。该报除了及时为旅罗华侨华人提供罗马尼亚、中国和国际上的新闻信息外，更把保护和维护华侨华人的正当合法权益当做自己义不容辞的责任。有一段时间，那里的华商们屡屡遭受当地不法警察、不法人员及华人“黑社会”的欺凌敲诈，在华侨华人集中的“欧罗巴市场”经常发生华侨华人被殴打的流血事件，甚至有华侨华人被市场保安活活打死，而犯法者却逍遥法外，没有受到法律的制裁。身处异国他乡，广大华商敢怒不敢言，盼望有传媒替他们说话。就在这样的重要关头，《旅罗华人报》顶着恶势力的淫威站了出来，通过现场采访，及时以长篇报道揭出事实真相，呼吁罗马尼亚有关部门依法惩处罪犯。犯罪分子恼羞成怒，对报社社长兼总编李建华开枪，子弹击中了他的肝、肺。

欧洲侨报
0040-722308798
8
祝贺第三届世界华文媒体论坛在中国武汉召开
中欧终就纺织品贸易问题
达成一致并在京签署文件
王铁山参赞约见罗马尼亚国家发明和商标局局长

图 3－7　《欧洲侨报》2005 年 9 月 14 日

《欧洲侨报》也是周报，每期发行 1 万册，已被罗马尼亚国家图书馆列为馆藏报纸，成为读者、学者用来研究中国的资料。该报曾在罗马尼亚组织发起“迎接新世纪”大型焰火晚会等一些有影响的活动，在融入所在国主流社会方面带了个好头。

《中华报》虽然是保加利亚的华文报纸，发

行范围却除了保加利亚外还包括南斯拉夫、土耳其、马其顿、希腊。该报的创办人这样陈述办报的缘由："'东欧'改制以来，巴尔干地区开始有许多中国人在这里做生意、开餐馆，但是在保加利亚、南斯拉夫、土耳其、希腊及马其顿均没有中文报纸，在这里长期生活的中国人看不懂当地的报纸、电视，长期不了解祖国和国际上发生的事情……《中华报》于是就这样肩负着众望而诞生。"该报是一份周报，创刊于1998年6月，目前发行量为2 000份。

东欧地区也有一些国家，如捷克、斯洛伐克、南斯拉夫、波黑、斯洛文尼亚等，虽然也有华侨华人在经商，却由于种种原因，尚无华文报纸。

除了华文报纸，东欧地区的华文杂志和华文网络传媒也比较突出。

由世界华文出版社编辑出版的《世界华人名人录》诞生于1999年春天，是一份设计、印刷比较精美的不定期大型彩色画报。该刊以"礼赞龙的传人，礼赞中华民族"为办刊宗旨，每期都从全球范围内选择20多位有影响的华人杰出人物介绍给读者，借助他们的成就反映中华民族为世界文明进步所作的贡献。精彩的名人传略和珍贵的照片资料图文并茂，颇得世界各国中外人士的青睐。该刊注册于匈牙利，采取的却是跨国经营的方法，不但将总部同时分设于布达佩斯和纽约，还在许多国家建立了分社或编辑部。

"1999年，匈牙利还曾面世另一本华文杂志《华业》，创办两年后停刊。东欧地区的华文网络传媒有一些是由华文报刊创办并隶属于这些报刊的，如《市场报》、《新导报》、《中华时报》、《世界华人名人录》、《莫斯科华人报》、《莫斯科晚报》的网络版和《俄罗斯路迅留学网》等；也有一些是独立的，如俄罗斯的《罗宾网》，匈牙利的《石开信息网》、《匈华资讯网》、《欧华热线》（原名《金丝鸟网》）等。后者因为是专一的网络传媒，在新闻资讯编译发布和网页更新方面比较及时，在栏目设置方面也相对丰富和活跃，所以颇有点击率。"①

2. 东欧华文传媒的现状

进入新世纪后，东欧地区华文传媒所面对的环境并不乐观。受世界经济、欧洲经济衰退的影响，华人赖以为生的贸易市场也显现疲软。在东欧各国，各种不利于华侨华人生存、发展的因素陡然增加，华人面对众多困难。这也直接波及华文传媒的生存与发展，其所遭遇的困顿比以往任何时候都大。出于无奈，一些报刊只好停刊。

然而可喜的是，即使在这样的境况下，这里的大部分华文传媒依然能够镇定地应对困局，谋求发展，并且利用传媒的号召力，策划举办了许多有利于华侨华人事业发展、有益于维护中华民族利益和威望的重要活动。概括这些传媒两年来的现状，可以

① 张执任．东欧华文传媒发展综述．世界华文传媒年鉴．北京：世界华文传媒年鉴社，2003. 99

看到这些传媒具有以下新的特点[1]：

（1）生存意识、市场意识增强

在20世纪90年代的初、中期，东欧地区的华文报刊有许多是由各国华侨华人社团创办的，办刊经费往往是用会费或集资的办法解决。90年代后期，不但一些新办的报刊由华侨华人私人投资，就连那些社团办的也有很多被个人承包或接办，成了“私营”报刊。从捐赠性质的办报方式转变成私人拥有，性质的改变，使得报刊的生存与发展成为报刊的第一问题。由于东欧地区经济并不发达，而且还存在排外情绪，所以，华人在东欧面对的困难相当多，这使得华文传媒不得不跟随华人社会的局势而出现波动情况，面临许多生存危机。

生存危机的出现，逼迫华文报刊不得不增强自己的生存意识、市场意识。“社团办报”的经营办法无法继续下去，就必须改变办报观念，寻找新的办报方式。从东欧地区来看，大部分华文报刊目前的生存方式呈现多元化的现象。比如在匈牙利，绝大多数华文报刊是采取了第一种方式求得生存，不过，由于该国华侨华人人数不多，扩大发行量不太可能，各家就尽量增加版面（大部分增至每期24版以上），扩大广告刊出比例（大部分达25%～30%），在挖掘广告市场的潜力、增加广告收入上狠下工夫，以致各报之间的“广告战”接连不断。

报刊之间的“广告战”当然不是有益的，它对于广告价格市场的破坏会很严重。但不管怎么说，这也从一个侧面说明了这些华文报刊的生存意识确实在增强。毕竟，它们经受住了考验生存了下来。从长远的角度看，这种生存意识、市场意识的增强，对于华文传媒的稳步发展无疑是至关重要的。

（2）读者意识、服务意识增强

在东欧国家华文报刊的从业人员中，大部分人出国前并不是干这一行的，当他们走到现在这个岗位的时候，也没有人告诉他们应该怎样做，他们只能摸索着前进，一边学习一边学会办报。读者意识的增强，努力“服务华人”宗旨的确立，可以说是他们近年来探求摸索的收获之一。

人们把服务华人作为办报宗旨，但是，东欧国家的华侨华人组成成分复杂，文化层次不同，兴趣各异，存在一个“众口难调”的问题。经过多年的实践与摸索，现在东欧的华文报纸都有相当深入的体会。

他们的实践经验证明，对于生活在异国土地上的新移民群体中的多数成员来说，最关心、最需要的信息大致上有这么四个方面：一是所在国时事和政策、法律新动向，特别是与自己的居住、工作、生活有直接关系的信息；二是关于当地经济的分析、报道与预警，以及与自己的生意有密切关系的信息；三是国际上的重大事件，特

① 部分参考了张执任．东欧华文传媒发展综述．世界华文传媒年鉴．北京：世界华文传媒年鉴社，2003．96～97

别是那些与自己离得近的有关祖国与自己有一定关系的新闻；四是来自中国的消息，尤其是来自家乡的喜讯。事实上，这四点符合新闻价值的规律，也符合海外华文传媒运作的规律。

加强所在国政治时事和经济信息的报道，有人将其称之为传媒本地化操作。在这方面，东欧国家的华文报刊可谓八仙过海，各显神通。

匈牙利的华文报纸为了让那些不懂匈语的读者尽可能多地读到本地信息，专门组织翻译力量对该国报纸、电视中的重要新闻进行筛选编译，并且都开辟了“匈牙利短波”、“匈牙利经济简讯”之类的专版予以刊出，使读者花很少的时间获得大量有用信息。该国的《市场报》以更大的投入，经常抓住关系华人生存、生意的热点焦点，用访谈、编译、综述、个案分析等形式披露报道，遇到紧要问题时甚至不惜加大篇幅与力度，对当地华人有很大的帮助。

俄罗斯的华文报纸除了为旅俄华侨华人及时发布所在国最新消息，为旅俄华侨华人提供居住、工作、商务等方面的信息外，还对华侨华人普遍关心的重大事件进行追踪报道。2001 年 6 月，正当中国对俄贸易形势发生重大转变、在俄华商即将面临转型期等重重危机的时刻，《俄罗斯龙报》、《莫斯科晚报》和《莫斯科华人报》在同一天刊登了题为《山雨欲来风满楼——旅俄华人，你做好应变准备了吗》的署名文章，提醒华侨华人对于近来俄罗斯出现的许多新动向予以高度关注，提醒华人做好应变准备。此外，各报还高度关注俄罗斯市场形势的发展，发表了一系列专题报道、分析评论和市场调研文章，给迷茫中的旅俄华商提供了非常时期的政策、法律资讯以及精神支持。同年，当长期在莫斯科中国货市场附近的地铁站殴打关押、敲诈勒索中国人的两名不法警察被抓获后，各华文传媒都及时对此事进行了报道，并在报纸上呼吁受到迫害的华人勇敢地站出来揭露他们的罪行，使经常受到俄罗斯不法执法人员刁难的旅俄华人扬眉吐气。

在及时、公正地传递重大国际新闻和中国新闻方面，东欧国家的大部分华文传媒也发挥作用，一天比一天做得更好。

这些用华文刊出的新闻，让即使不懂一个外文字母的华侨华人也能尽知世界上发生的大事、中国发生的大事，大大地开阔了他们的视野，也缓解了他们的文化骚动与不安。在一些国际突发事件的报道中，华文传媒还拨开了某些西方报刊故意布下的迷雾，把真相告诉给华侨华人读者。在“中国和平统一”等大是大非的问题上，他们更是旗帜鲜明地痛斥那些恶意攻击中国、中伤中国人民感情的谰言，维护了中华民族的尊严。2001 年 7 月，国际奥委会在莫斯科开会，投票决定 2008 年奥运会举办城市。俄罗斯各华文传媒都派出记者进行现场采访，《莫斯科华人报》等专门开辟了《申奥专版》，并在北京申奥成功后发表了记录旅俄华侨华人支持北京申奥全过程的长篇纪实报道，《俄罗斯龙报》等还出版了一期全部由独家报道构成的申奥专刊。

为了让广大身居海外的华侨华人真切感受到中国现代化建设的成就，从中受到鼓舞，他们不但加大篇幅刊出中国经济持续高速发展的各类消息，还为原籍浙江、北京、福建等地的华侨华人开辟了故乡专版，介绍他们家乡的变化，为他们送来亲切的“乡音”。一些传媒的编辑、记者还利用回国考察访问的机会，亲自写出报道和文章，向读者报告中国之行的见闻。所有这些努力，对于拉近华文传媒与华侨华人读者的距离，提高华侨华人读者对华文传媒的认知程度，都产生了明显的效果。

（3）喉舌意识、纽带意识增强

生活在海外，华侨华人们有时会遇到合法权益遭受侵害。在东欧地区，因为这些国家改制后法律的完善仍需时日，这种情况就显得更为严重。此时，当事者特别需要得到支持帮助，特别希望当地的华文传媒能站出来替他们说话，担当华侨华人同胞的喉舌，维护华侨华人的合法权益。面对华侨华人社会的呼声，华文传媒深谙自己肩上的责任。2005 年以来，在传媒聚会、传媒交流的任何场合，维护华侨华人合法权益的问题总是东欧国家华文传媒谈论得最多的话题。他们普遍认为，华文传媒存在的重要理由之一，就是要为华人社会说话。事关华侨华人同胞的生命安全和生存权利，事关侨社的荣辱尊严和形象地位，华文传媒应当大声疾呼，据理力争，决不能躲闪回避，明哲保身。

两年来的情况证明，尽管与当地主流传媒相比，东欧国家的华文传媒的声音还显得微弱，但这种声音毕竟已经在发挥作用，而且有时还有相当大的力量。

在罗马尼亚，就如上面提到的，《旅罗华人报》的负责人曾经置个人安危于不顾，在报纸上揭露华侨华人被杀真相，用鲜血捍卫了华侨华人的利益。这件事至今还牢记在旅罗华人的心中，并在全欧华文传媒同行中流传。

在俄罗斯，华文传媒协同作战，为发生在莫斯科人民宾馆的“六八事件”的圆满解决起到了极为重要的作用。2000 年 6 月 8 日，大批俄警突然闯进人民宾馆，对 100 多名华侨华人旅客进行无理搜查，严重损害了旅俄华人的权益。事件发生后，莫斯科的华人报纸、网站和寻呼台迅速反应，发表大量报道，用事实揭露和谴责俄警的不法行为，呼吁社会各界支持旅俄华侨华人的正义立场。《俄罗斯龙报》一马当先，以一篇题为《百名华人无端受辱，试问俄警法理何在》的文章作为“重磅炸弹”发表，使整个舆论界为之哗然。全球立即有多家华人报刊和网站对这篇文章进行了转载，在南美的巴西、秘鲁，东南亚的新加坡、菲律宾，以及南非和欧洲的许多国家，当地的华人社团纷纷声援并发来了慰问电。事件最终引起了中俄两国政府的高度重视，由于他们的出面过问，事件终于得到妥善解决，华侨华人权益终于得到保护。

在匈牙利，针对当地个别主流传媒接连抛出的旨在诋毁华侨华人形象的造谣文章，华文报刊拍案而起，一次又一次地进行了反驳。2001 年 8 月，当地一家通讯社发表题为《中国人的尸体到哪里去了》的文章，污蔑这里的华人每年将几百个死亡的中国人的尸体转入地下处理掉，而将他们的护照、居留证改头换面用于偷渡。文章经多家当地报刊转载，在匈牙利社会造成了极坏的影响，严重地妖魔化了匈牙利华侨华人乃至中华民族的整体形象。对于这篇严重辱华的谣言文章，匈华社会十分愤慨，在《布达佩斯周报》的带头发起下，华文报刊与侨社团体发表了告匈牙利社会的公开信，以摆事实讲道理的方式严厉批驳这家通讯社的凭空造谣，并在当地电视台上与通讯社展开电视辩论。华文报刊与华人社会的正义行动，受到了匈牙利友好人士的支持，几乎所有的匈牙利大报都对这个事件进行了跟踪报道。在这样的情况下，华文报刊与华人社团以匈华社会的名义向这家通讯社施加压力，严正宣布：如果通讯社不在限定时间内在承诺作公开检讨的协议书上签字，那么在匈华人将会要求和敦促中国政府通过外交途径向匈方进行交涉；将在布达佩斯召开大型国际记者招待会，向世界各大传媒披露事实；同时还将诉诸法律，以诽谤罪对通讯社提起诉讼。在强大的压力和铁的事实面前，这家通讯社只好公开登报检讨认错，并把检讨登在当地所有转载过那篇造谣文章的报刊上。

2002 年，该家通讯社又在一家匈牙利大报借“中国肉鸡”的抗生素问题做文章误导读者，暗示中餐馆里的鸡肉“有问题”。这件事再一次引起匈牙利公众社会的关注。为了保护广大中餐馆业主的利益不受到损害，匈华传媒与社团又一次行动起来，发表联合声明，澄清事实，并向消费者进行解释，做出令人信服的说明，很快使事件得到了平息。

在保加利亚，《中华报》将维护华侨华人合法权益具体化，在华侨华人合法权益受到损害、急需帮助的时候，总是热心地赶来，为他们出谋划策，进行法律咨询，寻找应对办法，甚至为他们推荐最好的律师，帮助他们用法律手段保护自己在海外不受歧视和欺负。

除了担当华侨华人的喉舌，各国华文传媒还增进华侨华人间团结的纽带。两年来，他们利用重要节庆、重要事件的机会，分别参与组织了许多活动。这些活动，对于促进华侨华人的团结，增强侨社的凝聚力有着很大作用。

一些华文传媒还从长远出发，想方设法促进华侨华人与当地社会特别是当地上流社会的联系和沟通，取得了良好效果。2002 年 3 月，《布达佩斯周报》在一些华商公司的支持下，举办了匈牙利首届华人经济研讨会，邀请匈牙利政府的多位部长和海关总署署长等高级官员到会演讲并与华商直接对话。此举对于增进在匈华人与所在国政府、社会之间的相互了解、相互理解，消除误会，融洽关系，取得了非常显著的成果。事实证明，改善华侨华人与当地社会的关系，增进相互间的了解，对于改善华侨华人的生存、经商环境有着重要意义，华文报刊可以也应该在这方面发挥桥梁纽带作用。

（4）质量意识、求新意识的增强

在东欧地区，除了极少数几家华文传媒之外，大部分华文传媒在其初创时期都显得比较稚嫩。就其中的华文报刊而言，由于编辑人员多为“外行人”，再加上设备条件不好、承印工厂的“老外”工人不懂中文等，表现到报刊质量上，就有许多明显的不足，甚至有很多常识性的错误。经过多年的摸索，特别是进入新世纪以来，面对华文传媒界的激烈竞争之势，从这些报刊的负责人到工作人员，他们都感觉到了提高报刊编排、印刷质量与争取读者有着直接关系，质量意识于是有了很大的增强。现在，东欧地区的大部分华文报刊已逐渐步入正轨，大部分编辑人员也由外行变为内行，报刊的版面好看了，编排合理了，错误减少了，再加上近年来各家都对电脑设备与排版软件进行了不同程度的更新，印刷质量也提高了。此地的华侨华人读者普遍反映：现在的华文报纸真正像报纸了。

伴随着质量意识而来的是求新、求变的意识。有一些华文报刊，已不满足于总让读者看自己的老面孔，所以总是想办法求新。这种求新主要表现在栏目的设置、版面的设计和照片与文字的安排上。也有一些报纸，将头版与末版彩印，很受读者和广告用户欢迎。对于当地的网络传媒来说，这种求新意识就更强烈些，表现得也更突出些。

综观东欧地区华文传媒的现状，发展状况良好，总体面貌很有生气，尤其在大环境不是很好的情况下，华文传媒仍能取得这么多成绩，其中的经验更值得总结。

但是，综观该地区华文传媒的现状，缺陷与不足也是明显的：

第一，大部分传媒都属于小本经营，财力不足，“靠山”不硬，表现在运作上，呈现不稳定性，“捉襟见肘”，很难得到持续性发展。

第二，华侨华人人数少，报纸读者亦少，为了求得生存，有些传媒只得本末倒置，将主要精力投在寻求广告上。一些传媒广告过多，大有变为“广告纸”的倾向，长此以往，将会失掉读者。

第三，广告市场小，竞争激烈，导致广告价位过低，广告市场受到破坏，反过头来又影响传媒生存。

第四，从刊登内容上说，一些传媒转载多，“网抄”多，自己的声音少，长此以往，将会失去自我。

第五，部分传媒的编辑人员业务素质不够，影响传媒质量的提高。

二、东欧各国华文传媒业简介

20世纪80年代之前，由于历史原因，东欧地区的华侨华人很少。80年代后期，随着东欧国家与中国关系的全面正常化，再加上其中一些国家一度同中国实行互免签证，于是才有大批中国人陆续进入这些国家经商，逐渐形成了一个新移民群体。

这个新移民群体发展很快，从20世纪80年代末期至90年代中期，仅仅经过五六年时间，这个地区的华侨华人就达到了20多万，最多时甚至超过50万。与欧洲这些国家的老华侨相比，这些新移民的整体知识水平相对较高，接受新事物的能力也相对较强，他们抓住这些国家改制后工业品极度匮缺的商机，将大量服装鞋帽等生活必需品从中国运来这边，开创了一个新的贸易空间，每年销售的货物多达几万个集装箱，金额达数十亿美金。在其中一些国家，还出现了许多辐射面很广的东方商品集散中心，如匈牙利布达佩斯的四虎市场、罗马尼亚布加勒斯特的欧罗巴市场、保加利亚索非亚的依林茨市场等。大量华人生活在东欧，大多人又从事商业活动，自然希望通过华文传媒获得商业信息，于是在这样的背景下，华文传媒就应运而生，而且发展迅速。

1. 俄罗斯华文传媒业

俄罗斯曾经是世界超级大国之一，但是由于长期优先发展军事工业，国内经济不振，20 世纪 90 年代之后，对经济实行休克疗法，致使人民生活水平大幅下降。近年来，虽然俄罗斯经济有一定的恢复，但是总体来说，经济仍然有待发展。俄罗斯地大物博，资源极其丰富，但劳动力欠缺，轻工业产品也比较贫乏，这为中国价廉物美的商品提供了一个相当好的市场。

俄罗斯华文传媒是 20 世纪 90 年代后随着经商、留学的大批中国人进入俄罗斯后发展起来的，是旅俄华人在工作和生活中，在俄罗斯艰难的生存环境中，为了加强沟通、获取信息、得到商业服务和维护合法权益应运而生的。近几年来，中俄关系得到很大改善，带动了两国的经贸发展，许多中国公民进入俄罗斯经商和留学，这些都促进了当地华文传媒的发展。

（1）俄罗斯华人新移民群体的形成

由于历史原因，20 世纪 80 年代以前在苏联和东欧国家华人很少且居住分散，没有形成规模群体。到 80 年代末至 90 年代初，由于中俄两国关系正常化后蓬勃兴起的大规模的中俄民间贸易，使大量中国人涌入俄罗斯，再加上 1991 年下半年，当时东欧国家华人较多的匈牙利开始限制或禁止中国人居留而使大批中国人辗转到莫斯科，致使 1991—1993 年形成了华人在俄的第一个高潮。据说，当时仅在莫斯科一地就聚集了近 20 万华人。因此，旅俄华人与其他国家华人最大的不同是，在全俄几十万华人中，华商占 90% 以上，留学生人数较少，老华侨就更少。如今莫斯科已经形成了若干个华人相对集中的居住地，长期居住的华人比重越来越大，这对于华文传媒的生存与发展具有十分重要的意义。由于在俄华人多从事商贸，故此华文传媒的内容也多是商贸消息，以便他们掌握市场消息。

（2）俄罗斯华文传媒的诞生

由于大多数旅俄华人语言不通，信息不灵，造成与外界的联系尤其是与国内的联系不畅，给他们的居住、工作和经商带来了许多不便，迫切需要通过华文传媒来获取信息，增强联系和反映华人的心声。

俄罗斯最早出现的华文报纸是 1992 年由老华侨创办的《中俄信息报》，只有 16 开 4 版，每月一期，而且要在国内印刷后再运回去，只赠阅不发售，后因资金问题，断断续续维持到 1998 年被迫停刊。1995 年，由几名留学生创办的《路迅》，从最初的十几版，增加到现在的 60 多版，这是俄罗斯第一家能够自负盈亏的华文报纸。1996 年创办的《唐人街》，32 开，名为周刊，实际上一两个月出一期，现已停刊。

此后，又陆续有了《莫斯科晚报》（1997 年创刊）、《莫斯科华人报》（1998 年创刊）、《华俄时报》（1999 年创刊）、《俄罗斯龙报》与《世纪日报》（2000 年初创刊）和华文和俄文报纸《中华消息报》（2001 年创刊），以及近两年开通的罗宾网和大大发商务咨询网等华文网站，目前共有七家报纸、两家网站和两家中文寻呼台。华文报纸已经在北起圣彼得堡，南至图拉、罗斯托夫，东起海参崴，北至乌克兰的基辅和白俄罗斯的明斯克等城市建立了发行点或通讯站，形成了一个覆盖俄罗斯主要城市并辐射到一些独联体国家的发行网络。

（3）俄罗斯华文传媒的经营

海外华文传媒有一句非常流行的话："要想叫他死，就动员他去办报纸。"说明华人在海外办报很不容易，尤其在俄罗斯这样一个有着特殊国情的国家，办报就更困难了。俄罗斯的华文传媒都是旅俄华人自己投资创办的，主要有独资或合资两种形式。而不是像越文报纸是由越南大使馆出资办的，经费来源有保证。华文传媒的经费完全靠创办人自己解决。因此，华文传媒如何生存就成了一个首先要解决的问题，否则其他一切都无从谈起。

俄华传媒的经营主要有两种模式：一是《路迅》模式，"以报养报，以报为企"。按企业方式办报，通过保持一定数量的发行量和大量广告来维持报纸的正常运转。同时，以报为主，多种经营，充分利用报纸接触面广、信息灵、影响大的特点，开展办理留学、注册公司、中介咨询服务及网站等，既提高了报纸的知名度，又创造了可观的经济效益。《莫斯科晚报》和"大大发"网站也大致属于这一类型，它们在报纸的经营方面各有一套成功之道。二是《莫斯科华人报》模式，"以企养报，以报助企"。依靠企业雄厚的实力，不仅使报纸的正常运转有了可靠的保障，而且通过报纸也扩大了企业的影响，提高了企业的知名度，从而为企业创造了潜在的效益。《俄华时报》、《中华消息报》均属此种类型。但是从整体上来看，俄华文传媒并没有从根本上解决生存问题，而这个问题解决得好坏，直接关系到俄华文传媒今后的发展与提高。

（4）俄罗斯华文传媒的特点

华人报纸经过多年的摔打，办报质量有了很大的提高，开始形成自己的特点，拥有自己的读者群和广告客户群，如《世纪日报》和《俄罗斯龙报》虽然创办仅一年时间，但后来居上，前者比较注意宏观政策方面的把握，贴近华人，贴近实际，以独家报道和专题文章为特点，很受知识分子的欢迎；后者在报纸的排版、印刷方面颇下了一番工夫，以报道迅速、内容丰富而吸引了越来越多的读者；"罗宾"网站和"大大发"网站虽然受客观条件限制，但仍在夹缝中一步一个脚印地稳步发展。可以说，大多数华人传媒都在注意找准自己的位置和发展方向，这一点尤为重要，从而避免了大家都走独木桥的窘况。

概括起来，俄罗斯华文传媒主要有以下四个特点①：

一是中立。传媒是一个非常特殊的行业，它是企业，要按市场规则经营，但它又是大众传播传媒，所以不同于一般的企业和社团，它能起到后者起不到的特殊作用。因此，注意保持传媒在公众中的良好形象十分重要。俄罗斯华文传媒的中立主要表现在两个方面：一是不依附于某一企业，不卷进社团纠纷；二是不介入帮派之争，不带有任何宗教色彩。

二是服务。除了为旅俄华人及时发布国内外及所在国最新消息，为旅俄华人提供居住、工作、商务等方面的信息外，还对华人所普遍关心的重大事件进行追踪报道，如2003年有两名长期在莫斯科最大的中国货市场附近的地铁站殴打、关押、敲诈、勒索中国人的不法警察被抓获后，各俄华文传媒进行了及时报道，并在传媒上呼吁受到迫害的华人勇敢站出来揭露他们的罪行。还有2001年4月旅俄华商蔡国忠被害后，其善后事宜遇到困难。华文传媒联合发文，紧急呼吁旅俄华人伸出援助之手为死难同胞捐款，并对蔡之死发表了大量的报道和评论，在华人社会反响很大。

三是维护中国声誉。在涉及国家统一、民族尊严等大是大非问题上，俄华传媒态度鲜明，立场坚定，对于祖国有关反独促统活动和全球华人促进中国和平统一等重大事件均进行了大量、及时的报道。这些年来，俄罗斯华文传媒不仅积极参与了旅俄华人举行的“反独促统”及其他各项爱国行动，并在力所能及的条件下，对祖籍国给予了精神、道义和物质上的声援与支持。

俄华文传媒还与台湾驻莫斯科记者建立了友好关系，每年春节都邀请他们参加旅俄华人社团举行的春节联欢晚会，使他们感到祖国大家庭的温情，通过交往加深了相互了解，使双方在一个中国问题上达成共识。

四是促进团结。中国人无论走到哪里都有一个通病：喜欢窝里斗。商家之间斗、社团之间斗，传媒也是一样，只不过不那么露骨。都说“同行是冤家”，其实，同行既是竞争对手，又是同一个战壕的战友。俄华文传媒在狭小的市场中竞争、生存，免不了相互磕磕碰碰，矛盾虽有，但团结是主流。因为传媒同仁非常清楚，斗则两败俱伤，和则共同发展。

2000年以来，俄华文传媒组织了几次大的联合行动，取得了意想不到的效果。2001年4月15日，俄华文传媒联合报道了旅俄华人支持北京申奥万人签名活动。这种大兵团作战的宣传效果和影响力是任何一家传媒单兵作战都无法达到的。

（5）俄罗斯华文传媒存在的问题与未来的发展

俄罗斯华文传媒从业人员虽然整体素质不错，但专业报人较少，经验缺乏，经费不足，面对较少的读者群，在狭小的市场中既要生存，又要提高办报质量，其难度可

① ［俄罗斯］温锦华．旅俄华人媒体在夹缝中生存与发展，Http：//www. chinaqw. com/node2/node116/node117/node163/node820/node827/userobject6ai46313. html，2003－08－29

想而知。目前，困扰其发展的主要不利因素有如下五点：

一是经费问题。较高的印费、较低的报价和低廉的广告收费使传媒主办方时常陷于困境。没有钱，就无法更新设备，提高印刷质量；没有钱，就无法聘请高水平的采编人员，又如何能提高办报质量？

二是专业报人较少。从业人员素质有待提高。办报质量与国内相比有较大差距。

三是广告价格不统一。各传媒相互压价、变相免费、广告费拖欠严重等，不仅使新闻工作者的劳动价值得不到尊重，还使报社不堪重负。

四是传媒分布不均。俄境内的全部华文传媒都在莫斯科，外地没有一家。因此，传媒上报道的绝大多数是莫斯科华人的消息，有关其他地区旅俄华人的情况则很少报道。

五是面对的社会关系复杂。旅俄华人山头众多，派别林立，内部关系复杂，使传媒在报道中顾虑很多，在一定程度上影响了报道的及时性、准确性、客观性和公正性。

虽然存在上述不足，但俄华文传媒仍是一支年轻、有朝气、富有活力和极具发展潜力的队伍。解决上述问题的根本办法是走联合之路，这是俄华文传媒未来发展的大趋势。“2001 年 6 月 10 日，莫斯科华文传媒工作者协会正式宣告成立，这是旅俄华人新闻工作者的一件大事。它的成立不仅使各传媒现在有了一个相互学习、交流、沟通、协商和协调的平台，而且对将来传媒走向起到了一定作用。这对于俄华文传媒未来进一步合作、联合、向更高层次的发展以及加强与俄罗斯传媒的联系与合作都具有十分重大的意义。”①

当前俄罗斯主要华文传媒有《莫斯科华人报》、《俄罗斯龙报》、《俄华时报》、《莫斯科晚报》、《莫斯科华商报》、《路迅》等。其中《莫斯科华人报》、《俄罗斯龙报》影响较大。

2. 匈牙利华文传媒业

除了俄罗斯聚集大批华人外，匈牙利首都布达佩斯已成为中国人挺进欧洲的“桥头堡”，有将近 5 万华人在这里安居乐业，大展宏图。

据官方统计，近 2 万中国人居住在布达佩斯，而民间估计的数字为 5 万。中国人不仅将东方的气息带入城市的大街小巷，更对匈牙利的经济生活造成了持久的影响。该国著名汉学家帕尔·尼日（Pal Nyiri）连用了四个“最”，他认为华人族群是当地规模最大、成长最迅速、最活跃并且举足轻重的民族。

虽然人数只有 5 万，但是匈牙利也出版了数份华文报纸，如《中华时报》、《市场报》、《布达佩斯周报》、《欧亚新闻报》、《欧洲论坛报》、《新导报》等。

---

① ［俄罗斯］温锦华．旅俄华人媒体在夹缝中生存与发展，Http：//www. chinaqw. com/node2/node116/node117/node163/node820/node827/userobject6ai46313. html，2003 - 08 - 29

由于人少报纸多，“许多报纸编辑人员少，广告难做，常常感到力不从心。他们曾想联合几家周报，把出报日期合理排开，使读者每天都有新出版的报纸可看。但他们还是各办各的，不能真正形成联合优势。于是，在匈牙利华人联合总会及《欧洲之声》、《企业家》推动下，《欧华时报》、《多瑙河通讯报》、《布达佩斯晚报》等五家华文周报率先联合，共同创办了《联合商报》，成立了《联合商报》董事会，由《欧洲之声》报任董事会主席，《企业家》报任执行董事，《欧华时报》、《多瑙河通讯报》和《布达佩斯晚报》任董事。董事会是一个自由联合体，其成员有退出的自由，同样也欢迎新成员参加。《联合商报》以《企业家》报为基础，综合董事会成员报的特点，以经济、科教、文化领域为主体，兼顾生活与娱乐，是一份综合性新闻周报。该报于1999年2月12日开始发行，每周4开16版，有2版为彩页，内容丰富，印刷也相当精美，质量有较大提高，随之广告和发行都有较大增长，成为匈牙利最大的一份报纸。多家报纸成立联合体，集中优势力量，共同办好一份报纸，这在欧洲华文报刊史上还是一家。《联合商报》的成功尝试，是欧洲华文报刊团结合作、联合发展的良好开端。”①

3. 罗马尼亚华文传媒业

十年前，整个巴尔干地区的华侨华人寥寥无几。而如今的罗马尼亚已经有几万名从事中国商品出入口生意的华商。贸易规模扩大后，一些华商将所得利润用于直接投资，购铺面，买房产，办企业，对当地社会作出了贡献，受到了罗马尼亚政府的欢迎。

虽然人数不多，但是这些华人对信息却有如饥似渴的需求，特别是来自中国的消息，他们更是奔走相告。正如罗马尼亚宝丰烟厂的中方技术人员所说，偶见一份华文出版物，翻来覆去地读半年！正因为这样的情形，在罗华人觉得有必要创办华文报纸来传送有关在罗华人、祖国的消息。于是华文报纸就这样应运而生了。这些华文报多为华侨社团主办，但一般也实行企业化管理，靠广告维持；可以订阅，同时也在华商集中的市场出售，有的还在中餐馆赠送。

《欧洲侨报》和《旅罗华人》两份周报，都在布加勒斯特的普通公寓楼办公。两报总编高进和李建华介绍，他们在编排时都关注与中国有关的新闻，关注当地涉及华商利益的消息。他们还说，因特网的崛起大大方便了海外华文报的编辑，使之可以迅速浏览到网上的中国传媒，丰富信息来源。他们将与中国有关的网上信息摘录刊出后，很受华商欢迎。

他们也反映，信息来源解决后，缺的是编辑人才。虽然现已从当地请人兼职，但还是不够使用。因此他们非常希望从中国引进专才，也希望在当地定居的下一代华人能学好华文，早日接班。由于缺乏人才，新闻时效性较差，生活在罗马尼亚的华人对

---

① 孙兴盛．欧洲华文报刊世纪谈．国际新闻界，1999（4）

华文报不太满意。

第三节　欧洲华文传媒评析与展望

欧洲华文传媒进入20世纪90年代后，可说出现了前所未有的繁荣期，但是华文传媒也呈现了不断变化的特点。从20世纪80年代中期到21世纪初，欧洲各国大大小小的各类华文刊物已达50多家，这些华文传媒的诞生，自然有它们诞生的历史条件和社会基础。

从20世纪80年代初开始，欧洲各国的华侨华人人数急剧增加，据有关方面估计，目前在欧洲的华侨华人总人数已达200万人。从以上欧洲华侨华人的构成成分来看，除了一部分老留学生懂当地语言外，大部分华侨华人不懂当地语言，这为他们在当地谋生和创业带来很多困难。他们在异国他乡生活，又非常希望知道中国每天发生的事情和有关商机。一些事业有成的欧洲各国华商，为了推广产品，买卖店铺，招工找工，也需要有一个华文传媒为其报务。正是在这个大背景下，以华侨华人为读者对象的华文传媒也就不断地涌现。

然而，纵观欧洲的华文传媒的发展状况，我们不难发现，各国的华文传媒也出现相当大的差异。

一、发展呈现较大差异

过去的华文报刊主要集中在西欧三四个国家，现在遍及法国、英国、德国、奥地利、荷兰、瑞典、比利时、西班牙等西欧国家。前苏联时代没有，现在俄罗斯也有了；过去许多东欧国家从来没有过，现在匈牙利、罗马尼亚、保加利亚等国都有华文报刊了。

各国的华文传媒发展速度呈现相当大的差异，而且规模也不同，主要是因为受众数量和经济差异。在西欧，经济发达，华人比较多，所以华文传媒就有生存的基础，发展也比较快。比如说，在法国、英国等发达国家，华人多，经济发达，其华文传媒也相当发达，当前欧洲三大华文日报都集中在英国、法国（见表3－6）。

表3－6　欧洲华文日报

报纸名称	创办时间	地点
《星岛日报》（欧洲版）	1975年	英国
《欧洲日报》（隶属台湾《联合报》）	1982年12月	法国
《欧洲时报》	1983年元旦	法国

在东欧一些国家，华人少，经济又不发达，其华文传媒的发展就不尽如人意。一

些报纸每天才发行500～3 000份，如于2007年6月29日创刊的波兰《环球周刊》初期发行量仅有300份，免费赠送给在波的华侨华人。随着需求的增加，发行量才慢慢达到1 000份。这样的发行量显然很难为报纸带来利润，也很难使报纸积累起进一步发展的资本。在德国，华文报刊从业人数少，专职人员更少，一人身兼数职，职权不分的现象很普遍，特别是在巨大的经费压力之下，采编、印刷、发行，直到最后免费赠送到读者手中这些工作都可能是主编的任务。

各国华文传媒数量也不同，一些国家，如法国、英国，不但开设有华文报纸，而且还创办华文电视，以华文为传播语言的网络也相当发达，这为丰富华人的娱乐生活，满足华人多元化的信息需求提供了很好的条件；而东欧一些国家，华文报纸数量很少，发行量也很少，甚至有些华人少的国家，一份华文报纸也没有，即使有，也只是不定期出版的通讯等，算不上是正式刊物。

二、新闻时效性差

除了英国和法国外，其余国家的华文传媒的新闻时效性较差，这主要体现在报纸大多是周报，半月刊甚至月刊。目前，欧洲的华文报刊基本上都是周刊。一个星期才出一次，但是又按照日报的方式出版，显而易见，在电子时代，其新闻时效也降至很低，无法满足华人第一时间对信息的需求。更有甚者，有些报社犹如夫妻档，一人搞内容整合，另一个负责联系广告和发行。有些则是老板自己再请一两位工作人员就可以办起一份报纸，但是这种办报方式很显然缺乏财力的支持，因此很难保证新闻的时效性。

由于人手不足，许多报刊从网上下载各种各样的消息和资料，连打字都可省去。只要编辑一下，一期出20版、40版不成问题。如果仅从网上下载一些关于华人之间的新闻，缺乏记者的实地采访，怎能反映当地华人圈中的新闻？所以，一些华文传媒与其说是报纸，还不如说是网络的报纸版。

此外，除了俄罗斯的华文报纸外，东欧的华文报刊大多是周报和月刊，这样就很难保证新闻的时效性。新闻变成旧闻，哪位读者还愿意看这样的报纸呢？所以，在东欧，人际传播在华人当中广为流行，这一方面说明当地的华文传媒的信息缺乏时效性，华人第一时间不能听到、看到最新的消息，另一方面也说明华文传媒存在改进的空间。

三、出版双语报纸传播华人声音

华文报刊是族裔性传媒，它的读者大多局限于华人。华文传媒作为华人的主要信息交流渠道，虽然搭起了华人之间交流的平台，但是却很难被主流社会所接纳，影响力只能局限在华人圈子中。为了促进华人与当地政府的沟通，让主流社会了解华人，了解中华文化，不少报纸纷纷特别开辟了当地语言的版面，如比利时的《比华侨报》

开有1版比语、1版英语，是目前语种最多的华文报纸。有些报纸则专门出版当地语言的报刊。如《欧华报》于2005年5月21日创办了西班牙语报刊《El Mandarín》。

《El Mandarín》宗旨为“弘扬中华文化，搭建中西友谊之桥，开设中国之窗，让西班牙人民通过这座桥和这扇窗，更多地了解中国飞速发展的经济、中华悠久璀璨的历史文化，从中获取中国方方面面的实用信息。它面向有意去中国投资兴业、观光旅游、学习中文、中医、太极、功夫和领养中国儿童的西班牙人，以及所有对中国感兴趣的西班牙普通百姓。”《El Mandarín》每周六出版，为赠阅刊物，分送至西班牙全国各政府部门、商会、公司、旅行社、宾馆、饭店、大学等，同时在各大城市的主要地铁口分发给西班牙百姓。

由于采用当地语言出版报纸或设置专版，因此华人的生活逐渐为主流社会所认识，也逐渐了解了西方文化与中华文化的差异，对华人的生活习性有了更多的理解，一些误会和摩擦也因此得到化解。不断涌现的当地语言专版或报刊，在促进中西文化交流和海外传播中华文化作出了重大贡献，也使一些从事中西文化交流的人士对其寄予厚望。如西班牙驻中国大使Jose－PedroSebastián de Erice在《El Mandarín》创刊寄予期望：“让这份由旅西华人创办的西语报刊，成为西中两国人民相互了解增进友谊之桥梁。”

因此，增强华人与当地主流社会的沟通，实现相互理解，求同存异，维护华人利益，影响社会舆论，开设当地主流语言的专版或报刊，确实是一个可行的办法。

四、发展面对诸多困难

即使在西欧这样的一个经济比较发达、华人数量比较多的地区，华文传媒也面临着一些新的困境。由于华人不断受到同化，华文学校人数比较少，造成华文传媒的受众群也日益减少。虽然移民和留学生不断增多，但是由于为了融入主流社会，许多移民和留学生也逐渐荒废了华文。欧洲华侨华人社团联合会1998年的一项调查结果报告指出：“华人子弟在欧洲社会所受的教育，主要来自当地社会的影响。如果没有中文教育，华人子弟的中文水平很有限，所以他们与父母所能交流的用语也很有限，这样非常不利于华人家庭的上下代沟通。”这对华文传媒特别是对华文报纸来说，显然是一个极大的考验。

东欧经济相对落后，吸引了大量华人在那里从事较低层次的商品销售活动，但是众多华人仅是把东欧作为进入西欧的桥头堡，并没有长期生活在东欧的想法，所以华人的流动性很强，再加上当地存在一股排斥华人的潮流，对华人的政策、法规也不完善，使得华人产生在当地生活缺乏安全感。所以，虽然中国人前往东欧的人数每年都有不小的增长，但是流动性大，华文传媒无法建立固定的受众群，这对华文传媒的长远发展来说，是相当不利的。

此外，由于华文报刊数量过多，如匈牙利布达佩斯只有大约5万人，但是却有8

份左右的华文报刊，即使5万华人都阅读8份华文报刊，每份华文报刊的发行量也仅有6 000份，很难实现滚动发展。由于数量多，必然造成激烈竞争，于是免费发行、广告打折等现象经常出现，严重阻碍了华文报刊的正常运转。

五、欧洲华文传媒展望

面对分散、弱小的欧洲华文传媒，众多华文传媒意识到加强彼此合作和整合的重要性，以互通信息，共同促进欧洲华文传媒的发展，为华人提供更强大的传播渠道，维护华人的利益。于是自1997年起，欧洲的华文传媒每年在不同地点举办欧洲华文传媒研讨会，探讨华文传媒面临的问题和挑战，以及如何加快华文传媒的发展。

从1997年第一届欧洲华文报刊研讨会至2004年，七年时间，欧洲华文传媒进入空前发展期，目前有大大小小各类华文报刊50多家，这显示出华文传媒作为华人群体事业同步前进、互为促进的文化产业的生命力。可以说，欧洲的华文传媒已告别初级阶段，华文传媒的产业大军已初步形成。

对于欧洲华文传媒的发展，意中友协主席维多里奥·曼契尼女士在2003年意大利欧洲华文传媒研讨会上发言，希望华文传媒能够促进对不同种族文化的尊重，为增加社会的包容性和排除歧视作出贡献。意大利移民协会主席劳莱达女士讲话中对传媒的作用给予高度评价，称华文传媒可以帮助中国团体了解欧洲各国不同的文化及政治制度。

笔者认为，曼契尼女士的发言，指出了华文传媒的责任和义务，也指明了华文传媒的发展方向，值得华文传媒借鉴，并加以贯彻实施，不仅为旅欧华侨华人提供信息，而且还为中国与欧洲各国加强联系，消除误解，增进友谊作出贡献。

海外华人社会需要华文传媒，不仅因为它能传播中华文化，而且华文传媒担负着指导华侨华人融入主流社会的使命。一些有远见，而且对中华文化相当热情的人士，就会在当地创办华文报刊。由于近几年来，大量中国人移民海外，经商、务工、留学、旅游的人数大增，欧洲的中国移民越来越多，不仅为欧洲提供了大量的华文传媒的受众，而且也促进了欧洲对中国的了解。这些移民大多受过良好教育，与早期移居欧洲的华人有很大的差别，因此他们对华文传媒的支持力度也更大。

与此同时，随着中国国力迅速增强，欧洲兴起了一股学习华语的热潮，学习华语的人数急剧增多，仅在1995年，“法国出现了除中国以外最大的中文系——巴黎第三大学的中文系，共有学生1 800名。德国有华语教授30多人，华语教师100多人，进修、学习华语作为主课或副课的学生数以千计，至于各大中小城市和学校自行举办的学习华语的夜校、函授学校、华语中心等更是数以千计。意大利华语教学点和学生人数在欧洲亦十分可观。除正规的大学生外，在职的高、中级知识分子、工人、职员则坚持业余学习，而家庭妇女学习华语的劲头更是令人钦佩，有的年轻母亲，为了上夜校而专门雇人看孩子”[1]。2007 年，有关部门强测欧洲有接近 1 000 万人学习华文。

虽然这些学习华文的人士不一定都会看华文报刊，相当多的人学习华文只是希望能够找到一份更好的工作，但是由于华文报刊传播中国消息和当地华人新闻，因此成为当地政府了解中国情况和当地华人最好的媒介。实际上，一些学习华文的人士也会有选择地阅读华文报刊上的内容，一方面加强华文学习，另一方面也借此了解有关当地华人和中国的信息，了解中华文化。因此从这个角度来说，欧洲的华文传媒不仅可以成为当地政府了解当地华人的桥梁，而且还可以成为与中国政府沟通的重要渠道，成为民间的文化使者。

在以西方文化为主流文化的欧洲，办一份华文报刊虽然很艰难，但是只要扎下根来，努力耕耘，抓住机遇，欧洲的华文传媒必将会有一个更美好的明天。

① 姚崇兰. 全球“汉语热”的思考. 教育研究，1995（2）

Chapter 4 第四章

美洲华文传媒业

Cause of Chinese Language Media in America

在美洲，各国华人数量有相当大的差异。在北美洲，加拿大和美国生活着数以万计的华人。20世纪90年代之后，越来越多的华人移民和留学生前往北美洲，形成了华人移民和留学生越来越占主体的华人社会，而在拉丁美洲，华人人口则相对较少，而且基本上都是老华侨和土生华人。其中巴拿马、哥斯达黎加、委内瑞拉、厄瓜多尔、巴西、秘鲁等国的华人人口相对其他拉丁美洲的国家较多（见表4-1）。

表4-1　美洲各国华人数量一览表

国家	人数	国家	人数
阿根廷	30 000	阿鲁巴	600
安的列斯群岛（荷）	700	巴巴多斯	50
巴哈马（荷）	200	巴拉圭	10 000
巴拿马	150 000	巴　西	100 000
玻利维亚	12 000	伯利兹	1 500
多米尼加共和国	15 000	厄瓜多尔	20 000
法属圭亚那	600	哥伦比亚	7 000
哥斯达黎加	63 000	古　巴	6 000
圭亚那	20 000	海　地	200
洪都拉斯	1 500	加拿大	1 020 000
库拉索岛（荷）	600	美　国	3 000 000
秘　鲁	60 000	墨西哥	30 000
尼加拉瓜	3 000	萨尔瓦多	1 500
苏里南	13 000	特立尼达和多巴哥	20 000
危地马拉	14 000	委内瑞拉	50 000
乌拉圭	300	牙买加	25 000
智　利	5 000		

对于传媒业来说，经济发展、物质基础和受众数量是决定传媒业发展的重要因素。缺乏物质基础，传媒业就无法充分利用最先进的科学技术和传播工具来传达信息，发挥传媒的传播特性。比如说，如果缺乏先进的印刷机，那么报纸的印刷质量就大打折扣，特别是对于方块字的汉字，如果印刷机的印刷质量不高，印出来的报纸就难以辨认和阅读，而且由于报纸缺乏清晰的照片，也很难改善版面，使版面更加活泼生动。经济发展程度是决定传媒业的另一个重要因素，如果经济发达程度不高，传媒业就缺乏广告来源。而广告是传媒业运作的重要经济基础，缺乏广告来源，那么传媒业也就很难生存下去。如果缺乏大量的受众，那么传媒就缺乏进一步发展的基础，甚至会影响到它的生存。广告、受众数量是传媒业发展相互影响的重要因素。所以在美洲，华文传媒存在巨大差异也就是很自然的事情。

在美洲，加拿大、美国是经济比较发达、资讯比较自由的国家，而且其国内传媒业也相当发达。同时，这两个国家生活着数以万计的华人，这就使华文传媒具备赖以发展的经济、物质、受众三个因素，从而为华文传媒的发展打下良好的基础，并促进它们健康快速发展。北美的华文传媒与拉丁美洲不同，由于北美经济发达，资讯自由，吸引着大量华人和中国留学生。这些华人和留学生的文化素质很高，他们在北美定居之后，又比较容易在经济上得到发展，这就促进了华文传媒的发展。一方面，高素质的华人是华文传媒特别是华文报纸赖以生存的基础；另一方面，这些文化程度较高的华人和留学生，在北美定居之后，有一定的经济能力，所以，能够吸引大量的广告商前来刊登广告，比如《星岛日报》针对大量华人移民前往加拿大定居的情况，开辟了房地产版面，既增加了报纸的广告收入，也为华人了解和购买加拿大的房地产提供了便利。所以，“人多好办事”，对于海外华文传媒来说，是一个生存规律。在北美，不仅华人多，而且他们也有一定经济实力，这当然就带动了华文传媒的发展。

第一节　加拿大华文传媒业

加拿大是世界上典型的移民国家。自2000年开始至今，每年移居加拿大的中国移民不下4万人。截至2006年，多伦多华人已逾55万，温哥华的华人也超过了40万。而且，未来十年间，全加华人将达到180万，中国大陆移民总数将占其中一半以上。

一、加拿大华侨华人概述

根据官方统计资料，2001年，加拿大华侨华人总数达102.94万，分别占全加总人口和少数族裔人口的3.5%和26%。新移民中，香港移民的主体是商业移民，在加拿大主要是投资、经商；大陆移民的主体则是技术移民，有很大比例分布在科技及工程领域。从20世纪50年代开始，便有华人当选加拿大国会议员。目前，在加拿大三级议会中，都有华人的身影。前任加拿大总督伍冰枝，即是香港移民。华侨华人已成为加拿大社会中一股不可低估的政治、科技及经济力量。

华侨华人在移民后仍十分重视保留中华文化传统，87%的移民在家中均以中文交流，并将子女送入中文学校学习中文。据一家研究公司调查，温哥华74%的华侨华人有阅读中文报刊的习惯，而收听、收看中文电台、电视的华侨华人比例分别为61%和64%。由于华人较多和相对集中，在华侨华人云集的温哥华、多伦多、蒙特利尔及首都渥太华等大中城市，华文报刊的种类和数量也相当可观。第二次世界大战后，为满足土生华裔的华、英双语和纯英文刊物也时有发刊。而华文报刊的出版，则源远流长，发展稳定，势头良好。

加拿大华文传媒从问世以来，已经走过了整整一个世纪。在过去的100年里，无数的华文传媒工作者前仆后继，兢兢业业，在枫叶之国传承中华文化，传送家乡信息，传播新闻信息，传递侨胞心声，为海外游子提供一份份精神食粮。其间虽然有不少传媒停刊、歇业，然而长江后浪推前浪，更多的传媒像雨后春笋般地诞生和发展起来。它们像一朵朵鲜花，散发着来自中华大地的馨香，在加拿大这个拥有多元文化的花园中盛放。

加拿大实施多元文化政策。不同民族文化背景的移民，保持和发展本民族文化传统，受到社会尊重和政府保护。来自世界各个角落的200多个民族所组成的包容、多元、和谐、融洽的社会，为华文传媒的产生和发展提供了一个良好的社会环境。

二、加拿大华文传媒发展历史

加拿大华文传媒的历史，也是一部加拿大华人的创业史和血泪史。光绪初年，维多利亚市侨商多数是阅读由美国旧金山寄来的《华洋日报》。1900年间，澳门寄来的《智新报》广为流传。直至1903年8月，第一份华文报纸《日新报》创办于温哥华，加拿大第一份华文传媒才宣告诞生。

1. 辛亥革命前

1903年由保皇党人创刊于温哥华的《日新报》是加拿大最早的华文报。1903年2月，梁启超由日本来到加拿大，鉴于当地保皇派在加拿大虽财力雄厚，但缺乏宣传喉舌的情况于是倡导保皇会在温哥华出版刊物，鼓吹变法维新。同年8月，保皇会在温哥华创办《日新报》，成为加拿大历史上第一份华文报纸，开创了加拿大华文传媒的先河。

1906年，周天霖、周耀初等于温哥华创办《华英日报》，聘崔通约为主编。崔通约原为康有为门徒，因《华英日报》报道一则“粤吏通缉保皇会会员”的新闻，被保皇派在当地法院控告其毁谤名誉。崔便向当地洪门致公堂求助，并与香港《中国日报》互通声气，改变舆论倾向，乘势提倡革命排满之说，成为加拿大革命派的先锋，后因经济不支，《华英日报》于1908年停刊。《华英日报》以开通民智为宗旨，提倡革命排满，是为华文报刊转向革命的第一家。“1907年，温哥华洪门致公堂陈文锡等人于温哥华创办《大汉日报》(后改名为《大汉公报》)，聘请冯自由主持笔政，大力宣传革命，渴望祖国革命早日成功。当时保皇派的《日新报》，因其改良思想得不到华人支持，影响日衰，为改变困境，遂向《大汉公报》发难，鼓吹革命将置中国于分裂和外侵的危险之中。冯自由展开反攻，揭发康、梁改良罪状，批驳保皇论调，两报展开激烈笔战，评论达200余篇，为海外两党最持久之笔战，而侨胞的革命热情，亦因此日趋浓厚。”① 与其他革命派和改良派的论战结果一样，革命派大获全胜。

其后，孙中山先生来加拿大筹募革命经费，为广州起义筹款，加拿大华人捐赠踊跃，希望能够推翻腐朽的清政府，与《大汉公报》关系密切。此报曾延续出版85

---

① 胡文英．加拿大华文报刊．华侨华人百科全书·新闻出版卷．北京：中国华侨出版社，1999．153

年，是加拿大华文报刊中历史最悠久的报刊之一。该报在辛亥革命时期为当时民主革命派的喉舌，支持孙中山倡导的民主革命运动。辛亥革命前，还有一份《新民国报》，是为中国国民党海外"党报"——《新民国日报》的前身。此外还有致公堂人创办的华文《大陆报》，以宣传革命为宗旨，但因经济短绌，数月之后，于1909年5月停刊。

这一时期，国民党在东西两岸的两家党报——《新民国报》和《醒华日报》相当有影响。

《新民国报》是1909年由维多利亚同盟会成员创办。原为油印不定期刊物。1911年后，改为大型日报，并成为加拿大的中国国民党党报，1958年迁至温哥华出版，该报对于宣扬中华文化，倡导华文教育，以及兴办侨社福利事业之宣传，不遗余力。1989年该报停刊。

《醒华日报》是加拿大东部中国国民党的党报，1917年创办于多伦多，初为周报，1922年改为日报，该报曾为加东唯一的华文报刊，销路甚广，业务颇为发达，后因无法维持，改为不定期刊物，现在已经停刊。

2. 辛亥革命至第二次世界大战

辛亥革命后至第二次世界大战这一时期，加拿大的华文报业有了一定的发展。除洪门致公堂和国民党的党营报纸继续发行外，还出现过一些民营的报刊，如《加拿大晨报》、《三民日报》等。这说明这一时期，华文报业有了比较大的发展，而且也反映了加拿大华人社会的经济、文化等各项事业得到了一定程度的发展，同时，随着华人数量的大幅增加，华文报业形成了一个比较厚实的基础。民营报业的出现，也从一个侧面反映了华文报业已经走出政党办报的圈子，开始步入市场办报，这无疑提高了对办报者的要求。

《加拿大晨报》于北伐时期创办于温哥华，主办者为雷鸣夏、黄灼棠等，后雷鸣夏被人谋杀，该报即停刊。《三民日报》于抗战最高潮期间创办于加拿大中部的温尼辟，由当地侨领倡办。后因经济无法支持，数月后停版。

3. 第二次世界大战后

为适应土生华裔人数增加的需要，温哥华曾出版过几份华人办的华英双语及英文期刊，如《新籍民报》(*New Citizen*)、《唐人街》(*Chinatown News*)、半月刊《华侨杂志》等。但从华文报刊的出版来看，则受中国国内的政治影响较大。除原有的一些报纸多为中国国民党所控制外，新创办的几份报刊都有较明显的政治倾向，尤其是中华人民共和国成立初期，这种情况更为显著。"例如创刊于1954年的《中兴日报》，由于受台湾的资助，基本上受控于台湾当局势力；而1953年由当地华人集资创办的《侨声日报》，其政治态度属中间立场。这些报纸的副刊则全是直接剪辑或转载自港台报刊。其他如《美洲华侨月刊》、《人生漫谈》、《人物评论》和《华侨导报》(华英双语刊)等，情况也类似。而开始发行于1966年，由一批非专业的华人社区青年创办的《多伦多商报》，虽为4开小报刊但为中加建交曾刊登一批文章，从舆论上倾向中国大陆。此外，《大众报》的立场也与《多伦多商报》基本相同。”①

自1967年加拿大政府采取开放的移民政策，尤其是进入70年代后，在中加建交的政治气候下，华文报刊的发展也有了较大的变化。排版的字体显著变小，并广泛利用新闻图片和外电，从业人员也更专业化，传统的华文报纸亦纷纷改版。整个加拿大华文报刊事业进入一个改革求变的时代，新的华文报刊不断涌现。在加拿大历史上出现过的华文报刊，有一半以上是从70年代起陆续创刊的。这个时期的华文报刊具有以下一些特点：

（1）政治态度转变

一些影响较大的报纸，政治态度有明显转变，同时，中间报开始增多，如历史悠久的《大汉公报》，随着形势的发展，已摒弃受台湾国民党当局控制的反共宣传态度，而以中华人民共和国为正统，经常刊登正面报道中国大陆成就的稿件。再如创刊于20世纪50年代初期，持中间态度的《侨声日报》，过去采用中国通讯社稿一般只列发电地点不说明来源，而在此时期用中国新闻社的稿件也都已署电头，在中国问题上也以中华人民共和国为正统。其他如在20世纪70年代先后创刊的《快报》，以及华英双语期刊《新桥月刊》和《海上述林》、《华侨杂志》、《加京华报》、英文季刊《亚加人》（*Asianadian*）、《缅省华报》、《华声报》、《华侨之友》、《加华侨报》等，其政治态度基本上都持中间立场。

（2）港台报逐步占领日报的主要市场

20世纪80年代开始，香港移民大量涌入加拿大，改变了华人社区以广东四邑人为主的结构。几十万香港移民对信息的需求形成庞大的市场，吸引了香港的报业集团，《星岛日报》和《明报》先后进入加拿大。随着台湾移民的增加，台湾联合报系的《世界日报》也登陆加国。他们集新闻专业、雄厚资本、完善管理、丰富资源及最新科技之长，彻底改变了加拿大华文传媒的操作模式，很快取代了当地华文传媒，成为加拿大华文传媒的主流。这一时期的中文电台和电视台也深受港台影响，主要播放港台两地制作的节目。

20世纪70年代中期和80年代，《星岛日报》在多伦多创刊加东版，该报遂成为多伦多销路最大的华文报纸；至80年代，在温哥华又创刊加西版（后改称卑诗版），也一直保持着平稳发展。同时，70年代中期，纽约《世界日报》社在温哥华及多伦多分别设办事处，创办加拿大版，加上香港《成报》等海外版，致使港、台报逐步占领日报主要市场。

（3）新移民办报及华文报发行地区逐年增多

从20世纪80年代开始，随着华人新移民的逐年增多，加拿大的华文报刊事业也

① 胡文英．加拿大华文报刊．华侨华人百科全书·新闻出版卷．北京：中国华侨出版社，1999. 153

开始进入一个群雄并起的“战国”时代。整个80年代先后创刊的华文报刊不下20多种，尤其是香港移民、印度支那难民创办的周报、期刊。

1984年在多伦多创刊的《加华日报》就是香港移民所办。在一些原来华文报刊很少或没有的城市和地区，华文报刊也应运而生。“例如过去尚未见有华文报刊的蒙特利尔，除在1979年4月由香港移民出版过一份起初名为《华声华视》（后改《华声报》）的报刊外，在80年代就先后创刊有《龙报》、《华侨时报》、《满城华报》（华英双语），以及《大光报》、《满可地导报》等多种报刊。在温尼辟，除了40年代曾一度出版过一份《三民日报》外，也是自七八十年代起才陆续创刊《缅省华报》、《缅省越棉寮华报》、《中原侨报》、《温城华侨报》等报刊。其他如埃德蒙顿和卡尔加里等城市，也都是自80年代始创有《加中报》、《爱华报》，以及《加华报》、《侨声报》、《成功报》、《卡城爱华报》等报刊创刊。这个时期创刊的某些报刊的发行范围，也在逐步扩展。例如创刊于80年代后期的《加华月刊》，除发行于多伦多外，还发往加拿大各大城市以致香港、东南亚地区。同时在1989年10月《加华日报》停刊后，其董事局改创《加华日报周末版》继续发行。”①

总之，这个时期由于香港报纸的到来和新移民报刊的增多，华文报刊之间的竞争日趋激烈。各报所比的不仅是内容，而且力求迅捷。有些报纸不惜耗费巨资，采用卫星传版，从而促进了办报技术的飞速进步。

4. 20世纪90年代后

面对激烈的竞争局面，20世纪90年代以来，加拿大的华文报刊随着中国大陆移民的迅速增多，华文报业呈现出相当繁荣的景象，但是也形成激烈竞争的局面，特别是随着网络的发展，报业面临着新的挑战。突出表现在以下三个方面：

（1）旧报停刊，新报创刊

原先影响较大的华文日报《大汉公报》和《加华日报》等均已先后停刊，但又不断有新的华文报刊在加拿大问世。

加華日報
創刊詞
VIDEO
帝國大酒樓

图4-2　1984年9月1日《加华日报》创刊号

香港《明报》加拿大版于1993年在加拿大报市出版，使日报市场成为《星岛日报》、《世界日报》和《明报》三家竞争的局面。此外，1991年位于加拿大西部莎斯卡彻温省莎斯卡通市也出现了第一份华文报《莎省华报》；同年创刊的还有华文佛教半月刊《真佛报》等。1992年

① 胡文英．加拿大华文报刊．华侨华人百科全书·新闻出版卷．北京：中国华侨出版社，1999. 153

也有华、英文双语刊《电脑世界》（*Our Computer Player*）问世。

2005年11月1日，以多伦多为基地的《现代日报》创刊，成为继《星岛日报》、《明报》和《世界日报》之后的第四份加拿大华文日报。2006年7月7日蒙特利尔华文周报《七天》创刊。此外，还有不计其数的华文报刊在加拿大发行。这些报纸当中相当一部分是免费报纸，需要在报业市场上完成资本的原始积累，有一部分取得了成功，如2002年9月创刊于多伦多的《加中时报》目前发展势头良好。2007年2月10日，《加中时报加西版》在温哥华正式创刊。

这些新兴的华文报刊以中国大陆移民为主要阅读对象，但是如此之多的华文报刊，也使得加拿大华文报业出现过度竞争的问题。

（2）华文报刊办报质量提高

20世纪90年代以来，以专业技术移民为主的大陆新移民成为中国新移民的主力。华文传媒伴随着华人社会的形成和发展而诞生发展的，新移民人数的急剧增长直接带动和催生了新移民华文传媒的兴起。据一个统计资料显示，目前全加拿大的华文报纸，有70%以上是20世纪90年代以来由中国大陆新移民创办的。

在大陆新移民日渐增多的冲击下，加拿大华文传媒生态产生了深刻的变化。首先是电子传媒因受众市场的变化，大幅增加普通话播出时段，2004年之后，更是出现了全部以普通话播出的电视频道。传统的港台报刊也作出了一些变革，如《世界日报》2002年一改创刊以来始终不变的风格，将台湾传统的竖排方式改为横排方式。

由于华侨华人社区人口结构的变化，读者对传媒提出了新的要求，一大批有新闻工作经验的大陆新移民在加拿大创办了不少华文传媒，使其进入了百花齐放、多元发展的新时期。1995—1997年，由中国大陆新移民创办的《中华导报》、《神州时报》、《大中报》先后在渥太华、温哥华和多伦多面世，由此开始了中国大陆新移民办报热潮。近年来，由大陆新移民创办的报刊主要有：温哥华的《环球华报》、《神州时报》、《健康时报》、《中国经济报》、《枫华家庭》、《大华商报》；多伦多的《大中报》、《星星生活周报》、《环球华报》、《东方之星》、《加中时报》、《北美华报》；蒙特利尔的《蒙城华人报》、《先锋杂志》等。在刊期上，有周报、半月刊、月刊和季刊。这些报刊大多数为免费赠送，办报人靠广告收入来支付印刷费及其他开支。

在众多大陆新移民创办的报纸当中，《环球华报》可算是其中最具规模的华文报纸之一，而且也得到了华人和主流社会的尊重和认可。《环球华报》由《神州时报》的创办人张雁以及刘志雄于2000年11月3日创办。在不到三年的时间内，该报发行的"加西版"和"加东版"，已覆盖卑诗省、安大略省和艾伯塔省等地区，成为直逼《星岛日报》、《明报》和《世界日报》三大港台日报的全国性大报。该报深入报道中国的政治、经济和社会情况，被视为有关中国大陆现状的重要信息来源。

中国大陆留学生和新移民华文电子刊物。华文电子报刊的出现，标志着加拿大华文报刊的更新换代。1991年温尼辟就创刊有电子月刊《联谊通讯》；1993年卡尔加里也有电子旬刊《枫华园》面世，此外《窗口》月刊也刊出了电子版。又如华文月刊《红河谷》也于1994年初创办电子版。这些电子刊物将促进加拿大华文报刊出版技术的进一步发展。

华文传媒的迅速发展，以及为推动加拿大多元文化的形成作了贡献，也得到了新闻界的肯定。2002年10月，温哥华市市长欧文颁令，将11月3日定为“环球华报日”，充分肯定了华文传媒对加拿大多元文化的贡献。2005年9月7日，《环球华报》“马丁总理访华”系列报道获得本年度“中文最佳报道奖”提名，这是该报连续两年入围这一当地主流新闻奖。

環球華報
馬田撥款250萬並向烏克蘭裔認錯
烏裔百年懸案死結今解
教師罷工一觸即發
政府灑金以期降溫
加速華裔人頭稅平反案
自由的苦痛不能百姓埋單
師友
604-312-9888

图4-3　《环球华报》2005年9月4日

杰克·伟伯斯特新闻奖成立于1986年，是为了纪念卑诗省最有影响力的记者杰克·伟伯斯特而设立。作为卑诗省最有权威性的新闻奖项，杰克·伟伯斯特新闻奖已经成为该省传媒展现自精彩报道的舞台。此奖共设12个奖项，其中11个奖项均为主流传媒设立，其中平面传媒、电台、电视台的奖项分开设立。唯一的“华文最佳报道奖”对该省华文传媒开放，包括报纸、杂志、电台及电视台。

《环球华报》入围的报道以2005年1月20日至23日加拿大总理马丁访问中国为新闻背景。这是马丁上任后首次带领庞大的政府代表团和经贸代表团访问北京和香港，是中加两国双边关系发展中的一件大事。《环球华报》特别派出两位记者随同马丁访问中国，成为总理随行人员中唯一的加拿大华文平面传媒。

在马丁访华期间，该报除了第一时间报道马丁访华的成果外，还特别策划了共12个版块的“中加关系系列报道”，详细回顾和分析了中国与加拿大的经贸发展历史、目前存在的问题及应对策略，在华人当中引起相当大的反响，而且也引起加国政府的关注。

（3）华文报与英文报加强合作

为了扩大华人的声音，促进华文报业的发展，华文报刊也寻求与当地英文报纸合作。例如“《多伦多生活中文版》和《麦克莱恩斯周刊华文版》（Maclean's，又译麦克琳），已分别在1995年10月发行，这意味着加拿大主流英语传媒对华裔社会和华文报刊地位的重视，并从一个方面说明加拿大华文报刊的发展前景乐观。”①

---

① 胡文英．加拿大华文报刊．华侨华人百科全书·新闻出版卷．北京：中国华侨出版社，1999．154

1998 年，当时的加拿大《星岛日报》最大股东胡仙把 55% 的股权转让给了加拿大主流报业集团——《多伦多星报》，开创了当地主流传媒控股华文报纸的先河。自从多伦多星报入主星岛后，《星岛日报》经营管理更加到位，市场竞争力得到增强，成为加拿大最具影响力的华文报纸。传媒资源得到有效整合。星岛日报的管理模式告诉加拿大传媒业界，主流传媒介入华文传媒不仅理论上可行，而且实际中已取得了成功。除了《星岛日报》外，多伦多星报报业集团还间接控制了星岛 CHINA 华语电台以及唯一以副波广播的华语电台——美加华语电台等。

多伦多《现代日报》创办一年后，也致力于探索与主流传媒合作之路。"2006 年 8 月，现代日报与加拿大上市公司下属的全国性报纸《多伦多太阳报》达成商业合作伙伴协定，从新闻、广告、印刷及推广宣传等方面进行合作。《现代日报》管理层说，与《多伦多太阳报》的合作至少达到了资源共享、市场共享的效果。目前，他们每天互用新闻内容、图片，广告打包销售，并联手进行活动推广。业界人士分析说，《现代日报》与《多伦多太阳报》目前的合作关系虽然还没触及股权，但太阳报愿意与华文传媒携手，已说明加拿大主流传媒正在看好华人市场的潜力和华媒的发展空间。"①

加拿大西部发行量最大的《温哥华太阳报》，也把目光对准华人市场，在网站上推出华文内容，华人读者可以在网上阅读太阳报当天报纸主要资讯的华文内容。2006 年该报还评出杰出华人百人榜，在华人社区中引起强烈反响。

与此同时，加拿大华文传媒也不甘示弱，走进主流社会、与主流传媒合作的趋势也越来越明显。如"贺鸣笙参与创建 Channel M 多元文化电视台后，积极推进英文节目，与主流传媒互动加深，加拿大全国性的电视台 CTV 节目经常引用其报道，华社声音由此进入主流社会。②"

温哥华其他华文周报也非常注重与主流社会的沟通，反映民意民声，并将各级政府的政策、英语主流社会的舆论动向及时译成中文报道给华人社区。《环球华报》、《大华商报》等传媒及时反映华人对各种社会敏感问题的看法和意见，受到华人传媒和英语主流传媒的关注。现在，加拿大著名的杰克·韦伯斯特新闻奖专设"最佳中文报道奖"，每年都表彰华文传媒的杰出作品。

5. 华文广播电视业发展概况

在广播电视方面，华文广播、电视也有比较大的发展。1973 年，"汇声广播华侨之声"正式启播，成为加拿大中文广播业的先驱。创办之初，该台只有一个小时的中文广播节目，但目前已发展为每周七天、全天 24 小时广播，除广东话及普通话节目之外，还设有多达 13 种其他族裔语言节目。"华侨之声"已不仅是一个中文电台，而且是一个多元文化电台。

---

① 晓理．加拿大华文传媒发展综述．世界华文传媒年鉴．北京：世界华文传媒年鉴社，2007. 74

② 晓理．加拿大华文传媒发展综述．世界华文传媒年鉴．北京：世界华文传媒年鉴社，2007. 74

1982 年，一班热心的华侨华人义工组织“黎明之声”在一个 FM 频道的合作社电台中以广东话广播，每天早晨为观众播放音乐、信息和时事等节目。该台坚持了 13 年，最后于 1995 年因缺乏人手而停播。1988 年，“多伦多美加华语电台”在多伦多首播，该台属于多伦多地区的美加华语广播网。目前全天 24 小时播出中文节目，介绍政治、经济、社会时事并加以分析、评论，同时还提供娱乐节目。

1993 年 1 月，温哥华“加拿大中文电台”启播，有五个频道、五套节目，覆盖温哥华、多伦多和卡尔加里，目前每周广播时间超过 110 小时。

“多伦多广播电台”（即现在多伦多加拿大中文电台的前身）也在这一时期启播，1995 年并入新时代传媒集团，成为一个多元文化电台。目前该台提供 20 种语言的广播服务，每周华文广播时段约 95 小时。1996 年 1 月，“商业电台”正式启播，成为唯一以副频道方式广播的华文电台，但听众需要购买译码器收听节目。

加拿大的中文电视台，也在此阶段诞生。温哥华“世界电视”和“中文电视”，分别在 1982 年及 1984 年以有线电视形式启播。其后，“世界电视”于 1985 年改为“国泰电视”。1993 年年底，拥有香港背景的“新时代集团”收购了“国泰电视”和“中文电视”两家电视台，并改名为“新时代电视”和“城市电视”。

1990 年，卡城亚洲电视台在艾伯塔省卡尔加里创办，为卡城华侨华人社区免费提供中文节目和社区信息。1993 年，多伦多新时代电视台成立，隶属新时代传媒集团，是加拿大唯一全国性的华文电视台。每天通过有线、数码及卫星传输播出 21 小时华文节目。节目内容除本地制作外，主要来自中国大陆、香港、台湾电视台等。广播范围覆盖安大略省、卑诗省和艾伯塔省。

这一时期的加拿大华文传媒深受港台影响，在新闻及公共事务节目上，经常出现“拿来主义”，事无巨细照登或照播香港、台湾新闻。近年来，由于中国大陆移民剧增，华文广播的语言生态正发生着变化，由粤语方言“转台”至含有统一意识的普通话，也使华文电子传媒的传统文化趋向和报道模式受到挑战。

1998 年 3 月，温哥华“城市电视”推出一系列普通话新闻节目，成为加拿大第一个以普通话为主的电视频道。加拿大华语电台和华侨之声也增加了普通话广播时间。蒙特利尔第一个以华文普通话为主的电视栏目——“蒙城华苑”于 2001 年 9 月 8 日在 14 频道正式播出。香港凤凰卫视节目也于 2002 年打入温哥华萧氏有线电视。

報明
港股半日急挫1282點
亞洲全面下跌 日股創今年初新低
七成加人認超速駕駛
市民趕「尾班車」勢推高多市屋價
SOLD
37%置業者選25年按揭

图 4－4 《明报多》（伦多版）2007 年 11 月 12 日

"这一时期，加拿大的华文互联网站从无到有、从少到多，发展蓬勃。出现了'枫华园'、'万维读者'、'加国无忧'、'多伦多信息港'、'蒙城华人'等一大批新闻性及综合性华文网站。"①

目前，加拿大拥有各类华文报刊80多种，电台20多家，电视台20多家，网站100多家，它们都朝着多元化、立体化、专业化、本地化的方向发展。

二、加拿大华文传媒现况

目前主导加拿大华文报纸市场的主要有四份报纸：《星岛日报》、《世界日报》、《明报》、《现代日报》。前两份报纸在加发行历史稍长一些；《明报》自1993年5月在加问世，两年后打开市场，三年后形成与《星岛日报》和《世界日报》三分天下的局面，并后来居上，成为目前阅读人数最多的华文报纸，每日拥有5万多读者。

2005年11月1日，以多伦多为基地的《现代日报》创刊，成为继《星岛日报》、《明报》和《世界日报》之后的第四份加拿大华文日报（见表4－2）。当地传媒业者认为，这份日报的创办，和其他新生的周报、杂志或电子传媒一样，都有其深刻的现实基础，具有标志性意义，反映了大陆移民大量涌入加国，以其为受众的华文传媒获得了越来越充实的生存和发展基础，但这份报纸面对激烈竞争，销量和影响力有待提高和增强。

表4－2　加拿大华文日报

报纸	创刊时间	创办地点	隶属集团
《星岛日报》	1978年8月1日 1983年 1988年5月31日	多伦多（加东版） 温哥华（加西版） 卡加利（亚省版）	多伦多星报集团（Toronto Star Corporation）
《世界日报》	1987年8月 1976年2月	多伦多（加东版） 温哥华（加西版）	台湾联合报系
《明报》	1993年5月28日 1993年10月15日	多伦多（加东版） 温哥华（加西版）	香港明报集团
《现代日报》	2005年11月1日	多伦多	加拿大现代日报报社

近年来，无论是在加拿大东部的多伦多、蒙特利尔，还是在西部的温哥华、卡尔加里，我们都可以看到不少大陆新移民创办，或以大陆移民为主要服务对象的报刊问世，这类报刊多以周报为主，也有一些是杂志型的报纸，例如多伦多的《多伦多第一报》、温哥华的《精品生活》等。这些报纸、周刊一起加入华文报业竞争，形成了激烈的竞争态势。

---

① 徐新汉，黄运荣．加拿大华文传媒发展综述．世界华文传媒年鉴．北京：世界华文传媒年鉴社，2003.78～84

以加拿大第一大城市多伦多为例，其华裔人口近40万，占全市人口的9%。在这么大的市场中，四大华文报纸已供过于求，《大中报》、《电视报》、《健康时报》等小型报刊的竞争更是惨烈。在蒙特利尔，资格较老的《华侨时报》、《路比华讯》与异军突起的《华侨新报》，瓜分了蒙特利尔市的华文读者市场。在首都渥太华，竟有《加华侨报》、《加京华报》、《中华导报》等多份中文小报共存，这些小报从十几版到四十多版不等，或月刊，或周刊，或双周刊，或不定期发行，共享这个仅有3万多华人的华文报纸市场。这些地方性报刊的发行量一般在数千份至1万份之间。

这几十种华文小报在大多数情况下都是自负盈亏，自生自灭。除了地位牢固的《明报》、《星岛日报》、《世界日报》外，小报的创刊或停刊，都算不上什么新闻。说到办报的辛苦，《渥太华中华导报》的总编辑深有感触地说："大部分精力都放在拉广告和赞助上了。没有广告就没有报纸的生命，而为了生存、为了降低成本，只能和助手身兼发行、编辑、广告、校对、联系印刷等多职，以求按期出报。"

有的报纸在一个地方维持不下去，就换个有华人的城市继续办报。在安大略省一些只有十几万人口的小城市，只要有几千华裔人口，就能"养活"一份小报。这些小报的衣食父母，主要是当地的华人厂商，他们所刊登的广告内容从商号开张、拔牙看病、商品降价，到生老病死的服务，应有尽有。

"说到底，华文报纸在加拿大能够生存下去的原因主要有三个：一是各大中型城市都有唐人街，报纸有一定的发行市场；二是移民中有不少'老报人'，其中不少人原来就是《人民日报》（海外版）、新华社或其他专业性大报的知名记者或编辑，有的还具有主任或博士的头衔，他们移民加拿大后，在找不到其他工作的情况下，只好重操旧业，靠办报为生；三是中加经贸关系近几年发展较快，主流社会意识到华人及其文化的价值，发现华人市场有无穷的潜力，纷纷通过广告向华人推销其业务或产品。"①

加拿大华文传媒的现状有如下特点：

1. 四大报为先导

在加拿大华文传媒的平面传媒中，拥有港台背景的《星岛日报》、《明报》和《世界日报》三大日报仍然是全加华侨华人社区的主流传媒。他们实力雄厚，历史悠久，每天发行，覆盖面广，是当地影响力最大的华文报纸。周报《环球华报》虽发展时间较短，但因其发行地区广泛（遍及卑诗省、安大略省和艾伯塔省）、报道内容深入而成为大陆新移民传媒的代表之一，并逐渐与三大老牌港台报纸并驾齐驱，成为第四大全国性华文报纸。

除上述报纸之外，各地周报、半月刊、月刊、季刊等百花齐放、各具特色。渥太华、多伦多、艾德蒙顿、温哥华等上述主要城市发行的报刊有：《号角》、《中华导报》、《健康时报》、《环球财经》、《真佛报》等，见表4-3。

---

① 邹德浩．华文报纸在加拿大．环球日报，1999-08-06

表4－3　加拿大华文报刊一览表

城市	报刊
温哥华	《松鹤天地》、《真佛报》、《神州时报》、《中华导报》、《健康时报》、《环球财经》、《中国经济报》、《真理报》、《大华商报》、《枫华家庭》、《娱乐生活杂志》、《号角》、《中文买卖报》等
多伦多	《加华新闻》、《大中报》、《真佛报》、《星星生活周报》、《环球财经》、《健康时报》、《加中时报》、《东方之星》、《号角》、《信息报》、《电脑报》等
蒙特利尔	《华侨时报》、《华侨新报》、《路比华讯》、《满华报》、《先锋杂志》、《蒙城华人报》、《号角》等
渥太华	《中华导报》、《加京华报》、《加华侨报》、《渥京周末》等
卡尔加里	《亚省东方报》
艾德蒙顿	《中华导报》、《爱华报》
温尼伯	《中原侨报》等

2. 电子传媒新时代集团一枝独秀

在加拿大经营华文电视台跟其他国家有很多不同的地方，有好处也有不利之处。

好处就是加拿大是一个对电子传媒监管颇为严格的国家，同时亦是一个非常重视多元文化的国家。故此在提倡保留少数族裔传统文化、语言都受保障。加拿大的电子传媒监管机构是 Canadian Radio－Television and Telecommunications Commission（CRTC），或等于国内广电局的管理单位。在 1982 年，CRTC 批出第一个多元文化电视牌照与由温哥华几位老侨胞经营的国泰电视（即现在的城市电视），在 1984 年再发出一个全华语的全国电视牌照加拿大华文电视（即现在的新时代电视）。同时他们非常了解少数族裔经营电子传媒的困难，故此在发出牌照方面亦颇为严格，平常情况一个族裔只发出一个电视牌照，以免引起不必要的恶性竞争，导致全输局面。政府的保护，对于一个刚刚创办和发展起来的华语电视台非常重要，有利华文电视培养生存空间，积累实力，实现滚动发展的目的。数十年间的移民潮亦增加了许多对电视台工作相当有经验的宝贵人才资源，这些资源成为整个行业进步的动力。如新时代电视电台集团就是在这个环境下得以成长起来。

加拿大地广人稀，加拿大的华人人口比美国还少得多，对一个靠订户收费及广告收入的电视台来说非常吃力，实有捉襟见肘之感觉。加拿大重要的两个华语电视频道，都是由新时代传媒集团于 1993 年开始经营的。旗下的新时代电视，是以广东话节目为主的一个全国性频道，节目内容以香港 TVB 制作的节目为主。由于加拿大在颁发执照的时候，要求这些电视台都必须提供 30% 的时间播放本土制作的节目，即每日大约两小时，这样，两种节目构成了这两个电视台的节目主体。本土制作的节目，只以新闻信息为主，内容主要为华人提供如何融入加拿大社会生活为主，这些本土节目亦成为观众选择收看的主要因素之一。

当前卫星科技突飞猛进，订户观众亦可在家中差不多同步观看中国新闻，新时代传媒集团每日都用卫星实时转播中国中央台四套、香港 TVB 及台湾 TVBS 三台的最新新闻。华裔订户观众不论来自哪里，都可以知晓自己家乡的消息，这是十年前梦想不到的。

在加拿大华文传媒的电子传媒中，新时代传媒集团一枝独秀。该集团目前拥有三家电视台（多伦多新时代电视、温哥华新时代电视、城市电视），五个电台频道（温哥华地区 AM1470、FM96.1，多伦多地区 AM1430、FM88.9，卡尔加里地区 FM94.71，三个网站及《娱乐生活杂志》等，是加拿大实力最强、市场占有率最高、覆盖范围最广的华文电子传媒集团。

除新时代传媒集团一枝独秀外，还有其华文电子传媒，见表 4－4。

表 4－4　加拿大华文广播和华文电视台

城市	广播和电视台
温哥华	30 年历史的“汇声广播华侨之声”及 2002 年 2 月新批准成立的温哥华多元文化电视台
多伦多	多伦多星报报业集团间接控制的星岛 CHINA 中文电台，以及唯一以副波广播的中文电台——美加华语电台，还出现了网络华文电视，如加拿大华文电视台（CCETV）、华人电视台（CTTV）等
卡尔加里	1990 年成立的卡城亚洲电视台
蒙特利尔	14 频道（CH－HORIZON）播出的“蒙城华苑”电视栏

数量众多的华文广播、电视，构筑了加拿大繁荣的华文传媒业，发展势头令人惊叹。如“华人电视台的受众市场锁定海外华人、特别是北美地区的中国大陆新移民。截至 2007 年 3 月末，CTTV 的观众已超过 120 万人次，节目收视率超过 500 万次”①。同时也因为数量众多，广播电视业也形成了竞争极其激烈的态势，如何整合并把华文传媒做强做大，是摆在华文传媒从业者面前重要的课题。

3. 华文网站不断涌现

近十年来，随着电脑的普及和因特网技术的提高，在网上阅读新闻的人数日趋增加。在加拿大，利用因特网获取新闻和娱乐信息的华侨华人为数不少。在网上为华侨华人提供各种新闻、信息和娱乐服务的华文网站如雨后春笋，发展迅速，并保持着良好的发展势头。

加拿大华文网站主要分为新闻、信息、论坛和专业四大类型：

第一类是提供新闻信息的综合性网站。其主要代表有枫华园、万维读者、加拿大华人信息港、安省华人、多伦多信息港、加拿大信息通、多伦多在线、中加在线、多伦多生活、心意网等。

① 晓理．加拿大华文传媒发展综述．世界华文传媒年鉴．北京：世界华文传媒年鉴社，2007.71

第二类是提供加国各种生活常识的信息性网站。其主要代表有蒙城华人、卑诗华人、安省华人、温哥华天空、加拿大就业指南、佳华网、加拿大中文网、多伦多华人信息网、枫情网、生活在BC、温哥华中文网、温哥华华人网、爱城华人等。

第三类是纯粹提供网上聊天和留言服务的论坛性网站。其主要代表有温哥华阳光中文网、华枫论坛、卑诗阳光、相约加拿大、温哥华留言板等。

第四类是提供财经、地产等服务的专业类网站。其主要代表有北美财经、多伦多房地产、枫国安居等。

这些网站的成长相当迅速，如“北美中文网集中文网络传媒与雄厚的网络技术服务为一身，目前共拥有注册的移民与留学生会员4万多名，网站每月访问量超过4千万人次，每天迎来超过8万名读者，并且以每月20%的速度飞速增长。网站目前Alexa排名在6 000左右，并有超过110万的网页被Google收藏。”①

4. 华文期刊迅速发展

与日报、周报朝气蓬勃的发展势头相比，华文期刊正处于开发和初期发展阶段。纵观市场，加拿大本土至今尚没有一本单独出版发行的中文期刊，目前在市场上能看到的周刊类刊物主要有两大类：

一类是本地华文日报编辑的生活、娱乐类周六周日刊，随日报免费派送。如《星岛日报》周六的《星岛周刊》和周日的《星周刊》；《明报》有周六的《星期六周刊》和周日的《明报周刊》；《世界日报》周六的《世界周刊》只在多伦多发行的另一日报《现代日报》出版《现代生活杂志》。这些周刊的共性是，都是生活娱乐性的，内容基本上是以香港和台湾母报提供的娱乐信息为主，配以适量的本地动态。除了上述周六、周日刊外，各报还不定期出一些增刊或专页，如《明报》的“乐在明厨”、《星岛》的“星岛美食”和地产、IT、汽车、教育等专刊。所有这些刊物，都随母报免费派送，而且印刷质量相对较差。“内页除广告外基本都是新闻纸套红或黑白印刷。”②

另一类是境外“空降”过来的周刊，在超市或书报摊标价出售。如台湾的《壹周刊》、《忽然一周》、《新假期》、《东方新地》、《独家报道》、《时报周刊》和香港的《壹周刊》，都是娱乐性刊物，完全是原汁原味的港台版，一般定价8~10加元左右，但零售量很少。

近年来，加拿大中文期刊市场正在引起投资者的兴趣，出现了本地移民投资创办和大陆期刊本地化两种类型的杂志。前者如温哥华的《枫华学子》、《枫华家庭》和温尼辟的《枫华之声》、《中国焦点》，后者如《环球华报》和大陆女友杂志社合作出版的《女友北美版》月刊。

---

① 晓理. 加拿大华文传媒发展综述. 世界华文传媒年鉴. 北京：世界华文传媒年鉴社，2007. 71

② 晓理. 加拿大华文传媒发展综述. 世界华文传媒年鉴. 北京：世界华文传媒年鉴社，2007. 73

目前，华文期刊市场潜力大，“随着大陆新移民日增，大部分原来在中国受过良好教育的知识分子对期刊有阅读需求，现有中文日报和周刊无法提供合胃口的读物，给后来者留下潜力很大的市场空间。温、多两地目前已聚集了上百万华人，其中包括近十年来抵加的约30万大陆新移民。新增大陆移民多有阅读期刊的习惯，有业者估计，各类期刊潜在读者人数众多。而且，随着主流社会品牌广告和形象广告对华文报刊投放量的不断增加，相对高端、读者固定的期刊广告市场前景看好”①。

5. 华文传媒帮助华人融入主流社会

加拿大是一个鼓励多元文化的国家，华人社区能够保留着自己独特和完整的文化。由于文化上的差异，以及华人对中华文化的保护，造成主流社会不易了解和解读华人社区的事情。华文传媒因此担当了桥梁角色，成为华人社区与主流社会的交流媒介。有了这种双向性的交流，华人社区和主流社会及其他族群才可以消除彼此之间因不了解而产生的“误会”、“恐惧”及“抗拒”情绪，也有利于华人利用这个渠道来抗争自己的权利。比如说，主流英文报纸《温哥华太阳报》曾与《明报》合作，创办双语论坛，互相刊登对方读者来函，为主流社会提供了解华人社区意见的机会，也使华侨华人了解主流人士的看法，增进双方的了解和缩短相互之间的距离。

《星岛日报》、《环球华报》等报刊还设立专栏，让华侨华人发表对加国和当地时政的意见；也让加拿大三级议会的议员向华人社区宣传政府的政策和自己的政见。电台、电视也制作相关节目，让华人社区表达心声，并经常邀请政府官员和主流社会人士与华侨华人听众和观众在互动和交流。

1996年，温哥华市政府聘用私人翻译公司，每周为市府提供三份华文报刊的英文翻译，让市议会及各部门主管定期获取华人社区的信息，开创了历史的先河。1997年，卑诗省也设立华文传媒顾问一职，负责省府与华文传媒间的沟通，以监察华人社区所关注的时事问题。温哥华当地主流传媒著名的新闻专业奖 Jack Webster Award，从1995年开始增设“最佳中文报道”奖项，标志着华文传媒正式得到主流社会的认同和肯定。多伦多星报集团收购加拿大《星岛日报》，也证明华文传媒在主流传媒心目中已占有重要地位。

6. 传承中华文化

海外的华文传媒也肩负着弘扬中华文化，令这一世界文化瑰宝在海外薪火相传，所以，加拿大各华文传媒都致力于举办各类不同类型的活动，宣传推广中华文化。如新时代电视每年均举行“温哥华华裔小姐竞选”、“多伦多华裔小姐竞选”；加拿大华文电台每年举行“中文歌曲创作比赛”；《环球华报》举办“加拿大少年儿童创意绘画比赛”及“寻梦枫叶之国”征文比赛；新时代电视与大多伦多中华文化中心合作摄制“枫叶寻根之旅”；温哥华各电子传媒每年一度为温哥华中华文化中心举行“龙

① 晓理．加拿大华文传媒发展综述．世界华文传媒年鉴．北京：世界华文传媒年鉴社，2007. 73

的心展鹏程”电台电视筹款活动等。

由于加拿大是一个移民国家，传承中华文化，为刚刚移民海外的华人缓解乡愁，是华文传媒应尽的义务。事实上，华文传媒在为华人缓解乡愁，也为华人融入当地社会作出了巨大贡献，反过来，这也促进了受众对华文传媒的认同感，增加了报纸的发行量、广播的收听率和电视的收视率。

7. 专业化、多元化、本土化趋势明显

近年来，随着时代的进步和科技的发展，加拿大的华文传媒进一步迈向专业化、多元化和本土化。过去延续了几十年的剪刀加糨糊的作业模式已成为遥远的历史，不管是大报还是小报，目前加拿大的华文报刊基本上都是使用电脑进行编辑和排版。其中《星岛日报》等大报的设备，已经接近主流传媒的编辑水平。专业水平的提高，直接推动了华文报刊版面的改革。现在，加拿大华文报刊的版面相当活泼，图文并茂，时代色彩浓厚。

不少传媒也开始进入多元化发展的阶段。除了“新时代传媒集团”在电台、电视、网站、杂志等方面多元化经营外，其他华文传媒也开始走多元化道路。如“蒙城华人”网站已开始发行《蒙城华人报》;《星星生活周刊》则从一开始便向报纸和网站两栖发展。目前已有不少报纸兼营网站，而且办得有声有色。

在本土当地化方面，各华文传媒均加强了本土新闻报道的分量。2000 年 2 月 15 日登陆的《温哥华台湾日报》，是台湾《台湾日报》的海外版。该报未能适应当地化的趋势，只经营了一年半便坚持不下去而关闭。2002 年进入温哥华的《东方时报》，也因本土化程度不够而遭受与《台湾日报》同样的命运。

在与中国大陆联合办报方面，加拿大报业也相当踊跃。2005 年 3 月 17 日，广州日报与明报合作开设《广州日报·北美专版》。

经国务院新闻办和广东省政府新闻办同意，广州日报与明报合作，在美国、加拿大发行的《明报》上开设《广州日报·北美专版》。美国纽约、旧金山，加拿大的多伦多、温哥华等四地的明报分社，每天刊出至少一个《广州日报·北美专版》，专版内容都是转载自《广州日报》的重要新闻。

两家在国内外有良好声誉的传媒合作，创造了宽广而美好的前景，既可以拓宽传媒业市场，又可以提高办报的质量，是“双赢”的合作。广州日报和明报双方通过《广州日报·北美专版》，向旅居美国和加拿大的华人发布来自广州和广东的消息，努力使它成为北美华人了解广州、了解广东的窗口。

显而易见，这种互补双赢的联合办报，既可以弥补加拿大华文报纸内容上的不足，又可以使中国的声音传遍加拿大，向加拿大传播更多关于中国的新闻，这无疑是对双方都有利的好事，也将推进加拿大华文报业的发展。

8. 机遇与挑战并存

华人在加拿大的政治经济地位日益重要，到现在为止，近百万华人在加拿大已经大部分人籍及拥有选举及被选举权，华人参政在这五年内亦逐渐增多，在每次联邦、省级或市级政府选举中，华裔移民的选票举足轻重。另外，加拿大华人的经济地位更是有目共睹，他们带来大笔资金及从商经验，因此假以时日，他们这一群对主流社会的影响力将随着时间的推移而逐渐增强。由于华裔在加拿大的社会地位日益提高，华文传媒在增进文化沟通上所扮演的角色亦日益重要。

加拿大是西方少数几个实行移民政策的国家之一，幅员辽阔，人口密度很低，劳动力奇缺，再加上当地人口出生率较低，这使政府不得不长期实行移民政策。近几年，加拿大每年的移民额大约在 20 万左右，并有逐年上升趋势。在这些移民当中，主要是来自亚洲国家。2000 年，华裔移民数已超过 5 万，再加上每年大量留学生赴加留学，估计在五年内，加国华裔人口将会达到 150 万。华文传媒以第一代及第二代移民为主要受众，又因他们聚居于一两个大城市，平常生活亦以华语为主，故此华文传媒亦成为他们生活中不可或缺的工具，正因为如此，加上政府政策推动，让下一代儿女学习华文亦成为时尚，故此他们对西方文化融合程度，亦较其他国家和美国为慢，而在众多华文传媒中，电子传媒亦较华文传统媒体更有优势。因为在一个以英语为主流语言的社会里，在第二代孩子当中，能说华语比能阅读华语容易。

这种状况一方面既为华文传媒的生存与发展提供了条件，另一方面也对华文传媒的生存与发展构成了挑战。海外华文传媒的主要受众是第一代移民，已是毋庸置疑的。对于第二代或第三代能否继续成为华文传媒的受众，让中华文化代代相传，是一个疑问。虽然我们上面说过，电子传媒可能有一点优势，但几十年后，第二代、第三代陆续被替代，海外华文传媒赖以生存的有利条件将不复存在。在难以维持的情况下，经营将会面对相当多的困难。所以，改变华文传媒的经营策略，采取相应的、具有针对性的节目编排和制作，推出适合青少年阅读和观看的报纸栏目和电视节目，吸引青少年的参与，激发他们观看华文电视和阅读对华文报刊的兴趣，使他们长年在华文世界的浸染中潜移默化地受到中华文化的影响，这对提高他们使用华文能力，促进第二代、第三代继承中华文化传统将会有很大帮助。中国已加入世贸，对外开放，经济迅速发展，国内对人才渴求，也有助激发青年一代身为外籍华人学习华语的信心。

电视以具象的画面作为信息传播符号，能够减少华人观看华语电视的困难，而对于以华文作为主要传播手段的华文报纸来说，随着越来越多的第二代、第三代华人舍华语就英语，华文报纸面对的挑战和冲击就相对大些。由于报纸的阅读水平要求比较高，首先要求阅读者必须具备认字能力，然后是理解能力，这样才能谈得上阅读和理解华文报纸传播的消息。所以说，虽然所有的华文传媒都面对受众减少的危险，但是相对而言，报纸面对的压力会更多一些。

因科技日益进步，加拿大电视行业亦以极快步伐进入数字化广播时代，两个加拿大卫星平台已率先进行全数字化压缩广播，其他有线电视平台亦陆续相随，以往加拿大广电局因频道有限而制定之“一语言一频道”政策亦已开始受到冲击，在不久的将来将极有可能出现同一语言之中的竞争频道，加上加拿大推动多元文化政策，多元文化频道亦会陆续出现，现在多伦多及温哥华已各自有一个多元文化免费频道，虽然每星期只有20多小时华语节目，但对靠有限的广告及订户收入为主的华语电视将引起冲击。有竞争就有进步，凭借华文传媒多年运营所积累下来的经验，相信华文传媒在困境下亦能找出生存空间。

电视是一个资本需求大的行业，加上当地制作牌照规定，人力资源要求亦相应加大，观众要求亦愈来愈高。以新时代电视为例，现在全国聘有超过200位工作人员，以一个海外华人经营的电视台来说，已是一个颇具规模的电视台，经营成本之大可见一斑，当经济繁荣的时候，还勉强可以应付，但遇上全球经济低迷，则非常吃力了。所以，新时代电视应变办法就是精简机构，提高工作效率，集中制作资源，但这样的政策，显然对华文传媒的从业者来说，是一大灾难。

两岸政治议题敏感，也使华文传媒面对各种困难。由于加拿大人口结构包括大陆、香港、台湾三地，目前虽然讲广东话的人很多，但今后随着大陆移民日多，普通话所占比例亦逐渐增大，故此在节目方面，加拿大华文传媒亦要两方面兼顾，以免顾此失彼，三地虽然同是华人，但在文化生活习惯上仍有差异，所以在节目内容安排亦需花费心思。因此，在新闻取材、政治评论方面，亦因两岸政治变得敏感。

华文传媒资深人士认为，华文报纸在过去十年竞争激烈的情况下，生存空间较小，总的发展趋势是“办报不难，维持不易”。近百种华文报纸的发展史，道尽了海外无数办报人的艰辛路程，反映了他们在海外办报的沧桑。

笔者相信，随着中国经济的迅速发展，中加两国交流更加频繁，学习华文的人不仅不会减少，反而会有扩大的可能。这些增加的人数，也将对华文传媒的发展提供更坚实的基础，并拓宽其生存渠道。

第二节　美国华文传媒业

中国人大批移居美国始于1848年。当时美国开发西部金矿，修筑横贯东西长达4 000公里的太平洋铁路，需要大量廉价劳动力，广东沿海一带农民被迫卖身赴美当苦力，成为早期的移民。此后各个不同历史时期，都有中国人移居美国。近二三十年以家庭团聚、继承财产、留学为由赴美的大陆移民，港台留学、技术和投资移民，以及来自越南、老挝、柬埔寨三国的华人再移民，使美国华社由过去以广东省籍老华侨华人为主体的“单一”华社，发展成各类群体组成的“多元”华社。

根据美政府人口普查显示，1970年美国华侨华人总数为43万人，1980年有80万人，1990年为180万人。2000年美国人口统计数据显示，全美华侨华人总数为288万人。主要集中分布在美国东西两岸，以大城市居多。美国联邦普查局公布一批有关亚裔人口的最新数据，截至2005年7月，全美约有1 440万亚裔，占人口5%，其中华人占330万。在美国的非英语语言中，华语的流行程度仅次于西班牙语。这么庞大的讲华语数量，自然为华文传媒的生存与发展提供了必要的条件。

美国经济发达，华人数量众多，华文传媒也相当发达。据美国国家人口统计局2000年进行的调查，五岁以上的华人在家说中文，约有125万人，他们是华文传媒的受众群。华文传媒不但担当华人信息交流的桥梁，而且还成为华人与其他种族、政治沟通的渠道。每四年一届的美国总统选举，这些华文传媒都发挥了重要的参政议政功能。许多候选人为拉拢华人的选票，也乐意接受华文传媒的采访，以在华人中树立的良好形象，希望华人投自己一票。

由于美国华人构成相当复杂，既有新中国成立前赴美的华侨华人，也有新中国成立后赴美的华人、留学生，又有来自香港、台湾的华人，所以，华文传媒也变成了数个派别。如今，中国改革开放，经济迅速发展，国际地位日益提升，现在大多数华文传媒都客观地报道中国的消息，甚至拥护中国的改革开放政策，维护国家的统一，成为反对"台独"的重要力量。

一、美国华文传媒的历史

美国是海外华文传媒的发源地之一和最发达的地区之一。据不完全统计，1854—1996年间，在美国共出现过华文报刊753种（内日报69种，期报296种，期刊251种，社团刊物137种），仅次于新加坡；1995年内存在的报刊数则有130余种，在海外居第一位。目前，美国的华文日报有十几家，但在东西两岸都有出版、发行和销售的只有四家——《世界日报》、《星岛日报》、《侨报》和《明报》。除此之外还有一百多家的华文周报在各地发行。

1. 华文报业历史简述

140余年来，美国的华文报刊经历了萌芽、草创、发展、低潮和大发展几个时期，从一份小型的石印报开始，现已形成品种多样、内容丰富、技术现代化、覆盖全美华人社区的报刊群体。[①]

（1）1900年前

19世纪40年代末期，因美国西海岸发现金矿而吸引了大批华人采金者和为其服务的少数华侨商人、知识分子；加上旧金山一地已有19种英文、3种法文和1种德文报刊作样板，为华文报刊的出现创造了条件。在教会人士推动下，由美国人、印刷行东主威廉·霍华德（William Howard）主持的华文报纸《金山日新录》于1854年在旧金山诞生，这是美国第一份华文报纸，也是世界上第一份华文周报。它出版几个月停刊之后，有同样性质的华英文《东涯新录》由美国传教士威廉·士比亚（William Speer）主持在1855年出刊，1856年12月停刊。紧接着，由华人知识分子司徒

① 部分参考了王士谷．华侨华人百科全书·新闻出版卷．北京：中国华侨出版社，1999.218

源（即黄泰）创办，美国人韦伯斯特（Fletcher E. Webster）担任出版人的《沙架免度新录》于1856年12月在萨克拉门托创刊，延至1858年停刊。这是世界上第一份华人创办的报刊。此报只在密苏里历史学会存有1857年4月8日的一期，但据美国新闻史学者称，它在初创时曾有短期为日报，因此亦被认为是世界上第一份华文日报。司徒源和李根则是继梁发之后世界上最早的华人报人。由于在此之前的《察世俗每月统记传》等都属于期刊，在美国西海岸接续出版的这三份华文报纸，和新加坡的《日昇报》（*The Rising Sun*）一起，以世界上最早的一批近代中文报纸而载入报刊史册，具有重要的历史意义。

然而，当时美国西海岸毕竟华侨人数不多，华文报刊市场太小，此后近20年间，除在20世纪60年代中期以英文为主的《飞龙报》兼有少量华文告白外，可以说是华文报刊的空白期。上述三种华文报纸的出现，带有摸索、试验的性质，尚处于萌芽状态。

19世纪60年代，大批修筑铁路的华工涌入，使美国华人人口大幅增加。这时近代华文报纸在香港和中国大陆也初具规模。由于信息需求和各种办报条件都已具备，美国华文报纸在70年代中期复苏并形成了绵延不断的发展态势。先是美国人办的《旧金山唐人新闻纸》创刊（1874—1875）；接着是先由华侨和美国人合办、后由华侨独力经营的《唐番公报》在1875年面世，这是一份19世纪内美国营业时间最长的华文报纸，几经变迁至1903年才停刊。由这时至19世纪末，是美国华文报刊的草创期。这一时期，华文报刊的出版中心是旧金山和当时尚未正式并入美国版图的夏威夷群岛，主要是周报，印刷方式则由石印发展至铅印。其中较著名的有：1876年在旧金山创刊的《华人纪录》、1883年在檀香山创刊的《檀山新报》（又名《隆记报》）、1892年在旧金山创刊的《文兴报》等。旧金山于1883年曾出现过当地第一份华文日报《华西申报》，但维持时间不长。这一时期在纽约、费城、波士顿、芝加哥等地也出现过华文报纸，但也都昙花一现。

上述报纸中的绝大多数，都属于商业性报纸，以传播信息和知识为主要内容，在19世纪80年代美国排华浪潮中维护了华侨华人的利益，在刚开始形成的华侨华人社区中成为不可缺少的舆论工具和精神食粮。

（2）1900—1967年

1900年，美国第一份持续出版的大开张华文日报《中西日报》在旧金山创刊，开始了日报的时代。在此后半个世纪内，一批重要日报相继创刊。美国华文报刊史上几份存续长达半个世纪的日报，都是在这一时期面世的。同时，以旧金山《民口》月刊（1914—1915）为开端，纽约《中美周报》（1942—1970）等一批杂志也在一些城市出版了。以日报和杂志为主要形式，以旧金山、纽约、檀香山和芝加哥为集中地的华文报刊出版事业，在20世纪前半个世纪获得了相当大的发展。

在日报类型中，《中西日报》是美国华人中产阶级的喉舌。1924年创刊的《金山时报》也宣称其代表美国籍华人利益。这两份报纸在美国华侨华人中都有长期的影响。旧金山《太平洋周报》(1946—1983)则是有广泛读者的周刊。引人注目的是，从20世纪初开始出现了中国国内各派政治力量在美国办报的浪潮成为这一时期美国华人报刊发展的重要动力，这反映了中国国内政治对美国侨社的影响。先是梁启超的维新派于1899年掌握了《文兴报》(后为《世界日报》)，后在檀香山办《新中国报》(1900年创刊)，在纽约办《中国维新报》(1904年创刊)，宣传自己的观点。以孙中山为代表的民主革命派则从1903年起掌握了《檀山新报》和旧金山《大同日报》，后又办起了旧金山《少年中国晨报》(1910年创刊)，同维新派展开笔战并最后占了上风。"中华民国成立后，国民党在上述四大城市均有其党报，1927年国民党在美组织分裂为左右两派后两派的机关报并存：如旧金山《少年中国晨报》和《美洲国民日报》；纽约《民气日报》和先后存在的《中山晨报》《美洲日报》等。"①

随着华侨华人中工人运动的发展，《先锋报》(1928—1938)创刊，这是美国第一份以马克思主义为指导思想的群众性报纸。后又有中国共产党人的《救国时报》(1938—1939)和侨社公认的"左派"侨报《美洲华侨日报》(1940—1989)先后创刊。这些政治性报刊，以中国国内问题为主要的关注焦点，也不同程度地报道华侨华人问题，其中有的报纸成为当地侨社的主要读物。

20世纪五六十年代，由于美国政府采取对外敌视中华人民共和国、对内反共的麦卡锡主义的政策，使华文报刊的发展极为缓慢。新创刊的日报只有纽约《联合日报》(1952—)和短期存在的《民治日报》(1960—1966)、《中国时报》(1962—1979)，以及在旧金山短期存在的《自由中国日报》(1955—1957)。新创刊的周报、期刊比较少。多数美国华文报业基本上采取支持国民党的强烈反共立场，仍将台湾视为中国的合法政权。这期间创立的报纸，包括在旧金山市创刊的《自由中国日报》，都反映了这一趋向。这一时期的国民党党报以反共为基调控制侨社舆论，支持中华人民共和国的报刊则受到迫害。当时的《金山时报》编辑 Gilbert Woo 因为撰文批评国民党政府而遭到批判。但此时，也有少量华文报刊批评国民党。"1946年由 Gilbert Woo、Yuk Ow 等自由派华人在旧金山市成立的独立报《太平洋周报》以美国华裔公民的角度来审视世界。1948年，商人 Thomas Tong 在旧金山市创办《华商报道》。两份报纸都翻译外电报道，让读者得知美国主流社会的状况，也敢于批评国民党政权，可惜发行量非常小，民意影响力非常有限。总的来说，这一时期美国华文报刊事业处于低潮。到了1970年代初，华文报的境况跌至谷底。尽管华裔人口自1940年代起一直增加，美加华文报的数目却从1943年的18家减至13家。"②

1965年美国国会通过新的移民法案并于1972年将华人入籍配额增至每年4万人。1971年中华人民共和国恢复在联合国的合法权利，中美关系开始解冻。之后，

---

① 王士谷．华侨华人百科全书·新闻出版卷．北京：中国华侨出版社，1999.218

② 王士谷．华侨华人百科全书·新闻出版卷．北京：中国华侨出版社，1999.219

美国华人人口激增，至1990年时已增至1 645 472人，约为1970年的4倍，促进了华文报刊空前、迅速的大发展。美国华文报刊的累计700余种中，即有2/3为1970年以后创刊的，其中包括大批社区报刊、专业报刊、消闲娱乐报刊等多样品种。20世纪80年代末期以后，各类报刊每年同时存在的总数都在100种左右，呈现一片繁荣兴旺的景象。

（3）1968年后

1968年，香港的星岛报系在纽约开办了美国版《星岛日报》。以香港《星岛日报》为开端，从20世纪70年代开始出现了港台报业资本进军美国的浪潮，直接促进了80年代中期华文日报的激烈竞争。70年代早期，《星岛日报》是唯一在美国东西两岸都发行得很成功的报纸，不过当时号称发行量最大的报纸仍属于国民党1962年在纽约成立的《中国时报》（不同于台湾的《中国时报》）。1976年，台湾的联合报系在国民党政府的支持下，在纽约创办了《世界日报》。“《世界日报》进入北美华文报业市场后，华文报业的格局立刻发生转变，在国民党的庞大财力支持下，《世界日报》在全美各地大量派报，迅速瓜分了华文报的市场。《世界日报》在80年代掀起了一场华文报争霸战，另一家台湾报纸《中国时报》也于1977年开始在美国发行周报，1981年台湾移民Tao Chen创立《国际日报》，1982年，Chao-chu Fu在纽约发行《中报》，香港的《文汇报》和《大公报》等报社也都纷纷登陆美国。”①

图4－5　美国《世界日报》2006年2月15日

在激烈的竞争中，多数传统的华文报纸，包括历史达半个世纪的大报如《新中国日报》、《少年中国晨报》等都退出历史舞台，为新型的日报所代替。1996年，《星岛日报》和70年代后陆续创刊的《世界日报》、《国际日报》、《侨报》，都是在多个城市同时出版的全国性报纸，占有华文日报总发行量较大份额；在《美南新闻》基础上发展起来的美南报系则拥有《芝加哥日报》和其他地方的多家周报。此外，台北《自由时报》也创立了美国版。历史较长的旧金山《金山时报》和纽约《联合日报》等，则仍为地方性报纸，发

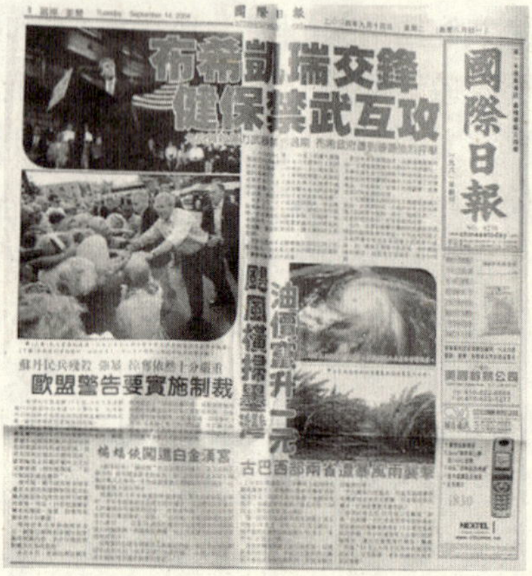

图4－6　《国际日报》2004年9月14日

① 王士谷．华侨华人百科全书·新闻出版卷．北京：中国华侨出版社，1999．219

行数量有限。值得注意的是，最有影响的几家华文日报，有台湾和香港的背景，它们从不同的立场出发以中国问题为关注的重点，过去对中国大陆的报道比较负面，但20世纪五六十年代华文报纸舆论一边倒的局面已根本改变。从20世纪70年代早期到80年代末期，美国与中国的关系逐渐修好，华文报对中国政府的态度，从早年的反共立场转变成中立或倾向于支持中国大陆。另外，随着华裔逐渐融入美国社会，与主流社会相处而产生的重要议题也愈来愈吸引华文报读者的注意。

到了20世纪80年代，不管政治立场是左是右，华文报都更关注华裔在美国的生存与发展，如平等权利、平权法案、政治参与等。另外，洛杉矶在这段期间成为美国成长最迅速的第三大华裔社区。《世界日报》也于1986年在洛杉矶开始发行《中国日报》，立刻被当地人数众多的台湾移民接受。

由于20世纪70年代以后陆续移居的华人占了华人人口的大多数，华文报刊的主要服务对象已由老华侨逐渐转向新移民。各种不同源流的华侨、华人和留学生兴办了多种报刊，特别是周报和期刊，作为自己的信息交流工具和舆论阵地。70年代初台、港留学生的“保钓运动”中一度出现过不下70种通讯刊物，有的已成为面向社会发行的正式报刊。这些报刊、通讯多在1972年结束，也有一些延续出版了数年，并随着运动的发展转向以讨论中国统一问题为主要内容。这些报刊、通讯打破了华文舆论界的沉寂空气，为随后陆续出版的为大量台、港专业移民和投资移民服务的报刊做了人员和经验的准备。“20世纪70年代末涌入的越南、柬埔寨、老挝华裔难民，先由出版简单的通讯刊物开始，随着定居和入籍而办了多种正式报刊。80年代以后，则有大陆的专业移民和亲属移民所办的报刊出版。这些周报和期刊。虽然多数寿命不长，但此伏彼起，保持着相当规模。华文报业间的激烈竞争带给美国华裔读者莫大的好处。在20世纪80年代，报纸每日发行的页数从16页增加到24页至28页，内容涵盖国际新闻、财经新闻、娱乐新闻、体育新闻等，报道地域广及美国、加拿大、中国大陆、台湾和香港地区。”①

自20世纪80年代中期起，华文报业市场基础上被在美国发行的大报所垄断，这些报社属于大型企业，需要庞大的营运资金，然而华文报市场的订户和广告商仍旧有限，1万5千份报纸的发行量就已经算很高了。美国的这些大报包括《星岛日报》（现已停刊）、《中央日报》、《世界日报》。随着成本增加，财务紧张，这些大报将发行范围集中在华人稠密的地区。以《国际日报》为例，它曾经对全美市场虎视眈眈，到了80年代中期只专注于南加州和得州发行。总体来说，20世纪80年代中期开始，虽然华文报市场扩大，但是成本的上升和竞争的激烈自70年代中期起即对华文报造成沉重的压力。小本经营的地方小报受到资金雄厚在全国发行的大报的冲击，一家接一家地倒闭。另外，国民党机关报也开始发现它们的反共立场无法再吸引读者的

① 王士谷．华侨华人百科全书·新闻出版卷．北京：中国华侨出版社，1999. 219

兴趣。

截至20世纪90年代中期，在旧金山湾区、大洛杉矶地区、纽约、休斯敦、芝加哥、西雅图、丹佛、华盛顿特区、亚特兰大、迈阿密和新泽西州等地，都有不止一种甚至一二十种华文报刊同时出版。这些报刊各有特色，在各自所针对的读者中传播信息和知识，反映他们的心声，以补日报之不足，是华侨、华人和留学生的重要读物。20世纪90年代，华文报社开始扩大业务，进入广播业。旧金山的《星岛日报》自1996年起开辟每周五天播出的两个粤语节目，1997年又开辟另一个普通话节目。90年代后期因特网的兴起，也使各家华文报纷纷成立网站，以吸引更多读者。

随着华人数量的急剧增加和大批专业人员加入办报队伍，美国华文报刊的业务、技术、管理水平也获得提高，报刊的信息量大为增加，编排日益考究，排印操作已告别“铅与火”而进入“光与电”的时代，实现了电脑化，出现了电子报刊，如纽约《侨报》的电子版和美南报系的《环球电子日报》等华文电子日报。美国华文报刊充分利用数字技术，以更大的规模和更新的面貌进入21世纪。

这些在美国各地同步发行的华文报，利用最先进的通信技术，包括用卫星传送资料，让各地的分社能使用相同的排版，另外，报社也将编辑部、印刷部和行销广告部门分设在不同的地点。华文报纸不再依赖接收通讯社新闻，而是雇用记者去跑当地的新闻。许多从中国大陆和港台地区来美就读新闻专业的优秀学生，毕业后进入这些报社工作，提高了美国华文报新闻报道的品质。

由于竞争激烈，也由于市场相当有限，华文报纸的利润一直不理想。在20世纪前50年，华文报纸的主要目标是充当党派的喉舌，影响大众的意见来达到政治目的，所以经常获得政治资助。今天，华文报纸本着新闻专业主义的立场，党派色彩比较淡薄，但由于营运成本的激增，华文报纸仍面临棘手的财务问题。

2. 电子传媒迅速发展

20世纪70年代开始，华语电视在美国出现。1974年，旧金山的陈立欧创办了“美亚电视”；1975年，吴式坤兄弟也在旧金山创办了“海华电视”。1976年，旧金山这个华人相对集中的地方，又出现了“天祥电视”、“中华电视”。这时，美国的华语电视初具规模。

台湾三家公司——中国电视公司、中华电视公司和台湾电视公司于1980年合股在美国成立了国际视听传播公司。总代理中视、华视和台视的电视节目在美国的播映权发行及录像带发行，并且经营“联合华语电视”，在美国各大城市转播台湾的新闻与专题节目。“从1981年开始，‘联合华语电视’跟随华人的足迹，从美国西海岸发展到东海岸，再从沿海发展到内陆，先后在旧金山（26频道），洛杉矶（18频道）、纽约、新泽西地区（25频道）、夏威夷地区（13频道）、华盛顿地区（56频道）、芝加哥、密尔互基地区（26 频道）、休斯敦地区（48 频道）进行全方位转播。”①

80 年代，纽约先后出现了“苹果电视”、“宏声电视”、“世界电视”、“侨声电视”、“联合华语电视”，旧金山出现了“世华电视”、“太平洋电视”等十几家新的华语电视。1990 年创办的纽约“中文电视”，采取有线与无线两种方式播出，覆盖了纽约、洛杉矶、华盛顿、新泽西、宾夕法尼亚州、康得迪格州等地区，迄今覆盖人口超过 7 000 万。

90 年代后，华文广播电视的发展速度更快，诞生了一批具有较大影响的广播电台与电视台，如 1990 年启播的美国熊猫电视台、1996 年成立的洛城双语广播电台、1998 年成立的纽约华语电视台、1999 年成立的中国之星电视台、2001 年开播的纽约华语广播等。

“在卫星电视方面，华文电视也有比较快的发展。90 年代以前，虽然华人移民很多，无线电视也迅速发展，但直至 90 年代初，在北美上空的卫星电视只有台湾办的北美卫星电视。它的节目从 4 小时发展到 8 小时再到 12 小时；它通过有线电视网和卫星天线接受系统，基本覆盖了北美地区，收视听众最高时达 20 万之众。由于态发展形势见好，它放弃了自己永不收费的承诺，要求在各接收系统上加密，并每月收取 18 美元的收视费。因为他们认为中国大陆的卫星要想传送到北美上空还是十分遥远的事。”②

1993 年 5 月美国 3c 集团与中央电视台正式签约，并成立了美洲东方卫星电视，1993 年 8 月 28 日，东方卫星电视正式开播，这是华语电视发展的新里程碑。标志着中国的声音正式进入美洲传媒主体网，中央电视台第四套节目当天就远渡太平洋，落地北美大陆。

目前，北美地区的华语电视台初步形成了三足鼎立的局面，即中国大陆、香港、台湾三地开办的电视台各有受众群。“大陆在美国的主要电视台有中央电视台与美国 3c 公司合作的美洲东方卫视、国务院新闻办在南加州地区设立的美国熊猫电视台，国务院侨办在美国纽约办的纽约中文台，河南电视台与美国斯科拉电视教育台办的黄河电视台等。这些电视台中，美洲东方卫视播出时间最长，为每天 12 小时。香港地区在美主办的电视台是美国翡翠电视台等。台湾主办的有美洲卫星电视、传讯电视中天频道等。此外，台湾的 TVBS 也于 1995 年 11 月初通过美国翡翠电视台将自己的节目送入美国本土，从而成为进入北美的第三个台湾电视台。在这些电台中，以北美卫视播出时间最长，每天 24 小时。”③

由于华文报纸是族群性传媒，因此相当多的华人倾向相信华文报纸的报道。“根

---

① 蔡贤盛．世界华语电视发展探析．广播电视信息，1994（2）

② 赵鸣．对垒北美——漫谈近年北美地区华语电视新闻战．新闻记者（上海），1996（3）

③ 赵鸣．对垒北美——漫谈近年北美地区华语电视新闻战．新闻记者（上海），1996（3）

据旧金山州立大学在2002年对旧金山湾区华裔、非洲裔和拉丁裔使用传媒的研究指出，这些族裔对族裔传媒的信任度比主流传媒高，尤其是第一代移民。此研究发现随着少数族裔融入主流的程度增高，如第二代移民，对主流传媒的信任度也增高。然而对第一代移民，即使融入主流社会后，对少数族裔传媒的‘忠诚度’相差不多。在湾区的第一代华人有83%使用华文传媒，其中在美国居住25年以下者高达90%～98%使用华文传媒，即使居住25年以上者也有80%以上使用华文传媒。”① 另外，2005年Arbitron调查公司发现洛杉矶有59%的华人收听华语广播，在纽约则有36%。很显然，华文传媒在华人族群中仍拥有很大的市场。

此外，Journalism. org引用Bendixen and Associates 2005年在全美所作的问卷调查时发现，全美亚裔社区不论新旧并不倾向于使用英语传媒，却有相当高的百分比使用各自族裔语言的网站。即使在新移民构成的新亚裔社区，亚裔语言网站的使用率也相当高（见表4－5）。

表4－5　亚裔接受本族语言传媒使用率数据表

社区	亚裔语言报纸	亚裔语言广播	亚裔语言电视	亚裔语言网站
旧亚裔杜区	24%	17%	21%	47%
新亚裔社区	14%	12%	5%	60%

“虽然这份调查没有细分亚裔各母国背景，但华人占亚裔最大多数，因此仍有指标作用。此调查结果透露的信息是新亚裔社区的居民英文程度较高，才可能住在没有很多亚裔的地区，相对的在当地提供亚裔传媒的机会也比较少，因此较常使用英语传媒，但是网络就没有地区的限制。华文传媒不能忽视美国华人可能选择使用网站的消费行为，这不仅是在美国华文报业之间的竞争，美国主流传媒也在争取华文读者。譬如，美国《华尔街日报》的华文版网站于2002年成立；《美国在线》在2006年4月也开始提供华文新闻，还提供网络电视，包括中央电视台第四套与第九套、江苏卫视、湖南卫视、广东南方电视台、东方卫视和台视国际台。美国华文传媒利用网站另辟广告平台势在必行，达尔文的进化论主张‘适者生存’，非常适用于目前受到新传媒冲击的传媒产业，谁能适应这些变化，谁就能掌握成功的契机。”② 由此可见，美国的华文传媒竞争也相当激烈。

二、美国华文传媒现状与变革

概括来说，美国华文传媒现状主要呈现如下状况：

---

① 朱辰华．美国华文传媒发展综述．世界华文传媒年鉴．北京：世界华文传媒年鉴社，2007.66

② 朱辰华．美国华文传媒发展综述．世界华文传媒年鉴．北京：世界华文传媒年鉴社，2007.66

1. **社区报繁荣**

目前，除了《世界日报》、《星岛日报》、《侨报》和《明报》四大报外，还有三大传媒在夹缝中形成自己的体系，它们是以休斯敦为大本营的《美南新闻》、以纽约为大本营的《多维时报》以及以芝加哥为大本营的《神州时报》。此外，还有小型的华文报刊在城市社区免费发行（见表4－6）。由于与社区关系比较紧密，因此它们有一定的生命力。

表4－6　美国主要社区周报一览表

出版地点	报　刊
华盛顿	《新世界时报》、《美华商报》
芝加哥	《芝加哥华语论坛报》、《美中新闻》、《辰报》
休斯敦	《华夏时报》、《美中信使报》
达拉斯	《美中晚报》、《达拉斯新闻》
费城	《华商报》
底特律	《达底特律时报》
堪萨斯	《堪城新闻》
西雅图	《西雅图新闻》
檀香山	《檀报》
北卡	《华星报》
凤凰	《亚省时报》
波士顿	《波士顿纪事报》
新泽西	《新象》

“美国华文周报风起云涌，呈星星火燎原之势，只要某个地区或城市华人相对集中，就一定有一份当地的华文周报出现。对于社区的深入和社区的生活服务，这些免费的华文周报、周刊起着无法替代的作用。”①

2. **华文报业不断变革**

美国华文报业的布局随华人人口的分布而定。纽约、洛杉矶和旧金山是美国三大华埠，这三大城市的华文报业也最为发达，也只有在这三大都市以及首都华盛顿能够读到当天的《星岛日报》和《世界日报》，在纽约可以读到当天的《明报》。据美国的华人社会估计，纽约、洛杉矶和旧金山三市的华侨华人，分别约有60万、50万和45万人；在华盛顿外围地区以及芝加哥、休斯敦，则分别超过10万人，在这些地区，华文报业有比较好的发展空间。

美国华文报业的总体格局是，世界日报及星岛日报两大报业集团占有比较大的发

① 汪辰．美国华文传媒2005—2006年发展情况．世界华文传媒年鉴．北京：世界华文传媒年鉴社，2007. 68

行份额，另一大特色是有一批免费的华文报纸，这些报纸与当地民众有很强的贴近性，它们以当地广告为支撑，也很受当地华人的欢迎。

美国的华文报纸中，最大的两家是以香港为大本营的《星岛日报》和以台北为基地、以《联合报》为依托的《世界日报》。这两家报纸在美国的员工总数都超过300人。《世界日报》是国民党已故中常委王惕吾创办的报纸，隶属台湾联合报报业集团。

"《世界日报》以台北的《联合报》为后方大本营，以设在纽约的北美总管理处负责北美地区的运行。与《星岛日报》一样，《世界日报》在美国设有纽约总社、洛杉矶分社和旧金山分社。"①

《世界日报》在说普通话的读者当中有一些优势，但《星岛日报》由泛华集团接手后，努力扩展广东话以外的读者。两者的竞争使报纸出现了许多变化，而这些变化的目的，都是为了适应读者的需要。如果没有竞争，这些变革出现的速度或许要慢很多。

但改革也引起了一些不必要的争论。"在2002年2月9日，《星岛日报》首先改为横排。三天之后，《世界日报》全面改为横排。两家报纸几乎同时改为横排，说明两家报纸都在一个相当长的时间里认识到了横排的必要性，并且进行了基本同步的准备。香港报纸由竖排改为横排，没有什么政治上的障碍，但是，台湾背景的报纸进行这样的改动，受到了一部分亲台湾读者的强烈批评。他们认为《世界日报》这样做是"向左转"，尽管《世界日报》反复强调阅读自左向右是世界文字大潮，主要语种中仅有的特例是阿拉伯语，但仍然有读者不认同。《世界日报》在改版之前的横标题，甚至还是从右向左读，以适应竖排文字从右向左排的格式，但是《世界日报》坚持自己的做法，并逐渐赢得了最广泛的读者的认可。"② 在文学副刊中，《世界日报》也同时刊登两岸三地小说、诗歌与散文的报纸。在推动美国华文发展中，《世界日报》的文学副刊应该是作出了相当大的贡献。

《世界日报》和《星岛日报》目前都还采用繁体字印行。美国由华人办的华文学校中，也有对简化字和繁体字的讨论乃至争论，但比较倾向性的共识是，努力抛开其中的政治因素，从实用入手，两种字都教。《世界日报》除在纽约、旧金山、洛杉矶有三个分社外，还在华盛顿、芝加哥、休斯顿、波士顿等地创立分社。

由于历史原因，以及改变字体的成本问题，目前美国的华文报业仍以繁体字为主流。新加坡是在中国大陆以外地区采用简化字最成功的国家。除新加坡之外，海外华人社会仍以使用繁体字为主。这一大的趋势，将会随着中国大陆海外移民人口的不断增加而达到某一个临界点时，或许会在海外掀起废弃繁体字的运动，专家认为这需要

① 南国．美国华文传媒发展综述．世界华文传媒年鉴．北京：世界华文传媒年鉴社，2003. 74

② 南国．美国华文传媒发展综述．世界华文传媒年鉴．北京：世界华文传媒年鉴社，2003. 75

很长的时间。

现在，美国华文报业大多采用了北大方正的排版系统，已故全国政协副主席、北京大学教授王选曾多次亲临美国，帮助美国的华文报业使用北大方正系统，对华文报业的片面改进做了很大贡献。

《星岛日报》于2002年9月20日全面改版，改版后的《星岛日报》，以全新的版式、良好的印刷服务于美国各地的读者。

《星岛日报》在纽约的美东版负责印行该报的大华府版、波士顿版、费城版、克利夫兰版、芝加哥版。《星岛日报》在旧金山的美西版负责印行该报的西雅图版和夏威夷版。《星岛日报》美东版用汽车当天从纽约送达各地，空运至芝加哥、西雅图和檀香山。

周末附加出版一刊，是西方报纸的传统，如《纽约时报》在周末即推出《纽约时报》周刊。在美国的主要华文报纸周末也都附加出版周刊，如《世界日报》的《世界周刊》，《星岛日报》的《星岛周刊》，《明报》的《明报周刊》等。《星岛日报》在此基础上还增发《新大际》周刊，《星岛日报》还出版了每周一次的《星岛地产》和《美国生活》周刊，美西《星岛日报》做到了一周四刊。

《星岛日报》不回避拥护中国国家统一的立场，也不回避亲中的立场。泛华集团董事局执行董事、星岛报业海外董事总经理詹瑞庆在旧金山接受电视采访时说，身为中国人，亲中是很自然的。该报对于越来越多的港人希望参加中国的全国人大及全国政协，也曾经发表过题为《亲中潮流浩浩荡荡》的社论。而泛华集团董事局主席何柱国本人，在2003年的全国政协会议上当选为全国政协常委。

《金山时报》在《世界日报》和《星岛日报》的强大攻势下，努力保持自身的特点及优势，它以报道旧金山侨社新闻见长，当地老华侨的讣闻登在《金山时报》上也是一个传统。

此外，在洛杉矶还有《国际日报》，在纽约有台湾支持的《自由时报》，这两份日报的影响力基本上只局限在所在城市。

3. 免费报纸遍地开花

美国华文报纸中的一个特殊的现象就是免费报纸奇多。在三大华埠这一现象不甚明显，但是，在华盛顿等地，在四大华文日报当天不能送达的地方，免费华文报纸就找到了它们生存的空间。

比较典型的地点是华盛顿，在华盛顿外围的马里兰和弗吉尼亚州，居住着大约13万华侨华人。这里的免费报纸相当发达，计有《华盛顿新闻》、《华府邮报》、《新世界时报》等，前两家是台湾人办的，后一家则由大陆移民创办并经营。

这些报纸的共同特点是：为节省开支，尽可能少雇用编辑人员，基本上没有记者，重大新闻主要依靠因特网。所以，这些报纸像文摘报，但有鲜明的服务社区的色彩与功能。

这些报纸盈利的唯一来源是广告。由于采用免费的形式发行报纸许多到超市购物的人们可以顺手取阅，免费本身就促进了发行。因此，《华盛顿新闻》号称在华盛顿地区可以有上万份的发行量。该报套红印刷，头版基本上都是广告，该报已经和当地商家形成了密切的关系，已经进入良性运作状态。

另一个值得一提的报纸是由大陆移民创办的《新世界时报》。"该报是小报形式，没有彩印，也没有套红，以简化字印行。该报有较高的文字编辑水平，文章处理得相当'干净'。《新世界时报》的读者对象很明确，就是当地的大陆读者。和其他免费报纸一样，这家报纸也登载很多侨界活动的预告等。如果要归类，这些都可列入'社区报纸'，其经营目标从来没有打算过到当地社区以外，但是，由于其贴近当地民众生活，这样的报纸有其独有的生命力。在一些华人较少的城市，如丹佛，当地也有华人办的免费报纸，如由屠新时任总编辑的《丹佛时报》。毕业于中国社会科学院新闻研究所的张大卫，则在芝加哥创办了免费双周刊《芝加哥华语论坛》，在达拉斯，李景明出资创办了《美中晚报》，每周五天出报，这是全美唯一的华文晚报。"①

与中国大陆报刊联合办报也成为美国华文传媒的一大风气。1999 年底，汕头特区报社与美国华文报纸《国际日报》合作出版《国际日报·中国新闻》专刊，成为我国第一份与国外新闻传媒合作并在国外发行的报纸。2000 年 7 月 1 日，哈尔滨日报报业集团与美国《国际日报》合作出版《国际日报·华厦商务》专刊。这些专刊、专版对丰富华文报纸的内容、扩大大陆移民的关注十分有帮助。

鉴于中国大陆移民不断增多的趋势，许多华文报纸采取与大陆报纸合作的方式。大陆报纸也在美国出版发行。1994 年，《新民晚报》获准在美国印刷发行。1996 年，《新民晚报》又在美国设立了记者站，创办了美国版以后又扩大到北美地区、港澳地区发行。2002 年 3 月 8 日，旨在展现大都市风采、报道新天津巨变的《今晚报》美国版在美国洛杉矶成功出版发行。《今晚报》美国版创刊号共对开 4 个大版，其中 3 个版新闻，1 个整版广告。

虽然华文传媒得到了长足的进步，然而，它也存在许多不容忽视的缺点。许多华文传媒在海外还只能生存于"唐人街"，所办的报纸良莠不齐。有些华文报纸看上去相当低劣：内容多是从因特网上复制的，版式及编辑手法极其幼稚，比国内一些学校的油印刊物好不了多少。一些传媒赖以生存的广告也是五花八门，充斥着一些露骨的性药广告，俗不可耐。过于激烈的竞争为华文报业者带来沉重压力，并给某些不良倾向带来可乘之机，为人所诟病的色情服务广告就是在华人报纸中挥之不去的阴影之一。

此外，华文传媒为了拉广告，对广告来者不拒，刊登了相当多的赌场消息，造成了很坏的影响。据美国《侨报》2005 年 2 月 21 日报道，在各家华文电视台，赌场广

① 南国．美国华文传媒发展综述．世界华文传媒年鉴．北京：世界华文传媒年鉴社，2003. 77

告以迅猛的攻势覆盖了每个家庭看电视最多的晚餐时间。一些华人提出抗议：以牺牲华人青年和儿童的未来作为赌注，得不偿失，一些美国华文传媒应该反思。据介绍，美国规定不适宜儿童收视的影片都必须在较晚的时间播出。许多华人观众注意到，近来在华文电子传媒上大量而且频繁出现的是各式各样赌场的广告。受访华人称，不收费的 18 台华文节目在家庭晚餐时间和电视剧播出时间，大量插播（至少插播三次以上）赌场广告。另外，同样类型的赌场广告也出现在一些华文电视传媒节目中。

加州众议员赵美心表示，赌博行业在中国新年的时候大肆做广告，实际上是利用华裔节日推销赌博，企图吸引更多华裔进入赌场。目前，洛杉矶附近的赌场也确实出现了亚裔面孔超过半数的现象，值得华裔警惕。

一些华人指出，住在加州的华人，赴世界最大的赌城拉斯韦加斯需要开半天的车程，现在每天充斥在华文电视台的赌场广告离华人近在咫尺。这些赌场不光吸纳所有成年人的贪婪，而且在每日晚餐的时间进入每一个华人家庭，开始诱惑华人青年和儿童。一些华人提出抗议，作为少数族裔传媒，华文电视台在美国打拼的同时，需要想一想是否值得拿华人下一代的未来博取现在传媒短暂的收支平衡？传媒人应该反思华文传媒应以什么方式“促进”华裔社区在美国的生存与发展。

华人对华文传媒的抗议，笔者觉得很值得华文传媒的反思。发展不能牺牲青少年的未来，不能不择手段，漠视传媒作为社会公器的作用。现在，美国华文传媒竞争相当激烈，这是市场经济行业发展的一大规律。虽然华人总量有 300 万之巨，但是在美国仍然属于少数族裔，如果不以健康的宗旨、良好的操守和正确的思想进行竞争，那么即使华文传媒暂时得到了发展，但是从长远来说，却并不一定是一件好事。笔者发现，在美华文传媒除了刊登一些鼓励华人参赌的广告和新闻外，在其他方面的行为也应该引起反思。比如，在同一个社区，为扩大销量，几份报纸的工作人员相互骂战，甚至大动干戈，严重损害华人的形象。所以，对于这些不良的行为，华文传媒也应该吸引教训，反思自己的行为，通过健康的竞争手段来推动美国华文传媒的发展。

4. 竞争极其激烈

美国华文传媒竞争相当激烈，甚至可以用“惨烈”一词来形容。几乎华人聚集的城市都至少有三份报纸，再加上《世界日报》、《星岛日报》、《侨报》、《明报》在当地的销售，选择品种相当多，竞争因此相当激烈。

“在纽约，四份报纸占领大部分的市场份额。《世界日报》为首，《星岛日报》、《侨报》、《明报》次之。在旧金山，三足鼎立，《星岛日报》为首，《世界日报》、《侨报》紧随。而在洛杉矶，则正处于群雄逐鹿的时代：《世界日报》略为领先，《星岛日报》、《侨报》、《台湾日报》及其姊妹报《中国日报》、《国际日报》和《自由时报》等分庭抗礼。”①

① 美国华人社区中文报纸概览．华人时刊，2001（3）

激烈的竞争使得每份华文报纸无论大小都承受着巨大的经济压力。印数多，未必有相应数目的读者购买；印数少，广告客户的意愿难以满足。这或许可以部分解释为什么这里的大型华文报纸没有一家能够坦然标出自己的印数。而英文报《洛杉矶时报》则把它百万份的印数标于报头，且精确到个位。“长期以来，报业圈内有一个‘共识’，那就是办大报要赔大钱，而且一赔可能不止十年八年。这个局面，由于近几年新移民的大量涌入而出现转机，随后跟着的是更多的新兴报纸。”①

1994 年，全美影响最大的《世界日报》终于无法承受 0.25 美元一份出版数十个版面的压力，宣布涨价一倍，但是涨价之后，销量大跌，其他华文报纸乘机蚕食《世界日报》失去的市场，这段时间，《世界日报》承受了巨大的压力。但是，由于在美国经营多年，《世界日报》提高价格、改进质量的承诺打动了老读者，在经历了一段销量下跌之后，《世界日报》的销量又有所回升。据了解，这家在美国版面最多的报纸，一项重要革新就是有关中国大陆的内容有显著充实，而它的周末版更以特别精心的策划取胜。

在《世界日报》的改革略见成效之后，另一以粤语华侨为读者群的《星岛日报》也宣布跟进，价格翻番。这家在北美拥有五个地方版的报纸，每日随报的《星岛副刊》稿源则几乎全部来自香港，内容尽是在有关港影星歌星，评论中使用粤语方言。由于早期华侨多为广东人，且香港与广东移民是新移民中的重要成分，他们中相当一部分是《星岛日报》多年的忠实读者，即使报纸的价格有显著的上调，内容也未见多少改动，他们仍然可以接受。1999 年底，东家易手的《星岛日报》宣布大幅改版，报头改变，地方版内容大有起色，独家新闻比例加重，报道对象也扩展到所有华人。

侨報

大陆股市遇黑色星期一

大陆紧急调查含毒玩具

美赴华留学猛增近四成

買余仁生極品燕窩三瓶

再加送一瓶燕窩

聯手感恩大回饋

图 4－7　《美国侨报》2007 年 11 月 12 日

虽然这两家主要报纸都提高价格并取得成功，但其他华文报纸却未能遂愿。有的尝试涨价不能得手被迫返回；有的提高后销量大跌，很久都没有恢复到以往的销量；有的想提高销量的报纸趁机以超低价 0.05 美元销售；更有大量报纸索性定期奉送，而以广告收入作为经济来源。颇为有趣的是《侨报》，为了适应当地行情，变通政策，实行一报三价的制度，纽约版《侨报》四毛钱一份，旧金山版降到三毛五，而洛杉矶版更落到两毛五。

在美国华文报纸当中，竞争最激烈的两份报

① 美国华人社区中文报纸概览．华人时刊，2001（3）

纸是《世界日报》和《星岛日报》。《世界日报》和《星岛日报》都是全年每天出报的大开综合性报纸，它们以报道两岸三地的新闻见长。一些英文程度很好的读者选择看华文报的基本理由，在于华文报纸中对“家乡事”的报道，这是英文报无论如何做不到的。《星岛日报》有港闻报道的优势，《世界日报》有台湾新闻报道的优势，但双方都努力在中国大陆新闻、美国新闻以及国际新闻的报道上进行激烈竞争。

在中国大陆新闻方面，《世界日报》第一手的消息，主要依赖台湾《联合报》在北京的派驻记者以及香港等地聘请的记者。《星岛日报》则主要靠该报香港总部的中国组。现在，《星岛日报》也在北京派驻了记者。

“为了弥补各自的不足之处，《世界日报》与香港《东方日报》合作，《星岛日报》与台湾《中国时报》合作，双方进行新闻交换，以弥补各自在港闻和台湾新闻方面的不足。在印刷方面，美国主要的华文报纸都努力改善，投入资金更新设备。《星岛日报》旧金山版和纽约版彩页，已分别达到 8 页和 6 页，该报每天出 6 选报，彩色总数可达 48 页和 36 页，是目前在美国发行的华文日报中彩页篇幅最多的报纸。”①

在发行方面，《世界日报》首先与《纽约时报》合作，把报纸直接送到订户，打破了美国华文报纸靠零售的传统。《世界日报》带了这个头之后，《星岛日报》美西版与《旧金山记事报》签订了合约，开始发行订户版。从 2003 年 6 月 1 日开始，纽约《星岛日报》也开始了与《纽约时报》的合作，发行订户版。这也是在美国仅有的两家可以送报上门的华文报。

华盛顿是美国联邦政府所在地，华盛顿历来是美国华文报业的兵家必争之地。《世界日报》在华盛顿经营多年，纽约《世界日报》总编辑刘其筠曾经是《联合报》旗下《经济日报》骨干记者，《联合报》在华盛顿一直维持五人左右的采访力量，女记者林宝庆报道美国国会已超过十年，《联合报》从台北也一直派有记者常驻华盛顿。

“《星岛日报》在这方面相对较弱，自该报常驻华盛顿记者里戈调任旧金山《星岛日报》总编辑之后，该报在华盛顿仅有一名记者（张佳）。直到 2003 年 2 月，《星岛日报》正式成立华盛顿办事处并出版华盛顿版，该办事处才由谢启宇出任主任。谢启宇是台湾新党谢启大的弟弟，曾经在驻美国台北‘经济文化代表处’任职。《星岛日报》启用谢启宇，被认为是《星岛日报》走中立路线的一个‘代表作’，而谢氏姐弟反独促统的立场，也符合《星岛日报》的要求。目前《星岛日报》及《世界日报》都在中午之前在当地发行当日报纸，这也是当地仅有的华文日报。”②

由于竞争激烈，许多华文报纸的盈利很小，但华文传媒在西方国家逐渐站稳了脚

① 南国．美国华文传媒发展综述．世界华文传媒年鉴．北京：世界华文传媒年鉴社，2003. 76
② 南国．美国华文传媒发展综述．世界华文传媒年鉴．北京：世界华文传媒年鉴社，2003. 76

跟，影响也越来越大。例如台湾联合报系在美国出版的《世界日报》已经成为美国发行量最大报纸之一，在包括所有英文报纸在内的美国报纸中，它已排到二十几名。在2000年的美国大选中，《世界日报》是唯一能够同时采访布什和戈尔两位总统候选人的社区报纸，但平心而论，迄今还没有一张报纸能取得类似《纽约时报》和《洛杉矶时报》在英文主流社会的区域主导性的地位。由于美国华人帮派多，各地设版的主要华文报纸之间大都存在着地缘上和政治背景上的明确分野，在未来一段很长时间里，在区域内合并而形成一份区域主导报纸的可能性非常渺茫。各种报纸利用自己在当地的优势地位，刊登当地华人的消息，使得传媒之间的竞争仍将持续下去。

在电视领域，竞争也相当激烈。当前，美国华文电视业竞争激烈。2004年10月1日，中国中央电视台与美国第二大卫星电视公司——“回音之星”（Echo Star）合作通过Dish Network，推出中文“长城平台”套装。此套装频道包括中央电视台的四频道及娱乐、戏曲、电影、英语、西班牙语、法语等六个频道，此外，还有包括北京台、福建台、广东台、湖南台、江苏台、山西台和上海台等七个省、市台频道。与之搭配的还有凤凰台、亚洲电视台和华夏影视台等电视台的节目。这些节目包括有12个普通话频道、两个粤语频道、一个闽南语频道、一个英语频道和西班牙及法语频道各一个。此全方位展现今日中国的“平台”，不仅满足了不同口味的华裔观众的需求，更为美国的英语、西班牙语和法语观众打开了一扇了解中国的窗口，但是更加剧了原本激烈的华语电视竞争现象。

当前美国华文电视都面临三个重要问题：节目、观众、广告市场，这三个问题如果得不到及时解决，其发展将受到很大影响。

（1）优秀节目无法满足播放要求

在北美大陆的居民由于受环境和各自生活场所、背景不同的影响，对电视节目的要求也不尽相同。总体来说观众喜欢两大类，即轻松活泼的文艺娱乐节目和与时代热点相关联的政治、经济新闻专题。“据当地报纸介绍，观众对大陆的《东方时空》、《半边天》、《夕阳红》、《神州风采》、《综艺大观》和《变化中的中国》比较喜欢，这些节目贴近生活，反映时代，可视性强。”① 为增加优秀节目，许多电视台通过购买内地、港台电视台节目来提高节目整体水平。比如，美洲东方卫视向内地购买大型古装戏《三国演义》。熊猫电视台也加强与国内各省市合作举办电视周。或者，电视台与中国大陆电视台合作，由大陆电视台提供节目，这样来增强节目的多元化，填补播出时间的空白。比如中央台每天向北美传送八小时的卫星电视节目，节目总量约占美洲东方卫视的2/3。地方台每天约提供一个半小时的节目，占11%。除了购买、合作之外，华文电视台还自行组织拍摄制作节目。如美洲东方卫视拍摄和播放的20集电视剧《新大陆》就是该台利用自身力量制作的，但即使这样，优秀节目的来源仍

① 赵鸣．对垒北美——漫谈近年北美地区华语电视新闻战．新闻记者，1996（3）

不充足，这成为各台最受困扰的问题。

（2）观众的数量不多

有了好的电视节目才能吸引观众，但并不等于有了好的节目就一定会有观众看。除了卫星电视受到技术条件的限制外，由于地域、年龄、文化、信仰、党派等影响，美国华文电视节目的收视率都不是很高，观众数量也不是很多。

目前北美地区的华语卫星电视基本上依照两种形式传送到用户：一种是在大城市进入有线电视网；另一种是观众安装自己的卫星接受天线，直接从卫星上接收节目。目前来说这两种方式各有特色：有线电视网收视率高，观众文化层次较高；卫星天线灵活、经济、覆盖面广、不受空间地域限制。2006 年，北美地区约有华人 300 万左右，这还不包括黑户移民。尽管如此，还没有电视台对自己的观众做一个确切的评估调查。“但根据大致估算，华语电视台最多的观众都不会超过 60 万。”①

（3）广告市场

广告市场是当前各华语台十分头痛的问题。一个电视台要生存，首先看是否有广告。在资本主义市场经济十分发达的美国更是如此。“1996 年一般现在北美华语电视的广告收费为最高每 30 秒 300 美元，最低仅为每 30 秒 20 美元，相差 15 倍之大。”②而广告市场的大小又与观众收视相连结，有多大的观众群，就有多大的广告市场；同时，广告又与节目有关，没有好的节目、栏目，观众不愿看，也就没有广告市场。由于收视率低，收视数量较小，自然影响到广告商投放广告的意愿。再加上华文报纸、广播、网络都与电视争广告，原本不大的广告市场，分流现象相当严重，电视台普遍存在对广告吃不饱的问题。所以，有时候对广告来者不拒，甚至对影响华人形象的广告也会播放，因此受到当地有识之士的批评。

过度的竞争使得我们对美国华文传媒如何做大做强并在美国社会形成重大影响力隐隐产生了忧虑。

5. 华人入主主流媒体

为了扩大华人的声音，维护华人的利益，许多华人除了创办华文传媒外，还向主流传媒进军。比如，美南报业就创办和收购了一些主流英文报刊。许多报纸也采用双语的方式出报，还有一些有实力的华人企业家通过购买英文报纸，向主流传媒进军。在众多向主流传媒进军的华人当中，方李邦琴是一位相当成功而且作出了显著业绩的人士。

2000 年 3 月 17 日，美国传媒爆出一条大新闻：旧金山华人女企业家、独立报报业集团董事长方李邦琴经联邦法院裁决，一举收购大型英文报《旧金山观察家报》，2002 年 5 月 16 日《旧金山观察家报》正式改版成为“小型报”。这家有 135 年历史的主流传媒易帜华人旗下，成为美国大城市第一家由华裔企业家经营的主流英文报纸。

---

① 赵鸣．对垒北美——漫谈近年北美地区华语电视新闻战．新闻记者，1996（3）

② 赵鸣．对垒北美——漫谈近年北美地区华语电视新闻战．新闻记者，1996（3）

方李邦琴出生于河南郑州，1949 年，她随家人到了台湾。1960 年，她在台湾认识了留美新闻学硕士方大川，两人结婚后从台湾移民美国。靠着坚强的毅力和斗志，1979 年起，方家开始进军报业，创办了《亚洲人周刊》。方李邦琴认为，在一个英语社会，华文报纸永远无法成为主流声音。华人应该在那里办英文报纸，直接发出中国人、亚洲人的声音。“我们要坐在开汽车的司机位置上，不要只是当搭汽车的。”就这样，一份代表所有在美亚裔声音的报纸诞生了。

方氏报业在美国报界不断壮大：1987 年，买下报纸《独立报》；一年以后，救起衰落的《独立报》；1994 年，方家收购《芝加哥论坛报》旗下的七家报纸，1998 年将这些报纸整合为“独立报系”，成为全美发行量最大的非日报报系。

2000 年 3 月 17 日，方李邦琴的盛名达到了顶峰。那一天，已有 135 年历史的美国《旧金山观察家报》在头版头条位置刊出一个特大字号的通栏：“SOLD！”（被出售）而收购它的是美籍华人家族———以方李邦琴为董事长的方氏企业泛亚集团！这一天，她震动了美国新闻界和主流社会，距离她的丈夫去世已经八年。

（1）购买引起业界震动

2000 年 3 月 17 日，联邦法院下达最后的裁决，允许方氏企业集团收购《旧金山观察家报》，这一裁决震动了美国新闻界。许多美国传媒相继报道了第一个华裔入主主流英文报纸的消息。《旧金山观察家报》的易主引起美国社会的争论。有些白种美国人质疑方氏集团作为华人企业是否有能力办好这样一份大型英文报（这也是该案拖延半年之久才最后裁决的主因），有人则质疑作为华人企业控制美国主流英文报纸是否成为中国在美国的传声筒，更有人要求美国政府调查方氏集团收购《旧金山观察家报》的资金来源。“由于美国政府对经营英文报纸的财团有非常严格的限制，如主办传媒的管理层必须是拥有美国国籍的人，必须把公司总部放置在美国境内等。此次华人史无前例地收购主流传媒，被其他传媒以‘改写美国历史的大手笔’为题大肆渲染。不管反面的‘质疑’还是正面的‘惊呼’，骨子里都是以白人为主的主流社会对黄皮肤黑眼睛的华人的歧视和对拥有百年历史的旧金山主流传媒易帜于华人旗下复杂心理的反应。”① 确实，一直对中国人有偏见的美国人从来就没有养成与中国人平起平坐的心态，华裔入主有悠久历史的英文报无疑是对美国人长期以来形成的傲慢自大的心理的冲击。

《旧金山观察家报》首先是由美国传媒大亨赫斯特家族于 1999 年所购买，在此之前该家族已买下旧金山的日报《旧金山纪事报》（*San Francisco Chronicle*）并一度有意将两报合并，但遭到社区的强烈反对，认为不利于言论的多元化，于是不得不在 1999 年 8 月起开始寻找晚报《旧金山观察家报》的新主人。经过七个多月的招标，

① 周续庚．收购美国媒体的华人——访旧金山泛亚公司董事长方李邦琴．人民日报（海外版），2000－12－06（5）

终于由《旧金山独立报》的方氏家族中标买下，从而结束了两大主流报纸由一家报社合管的历史。

根据交易合同，转手的《旧金山观察家报》除招牌外，还包括该报的图书资料室、电脑系统、送报货车和报箱以及《旧金山观察家报》的网址、《星期日观察家》杂志及每年五月举行的“湾区大桥长跑”的赞助权。《旧金山观察家报》将在四个月的过渡期之后，正式交给方李邦琴接管，而在此期间，赫氏家族仍将以财务支持《旧金山观察家报》。而原《旧金山观察家报》的员工将全部转到《旧金山纪事报》工作。

其实，早在收购《旧金山观察家报》之前，方氏企业就已有许多值得夸耀的历史了。他们拥有加州非日报类报纸发行量最大的《旧金山独立报》，通过购买其他报纸成立了“独立报系”，出版了全美发行的《亚洲人周刊》，但此次收购《旧金山观察家报》对方氏企业则更有非同寻常的意义。

（2）构建多元报业集团

方氏企业董事长方李邦琴 40 年前从台湾移民来美国，其夫方大川，20 世纪 60 年代初来美后一直从事新闻事业，曾在当年孙中山先生亲手创办的《少年中国报》工作长达 12 年，并在 1979 年后先后创办英文的《亚洲人周刊》（*Asiaweek*）和《旧金山独立报》（*The Independent News*）。1992 年方大川去世，方李邦琴成为方家事业掌门人。1994 年，方李邦琴一口气收购了《芝加哥论坛报》旗下七家报纸，分布在十几个城市和地区，并很快做到了扭亏为盈。1998 年，她又把这些报纸整合为“独立报系”，形成一个报纸集团，成为全美发行量最大的非日报报系，如今又买下百年老店、美国主流英文报纸《旧金山观察家报》，目的显然是希望把“独立报系”整合成更加有竞争力的报业集团，并使企业向传媒业转型。

购买了《旧金山观察家报》，许多美国人显然不相信华人能经营好英文报纸，并对华人能否维护美国第二宪法修正案所确立的新闻自由持怀疑态度，还质疑方李邦琴将会干涉报纸的新闻编辑自主原则。为消除公众的疑虑，方李邦琴郑重承诺，收购《旧金山观察家报》不会影响到《旧金山独立报》的运作和经营，也不会影响《旧金山观察家报》员工的新闻报道精神。方李邦琴决定成立新的公司同时负责两报的营运，同时为对抗《旧金山纪事报》的挑战，将《旧金山观察家报》改为日报出版发行。

2002 年 5 月 16 日，经过两年多的筹备和开拓，《旧金山观察家报》正式改版成为“小型报”，以全新面目和读者见面。《旧金山观察家报》的改版亦是美国第一份大报改变成小报形式出版，又引起美国传媒的强烈关注，在美国传媒界引起一阵反对方李邦琴的声音，要求美国联邦法院收回以前的判决。对人们的疑虑，方李邦琴女士表示，改版主要是为这份有 130 年历史的报纸注入新活力，使之赶上时代，别无他意。方李邦琴把《旧金山观察家报》比喻为一垂危的老人，再以一般的经营方式做下去，很难令这份报纸恢复生气。对于改版，方李邦琴指灵感来自多份成功的小报，例如《纽约邮报》、芝加哥《太阳时报》（*Sun Time*）等。在改版时务求令读者方便易读，画面清楚，简单扼要。另外《旧金山观察家报》更加追求创新，率先采用封面封底倒装式印刷，令新闻头条及封底的体育头条在一反手间就可以读得到。她又谈到此次改版的成功是累积了第一次改版失败的经验，加上读者的支持及三次试版而成，她希望《旧金山观察家报》能塑造新形象。

“据《星岛日报》报道，方李邦琴的改版非常成功，除了广受当地主流传媒的注意外，《旧金山观察家报》的广告亦增加不少，广告版面由60多页要加到80多页，报社收利甚丰。方李邦琴对此非常兴奋，表示一切的成果都归功于全体员工的努力。”①

方李邦琴总结在美40年办报、经商的经验，那就是“Play Your Own Game, and Play Your Own Rule”（玩自己的游戏，用自己定的游戏规则）。“因为玩别人的游戏，用别人规定的游戏规则，一来学得太累，二来别人的规则和自己的能力、背景、思维都有所不同，勉强为之，难以成功。因此，她决定按照自己对传媒的发展认识来发展‘独立报系’，并不以美国人惯有的思维经营报纸。”②

经过两年多的艰苦开拓，现在，《旧金山观察家报》在全美范围内招聘到最有经验的社长、总编辑和财务主任，呈现出令人耳目一新的景象。这种景象也充分说明，华人完全有能力办好英文报纸。

（3）担当华人喉舌

方李邦琴先后在旧金山各地购买了九份地方英文报纸，然后合并为“独立报系”，发行到十几个城市，旧金山当地每周出版三次，其他城市每周出版两次。“独立报系”挨家挨户送报，占每个城市家庭的75%多，发行10多万份，读者达百万以上，是全美“非日报系”最大的报纸。因为报纸渗透到家家户户，所以在当地民间很具影响力，在政治选举上也有举足轻重的地位。2000年美国总统选举，为拉取包括华人在内的亚裔的选票，现任美国总统布什就曾在《旧金山独立报》上大做广告，许诺当选之后会照顾华人的利益。

在旧金山拥有较大影响的情况下，“独立报系”通过购买《旧金山观察家报》，名正言顺地进入了美国主流报业。方李邦琴收购《旧金山观察家报》被视为移民实现美国梦的典范，亦是亚裔势力在美国上升的一个明显标志，美国华裔界对此持乐观态度。旧金山市长布朗在交易宣布后曾表示说：“我很高兴听到《旧金山独立报》成功收购《旧金山观察家报》，这将保留旧金山报业的健康环境，可以减少报业垄断，

① 130年历史 美国华裔报纸改版“小型报”面世．中国新闻网，2002-05-20

② 海外华人：挑战欧美传媒．北京青年报，2002-08-29

亦可增加公众言论多元化。”[1] 而身为华裔的市议员邓式美则认为过去《旧金山观察家报》和《旧金山纪事报》对亚裔社区的报道十分有限，且大多是负面报道，影响了华裔的形象；《旧金山观察家报》易主后，有望能改变此种做法，以尊重华裔的角度，陈述新闻事实，同时有更完整、充实的华裔社区报道，维护华裔的利益。

美国的主流传媒经常以“微观真实，宏观片面”的方式向美国公众灌输一种扭曲了的中国形象，与中国缺乏直接接触的美国人也深信不疑。长期以来，美国华裔的声音无法在主流传媒上得到反映，像无端被美国司法以“泄密”罪名监禁长达八个月之久的华人科学家李文和，由于没有一家主流英文报纸出头反映华人的意见，以致李文和虽然被无罪释放，但是由于主流传媒一窝蜂地报道李文和的泄密事件，此后又没有一家公开站出来替李文和申冤，造成华人在美国的整体形象受到极大的损害。此外，由于缺乏一家英文报纸维护华人利益，社会出现一股漠视华人的现象。主流传媒利用其庞大的资本及新的科学技术，运用大众化、企业化、低俗化（如黄色及个人诽谤等）、标新立异化（如抨击政府等）的手段，通过电视、电影、电台、图书、杂志、报纸等多元方式，形成文化霸权，中华文化很难在主流传媒上得到反映和传播，造成华族的声音很微小。越来越多的华人移居美国，但却没有一家主流英文传媒反映他们的生活状况，并为其他族群所了解，并让他人感受博大精深的中华文化的内涵，消除族群的文化差异。种种华人被排除在主流社会之外的现象，是促使方李邦琴决心收购《旧金山观察家报》的动因。“我要把‘独立报系’不但传递最新的信息，同时也承担传播中华文化，反映华人声音的重要渠道”[2]，这是李邦琴收购《旧金山观察家报》之后喊出的心声。

李邦琴既是一位优秀的女企业家，又是社会活动家。在她掌控下的泛亚公司中，有房地产、印刷厂、贸易公司和众多传媒，对提高华人在美国的地位、扩大华人的话语权促进美国社会的繁荣进步、促进美中友好关系的发展作出了贡献。1990 年以来她先后获加州政府杰出立法女性奖；美国前总统老布什任命她为美国中小企业顾问委员会委员；旧金山市长威利布朗任命她为旧金山市影视艺术委员会委员，并宣布 2002 年 9 月 8 日为方女士纪念日。

“我不看过去，只想将来。”[3] 李邦琴不仅极为关心在美华人的生存发展，而且相当关注海峡两岸的和平统一。她于 2002 年 1 月在旧金山湾区成立了“中国和平统一促进会”，并于 8 月出席了在欧洲召开的全球华人促进中国和平统一大会。她说，“她要借助媒介的力量，为中国和平统一摇旗呐喊，促使中华民族的完全统一。”[4]

---

① 郑媛．华裔报业：跻身美国主流报纸．中国经营报，2000－04－18

② 郑媛．华裔报业：跻身美国主流报纸．中国经营报．2000－04－18

③ 郑媛．华裔报业：跻身美国主流报纸．中国经营报．2000－04－18

④ 郑媛．华裔报业：跻身美国主流报纸．中国经营报．2000－04－18

毫无疑问，华人入主主流传媒，将会利用这个英文传媒的平台，传达华人的声音，维护华人的利益，为华人在美国的发展创造更好的环境，有助于改变美国主流社会对华人的成见，有助于消除主流社会对中国的偏见和不友好态度，修正和改善华人在主流社会的形象。种种事例说明，华人向主流传媒进军，是扩大华人影响、壮大华文传媒实力、拓展华文传媒发展空间、实现资源共享相当好的手段。

第三节　拉丁美洲华文传媒业

按照世界地理的标准概念，巴拿马运河以北地区称为北美洲，巴拿马运河以南地区称为南美洲。中美洲指墨西哥以南、哥伦比亚以北连接南北美洲的狭长走廊地带，属于北美洲的一个地区。遍布在加勒比海和墨西哥湾之间的三组群岛称为西印度群岛，现在多称加勒比地区，也属于北美洲一个地区。拉丁美洲是文化地理概念，指美国以南包括北美洲的墨西哥、中美洲、加勒比地区和南美洲在内的全部地区。由于这些国家绝大多数讲西班牙语或葡萄牙语，故称拉丁美洲。

20 世纪 50 年代至 60 年代，中国大陆一些富商、国民党军政人员和港台商人移居拉美，形成一次移民增长高峰。70 年代，由于台湾被迫退出联合国，拉美国家纷纷与中华人民共和国建立外交关系，台湾岛内出现信心危机，并出现南美移民潮。某些东南亚国家华侨和东非华侨因不满当地对华侨的排斥，也辗转移民拉美。这是现代拉丁美洲华侨史上第二次移民高峰。80 年代初，中国实行开放政策，拉美国家也放宽对外国移民的入境限制，中国公民移居拉美各国的人数逐年增多，其中最为突出的是巴西。20 世纪 40 年代中期，巴西中国移民人数不足 2 000 人，21 世纪初已达 20 万人，现在中国移民遍布 29 个拉美国家和地区，人数超过 30 万人。

一、拉丁美洲华文传媒历史

加勒比地区的古巴、南美洲的秘鲁、中美洲地区的巴拿马和北美洲的墨西哥，在拉丁美洲华侨史上是中国移民聚集较多的国家。第一批美洲华文报纸就产生在这些国家。

“拉丁美洲的最早华文报纸，当推 1902 年 1 月 1 日在古巴首都哈瓦那创办的《华文日报》。该报创办人为祖籍广东番禺、曾任清政府驻古巴领事的易绮茜。易氏亦是旅古中华总会馆创办人之一。易氏亲任《华文日报》主笔，首任总经理兼总编辑为李叔腾。《华文日报》初时为石印版，发行量仅 600 份，数年后逐渐增加。该报为独立经营。1917 年易氏再次担任旅古中华总会馆主席时，为适应侨胞和环境需要，将报纸改名为《华文商报》。1935 年 1 月易氏回中国后，将报纸转让给老文学家、广东番禺籍人黄仲和，继续出版。第二次世界大战期间，该报积极支持中国抗日战争，1941 年改为铅印，日出对开 3 张。中华人民共和国成立后，该报又增加报道家乡消息，日发行量2 500份，最高时曾达3 000余份。至20世纪60年代初，因环境变迁，人力不足，该报宣布停刊。"①

在古巴创刊较早的华文报刊还有《民生报》、《开明公报》和《工农呼声》等。

《民生报》于1912—1913年在古巴首都哈瓦那创刊，是中国国民党古巴支部的机关报。该报以旧金山《少年中国晨报》及檀香山《自由新报》的主张为政见，多次从国内聘请主笔，周雍能及梁楚三就是从国内聘请来的。该报后来停刊。

《开明公报》创刊于1920年2月13日，由古巴洪门致公堂（后改为洪门民治党）创办，油印刊物。1922年5月3日，与牙买加洪门致公堂合资开办《古牙开明公报》，改为活字版，每日出版对开1大张。该报除报道洪门致公堂活动及当地华侨社会外，还刊载介绍当地法令以及中国历史与文化的文章，并倡导华侨联合办学。1976年，与《光华报》合并，改名为《光华报·开明公报联合刊》。

"《工农呼声》1929年由新民主大同盟创办。1937年中国抗日战争爆发，该报改名为《救国周报》，20世纪40年代末，改名《光华报》。该报原为周刊，后为日报，改名为《光华日报》，每周出版6天，星期日休刊。1976年5月17日，与《开明公报》合并，改名为《光华报·开明公报联合刊》，后又改为《光华报》。1985年7月31日，因经济不支而停刊。1987年3月，中华总会馆重新给予经济支持，于当年10月5日以半周刊方式复刊，并改组为中华总会馆属下的报社。"②

古巴与中国的关系好转后，该报也有所发展。1989年以后，《光华报》不但销往古巴，而且远销牙买加、秘鲁、墨西哥、委内瑞拉等地。1996年，该报改为周刊，每周四出对开纸1张4版，主要版面有"中国要闻"、"古巴要闻"、"国际新闻"、"古巴华社动态"、"小说连载"等。该报第四版为西班牙文。

"秘鲁最早的华文报纸是《兴华报》(现《公言报》)，1910年3月7日在秘鲁利马创刊。1914年，改名为《救国报》；1917年，改名为《侨声报》；1927年，改名为《公言报》。在致公堂改名洪门民治党后，该报成为洪门民治党的报纸。该报的办报宗旨即为洪门的'忠诚爱国'、'侠义除奸'、'义气团结'三大信条。从20世纪70年代初以至中期，该报虽屡遭内外冲击，但仍能够坚守办报宗旨。至70年代末，由于内部矛盾突出，遂于1979年6月23日停刊改组。"③ 1983年8月28日该报复刊，复刊词说，将一如既往地为广大华侨及华侨社团的需要服务，同时将刊登有关中国的消息。

"《民醒日报》于1911年3月10日在秘鲁利马创刊。初期为油印周报，由梁余永发起，李硕夫、许箨香等人集资创办（一说由秘鲁中国国民党前身中华爱国社老

① 李建全．拉丁美洲华文传媒发展综述．世界华文传媒年鉴．北京：世界华文传媒年鉴社，2003. 85
② 李建全．拉丁美洲华文传媒发展综述．世界华文传媒年鉴．北京：世界华文传媒年鉴社，2003. 85
③ 李建全．拉丁美洲华文传媒发展综述．世界华文传媒年鉴．北京：世界华文传媒年鉴社，2003. 86

社员蒙合等人创办)。该报以支持孙中山、宣扬中国革命为宗旨，创刊不久，曾因资金短缺而停刊，1915年5月，向当地侨众募集资本，购置平版印刷机，第二年又得孙中山亲赠大小刊一套，始告复刊，复刊初期仍为周刊，后来逐步扩充，于1917年起改为日报（星期一休刊），日出对开纸4版。20世纪70年代以来，秘鲁华侨外移日增，且华裔多不谙华文，该报发行量只有五六百份，1996年以后，采用电脑打字，为三日刊。"①

"《东方月报》是华文、西班牙文月刊，1931年4月20日创刊于秘鲁首都利马。该刊16开本一册，图文并茂，印刷精美，创办人为陈汉荣（Alfredo Chang Cuan）及其表兄弟卡布列尔（Gabriel）、里昂诺尔·阿吉（Leonor Acat Chuan）。该刊的宗旨是：为广大读者，特别是华人读者服务，传播中华文化，为华人的发展作出贡献，成为华人社团的喉舌。其创刊号封面为北京颐和园玉带桥，各期封面均以东方文化为主题，每期刊登秘鲁、中国和世界各地大事，并时常转载台湾《海华杂志》和《海光报》重要文章。该刊着重介绍中国传统文化，间或介绍日本、韩国、印度文化。"②

巴拿马的最早华文报纸是《共和报》，民国初年，由黎尚武、吴桂彬、何伯祥等人创办。《共和报》的发展，经历了三个时期：第一个时期，英文、西班牙文合刊的周报时期，创刊时定名为"La Replblica"，每周一期，宗旨为"宣传革命真谛，驳斥西报的谬论"。第二个时期，华文周报时期，1927年改为华文版，手写油印，由中国国民党巴拿马支部主办。第三个时期，华文日报时期，从1946年12月1日起，改为日报，12开油印通讯稿型，后改为打字和手写影印，主要采用外电及台湾中央社、中华社消息。该报于1997年4月停刊。

巴拿马在20世纪40年代还有过华文报纸《民治星期报》和《严报》。《民治星期报》是周报，由巴拿马洪门民治党创办，社长吴铨英，已停刊，《严报》是洪门创办的油印日报，50年代曾一度停刊，后由黄司严主持，标榜"不依附任何党派"。70年代停刊。

巴拿马在20世纪50年代几位老华侨创办过《大公报》，90年代出现过一些新的华文报刊，如《新时代报》、《华侨日报》、《海外时报》，这些报纸均先后停刊。巴拿马现有《拉美快报》、《共和报》、《大公报》、《新华报》等报。

"巴拉圭有1万多华人，于1980年出版了一份《南美天地新闻》，初为4开版，每周出一次，后改为对开1大张，每周出两次，打字印刷。因人力有限，该报以报道国内外新闻为主，间亦刊载短篇小说。1988年该报因经营困难而停刊。巴拉圭另有一份华文报纸《传真新闻》，1987年10月创刊，初期每周出三期，每期出对开1大张，后改为每周出六期，每日1大张，打字印刷，内容有巴拉圭当地新闻，中国及国

---

① 李建全．拉丁美洲华文传媒发展综述．世界华文传媒年鉴．北京：世界华文传媒年鉴社，2003. 87

② 李建全．拉丁美洲华文传媒发展综述．世界华文传媒年鉴．北京：世界华文传媒年鉴社，2003. 87

际信息，其中台湾新闻占一半以上版面。自《南美天地新闻》停刊后，该报成为巴拉圭唯一一份由当地出版的华文报纸。1991 年该报易主，更名为《荣光报》，刊期、形式与《传真新闻》无大差异。”①

墨西哥的最早华文报纸是《国民日报》，创刊于 1918 年。该报为油印，通讯稿型，原件已无法查找，只见于史料记载。

墨西哥的《正言月刊》，1923 年 6 月 1 日创刊，32 开油印本。该刊由墨西哥华侨团体致公党创办，墨西哥顺省磨诗耀埠正言社编辑印行。该刊以“传达中外消息、发扬祖国文化”为宗旨，刊登政论、时评，报道当地、中国及世界各国要闻，并发表诗词、小说等作品。

此外，20 世纪三四十年代，苏里南华侨创办了《生活日报》、《南风日报》，牙买加创办了《中华商报》、《华侨公报》，特立尼达和多巴哥创办了《侨声报》。

拉丁美洲最早出现的这批报纸大多现已不存在，但是先辈华侨报人对传播中国文化的执著精神和建立中华文化传统至今令人钦佩。

二、拉丁美洲各国华文传媒

1. 巴拿马

巴拿马是联结南美洲和中美洲的陆上桥梁，又是大西洋和太平洋的交通要道。巴拿马国华人约有 12 万，占该国总人口的 5%，是中美洲华人最多的国家。华人勤奋、俭朴、平和及吃苦耐劳，对巴拿马的经济发展贡献颇大。他们除了从事传统行业外，已扩展到专业性行业，如律师、工程师、建筑师和医生等，卓然有成。华人社团很多，共同组成了巴拿马中华总会。

位于中美洲地峡核心的巴拿马，南濒太平洋，北临加勒比海，东与哥伦比亚相邻，西与哥斯达黎加相接，是一个因巴拿马运河而闻名世界的中美小国，也是一个华人较多的拉美国家。在那里生活着 4 万多完全是中国血统的华人，而父母有一方为华人的居民，则达 14 万之多。

巴拿马的华人比较团结，主要的社团有中华总会馆、中华会馆、花县同乡会、中山同乡会和鹤山公所等。巴拿马的华文教育也比较繁荣。华文报纸则有《共和报》、《大公报》和《新华报》，另有一所国民小学，能为人们带来浓浓的中华文化气氛和民族情调。

《共和报》创办于民国初年，《民治星期报》创办于 20 世纪 40 年代，《严报》创办于 20 世纪 40 年代，《大公报》创办于 20 世纪 50 年代，《新华报》创办于 1973 年 10 月 1 日，《华侨日报》创办于 1987 年 12 月 15 日等。上述报纸 90 年代仍在出版的只有《共和报》、《大公报》和《新华报》。此外，90 年代以后巴拿马又创办了两份

---

① 程曼丽．海外华文传媒研究．北京：新华出版社，2001. 275

新的报纸——《拉美快报》和《侨声日报》。

“《共和报》是一份历史悠久的报纸，民国初年由黎尚武等创办。该报的发展经历了三个时期：第一个时期，英文、西班牙文合刊（周报）时期；第二个时期，华文周报时期；第三个时期，华文日报时期。此一时期从1946年12月1日开始，初为12开油印通讯稿型，后改为打字和手写影印。由于历史上该报与中国国民党有着深刻的渊源，因此主要由来自台湾的人参加编务。内容多采用外电及中央社消息，台湾当局驻巴拿马的人员为其翻译当地新闻，经费靠台湾当局资助。据称该报在侨社占有80%以上的华文报市场。20世纪90年代中后期每日出8开纸32页。”①

“《大公报》，20世纪50年代由洪门致公堂在巴拿马创办，手抄油印出版。每日出16开4张（星期一休刊），单面印刷，广告约占三分之一篇幅，内容主要是国际新闻、中国新闻和当地新闻摘要。初由冯荫承主持，后由蔡斯达和郑公正负责，注册人为郑公正。后来因郑公正被拘入狱，蔡斯达不愿与之继续合作，故从1973年10月1日起，将该报改名为《新华报》，迁址后继续出版。郑氏出狱后亦物色新址，恢复印行《大公报》，手抄油印发行，每日出版12开纸4张4版，发行约300份。有时收录到北京电台广播的重要消息，即抄印出版，通过熟人派发。发行网限于巴拿马市区。20世纪90年代后期每天出16开40页。”②

“《新华报》，1973年10月1日由巴拿马中兴公司蔡斯达创办，编务由李德荫负责。前身为《大公报》。该报除报头红色直书有别于《大公报》外，其基本立场和宣传报道内容与《大公报》无异，并同样以12开纸通讯稿型出版。每期出四五张纸不等，所刊新闻主要用手抄影印，有时也剪辑香港《大公报》资料，和中国新闻社电讯稿拼合而成。外电大部分译自法新社和国际新闻社，重要国际新闻或华人社会新闻放在第一、二版。广告多为固定客户所登，约占两个半版篇幅，发行量约300份，20世纪90年代仍在出版。”③

20世纪90年代之后，巴拿马又创刊了两份新报：《拉美快报》和《拉美侨声报》。

《拉美快报》创刊于1992年7月1日。由胡晋光先生、白能通先生共同出资，郭笃为先生参与管理，是无党派、独立经营的一份当地最大的中文报纸。其办报的宗旨是弘扬中华文化，促进巴中友好，传播政经信息，增进侨社团结，服务于海外华人社会。

《拉美快报》创刊之初仅有4版，而且受当地西文印刷厂限制及发行代理网点的建立等原因，一直浮动在每日4版、6版、8版之间，直到1999年4月，李冰女士接

① 程曼丽．海外华文传媒研究．北京：新华出版社，2001.276

② 程曼丽．海外华文传媒研究．北京：新华出版社，2001.276

③ 程曼丽．海外华文传媒研究．北京：新华出版社，2001.276

手管理报社后，方固定为每天对开12版，逢星期日16版。2003年2月《拉美快报》在创刊10周年后，为了适应新的需要，加大信息量，再次扩版日出对开16版，并且每天两版彩色版面，每周七天出报。

《拉美快报》主要版面有：巴国当地主要新闻版、“拉美透视”、“国际纵横”、“珠江河畔”、“港澳动态”、“今日台湾”、“体育竞技”、“中国大地”、“社会广角”、“影视缤纷”、“拉美副刊”、“小说连载”等。该报另有5个机动版面，每日滚动式刊出，如“健康与您”、“大千世界”、“旅游观光”、“讲饮讲食”、“文摘精选”、“军事博览”、“海外华人”等十几个版面的内容。

《拉美快报》的发行主要覆盖巴拿马国内各省以及哥斯达黎加境内各地，经过十多年的努力，读者群稳定，发行量日升。

巴拿马还有一家中文日报《拉美侨声报》，该报创刊于2002年8月。

2. 巴西

巴西位于南美洲东部，是拉丁美洲最大的国家，也是华文报刊最多的国家。巴西是南美第一大国，也是拉美地区华侨华人移民历史较长、人数较多的国家。早在1810年前后，统治巴西的葡萄牙殖民当局就曾多次在粤闽一带招募华工去巴西做苦力。1881年清政府与巴西签订《通商友好条约》后，殖民者攫取大批廉价华工更为容易。20世纪70年代以来，港澳台地区移居巴西的人数激增，仅台湾省籍的移民就占到巴西华侨华人总数的60%，大陆移民则以浙江籍人为主。目前，巴西约有华侨华人20多万，80%~90%居住在大圣保罗地区，其次是里约热内卢。

《中巴新闻》是巴西的第一份刊物（月刊），1958年创刊，18开纸4页，为钢板刻写蜡纸油印，约经一年才改打字油印，不久因主持人病故而转手，更名《南美新闻》，改出32开本80页，1988年又一次转手并更名为《南美侨友》。后该刊因订户日减，次年即告停刊。

“《巴西侨报》创办于1960年，初为蜡纸刻印，每周出8开纸4页，后改打字印刷，1982年更名《巴西华侨日报》，因消息来源不畅，实际每周出版两期。1985年4月该报停刊，同年10月转手复刊，改为8开4页双日刊，由于发行量持续偏低，1990年10月再次宣告停刊，1992年7月4日再度复刊，报名改回《巴西侨报》，每周出报五次，版面内容包括要闻版、国际版、中国大陆版、台湾版、综合版、巴西版、副刊版等。到90年代中期，该报编印已全部改为电脑化。”①

《中华会馆会刊》创刊于1978年，月出8开纸1张，铅字打印，内容以台湾岛内新闻及侨社动态为主。1984年，该刊因主编遇害而停刊，翌年7月复刊，更名《华光》，改为对开1大张4版，仍为月刊。90年代中期其负责人为董乃虞。

《友联报》创办于1982年，钢板刻写，蜡纸油印，18开簿本式刊物。内容以报

---

① 程曼丽．海外华文传媒研究．北京：新华出版社，2001．270

道巴西政经及侨社动态为主，偶有介绍当地风光的作品，1984 年停刊。

《美洲华报》于 1983 年 10 月创刊，由旅巴西华侨集资合办，初为三日刊，两年后改为双日刊。1992 年 7 月该报改电脑打字、排版，1993 年 3 月起每周出报五次，每期出版 1 大张半，周末出版两大张，内容有重要新闻、台湾新闻及中国大陆新闻各一版，巴西新闻二至四版，另有“华园副刊”一版，专门刊登侨胞作品，并举办征文。

《圣保罗时报》1989 年 10 月创刊，其刊期、篇幅与《美洲华报》大致相同，只是从未辟过副刊版面。该报已于 1992 年 4 月停刊。

此外，巴西里约热内卢及圣保罗两市的华侨天主教堂，曾分别出版《里约周报》及《侨光》月刊，内容以宗教及教友活动为主，篇幅不大。以上两刊均于 1986 年停刊。

目前，巴西旧有的华文报刊仅存三家，即《华光》月刊、《美洲华报》和《巴西侨报》。20 世纪 90 年代以后出版的华文报刊有《南美文艺》。

《南美文艺》是巴西综合性华文文艺刊物，1992 年 5 月创刊于圣保罗市，由《美洲华报》副刊《华园》发展起来的文学团体南美华文作家协会主办。该协会会长朱彭年在《南美文艺》其创刊号上撰文指出：“我们的立足点是南美，我们的着眼点是两种文化的交融，我们的重点是强调文学的社会功能，我们的做法是自谋生存，创办一份为我们华族所接受和喜爱的文学刊物，并以此为基础进一步推动华文文学的发展。”并称：“《南美文艺》的创刊是南美华文文学史上破天荒的第一次，也是南美作协成立后的又一个里程碑。”① 其创刊号共 12 万字，有 30 位作者的 40 多篇散文、小说、诗歌、论述和一些短文。

巴西境内两份影响比较大的报纸是《南美侨报》和《美洲华报》。

《南美侨报》创刊于 1960 年 3 月 29 日，最初定名《巴西侨报》，8 开小型周报，1977 年改为周三刊。1985 年李海安接任该报发行人，将其更名为《巴西华侨日报》，8 开对开，每周出版五天。1989 年 7 月该报停刊，1992 年上半年复刊，沿用旧名《巴西侨报》，对开 8 版，电脑制作，套红印刷，每周出版五天。1999 年 10 月 1 日，该报更名《南美侨报》，对开 8 版，套红印刷，每周出版五天，周五增刊为对开 8 版周末版。

“2005 年至 2006 年度，《南美侨报》在采访工作方面由原来偏重华人社会新闻，发展到逐步增加主流社会新闻的采访，在巴西当地新闻的采、编上有了很大的提高。例如，布什访问巴西，侨报记者不仅采访到民众的示威抗议，也采访到布什和鲁拉（巴西总统）的会面。以前在这种大型主流社会的活动中，很难看到侨报记者的身影。又如中国国家主席胡锦涛、全国人大常委会委员长吴邦国等访问巴西，《南美侨

---

① 程曼丽. 海外华文传媒研究. 北京：新华出版社，2001. 271

报》都派记者采访，根据海外华文传媒的特点，刊发自己撰写的稿件。”①

《南美侨报》的宗旨是立足巴西服务拉美侨胞，心系祖国沟通四面八方。编辑部特别重视日益增长的新移民，把服务新移民作为发展战略之一。该报强调服务精神，新闻报道贴近侨胞生活，受到南美各地侨胞们的肯定。

《南美侨报》的发行网络遍布巴西各地和阿根廷、乌拉圭、智利、玻利维亚、秘鲁、巴拉圭等大部分南美国家。巴拉圭、里约热内卢两地用航空邮递，当地读者可以看到当天报纸。快速发行使报纸得以稳固发展，不过成本较高。

对于《南美侨报》的发展，社长李建全认为，投巨资、置产业、招高人、硬派送是高举高打办法，或是如效仿主流传媒现成经验，不断增加版面，扩张报纸声势，但这些措施都不适合在巴西办报的具体情况。所以为促进《南美侨报》的发展，李建全坚持为全体侨胞服务的原则，不激化侨胞之间的意识形态及其他矛盾，将这一宗旨贯彻到日常新闻报道中去，坚持不报道刺激性文章，不使用刺激性语言。

《美洲华报》于1983年9月14日出版“试刊报”对开纸6版，赠送各界侨胞试阅。此为巴西首次出现对开纸大型中文报，而且标题字体大小齐全，深受读者欢迎。该报内容分为：“重要新闻”、“台湾新闻”、“大陆新闻”各1版，“巴西新闻”3版，“综合新闻”、“国际新闻”、“综合副刊”各1版。周二、六增加“科技新知”、“生活与休闲”、“医学保健”、“旅游天地”等各1版。

提起《美洲华报》，我们不能不提起原社长袁方。袁方是南美作家协会名誉会长，《美洲华报》社社长兼发行人，他为《美洲华报》的发展作出了卓越贡献。

1923年11月，袁方生于安徽省当涂县，7岁上私塾，15岁到南京新华中学读书。22岁在台湾交通处任职，后在《公论报》社任采访部主任，兼任《中央日报》社记者。此后他一直在一家银行任职，直到1983年5月侨居巴西。袁先生性格敦厚，待人热情，尤其是他那强烈的社会责任感和他那执著的敬业精神一直为熟知的人所称道。

巴西地处南美洲，有些华侨初来此地，由于文字、语言隔阂，举步维艰，时间不长又走了。1982年2月，袁方初来巴西，他一个多月看不到一张中文报纸，感慨颇深，于是对朋友说：“华人要有自己的报纸，我想办一张华文报纸。”“中华文明源远流长，中华文化博大精深；办报能为传播中华文化尽力，这是我的夙愿，心甘情愿！”②

办报初期，他得到了廖安义、廖安雄所经营的善得利旅行社支持，报业元老朱元寿鼎力相助，克服了一个又一个难以想象的困难。没有电脑、没有传真机、没有影印机，袁方就从台湾定做各种大小字体纸版去巴西复印；新闻稿及副刊稿、广告，全用

① 林筠．拉丁美洲华文传媒发展综述．世界华文传媒年鉴．北京：世界华文传媒年鉴社，2007. 75

② 王传荣．袁方办报．华人时刊，1997（16）

手动打字机打在白纸上，直接拼贴排版付印；新闻来稿，多半以电话录音改写。

“初始阶段，采编人员少，一人要身兼数职。袁方一直过着早七晚八的日子，中午自带便餐。他名为社长，可由于人手不足，除打字、翻译之外，编辑、改稿、校对、选稿等工作全做，甚至文书、事务性工作也做。星期天加班，还用午休时间采购新鲜鸡蛋，一个个洗净，加入香料、茶叶，煮好送到打字员、编辑手里。就这样，《美洲华报》不但出版发行了，而且由开始的对开一张到一张半，再到现在的两大张；由一周两天报到一周三天报，再到日报；读者由圣保罗到巴西，再到南美；作者则遍及南美诸国，甚至北美、欧洲、澳洲，当然更有中国大陆和台湾，参与面越来越广。它成了中华文化的海外传播者，是当地华侨的喉舌，成为旅居南美华人作家的摇篮。许多二、三代侨胞子弟也由此而竞相学习中文，在美洲它具有很大的影响，被誉为中华文化的‘长明灯’”①。

《美洲华报》内容丰富，有“重要新闻”、“大陆新闻”“台湾新闻”、“巴西新闻”和综合副刊。副刊版面新颖活泼，内容情真意切，是一片春意盎然的文学芳草地。

3. **阿根廷**

阿根廷位于南美洲南部，安第斯山脉以东，东濒大西洋。自 1984 年阿根廷首家华侨民办报刊创办后至今，相继有十余家华文刊物问世。日前仍在继续发行的周刊有《新阿根廷通讯》、《世界新闻》、《台湾周报》、《台阿新闻》及《新大陆周刊》，另外还有一部分由教会、学校、网站发行的不定期刊物以及台湾侨委会印刷赠送的《宏观报》。

由于阿根廷华侨移民历史不长，人数仅 5 万人左右，且文化层次不高，因此阿根廷华文传媒普遍存在印刷质量不高、发行量不大的问题。《新大陆周刊》及《世界新闻》约每周各发行 1 500 ~2 000 份左右，其余几份周刊每周发行各约 300 份上下，周刊普遍采用手工装订的方式。由于阿根廷首都面积较大，华人比较分散，此地华人已形成每周阅读的习惯，对新闻的时效性并无太大追求，个别周刊偶在发生重大突发事件时临时发行特刊来满足读者需求。《新阿根廷通讯》的前身《阿根廷通讯》是阿根廷华侨发行的第一份华文刊物，在两次将装订本改为报纸版面失败后，该刊重新回到手工装订的方式，但发行量已遭到损失。五家周刊除《新大陆周刊》为大陆华侨创办，其余均为台湾侨胞创办，并有个别领取台湾当局资金援助。除《台阿新闻》为周四出刊外，其余均为周五出刊。

几份周刊的“国际中国”等新闻版面基本以网络文摘为主，而阿根廷及拉美部分主要为翻译阿根廷与拉美地区报纸杂志为主，《新大陆周刊》该类报道以该刊记者撰稿为主。此外，均设有侨界新闻及评论栏目。

---

① 王传荣．袁方办报．华人时刊，1997（16）

4. **秘鲁**

秘鲁有四份中文报纸：《秘华商报》、《公言报》、《侨报》和《号角》；一家中文网站："秘鲁通"；一本全中文杂志：《新视野》；一本以西语为主、中文为辅的杂志：《东方月刊》。

《秘华商报》（*Diarlo Comercialperuano chino*）创刊于2000年11月，是秘鲁历史最久规模最大的爱国侨团中华通惠总局的机关报。其宗旨是反映侨情侨声，维护华侨利益，关心建设，促进统一，介绍当地时事，推动中秘合作。

"《公言报》（*La Voz De La Colonia China*），是民治党（洪门致公堂）支部的机关报，其宗旨是反映侨情侨声，维护华侨利益，促进中国富强。由于经济和其他原因，《公言报》曾几度停刊，1983年8月，在广大华侨华人要求和支持下再次复刊，1987年成立了报务委员会。该报办报方针明确，大量采用新华社、中新社编发的消息，为宣传中国改革开放和社会主义现代化建设、为中国的和平统一大业做出很大努力。1995年10月，原国务院总理李鹏访秘时曾为该报题词"努力办好公言报，增进中秘友谊"。1996年2月，该报启用新的电脑排版系统。由于人力和设备限制，该报最初每周二、四、六共出三期，后增至二、三、五、六四期，目前为每周7期，改版后以崭新面貌出现，深受秘鲁广大侨胞欢迎。"①

《侨报》（*Chiao Pao*）创刊于1992年2月，中、西文周报，台湾当局也曾给予资助，后办报方针有所转变，对大陆正面报道增加，近两年来，多采用新华社消息和图片，现每周出四期。

《东方月报》（*Oriental*）创刊于1931年4月20日，系中西文出版的双语月刊。创办人为华人 Alfredo Chang Cuan。Alfredo 去世后，由其子 Raul Chang 继承经营。该杂志注重宣传东方文化，积极传播中国悠久的历史文化，同时反映中国的现代发展状况。该刊与台驻秘机构有较密切往来并介绍台湾及其驻秘办事处的活动情况，间或介绍日本、韩国、印度文化。

《秘华协会通讯》（*Boletin Infomativo*）创刊于2000年，是秘华人在庆祝华人抵秘150周年之际成立的秘华协会（Asociacion Peruano Chino）的月刊。其宗旨是在协会成员及其亲友中间交流该协会的活动信息，凝聚旅秘华人力量，为其在秘社会的进一步发展作贡献，增进中秘两国人民友谊。

5. **乌拉圭**

与巴西、阿根廷交界的巴拉圭有两份中文报纸，一份叫《传薪日报》，另一份叫《城市新闻》。

"《传薪日报》于1991年9月3日创刊，并在台湾侨委会立案。每周一至周六出版，每期8开16版，内容有巴拉圭新闻、台湾、大陆香港新闻、综合新闻。《城市新

① 李建全．拉丁美洲华文传媒发展综述．世界华文传媒年鉴．北京：世界华文传媒年鉴社，2003. 89

闻》于1993年7月3日创刊，现为周刊，免费发行。”①

6. 苏里南

苏里南华侨、华裔人数虽不多（不足万人），却也出版了几份报纸，如创办于20世纪40年代的《南风日报》，创办于50年代的《自由日报》，创办于60年代的《广义堂月刊》等（均已停刊）。20世纪70年代创办、一直延续到90年代的有《洵南日报》和《华新报》。

《洵南日报》是苏里南广义堂主办的华文报，1972年3月7日创刊于苏里南首都帕拉马里博。该报宣称以“团结侨胞”、“为侨胞服务”、“谋求侨社福利”、“充实侨胞的精神食粮及加强对局势发展的认识，了解人生旨趣”为宗旨，并标榜“不偏不倚，没有政治偏向和背景”，“以侨胞的意志为意志”，“做华侨喉舌工具，为祖国文化争光”。该报初为手抄油印，许多版面内容由美国、香港报刊资料剪拼而成。

1982年《洵南日报》改为打字印刷，但部分版面仍剪贴自香港报刊资料。1985年前后该报一度被迫减张缩版，20世纪90年代初期情况有所好转，日出6开纸4张16版至5张20版，主要内容为要闻、国际新闻、当地新闻、中国新闻和副刊等。其销数约500份。1991年3月起由张振中任社长是副社长黄官兴、房谭才。

“《华新报》创办于1974年7月1日，由曾任《洵南日报》社长的黄东来与一批华商集资组成的华新报股份公司创办。黄自任社长，总编辑为黄官来。发刊词宣称：‘我们办报的基本立场是：团结、合作、友好、爱国。’创刊当年，该报即与华人革新协进会联合举办庆祝中华人民共和国国庆宴会，苏里南总督、首席部长等政府高级官员均出席庆祝会。该报初期编辑出版工作由两三人负责，后来只由一人办理。该报日出6开纸4张16版，内容有国际新闻、苏里南新闻、评论、侨胞文章等。其部分版面剪辑香港报刊资料，当地新闻主要译自当地外文报刊，中国新闻、港澳新闻采用中国新闻社稿，有时也采用香港采风通讯社稿。其发行量最高时为400份，后因华人大量外流，减少至250份。”②

7. 委内瑞拉

委内瑞拉位于南美洲北部，华文传媒有《委国侨报》、《委华报》两份报纸和《委华博览》、《南美新知》两份杂志。

《委国侨报》（周报）是委内瑞拉国第一份华文报纸，2000年4月创刊于委国华恋社（Valencia）地区，其创办人为郑洪山、吴沃波先生。《委国侨报》创办宗旨是：传承中华文化，反映侨胞心声，联络乡亲情谊，报道世界时事，关注国家发展，携手振兴中华。至2005年6月止，《委国侨报》已出版270多期。该报逢周四出版，2000年4月至2002年4月，该报为对开黑白16版大报，2002年4月份至今为四开彩色

① 李建全．拉丁美洲华文传媒发展综述．世界华文传媒年鉴．北京：世界华文传媒年鉴社，2003. 89

② 程曼丽．海外华文传媒研究．北京：新华出版社，2001. 274

40 版小报。

《委华报》是由一班旅委的老文化人秉承“爱国护侨，服务侨胞，弘扬中华文化，促进中委友谊”的办报方针于 2000 年 6 月 1 日创办的，为周报。为进一步扩展报业，扩大报纸的影响力和发行量，《委华报》除了在内容上增加本地新闻（包括华人新闻），头版与底版改为彩色版外，还通过搭建多方位的平台，从多方面开展报业活动。为了传承中华文化，提高华人的良好形象，推进中委的文化交流，扩大报纸的影响力，《委华报》结合五周年庆典，与委内瑞拉华侨华人总会联合倡议、组织、发动委国首届全国华人小姐选美大赛。

《委华报》自创刊以来，逐步完善组织机构，作者队伍不断发展壮大，目前由报社聘请的特约记者和通讯员多达 60 多人，遍布委国各地，弥补了报社专职人员的不足。

为了丰富旅委华人的文化生活，《委华报》于 2006 年 5 月 1 日创刊了中文杂志《委华博览》（月刊）。《委华博览》秉承“陶冶人生、丰富人生、充实人生和启迪人生”的宗旨，从浩瀚的中华文化海洋中，博撷最精彩动人的长篇，以及哲理性、传奇性、故事性、知识性和趣味性强的各类形式的美文、古今中外的趣闻轶事、世界重大新闻、所在国的政策法例、侨社重大活动以及作者文选等，突出一个“博”字。

《南美新知》是委内瑞拉第一份中西文双语全彩色版月刊，创刊于 2007 年 3 月，以中委新闻、人物、专题、文化、旅游、生活时尚等为主要题材。其读者对象主要是阅读中文有困难的华裔读者和对中国文化有浓厚兴趣的委内瑞拉读者。

第四节　美洲华文传媒评析与展望

北美经济发达，特别是美国，是当今世界唯一的超级大国，而拉丁美洲则是发展中国家，基本上讲西班牙和葡萄牙语，所以，美洲各国的政治、经济、文化都有显著差别。不同的国情必然会影响华人的生存与发展，影响他们的思想。而不同的思想和观念就会体现在各国的华文传媒上。比如说，在北美，新闻相对自由，而在拉丁美洲，新闻控制则相对严格一些。这种传媒生态，就会直接影响到传媒的形态。

一、国情不同华文传媒发展程度也不同

除了各国政治、文化、经济有显著差异之外，各国的华人数量、构成、经济规模等，都直接影响到华文传媒的发展。

北美聚集了众多华人，既有大陆、香港的移民，也有台湾移民，因此华人构成相当复杂。这种比较复杂的局面，直接影响到华文传媒的报道取向。但是现在，由于中国经济迅速发展，国际地位显著上升，许多华人来华观光后感叹中国的巨变，然后把这种感受带回北美，向其他华人传播感受，既促使许多华人改变对中国大陆的负面看

法，也促使许多原来亲台的华文传媒改变报道取向，变得越来越客观公正。

而在拉丁美洲，由于区内绝大多数都是发展中国家，新大陆移民比较少，在那里生活的大多数是老华侨、老华人，所以华文传媒需要的经济、受众、从业人员基础相当薄弱。由于缺乏受众，华文报纸销量不足，很难吸引广告客户，这就严重影响到报纸的生存与发展。同时，由于新移民比较少，华文传媒所需要的高华文教育水平的从业者就比较难觅到。所以，现在的华文报纸一般都是由老报人在负责，年轻人很少。一些华文报纸不得不向中国大陆招聘人才，或者通过有关部门，介绍大陆的懂报业运作的人士到拉丁美洲协助他们办报。这种情况从另一个侧面反映了拉丁美洲华文传媒运作的困难。

与拉丁美洲形成鲜明反差的是，北美地区由于有大量的新移民进入，所以华文传媒不会缺少高水平的从业者，而且由于华人众多，又有一定的经济地位，这使得华文传媒得以生存与发展，水平也得以提高。所以，在北美，华文报纸、广播、电视、网络相对发达。虽然它们之间竞争相当激烈，但是由于有大量新移民和留学生进入，华人受众群不断增加，使得这些华文传媒有生存和发展的空间。

二、舆论越来越倾向大陆

美洲生活着为数相当多的老华侨、老华人。这些老华侨、老华人是在新中国成立前移民过去的，他们当中大多数支持中国统一，反对“台独”，就是一些原来顽固反大陆的华侨华人现在也改变观念，转到支持中国大陆的立场上来了。这种华侨华人观念的转变，也使得华文传媒逐渐偏向中国大陆，拥护中国的完整统一，反对“台独”。

虽然一些拉丁美洲国家与台湾建立所谓的外交关系，但是这种外交关系纯粹是建立在台湾对这些国家的经济援助上，关系并不牢固，特别是台湾陈水扁上台之后，鼓吹“台独”，更加引起了华侨华人反对与台湾建立外交关系。

“阿扁上台以后，海外的台湾华侨都觉得失去了家园”，许多北美的老华侨如是评价台湾当局对华侨的态度。事实上，在陈水扁执政之后的台湾，已基本放弃了对世界各地包括北美地区数百万海外华人的重视。由于陈水扁执行逐渐“台独”的政策，因此遭到北美地区众多华侨的抵制，而且在2004年竞选中，许多亲台华侨都支持“泛蓝”阵营，更是引起了“泛绿”阵营的不满，并因此被台湾当局抛弃。

对海外侨胞的抛弃，始自李登辉当选“总统”后，特别是陈水扁上台以来，台湾有意识地缩小海外华人的定义，只谈论“海外台湾人”。尽管“行政院”的侨务委员会仍然存在，但台湾已经考虑取消其英文译名中的“中国人”字样，改以“同胞”命名。在陈水扁上台之后，台湾已经开始放弃海外华人，并把工作重点和对象放在了年轻人身上。台湾侨务委员会认为，老一辈华侨的民族情感和诉求十分强烈，很难改变，而年轻人对民族认同感则相对比较弱，西化比较严重，只要在他们身上下工夫，就会收到成效。在2000年陈水扁当选之后，侨务委员会委员长张富美立即抛出了“台侨”、“侨生”、“老侨”这样的华侨等级论，让海外华侨大为心寒，逐渐丧失民心。这种新情况的出现，也使得美洲的华文传媒不得不改变言论的方向，原来亲台的传媒转到客观公正报道中国大陆与台湾的道路上，原来中立的传媒则越来越倾向大陆。这种传媒的宗旨变化之后，就直接反映到这些传媒的报道内容和版面编排的变化上。

近年来，越来越多的华文报纸改竖排为横排的编排方式，弃繁体为简体，增多了中国新闻版面，更加深入地报道大陆的新闻，报道取向也越来越客观。许多传媒与大陆传媒合作，华文传媒提供版面，大陆传媒提供内容，取得了相当好的效果，形成了互赢的局面。几乎所有的华文传媒包括像总部设在台湾的传媒，如《世界日报》现在都采用中国新闻社的新闻稿件，有些也采取新华社的稿件，而且在新闻头标上“中国新闻社消息”、“新华社消息”，这在过去是不可想象的事情。过去，这些亲台传媒相当排斥来自中国大陆的通讯社，而现在主动采用大陆的通讯社，这既反映了中国大陆的社会进步，也显示了这些传媒态度的变化。

比如，1994—2005年，《中美邮报》对海峡两岸客观公正的报导，赢得了来自中国大陆、港澳、台湾和东南亚各国华裔的拥护，交了很多朋友，在异国这块独特的文化园地里，起到了传播介绍中华文化和异族文化的平等对话作用，并已成为华文传媒的另一重要使命。《中美邮报》在客观准确报导新闻的同时，做了大量人物专访和华人商家发展史的介绍：连续三周以整版篇幅，对丹佛市的美国星光映佳传媒集团总裁谢成刚的三代华人奋斗发展事业进行了专访报导，为华人企业家树立起一面旗帜，在公众中引起很大反响；对于传播华人艰苦奋斗的进取精神，取得了很好的效果，也在当地树立了良好的华人的形象。

此外，海外华文传媒的态度转变，还反映在他们与中国大陆合作上。事实上，采取联合办报的方式，对海外华文传媒和中国大陆来说，都是相当有利的。海外华文传媒可以利用大陆丰富的信息资源，弥补华文传媒内容的不足，传播华人渴望看到、听到的乡情，而大陆则可以借海外华文传媒传播中国最新的社会发展动态，树立海外华人的自豪感和自信心，塑造中国政府开明、开放、积极进取的形象。美国《国际日报》集团主席熊德龙就非常高兴地表示，2001年前，《国际日报》创办了印度尼西亚版，并在印度尼西亚采取与香港《文汇报》东南亚版和《人民日报》海外版组合发行的新办法。这一内容组合深受印尼本地包括大财团在内的广大读者欢迎，取得了“三赢”效果。

三、内容仍然有待改善

由于缺乏资金，许多华文传媒都采取“拿来主义”，除了采用中国新闻、新华社的稿件，还从网上复制和摘抄新闻，这使得新闻内容大同小异，缺乏传媒自己的特色和风格。这种现象在拉丁美洲相当明显，而在北美洲，这种情况有所好转。北美一些华文传媒在北京设有机构，派驻记者，所以经常会有记者从北京传回独家新闻。对于缺乏独家新闻，摘抄网上信息的华文报纸，有人评论说，这些华文报纸就好像是网络的传声筒，缺乏自己的声音，变成网络的印刷版。

对于从网上摘抄信息，编辑成报的情况，华文报纸也有自己的苦衷。一方面，报纸缺乏资金，拉丁美洲的华文报纸大部分处于亏损状态，连生存都很难维系，更谈不上派驻记者来华采访；另一方面，这些华文报纸缺乏从业者，现在从事采编工作的都是老报人。这些老报人都是热心在华人圈传播华人消息而自发地参加采编工作，但是由于上了年纪，很难亲身到第一线采写新闻，这也是华文报纸缺乏有时效性的新闻的主要原因。

故此，一些华文报纸的新闻大部分也都是网上摘抄的，时效性比较差，其版面大部分也都是弘扬中华文化。这些弘扬中华文化的版面当然有需要，也是维系华人族群，传播中华文化的相当好的途径，但是如果一味把精力放在中华文化的传播上，而放弃对新闻的采编，就会使传媒失去传播新闻、反映社会动态的功能与作用，变成社区社团内交换信息的工具，显然不利于传媒的长远发展。缺乏自己的采编人员和高质量的新闻来源，这使华文报纸难以提高质量，也很难得到发展。

此外，美国华文报纸的消息大多来自于中港台的通讯社以及这些报纸在中国大陆、港台总社，因此有相当高比例的“本报讯”，显示出这些信息是通过加工编辑其他新闻并且综合起来向读者报道的事实。“美国华文报业通常只有地方版才有自己的记者，其他各版则是与中国大陆、港台总社和世界各地分社分享新闻，编辑更可以融合中西电讯提供读者中西方的观点分析事件，是针对美国华人读者的特殊报道方式。”①

四、美洲华文传媒展望

随着中国在全球的影响力日增，在美国掀起了一股学习华文热潮，学习人数增长之快，超越了所有外语。美国外语教学理事会的教育总监艾博特估计：“美国公立及私立学校中，就有5万名七到十二级的学生修读华文。在2000年只有5 000人。从2007年5月开始，美国非盈利的大学入学考试委员会将把华文列入一套考试组系中，这为东亚国家语言的先例。根据委员会2004年的调查，1.4万所中学当中，就有2 400所有意开办华文课。”② 虽然华文热并不真正说明华文传媒拥有厚实的基础，因为学习华文的人士当中，相当部分是注重经济利益，希望找到好工作，或是与中国开展贸易，然而，华文热却会感染美国华人对学习华文的热情，促使他们加强对下一代

---

① 朱辰华．美国华文传媒发展综述．世界华文传媒年鉴．北京：世界华文传媒年鉴社，2007.63

② 学华文热在美国燃烧．新加坡：联合早报，2006－04－24

的华文教育。

由于加拿大人力资源欠缺，以及实行比较自由的人才移民政策，入籍加拿大和美国的中国移民每年至少有 2 万人。作为第一代的移民，他们是华文传媒的真正支持者，再加上已经入籍加拿大和美国的华人，他们形成了一个数量众多的华文传媒受众群，直接促进了华文传媒的发展和改革，使北美华文传媒呈现繁荣景象，而且影响力不断增强。这可从 2007 年美国总统候选人希拉里竞选班子先是拒绝华文报纸采访，之后向其道歉，并主动安排希拉里接受华文报纸采访的例子中反映出来。

2007 年 2 月 23 日中午，希拉里首次于宣布竞选总统后在旧金山进行公开筹款活动。没有接到相关通知的《世界日报》记者及另外两份华文报纸，先被指没有按指定时间提早到场而被拒于门外。其后经记者解释原因后，筹款会现场发言人及职员再先后以华文报纸为“外国传媒”及“全国性传媒”、非“本地传媒”为理由，继续拒绝让三份华文报纸记者进场采访，事件引起中文报纸及华裔民主党领袖不满，并提出抗议。

希拉里竞选总部华盛顿总部全国总发言人欧夫森（Howard Wolfson）于 2 月 24 日亲自致电《世界日报》，向其公开道歉，承诺希拉里竞选总部将会聘请懂华文及其他语言的职员，加强与华人及其他族裔小区的联系和交流。希拉里计划给予华文传媒充分时间与她见面，以弥补上次华文传媒不能进场采访之憾，希拉里将广邀华文传媒和亚裔传媒参加，向她提供意见。

这个事例充分反映了华文报纸在美国社会的影响，相信北美在中国移民持续大量增长的刺激和支持下，华文传媒发展的空间将会更大，对主流社会的影响不断增强。

与北美繁荣的华文传媒相比较，拉丁美洲的脚步却显得稍微迟缓和凝滞，除了巴西因为大量移民移居而表现不俗外，拉丁美洲其他国家华人日益老化的现象越来越严重，使华文传媒面临缺乏受众的危机。

对于在拉丁美洲华人比较少、受众数量更少的情况，如何办报，确实是摆在华文报纸从业者面前的难题。笔者除了鼓励这些华文报纸继续办报外，更希望他们能建设华文网站，与华文报纸一起构建当地的华文传播网。此外，世界华文传媒应该建立一个全球新闻网，每一家华文传媒都可以在需要的时候上网获得其他地区华人社会的信息，使之成为一个信息丰富的华文网络，同时建构与之相应的市场交换机制，各地华文传媒可以联合其他国家、地区的华文传媒，实现资源共享，差异性办报。

世界华文传媒需要交流，需要互相联络、互相支持，需要新技术、新理念、新策略、新手段，华文传媒要致力于成为华侨华人相互间联系的桥梁，更要有利于华侨华人融入当地主流社会。此外，我国有关部门也要加强与海外华文传媒的联系，力所能及地帮助这些华文传媒，要为海外华文传媒提供内容和人员的帮助，解决他们资讯极其欠缺、人员相对匮乏的困难，使这些华文传媒能够生存下来，成为在拉丁美洲传播中华文化的重要阵地。

Chapter 5 第五章

非洲、大洋洲华文传媒业

Cause of Chinese Language Media in Africa and Oceania

非洲国家众多，但是由于经济发展落后，华人数量比较少。南非、毛里求斯、马达加斯加、留尼汪是非洲四个华人相对较多的国家，但是华人数量也分别仅有20万、4万、3万、2.5万人。整个非洲的华人总量大约30万，而太平洋澳大利亚、新西兰是经济比较发达的国家，所以华人数量相对较多，仅澳大利亚一个国家，华人数量就已经达到70万。我们在前几章已经说过，经济发展程度、华人数量会直接影响华文传媒的发展。所以，与大洋洲华文传媒的发展程度相比，非洲的华文传媒相对落后，还有待发展。

第一节　非洲华文传媒业

全世界每一个国家几乎都有华人居住，非洲这片“处女地”也不例外，只是其华人数目远不及在东南亚和欧美那么多。目前非洲华人总数大约在15万人，各国华人数量有很大差异，见表5－1。由于人数少，连全球著名的中餐厅在非洲也不普遍，毕竟非洲大部分地方较为落后，开拓商业市场，获取利润并不容易。

表5－1　非洲各国华人数量一览表

国家	人数	国家	人数
阿尔及利亚	2 000	安哥拉	500
埃　及	110	埃塞俄比亚	100
博茨瓦纳	40	多　哥	30
刚　果	20	加　蓬	100
加　纳	500	津巴布韦	300
喀麦隆	50	科特迪瓦	200
肯尼亚	5 000	莱索托	1 000
利比亚	500	利比里亚	120
留尼汪	25 000	马达加斯加	30 000
马拉维	50	毛里求斯	40 000
莫桑比克	700	摩洛哥	50
南　非	200 000	尼日利亚	2 000
塞拉利昂	20	塞舌尔	2 000
斯威士兰	90	苏　丹	45
圣多美和普林西比	100	坦桑尼亚	600
乌干达	100	赞比亚	150
扎伊尔	200		

从表5－1可见，在非洲大陆，最多华人聚居的国家是南非，东非的肯尼亚和西非的尼日利亚亦有不少华人，这些华人大多从事商业活动。距离非洲大陆不远的毛里

求斯、马达加斯加、留尼汪和塞舌尔群岛，华人数目也比较多，其中毛里求斯建有唐人街，发行华文报刊，在那里找会说广东话、客家话或普通话的华人相当容易。

这几个印度洋岛国曾经是英、法的殖民地，当年不少中国人是以“卖猪仔”的方式远渡重洋前去做契约劳工的，所以华人数量相对较多。在异国他乡生存相当困难，他们落地生根之后，不断繁衍后代，现在的华人大多是第三代、第四代。

近10年来，除了老华侨外，非洲同其他地方一样，也出现了一批来自中国大陆的华人。他们出国容易，到埠后大都能找到工作，生活较昔日的华侨舒适。不过，他们虽然居于非洲，却不太习惯当地的生活，而是保持与中国大陆一样的生活方式，比如，自己种菜，在家里吃自己煮的菜，看中国大陆寄来的录像带和光盘。在非洲生活的华人，经过数代人的拼搏，大部分人生活比较富裕。非洲人把中国人当成白人一样对待，反映了华人过着比当地土著居民富裕的生活，但是非洲华人数量不多，再加上非洲各国整体经济落后，所以，非洲的华文传媒就不如欧美、亚洲、大洋洲那么发达。

一、华文传媒发展历史

非洲华人人数不多，其中不乏往来中国与非洲之间的经商者，但由于市场的限制加上信息传递的不便，非洲华文传媒还有待发展。

早在1931年，南非、毛里求斯、马达加斯加的老华侨就在当时中国领事馆的资助下，筹资兴办了《侨声报》。当时南非还处于种族隔离时期，非白人的传媒是不被允许的。老华侨和当时的“中华民国驻南非领事馆”商议，把报社登记在领事馆名下，定英文名称为“Chinese consulate Gazette”（领馆公报）。今天，这份报纸依然存在，虽然已经改名改制，但南非的第一份华人报纸已拥有73年的历史。这份报纸早期有很浓郁的台湾色彩，但近几年，其办报方向已经有所转变，增加了对中国大陆新闻的报道，而且报道的态度也相对客观。

早年移居南非的老华侨只有寥寥万余人，且大多数集中于约翰内斯堡。“鉴于当时信息交流的迫切需要，资深的社团领导人挨家挨户，一英镑、两英镑地筹资，募得759英镑，为《侨声报》购置了简陋的出版设备，并在侨校的支持下借得办公室，在1931年6月1日出版了这份非洲大陆第一张华文报纸。”①

“南非华人于1996年也创办了一个电台：侨声广播电台，它与《侨声日报》同属侨声文化传播公司，是一个以约翰内斯堡、南非首都比勒陀利亚为播音范围的AM广播电台。该电台的创办又给南非的华文传媒新添了一种传媒，也为南非华人提供了另一个了解南非华人、中国信息的渠道。”②

---

① 冯荣生．非洲华文媒体发展综述．世界华文传媒年鉴．北京：世界华文传媒年鉴社，2003.105

② 冯荣生．非洲华文媒体发展综述．世界华文传媒年鉴．北京：世界华文传媒年鉴社，2003.106

2004 年 12 月 2 日，中央电视台 4 频道和 9 频道正式在留尼汪开播。以前留尼汪的华人看不到中国的电视节目，也没有华文报纸，华裔青年对中国和家乡的了解，大都是从祖辈那里听来的零星片段。现在，不少留尼旺华侨华人都觉得自豪：我们是中国人，我们有中国的电视节目了，没有中国的电视节目，感觉就像不是中国的家庭。

在西非，也有华文报纸的踪影。2005 年 8 月 7 日对旅居尼日利亚和西非的华侨华人来说，是个难以忘怀的日子。这一天，西非首张中文报纸《西非统一商报》（周刊）由同日成立的西非联合传媒有限公司在尼日利亚经济首都拉各斯正式出版发行。

在拉各斯市中心，被当地人称为“中国商楼”的 22 层高的尼日利亚大厦一楼有一间 30 多平方米的办公室，几张简单的办公桌，几台电脑，一台打印机，一台复印机……这就是《西非统一商报》的编辑部。刊头是全国政协副主席、中国和平统一促进会会长万国权题写的“西非统一商报”六个苍劲有力的大字。

谈起报纸创办的过程，有着浙江温州人精明经商头脑的钱国林社长说：“我们初始办报的目的就是想为中国商人在西非做点事情。”①

《西非统一商报》2003 年前试刊，当时仅有三人，除了采访、写稿、约稿、编稿外，报社还要排版，打印。钱国林介绍说：“第一期报纸我们三个人干了三个通宵，用了三台电脑、三台打印机才将 500 份报纸打印出来。没有吃苦的精神，就不会有今天的《西非统一商报》。”②

在编辑部里，人们经常会看到社长钱国林和另外两个小伙子在电脑前工作着，而在办公室的另一头，则是两个小伙子正在和当地商人谈生意。

《西非统一商报》一共五个人，都是旅居尼日利亚的中国商人和雇员，他们“脚踏两只船”，白天做生意，抽空在网上和各地的报道员联系，晚上搞编辑，排版。老总和编辑在一个办公室，除了策划、安排任务外，老总也和编辑一样外出采访、写稿，重要的社论、评论等都出自社长、总编之手。

总编张羽在谈到办报思想时这样说：“服务华人经济发展，联络世界信息传媒、对接当地行政法规、培育华人社会成长是我们的办报宗旨。”③ 他解释说。随着中国改革开放事业的蓬勃发展，中国与西非的经贸往来日益密切，来西非工作、创业、发展的中国人越来越多，华人团体也相继成立。华人文化逐渐显现其强大的影响力，西非华人社会已具雏形。扩大交流，沟通心灵，呼唤传媒，已成为旅居尼日利亚和西非的广大华侨华人的共同愿望，而《西非统一商报》正是从这些方面来尝试满足和服务华人社会的。

《西非统一商报》填补了西非没有华文报刊的空白，是西非华侨华人真正开始创

① 西非地我首张中文报纸正式出版发行．香港文汇报．2005－08－07

② 西非地我首张中文报纸正式出版发行．香港文汇报．2005－08－07

③ 西非地我首张中文报纸正式出版发行．香港文汇报．2005－08－07

造和改变自己的生活和经商环境而跨出的一大步。

2007年初，《西非统一商报》已从2003年前的“简报”发展成为一份有国际新闻、当地新闻、政策法规、经贸、体育、文化娱乐等多种栏目且内容翔实的名副其实的报纸，共有四开16版。它的正式出版发行有助于团结华人，增强相互间的凝聚力、向心力，为中国西非之间的友谊和经贸发展作出更大贡献。

毛里求斯是非洲生活着较多华人的国家之一，据统计，毛里求斯有3万华人。仅有3万华人的毛里求斯却创办了三家华文报纸。其中《镜报》是影响大，规模也大的华文报纸。

据了解，毛里求斯华文报纸走过了一段崎岖不平的道路，在弘扬中华文化方面尽心尽力，使中华文化得以和其他民族文化交相辉映。毛里求斯华文报纸一度面临危机，报人和读者都出现老化问题，后继乏人。但华文报纸始终没有被湮灭，而且出现了“柳暗花明”的境界。这是因为当地学中文的人和留华学生以及从亚洲到毛里求斯做转口贸易的中国商人与年俱增，加上当地政府鼓励各族人民学好本族语言，以便将来在两国之间起桥梁作用，使华文报人看到了“柳暗花明又一村”的前景。

在东非，由肯尼亚华侨华人联合会和肯尼亚中国和平统一促进会主办的《肯尼亚华声报》于2005年8月9日推出创刊号，成为东非的第一份华文报纸，也填补了东非没有华文报纸的空白。

据肯尼亚华侨华人联合会的负责人介绍，创办一份华文报纸一直是旅肯华侨华人的一个愿望。该报及时报道当地情况，提供经贸、金融、治安等信息，反映中肯之间的友好交往活动，从而为促进旅肯华侨华人的团结与事业发展，为进一步推动中肯经贸文化交流做出积极贡献。

总的来说，非洲的华文传媒相当不发达，数量少，内容也不丰富，有待较大程度的发展。

二、非洲各国华文传媒发展简介

非洲华文传媒发展很不均衡，只有少数几个国家有华文报刊的出版与发行。其中，以南非、毛里求斯等少数华人聚集比较多的国家才刊发华文报纸，创办华文广播、电视。

1. 南非

与非洲其他国家相比，南非的经济发达，相应地新闻事业也很发达，人口仅有4 000多万的国家仅报纸就有100多家，居非洲各国之首。由于华人数量较多，经济较发达，所以南非的华文传媒比其他非洲国家相比相对发达。

（1）南非华人简介

中国人移居南非始于17世纪。19世纪末福建、广东一带有华工赴南非从事苦力。1904年南非实施“排华法”，1948年南非当局实行种族隔离政策，1950年实施

"种族居住区法"，华侨华人备受歧视。1984 年南非通过"种族分区法修正案"，华人成为"荣誉白人"。1994 年南非结束了种族主义统治。南非《新宪法》规定，不分种族、性别、宗教，法律面前人人平等。华侨华人生存环境始有改善。

南非现有华侨华人约 20 万。主要是 20 世纪 80 年代南非实施鼓励投资移民和技术移民政策后，来自中国大陆和港台等地的投资、技术移民，其中福建、广东、台湾省籍人分别占 35%、20%、20%。华侨华人主要以经商为主，从事饮食、商贸、电子、旅游、建筑、渔业等。

（2）华文报刊的历史与现状

以往南非有四份影响比较大的华文报纸：《侨声报》、《华侨新闻报》、《南非华人报》、《非洲时报》；目前，《侨声报》处于停刊状态。四家报纸至今没有一家有能力每天出报。在信息瞬息万变的今天，发出的消息如果是昨天的，甚至是前天的、大前天的，那么何谈时效性。再就内容来说，南非新闻大都翻译自当地的报纸、网站，所以，缺乏独家新闻。

《侨声报》于 1931 年创刊，是南非历史最久的华文传媒。它于 2005 年 3 月 30 日当期的报纸头版刊出启事，自 4 月 1 日起《侨声报》暂停出刊。熟知南非华文传媒发展的业内人士道出《侨声报》陷入窘境的内幕。据了解，《侨声报》起初是由当地的老华侨创办的，从创办之初至今，克服了种种困难，有过大批读者，曾发行到南非、津巴布韦、纳米比亚、莫桑比克、莱索托、斯威士兰等国家。其停刊有一部分是政治原因，而带有政治偏向的报纸在当地侨胞中并不受欢迎。

《南非华人报》于 1998 年筹办。1999 年，时任中国国家副主席的胡锦涛访问南非，《南非华人报》就在胡锦涛抵达南非那一天正式出版发行。该报宗旨是："华文报纸是华文传媒中一支独特的小花，它来自于侨民、扎根于侨民，成长于侨社、服务于侨社。"

南非现有 20 万华侨华人当中，其中超过 80% 是在 20 世纪最后十几年由中国大陆陆续移民而来。正是在这样的背景下，1999 年，秉承"服务侨民"的宗旨，《南非华人报》应运而生，8 年来，历经艰辛，虽曾步履蹒跚，但而今已经成长为南非侨界颇受读者青睐的一份报纸。《南非华人报》是由南非华侨华人所主办的，以南非及其周边地区华侨华人为主要读者对象的一份综合性的华文报纸。

《华侨新闻报》由《侨声报》原主编冯荣生在 1994 年 8 月 9 日创办的，以服务广大侨民为宗旨，它是非洲大陆上第一份民营的华文报纸。《华侨新闻报》一经创办就受到南非华人社会的重视，因为它的兴起填补了非洲华文传媒 60 多年来未曾跨越的海峡两岸的言论空间和报道，以"大中华"的宏观视角从事新闻工作，更照顾到来自两岸三地的信息需求。此一异军突起，将非洲华文传媒带入了一个新的领域。1996 年，《华侨新闻报》转亏为盈，跃身为非洲大陆发行及广告量最大的华文报纸。

《华侨新闻报》维护华人利益，敢于为华人争取利益，反映华人诉求，反抗黑暗势力。1998 年，南非治安状况转差，南非一名年仅 20 个月大的小朋友仲睿丰在父亲的商店里遭持枪抢匪枪杀。此举引起南非侨界极大的愤怒，《华侨新闻报》受委托组织并在 7 月 28 日发动“反暴力犯罪汽车大游行”，参加这次游行的汽车超过 300 辆，人数逾千人，车队全长 15 公里，从约翰内斯堡沿途由警车开道，直到 70 公里外的比勒陀利亚总统府前广场，由《华侨新闻报》发行人冯荣生向南非总统曼德拉的代表呈递抗议书。此次反对暴力犯罪的大游行引起了南非政界、社会人士和舆论界的广泛关注，也引起南非人士重新思考是否恢复死刑的问题。1998 年 8 月 19 日，《华侨新闻报》组织了一场南非投资者反犯罪座谈会，邀请全南非范围内的华人领袖参加，并请当时南非总统曼德拉出席座谈会发表演说并与侨领座谈，也引起了政府对华人保护的思考，政府也因此推出了一系列措施，保护华人利益。这些行动都极大地传达了华人的声音，争取和维护了华人的利益。

華僑新聞報
China Express
No. 1431
南非中文報 期期更新
勞工部“現身”百家商城
管理單位有備無患 抽查圓滿解決
西藏自治40年
南非副總統家中被盜
吃飯也要看駕照？
向非法

图 5－1　《华侨新闻报》2005 年 9 月 1 日

由于南非治安败坏，《华侨新闻报》创办人冯荣生于 2007 年 5 月 2 日在家中遭抢匪杀害，令人扼腕痛惜。

纯民营的《华侨新闻报》不接受任何政治势力介入，也不接受任何官方补贴，在报道中持客观立场，工作人员抱着与侨界共存荣的宗旨，受到普遍肯定。《华侨新闻报》更与南非主流传媒保持密切交流，在力所能及的范围内争取提高华人形象及正面评价，收效良好。

有鉴于南非主流传媒趋向于保守，对华人事件并未予以高度重视，有时甚至有失之偏颇之虞。为了避免南非民众对华人形成错误的印象，《华侨新闻报》的《英文报导》版经常从华人的角度出发，用南非官方语言英语针对重大事件加以翔实披露，并向本地主流传媒、市政府及投资管理机构发布，让南非民众对华人有正确和深入的认识。作为一座信息沟通的桥梁，《华侨新闻报》多年来默默耕耘、无偿努力，已成为非洲大陆重要的华文传媒。

作为华人社区的报纸，如果拥有的本地读者太少，报道和言论社会影响力也不会大。此外，并非每个华人都会买当地的华人报纸，有些人甚至居无定所，就更不会订阅报纸。据透露，《华侨新闻报》在有 20 多万华人的南非有 10 000 多份的发行量，发行量虽不能和国内传媒相比，但与其他的非洲华文报纸相比，已属不错。

《非洲时报》于2005年5月1日创刊。该报接收了《侨声报》的全部工作人员，所以一创刊，这份报纸即以相当专业的面貌出现在读者面前。该报是五位怀着弘扬中国文化，维护中国利益，为华人利益抗争的思想的大陆移民创办的。

笔者于2005年世界华文传媒论坛期间就《非洲时报》在非洲创办的背景以及发展目标采访了李新铸社长。据李新铸介绍说，《非洲时报》创刊时，免费赠送了3个月，现在每份在豪登省收南非币4元（相当于人民币4元左右），其他省每份收南非币4.5元。现在该报发行量大约在3 000~5 000份之间。李说，“不奢望《非洲时报》能赚钱，只是希望它能发出中国的声音，扩大中国在海外的正面形象，维护华人的利益。如果达到这个目的，即使《非洲时报》亏蚀，我们也心甘情愿”。

该报印刷精美，版面清晰，编排得当，富有视觉冲击力，工作人员新闻业务水准较高，每期20版，1、2、19、20版为彩色，其余为黑白，每周二、四、六出版。从该报的发展态势、办报人的宗旨、办报人的业务修养等综合素质来看，该报很有可能后来居上。

非洲時報
AFRICAN TIMES
十七名華人被拘捕
搜查行動還將繼續
皇宮
您的夢想之國
SAN LAMEER 800萬豪宅等您來
DREAM HOUSE II

图5-2 《非洲时报》2005年8月25日

由于大部分的华人来自福建、广东和台湾，所以，南非的华文报纸的内容也针对这三个地区的华人，比如，开辟了福建乡情、广东风俗等这样的版面。为向原籍福建的华人传播消息，由中国福建侨办主办、已拥有澳洲版和印尼版的《福建侨报》于2004年9月24日在众多华侨华人聚集的南非出版发行，为南非侨界了解中国国内的形势及其他国家侨界的情况提供了新的渠道。《南非华人报》与《福建侨报》采取联合办报的方式，《福建侨报》南非版由中国福建侨报社和南非中华福建同乡会共同采编，采取国内编辑排版、南非印刷发行的方式于每周五出版，由南非当地华文报纸《南非华人报》代为发行。

据不完全统计，目前旅居南非的福建籍侨胞约10万人，在当地华人中所占比例最大。拥有4个版面的《福建侨报》南非版面向包括福建籍侨胞在内的所有华侨华人，主要介绍中国国内政治、经济发展形势，为关心家乡经济建设的侨胞提供信息，同时也介绍世界其他国家和地区的侨界新闻。中国驻南非大使馆参赞陈玲认为，《福建侨报》和《南非华人报》的成功合作，表明在南非的华文传媒正在不断壮大。《福建侨报》南非版的发行将为加强中南两国人民之间的了解与合作发挥重要作用。

（2）华文广播开播

南非广播电台处于起步阶段。最大的华语广播是“侨声广播电台”，成立于1996年5月20日，也在同日正式开播。成立之初，由于经费有限，聘用人员只有3名。成立初期以新闻节目居多，后来逐步加入包括健康信息、金融、体育、妇女天地、儿童世界等单元的报道，同时也采用台湾所提供的节目。近年来，“侨声广播电台”不论在人员或节目质量都有所提升。该台目前全、兼职员工共10人，播出时间从早7时至晚9时。

2. 毛里求斯

毛里求斯是位于印度洋西部靠近非洲南部的一个岛国，离非洲东南岸2 250千米，面积2 028平方千米，毛里求斯总人口120万，居民多为印度人、巴基斯坦人以及欧非混血种的后裔。其中，华人仅占3%，而在这为数3万余人的华人当中，客家人又占了约90%，其他10%为广东顺德人。目前生活在这里的华人都是第二、第三和第四代华裔。他们中有许多已经不会讲华语了，尤其是第四代，他们除了长相还有中国人的影子外，讲话已经完全使用英语了。

1850年，开始有商人从中国抵达毛里求斯。1880年，客家人开始大批涌入毛里求斯。早期的广东人都是单身汉，他们大都娶了当地女人为妻，而客家人通常是把全家老小都接去团圆。所以，广东顺德人同化程度较高，而客家人的同化程度则相对比较小。

在毛里求斯，华人的地位也很高，华人春节被政府规定为法定的公共节日，华人团体举办的春节晚会，毛里求斯的总统、总理和所有的部长及各界要人都来出席。在毛里求斯的学校里，除了教授英语、法语外，还开设有汉语课程，但相对来说，读写华语的华人仍然很少，大部分还使用华语的华人都只说客家话，所以，华语使用的人越来越少，当地的华人报纸也由原来的5家余下3家：《华侨时报》、《中华日报》、《镜报》。华文《镜报》周刊发行量只有2 000份左右，其余两份发行量只有1 000多份。

虽然目前当地读者大多是40岁以上的老一代华人，但劳务输出到毛里求斯工作的中国劳工已经成为一批新读者。当地华文报纸既能解其乡愁，又能服务于他们在当地的生活。毛里求斯华文传媒的现状是报人和读者总体在老化，但华文报纸仍坚持办报信念：华文教育和华文报纸不会被淹没。

目前，毛里求斯华人圈中掀起了一股“华语热”，许多人开始努力学习华语。在当地的新华中学，每周六都有华语班在上课，不同年级的学生加起来有200多人。此外，还有不少华侨平时请私人补习，学习华语的人从幼儿园的小朋友到70岁的白发老人，各个年龄层人都有，其中最多的是年轻人，他们学华语的目的是想到中国留学。毛里求斯的某些学校特地开办华语课程让学生自由选修。此外，毛里求斯不少的侨团也刻意开办华语补习班，由从中国大陆及台湾聘请来的华文教师教导华语。所以，毛里求斯的三家华文报纸虽然经营困难，但却有一个比较好的前景。

毛里求斯《华侨时报》、《镜报》的情况大致如下：

《华侨时报》（*China Times*）是由毛里求斯《中国时报》和《华侨商报》合并后于1953年12月26日创刊的日报。每周出报6天，周日休刊。该报日出对开纸1张4版。内容包括“要闻”、“毛里求斯新闻”和“副刊”等。有关中国的报道刊于要闻版。

《镜报》（*The Mirror*）是周报，创刊于1975年4月14日，每逢周六出版。该报每期出版4开纸l张4版。版面内容包括“要闻”、“中国大陆”、“台湾和香港的通讯和消息”、“当地华人社区新闻”及“副刊”等。这份报刊很不规范，与其说是一份报刊，不如说是一张两面都复印了文章的纸张，但在一个远离中国、人数比较少的毛里求斯，多年能够维持这样一份报刊也相当不容易。

第二节　大洋洲华文传媒业

大洋洲是四大洲（亚洲、欧洲、美洲、非洲）中人口数量和国家数量都最少的，但是华人人口却比非洲多。华人人口将近90万。大洋洲的澳大利亚、新西兰是两个比较发达的国家，生活在这两个国家的华人数量也最多，分别有70万和20万人左右，见表5-2。

表5-2　大洋洲各国华人人口一览表

国家	人数	国家	人数
澳大利亚	700 000	巴布亚新几内亚	10 000
斐　济	10 000	关岛 塞班岛	5 000
马绍尔群岛	12 000	瑙　鲁	1 000
所罗门群岛	5 000	社会群岛	7 000
圣诞岛	2 605	塔希提	20 000
汤　加	20	西萨摩亚	10 000
新喀里多尼亚	1 000	新西兰	200 000

由于经济比较发达，华人人口多，所以这两个国家的华文传媒也相对大洋洲其他国家发达，比非洲华文传媒的水平高。

在大洋洲各国当中，只有三个国家创办华文传媒，而这三个国家恰恰是华人比较多的国家，它们分别是澳大利亚、新西兰和斐济。华文传媒发展水平最高的是澳大利亚，其次是新西兰，然后是斐济，但是斐济出版的华文报刊却销往其余的岛国。

华文传媒属于新兴传媒，而且竞争相当激烈。在澳大利亚、新西兰，由于大量华人移民和留学生的涌入，不断有华文报纸创刊，其结果引发了相当惨烈的价格战。大部分的华文报纸都是免费派发，靠征订广告来维持生存，但是由于市场有限，一旦遇到当地经济不景气，华文传媒缺乏广告，它们就不得不关门停刊。

澳大利亚、新西兰的华文报纸另外一个特点，就是日报少，周报、月刊多，而且集中在几个大城市出版发行。一些报纸与其说是一份面向华人社会出版发行，还不如说是只面向华人小区发行的报纸。这些小报往往放在小区的管理处，由华人自行取阅，或是直接派人在华人上班时间前往小区门口派送。还有许多华文报纸看中大量留学生这个阅读群，与各大学取得联系，免费向中国留学生派送报纸，以此来扩大影响，增加销量，以吸引更多的广告。

澳大利亚、新西兰的华文传媒还存在一个现象——支持“台独”，反对中国统一的传媒很少能够生存下来，这是因为这两个国家的移民大多是从大陆移民出去的，而这些报纸又要争取这些大陆移民，所以，报纸不支持“台独”也就不难理解。以前，有浓郁台湾色彩的华文报纸，由于可以得到台湾的资金支援，不愁生存问题。这些报纸只办给那些台湾移民看，然而，随着形势的变化，越来越多的华人移民和留学生来自大陆，这些由台湾支持的华文报纸鼓吹“台独”，影响日衰，发行量锐减，从业者纷纷外流，造成报社经营管理都相当困难，再加上台湾放弃海外华人，减少甚至取消对海外华文传媒的资助，使得一些为台湾移民服务的报纸无法维持，结果要么停刊，要么处于苟延残喘的状态中。

一、澳大利亚

据记载，19 世纪 20 年代，澳大利亚已有中国劳工。1851 年，维多利亚州巴拉腊特和新南威尔士萨希尔溪发现金矿（俗称“新金山”），大批华工前往“淘金”，华侨人数迅速增加，最多时逾 4 万人。后来殖民地政府推行“白澳政策”，限制、排斥有色人种移民，到 20 世纪 40 年代末，华侨人数锐减至万人左右。近 30 年来，随着澳大利亚移民政策的放宽，新加坡、马来西亚、印度尼西亚、东帝汶的华侨华人、印度支那华人难民及大陆移居澳洲人士迅速增长。据澳大利亚官方调查显示：1996 年全澳共有讲华语人口 32.4 万人，这个数目不包括 5 岁以下儿童。新威尔士州华人近 16.8 万人，其中 95% 是悉尼居民。另一数据显示，2006 年悉尼 6 位新移民就有 1 位在中国大陆出生的，这还不包括那些来自世界各地的华人。显而易见，华文传媒的受众市场是颇为可观的。2007 年，华人人口已达到 70 万。

澳大利亚华侨华人早期主要从事餐馆、洗衣、种菜等行业，随着华侨华人数量不断增加，其文化水平普遍提高，从业状况也呈现出多元化的趋势。华人移民急剧增加，华人经济、文化力量全面提升，为华文传媒的崛起提供了物质、人才和市场等必备条件，拓宽了发展的空间。与此相关的是，华人经济实力不断提升，商业机构遍地开花，为华文媒介输送源源不断的广告，成为媒介生存和发展的生命线。澳大利亚当地各大商业机构也因华人社区各种消费能力的剧增，大力开发这些现实或潜在的客户市场，华文传媒理所当然地成为既得利益者。

此外，中澳关系空前活跃，中资企业不断发展壮大，对华文传媒也有很大帮助。像中国银行悉尼分行一年要刊登很多广告，所以，澳洲的华文传媒也可以从中获得很多的广告费。

办报要有资金，也要有人才。当前，华文传媒能够发展得比较快，与20世纪80年代末、90年代初一大批中国大陆新移民专业人士是分不开的。来澳之前，他们中的不少人就是大陆各种传媒的记者、编辑，从事这一行业对他们算是轻车熟路，对于传媒业者来说，召之即来，来之能战。同时，由于激烈竞争，华文传媒也降低成本，以求在竞争中得到生存与发展。

1. 澳大利亚华文传媒历史

（1）华文报刊近况

澳大利亚的华文传媒基本上都集中在悉尼。最早出现的华文报刊是1894年9月由华侨书商孙俊臣在悉尼创办的《广益华报》（*The Chinese Australian Herald*）。这份报纸早在1892年就开始筹办，至1894年9月1日在悉尼正式出版。这份以刊登广告为主的周报，报道各地华人社区的动态，因此也发行到悉尼以外的华埠。它一直出版到1923年才停刊，迄今为止仍是全澳大利亚刊行时间最长的报纸。

1898年6月，悉尼的华商又集资创办了一份《东华新报》。1902年改名为《东华报》后成为宣传君主立宪维新思想的阵地。“1902年，墨尔本还出版过一份旨在号召华侨团结起来，为维护自身合法权益而斗争的《爱国报》。1905年墨尔本一批受孙中山民主革命思想影响的华侨青年所组织的新民启智会，创办了宣扬启智救国、主张改革维新的《警东新报》。1914年，一批拥戴国民革命的文化人在悉尼创办了《民国报》，同当地共和派报纸一起发动了一场对《东华报》的论战，成为这一时期较有影响的华文报，此报1925年停刊。此后，断断续续出现过一些华文报刊，但直到20世纪80年代，澳大利亚从未出现过多种华文报刊并存的局面。”①

进入20世纪80年代中期以后，澳大利亚联邦政府逐步制定和完善了鼓励投资移民和技术移民的政策。此后大批携带资本或技术的东南亚华人和中国香港、台湾和大陆一批文化层次较高的青年赴澳留学、定居，使全澳大利亚华人人口迅速增长，至1995年上半年已由80年代初的15.1万人到突破40万人，而且每年均有2万人入籍澳大利亚，为华文报业的兴起打下了基础。香港、台湾报业资本竞相到澳大利亚办报，当地华人社区报刊也大批涌现。1985—1995年的10年中，全澳大利亚曾经出版

① 王永志．澳大利亚华文传媒发展综述．世界华文传媒年鉴．北京：世界华文传媒年鉴社，2003. 100

过的华文报刊高达60余种。

1982年3月，华文传媒“老字号”《星岛日报》率先登陆，成为首家在澳印刷的华文日报。随后，澳籍华人创办《华声报》，后发展到半周报易手，1992年改为《华声日报》，至1997年11月改为《澳洲日报》。据当地研究者认为，它缺乏固定的风格，使读者无所适从，但其多变善变，富于活力，善于挖掘新闻，能够做到小事情，大新闻，令华人耳目一新，所以在发行量上常常充当黑马角色，有时候，它刊登的文章的也很犀利。其社长在《澳周刊》每周一期的“编辑室内外”短文，颇有特色，也是读者喜欢的一个栏目。在庆祝创刊11周年时，澳洲中文报业集团已拥有《澳洲日报》、《华声地产》、《华人社区报》、《澳周刊》、《百家信息》和《澳洲日报电子版》五报一刊，形成多元化经营。

具有香港《新报》背景的《澳洲新报》，于1987年3月在悉尼创刊。据说初办之际，因有《星岛日报》占先，举步维艰。适逢20世纪90年代初中国留学生去留问题成了澳洲社会的热点，《澳洲新报》加大报道力度，并不断增加报道中国政经文化消息，以横版编排，吸引了不少中国新移民读者。同时，该报还登载一些“软性”文章，这对一些读者也不无诱惑力。目前，《澳洲新报》在分类广告名列前茅，很多新移民找工作都盯着它的广告。据澳大利亚英文报刊的统计，《澳洲新报》在华人读者中份额最大，并脱离香港《新报》成为独立的《澳洲新报》，并逐步追赶《星岛日报》，与《星岛日报》成为澳洲并驾齐驱的两大华文日报。

澳洲新報
Australian Chinese Daily
13 Mar. 2000 Mon.

第三届世界中医骨科学术交流会
150顶尖医师聚雪梨交流经验心得

图5-3　《澳洲新报》2000年3月13日

在有港台背景的华文报纸纷纷问世之际，中国留学生和新移民也不甘寂寞，相继筹措资金，欲在报界丛林中觅一立足之地。20世纪90年代，出现了来自中国大陆半工半读的留学生创办报刊之风。在众多靠打工起家的留学生自筹资金创办的周报中，以1992年8月在悉尼创刊的《华联时报》和时隔一年在同一城市出版的《东方邮报》最为出色。他们在没有任何设备、资金短缺的情况下，借用别人的办公室业余办报，极为艰辛。这两份周报，以明快的文风，丰富的信息，为华人社区生活增加了异彩。在期刊中较成功的有1991年元旦创刊的《满江红》月刊和1991年10月悉尼大世界文化交流中心创办的《大世界》月刊。前者以“关注人生世态，反映民族风貌，博采中外珍闻，荟萃学海精华”为主要内容；后者把报道重点对准新移民，针对他们所关注的重大焦点问题及突发事件采写的社会新闻和特写，吸引了广大华人读者。留学生、新移民的加入，无疑使华文传媒市场更加繁荣。“目前，《东方邮报》已更名《东华时报》，老板也换了人。《澳华时报》也取代《华联时报》，老板依然是新移民，但已非原来的股东了。不过，《东华时报》、《澳华时报》这两份在悉尼颇受读者青睐的收费周报，也因各种原因停办了。”①

在综合性周报红火的同时，也有一些人希望经办专业性的报纸，例如在1997年、1998年创办的《唐人商报》、《澳洲商报》和《银河娱乐周报》，维持时间均不长。《银河娱乐周报》在发刊词中说，“目前澳大利亚中文新闻出版业的发展十分蓬勃，但各报刊的报道内容以综合性的为多，专业性的报纸很少，这给我们创办专业性的报纸尤其是赛马、娱乐和体育专业的报纸以充裕的空间和机会”。随着澳大利亚华人人口的增加，专业性的华文报纸有了越来越大的需求和广阔市场。但是，这些较为专业的周报却难以为继，只有依附《澳洲日报》的《华声地产》和独立的《海天物业周报》，因为华人对置业情有独钟，所以仍然有生存的空间。

2002年8月18日，2AC电台的老板陈锦忠在悉尼华文报纸《自立快报》倒闭不久，出版了一份新的日报《华人日报》，澳大利亚首都悉尼继续保持4份华文日报的竞争态势。陈锦忠在致辞时表示，他经营了7年多的华人电台，在澳大利亚传媒行业打下了基础，得到社会各界的认同和支持，于是再创办澳洲《华人日报》，可与华人电台优势互补。其创刊号竟然有几十版的广告，显示该报较强的广告运作能力，也显示了该报争夺华文报业市场的信心。

香港《大公报》为打入澳洲市场，与《澳洲新快报》于2005年6月8日在香港签约，合作发行《大公报澳洲版》。《大公报澳洲版》由香港大公报社每日（周一至周六）提供新闻内容，并随《澳洲新快报》在悉尼、墨尔本、布里斯班发行。

2005年6月10日，蓬勃发展的澳大利亚华文报业又有新成员诞生：《健康医药报》暨《澳洲中医药报》在墨尔本创刊。该报发行人吕刚说，这是一份唯一的全澳发行的中医药报纸，集新闻性、科普性、学术性和指导性于一身。不仅为专业人士提供医学发展的动态，而且为普通读者提供最新的医学保健常识，更重要的是可以使一般读者从报纸中找到治疗一些慢性疾病、疑难杂症的消息和方法。

该报内容包括中医焦点、产业动态、医药要闻、澳洲中医、健康园地以及副刊等版面，既有高学术水平的文章，又十分大众化。该报暂定为月刊，每期20版，封面、封底和内插页彩色印刷，每期印数至少3万份。该报弘扬中华医学悠久的历史，传播中华医学独特的医疗功效，对帮助澳洲白人了解中医有着相当重要的积极意义。

目前，在澳大利亚主要有4份中文日报，《星岛日报》、《澳洲新报》、《华人日报》、《澳洲日报》，每天一共大约发行8万份，这4份报纸都是收费报纸，反映了澳

① 王永志．澳大利亚华文传媒发展综述．世界华文传媒年鉴．北京：世界华文传媒年鉴社，2003.102

大利亚华文报纸相对发达和健康的办报环境，见表5－3。

“在悉尼华人圈中，无论是匆忙的上班族，还是悠闲的散步者，无论是地铁中，还是公园里，手拿一份华文日报已成为寻常的风景线。从发行量比较多的《星岛日报》、《澳洲新报》到稍少一些的《澳洲日报》和《澳洲新快报》都形成了各自的读者群，形成了基本固定的广告客户。各报在保持重要新闻准确及时报道的同时，又为自己特定的读者群提供人性化的服务。4家日报形成了互为补充、各有特长的格局，因此在激烈的市场竞争中能各出奇招，共同生存，显示了收费华文日报市场强大的潜力。”①

表5－3　澳大利亚华文日报

报纸	创办时间
《星岛日报》	1982年3月1日
《澳洲日报》	1986年5月21日
《墨尔本日报》（澳洲日报姐妹报）	2001年9月
《澳洲新报》	1987年3月19日
《澳洲新快报》	2004年6月30日

在悉尼这个繁华而年轻的城市，就按最乐观的估算也就有四五十万的华侨华人，竟然容得下4家华文日报，还有不知多少的收费的或免费的华文周报和小报，以及华语电视台、电台、杂志社等。“这在世界华文传媒史上无疑是一个奇迹，即使放在中国某个几百万甚至千万人口的城市，这么多的华文传媒能够生存下来，也是一个了不起的成就。”②

华文传媒高速发展，竞争激烈，使得在林林总总的书报摊上华文报纸与英文报纸能够比肩而立，成为都市文化的一道风景线。难怪澳大利亚新南威尔士州州长发出这样的惊叹：“悉尼的华文日报比英文日报还要多！”

期刊方面，继1981年印支半岛华人难民创办的不定期刊物《文萃》在悉尼出版后，1982年底墨尔本印支海外华人联谊会中一批曾在越南华文教育、新闻界任职的成员联合起来又办了一份融弘扬中华文化、报道时事动态、介绍政策法令、医药、文史于一体的《海外风》。1985年元旦，墨尔本的印支华人文化社，创办了着重介绍中国文化、历史、风光名胜，图文并茂的华文双月刊《汉声》。其他曾出版过的有《新海潮》、《华人镜报》、《动态》、《焦点》、《文摘周报》、《双语文摘》、《中国文摘》等，由于读者有限，难以为继。2005年3月18日，一份澳洲本地制作的大型全彩综合性华文杂志《新天地》创刊，弥补了多年来澳大利亚缺乏高质量期刊的缺陷。

---

① 单仁谷．澳大利亚华文传媒发展综述．世界华文传媒年鉴．北京：世界华文传媒年鉴社，2007. 83

② 王永志．澳大利亚华文传媒发展综述．世界华文传媒年鉴．北京：世界华文传媒年鉴社，2003. 102

2000年以来，又有新的华文报刊出版，如《汉声》、《动态》、《综合周刊》、《好杂志》、《原乡》、《酒井园诗刊》、《国际华文诗人》。这些杂志大多是文学性杂志，为远离中国的华人提供了精神慰藉，同时也寄托了他们对故国文化的思念。

（2）免费报刊发展迅速

随着传媒业的发展，澳大利亚华文传媒格局已从传统上的以收费日报为主发展的形势转变为以华文收费日报为基础，免费周报迅速发展的格局。“免费发行的周报有《信报》、《百家信息》、《雪梨周报》、《雪梨快讯》、《城市地产》、《昆士兰华商报》及墨尔本的《大洋时报》、《综合周刊》、《广告天下》（双周刊）等。”①

各免费周报同时上市。一时间，在人气较旺的店铺门口，七八家免费报纸同时摆在门口，供人们随便取阅。“摆放报纸的立足之地成为各报受欢迎程度的检阅台，一些信息量丰富、编排专业的报纸成为人们首先光顾的对象，被迅速拿光。质量稍微差些的报纸虽然被取得慢些，但也不断有人光顾，到傍晚都能取完，这说明免费报纸市场还远远没有饱和。”②

这些免费报纸无一例外都是走低成本路线。“有的请上三两个人，架几台电脑就开张。也有的根本没有专职人员，靠几个人业余时间来做，也没有办公地点，大家甚至互不碰面，从互联网上传递稿件和版面。从内容上看，稿子基本来自互联网，很少有自己的独家报道，甚至翻译当地传媒都很少。这样尽可能少的人员加上大量翻印互联网的内容，极大地降低了报纸的出报成本，基本上是付得起印刷费就可以出一份报纸。加上澳大利亚对传媒注册和出版管制极松，有的报纸出版几期一看形势不妙就不出了，等过一段时间再重新出版，或本期的印刷费没有筹够，索性先不出，等什么时候有钱了再说。”③

由于成本低廉，这些小报的广告非常便宜，一些小的商家，无法承担大报的广告价格，就转而走向小报，由于小报发行不比收费日报少多少，读者覆盖面大，效果也不错，所以广告尤其受到中小商家的欢迎，有的报纸一半都是广告。由于有大量中小商家的支持，报业运转的血液源源不断，极大地刺激了免费周报的蓬勃发展。有的报纸广告与读者关心的日常实用性信息的界限已比较模糊，半信息、半广告的服务性报纸逐渐成形。

和收费日报比起来，免费周报船小好掉头，以灵活的经营和编排理念在澳大利亚华人传媒市场独树一帜，发展前景极为可观，也对收费报纸产生了强烈的冲击。

20世纪90年代以来澳大利亚华文报业空前繁荣的主要原因，“一是中国大陆、港、台及东南亚华人移民人数迅速增加，为华文报刊提供了前所未有的庞大读者市

---

① 王永志．澳大利亚华文传媒发展综述．世界华文传媒年鉴．北京：世界华文传媒年鉴社，2003. 101

② 单仁谷．澳大利亚华文传媒发展综述．世界华文传媒年鉴．北京：世界华文传媒年鉴社，2007. 83

③ 单仁谷．澳大利亚华文传媒发展综述．世界华文传媒年鉴．北京：世界华文传媒年鉴社，2007. 84

场；二是大陆留学生中的一批文学青年选择了从文办报刊这条路，成为以文为生的自由撰稿人，为澳大利亚华文报业增添了新的活力。但是全澳华人总数不过40万，就有40多种华文报刊同时存在，华文报刊最集中的悉尼比重更大。报业发展速度超过读者和广告市场的发展，是华文报刊从业者面对的突出矛盾。”① 比如香港《新报》在澳大利亚创立《澳洲新报》的头两三年，基本销量只有两三千份。

（3）亲台湾报刊停刊

悉尼曾出版华文日报《自立快报》，创立于1994年5月20日，采用先进的全页组版电脑设备。创办伊始，创立者雄心勃勃，为该报注入了较为充足的资金，为全澳第一家采用彩版印刷的华文日报。由于其股东们皆为台湾背景人士，因而台湾本土化意识极强。虽然报馆内许多工作人员以及广告推广主要人员都为大陆背景，但其摆脱不了台湾“本土化意识”，因此始终无法赢得大部分大陆、香港、东南亚等地区移民消费群体的青睐。人们一提起该报，就会有“台湾本土化”或“台独”意识的概念。其结果只能逐渐越亏越大，无所适从，难以招架，最终赔进了几百万资金。

看到这种亏损不断扩大，借鉴《澳洲新报》与《星岛日报》吸引来自于大陆数万名留学生，不断发展的经验，《自立快报》意识到再不改变台湾色彩，就会有关门倒闭之险，于是办报宗旨一夜之间大变，以移居海外的中国大陆新移民为发行对象，尽量去除台湾“本土化意识”，并接连向中国大陆报业抛出绣球，要求与之合作。

2001年初在短短的时间之内，该报就与大陆《新民晚报》、《羊城晚报》、《广州日报》、《南方日报》、《深圳特区报》等达成合作协议，并首次在澳大利亚采用部分大陆简体版印刷汉字。该报恨不得一夜之间把该报办成大陆移民最青睐的报纸，以实现扭亏为盈的目的。当时的改革，引来大批大陆及其他地区移民群体的读者。然而，该报的改革却引起了台湾移民社区、该报董事会甚至台湾方面的不满。改革只持续了短短两个月左右的时间，该报董事长即被撤换，改用台湾著名文人吴丰山接替，单方面中断与大陆多家新闻报业合作的协议书，使《自立快报》重走老路，成为一份台湾本土色彩浓郁的报纸，致使许多报纸骨干出走，也得不到大陆移民的支持。很快，《自立快报》惨淡经营仅半年左右的时间，便不得不刊登《声明》，宣布停刊。

从《自立快报》停刊的事例中，我们不难发现澳洲以至海外华文传媒如果还持着对抗中国大陆，支持“台独”，固守台湾本土意识，而不客观、公正报道中国大陆新闻，那么就会很快面临倒闭的危险。

（4）华文广播电视破土而出

在日报纷纷登场的同时，其他类别的传媒也破土而出。特别是进入20世纪90年代，办报、设电台和电视台之风更是一发而不可收，百花齐放、百家争鸣的局面遂告形成。悉尼的2AC和2CR是两家有影响力的华语电台，都开办有普通话和广东话两

① 杨力．澳大利亚华文报刊．华侨华人百科全书·新闻出版卷．北京：中国华侨出版社，1999.2

个语种的节目。节目内容新闻性、服务性、信息性一应俱全，加上电子传媒及时方便的优势，使得其听众数量不断攀升。

在有的中餐馆里，工人没时间看报，也没有多余的钱买报，就在工作场所放一台收音机，从早听到晚，成为每天伴随他们的朋友。电台还开办了很多听众参与的互动节目，如开通热线电话，倾听华人的心声，播出华人初到异国他乡对家乡和故国的思念，以及种种文化冲突所产生的阵痛，受到华人的欢迎。此外，悉尼和墨尔本还有几家华人电视台，如31号中文电视台和政府资助的SBS电台华语组等，除了转发中国大陆及港台地区的主要频道外，还自制一部分节目，如社区新闻、访谈等。

按澳大利亚的官方统计，就传媒业而言，华文传媒在各少数民族中最为发达。最大少数族群意大利后裔，至今还没有一份意文日报，仅有周报和月刊而已。而华文传媒不仅数量可观，而且品种齐全，堪称一枝独秀。早在第四份华文报纸《自立快报》问世之际，澳大利亚英文传媒不解地惊叹：华文读者消费市场何以如此之大？《悉尼晨锋报》还特地刊登大幅照片：4家中文日报的老总同在一条长凳上排坐，悠然自得地欣赏自家的报纸。

2. 澳大利亚华文传媒特点

（1）敢于维护华人权益

华文报纸敢于争取和维护华人利益，这是很值得称道的。比如，2005年6月25日澳洲《星岛日报》报道，中国游客被无良导游欺骗，包括在沙滩收费和把游客带到Blacktown等埠强制游客在某所免税店购物等，严重损害游客的利益。

对于《星岛日报》的批评，澳洲纽省旅游、运动及娱乐厅长罗莉于2005年6月30日下午在悉尼召开新闻发布会，对早前《星岛日报》有关中国游客被“宰”的报道作出回应，表示联邦政府和省政府将推出“执照制”，承认“一些无良导游和免税店欺骗中国游客，会严重破坏悉尼的声誉。问题虽不至于普遍存在，但也足以引起我们的关注”。澳洲政府和省政府也将联同中国有关部门一起推广这些新措施，并讨论如何简化投诉的程序，被投诉的旅行社的牌照会被取消等，这样，他们将无法替游客申请签证。

对于澳大利亚种族歧视，华文报纸也予以谴责，并坚决进行反击，以维护华人形象，倡导澳大利亚种族平等的氛围。

20世纪末以来，来澳留学生、移民和中国游客剧增，为维护留学生的利益，华文传媒一方面对留学生、移民表示欢迎，另一方面也对来澳留学的低龄学生表示担忧。华文传媒经常发表评论说，澳大利亚不是天堂，低龄留学生来澳留学，由于缺乏独立生活的能力，思想也很不成熟，会造成很多问题。比如，异性同居等，既影响留学生的前程，也在某种程度上损害了华人的形象。华文传媒花了很多版面和时间讨论低龄留学生的问题，想尽办法，千方百计为他们解决问题，接受他们的投诉，为尽量减少低龄留学生负面影响作出了较大的贡献。

此外，针对华人参政、议政的问题，华文传媒也给予了较大的关注。它们常发表评论，认为华人只有团结起来，形成强大力量，才能维护华人族群，才能为华人在澳的生存与发展提供更好的条件。

华人在英语主流社会存有身份焦虑，因而对拥有自己“话事权”的华文传媒情有独钟，而趋同意识又使华文传媒呈“滚雪球”般的发展态势。

华人尽管在澳大利亚特别是在悉尼人口增长很快，但是毕竟是少数民族，而对于自己身份定位的焦虑，使得他们迫切需要有自己的语言文字的媒介，来表达自己的声音。同时，通过同声同气的华文传媒，可以了解来自中华大地、原侨居国的各种信息，而这显然是英文传媒难以做到的。

华人办报渗透着强烈的民族传统和民族心理，一百多年来成为一种独特的文化现象，同华人喜欢拥有“话事权”，以及趋同意识是分不开的。一位报社老板坦承：他写过一篇文章，先投给某华文大报，但被拒后才在另一家传媒刊出。后来自己办报，虽然原因不少，但是因为这篇文章被拒后，拖延一段时间才能发表受到刺激，也是其中原因之一。

与老一辈澳洲华人相比，新移民更积极地关心和参与当地主流社会的政治经济活动。比如《澳华时报》不把自己局限在唐人街，从创刊起到 1998 年，《澳华时报》是澳大利亚唯一的中英文双语报纸，它被送到澳大利亚联邦和州的两级主要官员办公室和不少大公司，在主流社会中起到了一定的影响。1997 年《北京新闻》专版创刊时，澳大利亚联邦总理、反对党领袖、州长等均致词祝贺。联邦移民与多元文化部长还亲自出席创刊仪式。1998 年联邦大选前夕，联邦总理霍华德接受了《澳华时报》社长庄武艺作为唯一一家华文传媒的独家专访，通过《澳华时报》向华裔选民发表其政见。反对党则委托《澳华时报》编辑华文竞选专刊。联邦总理霍华德在一次向海外推介澳大利亚少数民族语言报纸时，提到的华文报就是《星岛日报》和《澳华时报》两家。华文传媒鼓动华人积极参政议政，通过手中的选票来影响选情，争取更多的华人族群的利益，这种做法既得到华人的支持，也是华人争取自身权益的最好渠道。

相对而言，澳大利亚的传媒有相当大的自由度。朝野和各界人士对传媒相当重视，如一些传媒创办时或举办周年报庆时，常常可以看到总理、移民部长、反对党领袖和华人社团首脑的祝辞。政界对传媒的关注，也让华文传媒从业者看到创办华文传媒，可以影响澳大利亚社会与政局的作用和维护华人利益的作用，所以，一有条件，华人首先想到的就是创办传媒，一方面维护华人的权益，另一方面也希望华文传媒做大做强。

（2）竞争激烈

澳洲中文报纸的经营特点是数量多、规模小、广告便宜、生存困难大、新闻采编力量弱，这种情况直接造成竞争特别激烈。

“澳大利亚华人中有能力阅读华文报刊的不到 20 万人，而天天阅读华文报刊的不到 10 万人，但是悉尼和墨尔本两地每天收听华文广播的华人有 10 多万人。”①

一位出版界名人曾指出：“文人办报的时代已经过去，现在是汰弱留强的局势，必定要有足够弹药的大企业，才有实力涉足这个行业，否则好难生存。”② 澳大利亚的华文传媒除当地新闻本土制作外（澳洲新闻也有不少翻译自澳洲通讯社、报社，社区新闻常常来稿照登），中国大陆和港台新闻，乃至国际新闻、体育和娱乐新闻，大多取自香港，颇有“二级转运站”的味道。近年来，这种情况有所改变，例如体育新闻自家采访以及取自中国大陆的增多了，也有一些报社同中国新闻社、新华社达成供稿协议，从而以较强的时效性和较权威的新闻性获得读者的认同。

但是，毋庸置疑，相当多的传媒还是将港报的版面原封不动地全版印刷，或者随便摘选其他报刊的文章，特别是网络兴起后，更是为这些传媒打开了方便之门。据有的作者反映，这里的稿费甚低，甚至没有稿费，副刊文章也不付稿酬。有一家传媒在副刊约稿中注明：与澳洲无关的作品一律不付稿酬。

尽管如此，这些华文日报如何应对许许多多免费周刊、周报，去争取更多的广告，便成了生死存亡的大计。一位行内人士在回顾 1997 年和展望 1998 年时曾说过这样一句话：对于悉尼华文报业而言，1997 年并非平安乐利的一年。竞争激烈下，虽有小钱赚，但终非是坐享其成的安乐年。由于竞争激烈，各家报纸不论日报、周报、免费小报，多数都活在精神紧绷状态之中，有的害怕“大意失荆州”，有的则怕在竞争中被淘汰出局。

竞争的激烈，使得各传媒八仙过海，各显神通，为争夺受众市场，他们竞相杀价，抢占广告市场。如墨尔本原来还有几家收费周报，但在大比拼中，有的传媒首先采取“免费”这一杀手锏，其他传媒也不甘示弱，全部免费奉送。墨尔本现在只剩下《大洋时报》和《华夏周报》依然是收费的周报，其余都已变成免费报纸。这对读者而言，也许是一种喜讯；但对业者来讲，则是一件痛苦的事情。据说，有的商家本来也想做广告，但一家登出来，其他传媒的广告员就实施人盯人战术，令商家不胜其烦。而免费报纸的推出，使得众多华文报纸经营更加困难，亏损的风险不断在增加。报业竞争，变成了一场烧钱竞赛。一家一家的华文报纸倒闭，剩下的就是那些财力雄厚的华文报纸。虽然这种竞争符合市场规律，但是对于在海外创办的华文传媒来说，这种竞争恐怕是业界的一种自杀行动。华文传媒面临更多的困难，财力也有限，靠市场大浪淘沙般实现业界发展，免费送报对华文传媒财力、物力都是极大的负担，不利于传媒在短时间迅速发展壮大。

一位行内人士针对有的传媒推出“免费地产广告”促销活动调侃道：在目前广

① 刘雨生．澳大利亚中文报刊近况．世界华文传媒年鉴．北京：世界华文传媒年鉴社，2005. 110

② 咏之．澳大利亚的华文报纸．新闻爱好者，1999（1）

告低迷之际，推出一二怪招，又何尝不是杀出一条血路的办法，只是唐人街的酒楼饮茶车上叫猪红的人愈来愈少，因为怕吃的不是猪血，而是不知悉尼哪位报社老板的人血。这些话虽然颇具讽刺意味，但是对于澳大利亚华文报纸来说，却是事实。

进入21世纪，《自立快报》首先停办，但它所存在的空间立刻被《华人日报》所填充，可以说华文报业依然保持着一片盛景。而这些报纸在主流社区和华人社区的影响，也越来越举足轻重，如澳大利亚联邦、州和市的选举，洋人和华人均有求于报纸。因此，这些日报在竞争中继续充当华文传媒的“龙头老大”的角色。

海外办报之不易已是众所周知。据说，这五家华文日报只有《澳洲新报》有纯利润。其他有的只是收支平衡，有的还在苦苦挣扎。有的报纸的总编辑换了好几茬，有的甚至不设总编辑。报纸编辑、记者的收入还不如蓝领工人。而一位大报总编辑被“炒”后，屈尊到其他周报、电台打工，工资少得可怜，也很不稳定。一位日报的老板说，在海外办报，社长转眼间就会变成“送报社长”。

在高科技浪潮中，澳大利亚华文网络的人士也不甘让华文报纸一枝独秀。前两年，已有先行者创立网络版和网站。在报纸方面，前述的《澳洲日报》的 www. aus-daily. com. au 先走一步，而悉尼也有“网上唐人街”、“你好网站 www. nihao. com”；墨尔本有“www. eyah. com. au”等。有人估计，澳大利亚华文网站不下百个。这种热闹景象，为华文传媒注入了新的活力，正像当地一篇文章所说的：“澳洲中文网站的发展势头，就像悉尼的冬季一样，还是那般阳光灿烂，温暖甚至有点酷热。翻开中文报纸的社团版，时不时有新网站创办的消息，与各个大大小小的社团一样，点缀着华人社区的繁荣。”华文网站的开设，也进一步加剧了传媒业的竞争。许多消息在网上可以看到，读者当然不愿意花钱购买印刷报纸，所以，现在的澳大利亚华文传媒一片混战，竞争残酷。

虽然华文传媒竞争相当激烈，但是令我们感到惊奇的是，其生命力也相当旺盛。尽管澳大利亚的华文报纸生存困难大，但是随着近20年来华人移民人数的上升和华人社会力量的增强，华文传媒已受到澳大利亚政府和主流社会的重视。

有的虽然只是小有盈余，有的可能还未能收支平衡，但谁也不会轻言放弃；而以新移民为主体的创办周报的业者，虽然有的停刊，新的报刊很快填补。这种情况一方面说明澳洲传媒竞争激烈，另一方面也说明澳洲华文传媒颇有希望，是一块值得开垦的土地。

（3）与中国报社合作办报

值得一提的是，澳洲华文传媒在中国经济飞速发展的今天，把目光转向中国，有些传媒开始了与国内报社联合办报，加强与中国的联系，向大陆报刊提供版面，大陆报刊提供内容，两者实现互补。“新移民华文报纸上的许多消息或文章直接约请国内的记者或编辑撰写；更多的新移民华文报纸则同国内的有关传媒合作，购买报刊版面，从消息的采写到版面的编排和胶片的冲印制作全在中国大陆完成，采取‘国内传版、海外付印’的模式。比如，曾在澳洲办过《满江红》杂志和《唐人商报》的庄伟杰，2002 年秋在厦门创办了《国际华文诗人》诗刊。另一位华人张力在澳洲悉尼和上海两地编辑出版《中国商贸聚焦》（*China Business Focus*），而且是中、英文出版的月刊，其编辑人员来自中澳两地，发行也遍及澳洲与中国。”①

澳大利亚的华文报纸与中国大陆报刊的合作主要集中于以下三个方面：刊登专版、互换版面、信息提供。澳中华文报纸向着合资与紧密型合作的方向发展。由于海外传媒大多为私人资本，各传媒的总体实力不是很强，但是有灵活有效的特点，而中国人口众多，经济实力雄厚，信息资源十分充沛，总体实力强劲，但是传媒机制不灵活。因此，中国传媒与海外传媒合作，可以优势互补，互惠互利，达到双赢目的。

比如，《澳华时报》积极地与中国的主要传媒建立了良好的合作关系。《北京日报》、《北京晚报》于 1997 年率先在《澳华时报》开辟《北京新闻》专版。来自北京的新移民说，他们看到了原汁原味的北京消息。而《北京报》这一被称为“借船出海”的方式在全国外宣工作会议上得到肯定。之后，《厦门日报》、《青岛日报》、《四川日报》、《重庆日报》都在《澳华时报》上开辟了专版。同时《澳华时报》的文章和发行人的谈话，多次被中国中新社、《人民日报》、中央电视台、中国国际广播电台等主要传媒转载发表，如《澳华时报批驳“两国论”》、《澳华时报发表文章——支持取缔“法轮功”组织》、《热烈期盼江主席访澳》等。

（4）促统反独

除了少数几份由台湾商人扶持，有强烈的台湾本土意识，鼓吹“台独”的报刊外，绝大多数的华文传媒都站在了维护中国统一，反对台湾独立的立场，而且相当拥护中国的政策。

如《澳华时报》在批判“台独”、藏独，声讨北约轰炸，驳斥考克斯报告，揭露“法轮功”本质等大是大非问题上，都发表了旗帜鲜明的文章。如《统一大业不可阻挡》、《中华民族不可侮》、《硝烟后的沉思》、《发扬中华浩气，清除歪理邪说》、《李洪志之流的邪教组织是澳洲华侨华人的公敌》等。1999 年 4 月，当澳洲《自立快报》发表文章宣扬“台独”、指名攻击中国驻澳大使馆发言人时，《澳华时报》当即进行了反驳，抨击了《自立快报》的“台独”立场，呼吁澳洲华人要认清《自立快报》的本质，团结起来一起反对“台独”。《澳华时报》旗帜鲜明的表达拥护中国政策及“一国两制”方针，反对“台独”的立场，尤其受到澳洲华人的一致肯定，这也是《澳华时报》何以能够占领澳大利亚华文传媒的大部分市场份额的主要原因。

《自立快报》坚持“台独”立场，宣扬台湾本土意识，受到澳洲华人的抵制，报纸无人阅读，广告客户不愿刊登广告，造成亏损额越来越大，报社无法维系，只好停

① 王永志．澳大利亚华文传媒发展综述．世界华文传媒年鉴．北京：世界华文传媒年鉴社，2003. 100 ~ 104

刊结业。

除了《澳华时报》反独促统外，其他的报纸、广播、电视都态度鲜明地表达反对“台独”的立场。因为，首先这些传媒不敢得罪来自占据大部分比例的大陆移民和留学生；更重要的是，“台独”确实危害了中华民族的利益，身为炎黄子孙都不愿意看到中国分裂，以致重新造成两岸同胞骨肉相残的现象。有些报纸虽然对中国一些腐败、官僚主义现象相当不满，也刊登了不少新闻批评中国大陆的腐败现象，但是在关系到中华民族统一这个大是大非的原则性问题上，都坚持反对“台独”的立场，这才形成澳洲华人舆论一边倒地支持中国统一的现象，从这一点来说，众多澳洲华文传媒坚持统一，反对“台独”的舆论，为防止台湾独立、中国分裂作出了贡献。

二、新西兰

据新西兰政府2001年人口普查数据显示，新西兰华侨华人总数为10.4万人，目前，已接近20万人。是新西兰第三大民族。80%聚居在奥克兰，首都惠灵顿和南岛的基督城也较集中。早年新西兰华侨华人仅以种植果菜、开洗衣店、经营餐馆为生。随着华侨华人受教育程度的提高和各类移民的进入，新华侨华人的职业结构发生了较大变化，他们活跃于当地社会的各个领域，并在商业、文化、教育、科技等领域取得了骄人的成绩。

早期的新西兰华文传媒主要是由中国国民党创办的报纸。《民生报》1921年由中国国民党新西兰惠灵顿分部创办。该报是当地唯一宣传三民主义、赞同北伐的革命报纸，但在第二次世界大战前停刊。《新西兰华侨报》创刊于1958年9月1日，为8开纸1张的铅印月刊，内容以报道华侨社会动态为主，后由于当地大部分华人子弟已不识华文，读者范围日益缩小，故至20世纪60年代时停刊。

随着新西兰开放移民政策，大批香港、台湾、大陆移民到新西兰，特别是20世纪末开始的大批留学生到新留学，直接催生了华文传媒的发展。据2002年统计数字显示，教育出口已被列为新西兰的四大支柱产业之一，当年的总收入为17亿新西兰元，其中中国留学生就占了35%～40%。中国留学生占年收入22亿新元的新西兰教育出口业近一半。迄今，新西兰主要有《新西兰镜报》、《东方时报》、《信报》、《首都华文报》、《中文一族》、中华电视网、AM990中文电台、TCTV中文电视台等华文传媒。其中，《新西兰镜报》、《东方时报》的影响比较大。

虽然20世纪90年代末，华文传媒有了显著的发展，但以新西兰的华文报业来说，无论在质与量的方面都非常受限制。目前，新西兰所有华文报纸都是免费赠阅，靠广告支撑。内容都是以广告为主，仅配以少数可以阅读的数据，因此有些“报纸”就没有冠以“报”的名称。这些报纸的诉求对象大都是新移民或新来的留学生，因为这些新到陌生地区的人，需要阅读各式各样不同的生活信息，来协助他们获得生活上的安定。等到环境熟悉了，生活安稳了，阅读的需求自然就高了，除了广告之外，就还想看点别的信息。因此比较像样一点的报纸就会挪出第一版的上半部来报道一点当地所发生的、最重要的事情。

新西兰的华人大多数都聚集在奥克兰地区，阅读人口不到10万，但华文报纸多达10余家，由于报业生存的空间日益狭小，在众多传媒瓜分广告市场的情况下，为了生存与竞争，报纸的广告费都在减价的压力下设法抢占市场并固守地盘，造成华文传媒大多有负债的情况。

由于网络使用比较普遍，华文报纸的中国新闻大都是由网上摘下来使用的。网上摘下来的文章有的是直接使用，有的是加以剪接使用。多条新闻剪接的结果，再加上制作当事人的主观偏见，常会产生新闻失真及变质的现象。所以，现在的新西兰华文传媒的信息存在一定失实的情况，这将严重影响华文传媒的权威性、真实性。

不过，大多新西兰华文传媒亲向大陆。比如，2004年，台湾陈水扁推行所谓的"3·20"公投，众多华文报纸都发表评论，揭露和批评台湾企图分裂的行径。2004年3月10日，《新西兰镜报》发表署名文章，揭露陈水扁推行所谓"3·20公投"的实质是企图煽起台湾民众对大陆同胞的仇恨情绪，进而实现其"台独"野心。它在题为《"和平公投"还是战争公投?》的评论中指出，"陈水扁为给自己拉选票，不惜挑拨台湾社会族群间的矛盾。为了达到目的，他欲借'全民公投'这个外壳，煽动台湾民众对大陆同胞的仇恨情绪"。文章指出，"从李登辉、陈水扁两人关于'公投'与战争的言论中不难看出，为了赢得选举，为了一己私利，他们是不惜冒天下之大不韪，煽动民族仇恨，引燃台海之火。那么，'3·20公投'究竟是'和平公投'还是战争公投?"评论最后说："我们新西兰华侨华人身处美丽的南太平洋岛国，享受着和平的阳光，遥看台湾选举，可以无政治立场，不偏蓝也不偏绿。但是，政治人物在选举中煽动民族仇恨，甚至不惜挑起战火，则是无异于对人类文明的肆意践踏，是不能听之任之的。作为炎黄子孙，我们又怎么可能真正地置身事外呢?"

除了维护中国统一，反对"台独"外，华文报纸还维护在新华人的利益，特别是对低龄留学生在新的行为给予了相当多的关注，呼吁要加强对低龄留学生的引导。

据了解，新西兰来自中国的低龄留学生已逾5万名，其中80%的学生并非是真正去"读书"的，一些学生本身并不想出国而是被父母逼出去的。他们的种种不良行为已经给"中国留学生"这块"金字招牌"蒙上一层灰尘。新西兰的中国低龄留学生同居现象十分普遍，他们当中许多人不懂生理知识，出了问题只好去堕胎。由于当地法律规定不准堕胎，一些女学生往往找人私下解决，有的甚至转到澳大利亚去人流。有些学生染上赌博恶习，甚至还有的从事色情行业。

低龄留学生出现的问题，已经引起当地华文传媒的高度关注。一份新西兰华文报纸报道：过去人们对前来留学的中国学生很佩服，他们勤奋好学让人尊重，可现在却不同了，在许多当地人眼中，现在的一些中国留学生真有钱，全靠父母供养，穿名牌、开好车，到周边国家旅游，严重损害了华人勤奋、俭朴的形象。华文报纸呼吁，中国政府有关部门应对留学生低龄化问题制定出相应的措施，联系学校、家长、留学中介，以及国外的华侨社团，制定相应的办法，考虑通过当地华侨社团介入协助监管孩子，让当地华侨社团与留学生保持联系，同时得到领事馆的引导和帮助；在经济上对孩子进行监管，以促使低龄留学生能够健康成长，学有所长。

目前，新西兰的华文报刊都是周刊、月刊，没有日报。影响比较大的有《新西兰镜报》、《东方时报》、《新西兰信报》、《新西兰中文先驱报》等，广播电视有新西兰华文电台、奥克兰华人电台等。

三、斐济

19 世纪 70 年代，澳大利亚淘金业衰败后，一些失业华工返乡途经斐济时在该岛落脚谋生，成为斐济第一批华侨。他们在斐济艰苦创业，并繁衍下来。

斐济现有华侨华人 1 万人左右，95% 以上已加入当地国籍，其中以广东籍人为主，并以东莞（占华侨华人总数的 30%）、开平、中山、台山四地人数最多。华侨华人主要集中在苏瓦（近 3 000 人）和劳托卡市。

《飞枝国民》是一份有资料记录的最早华文报刊。该报刊是半月刊，1950 年 8 月 2 日创刊，12 开本，一直到 1965 年，该刊仍在出版，但现在已经停刊，停刊时期不详。

随着华人数量的增加，以及与中国建立外交关系，斐济的华文传媒也有所发展。2001 年 2 月 1 日，《斐济日报》创刊，是当今斐济唯一一份华文报刊，也是南太平洋岛国中唯一的一份华文报刊，其宗旨是为当地华人服务，传递中国信息，弘扬中华文化，促进斐济经济发展和各民族的团结，发展斐中两国友谊，推动华文教育。《斐济日报》每周 3 期，每期 8 版，其主要内容有：本地新闻、中国新闻、国际新闻、文体娱乐、卫生常识、文艺连载。

由于华人数量与澳大利亚和新西兰有相当大的差距，无论是办报的质量，还是报刊的数量，斐济的华文报刊都远远比不上上述两个国家。

第三节　非洲与大洋洲华文传媒评析与展望

非洲与大洋洲虽然华人数量有很大的差异，华文传媒的发展程度也有很大差距，但是在这两个洲中，华文传媒的发展还是呈现出许多相同点，那就是纷纷吸引大陆移民。随着中国大陆越来越多的人移居到非洲与大洋洲，以这些新移民为对象的华文传媒也转变运营方针，不然的话，就会失去市场，生存也面临很大的危险。此外，亲台湾和支持“台独”的报刊日益衰败，从南非、澳大利亚、新西兰的华文传媒发展过程来看。显然，持“台独”立场，强调台湾本土色彩的传媒很难获得生存的条件。

一、华文传媒发展迅速

非洲、大洋洲的华文传媒事业发展比较快。南非作为非洲最南端的国家，华文传媒蓬勃发展，不但有一大批华文报纸创刊，而且还开办了电台。如《华侨新闻报》和《南非华人报》等报刊，开设了华语电台《侨声广播》。华文报纸不仅在南非发行，而且还发行到邻近的国家，如纳米比亚等。在其他华人聚集比较多的国家，像毛里求斯、留尼汪、马达加斯加等国，也发行或新创办了一些报纸，如毛里求斯的《华侨时报》、《中华日报》、《镜报》等。此外，令我们感到高兴的是，在西非和东非也出现了华文报刊，如尼日利亚的《西非统一商报》，填补了西非没有华文报刊的空白；在东非，由肯尼亚华侨华人联合会和肯尼亚中国和平统一促进会创办的《肯尼亚华声报》也于2005年问世，成为东部非洲的第一份华文报刊，也填补了东非没有华文报刊的空白。

在大洋洲，华文传媒的发展相当迅速。20世纪90年代中期以来，中国赴澳洲的新移民已走出寻求居留和温饱的阶段，在事业上得到了较为快速的发展。“目前全澳洲大约有新移民创办的报纸近20家，这其中还不包括部分由澳洲人及台湾移民和香港移民出资，实际由大陆新移民编排操作的华文报刊。”①

澳大利亚现在已经有接近50家的华文报刊，有4家华文日报，即《星岛日报》、《澳洲新报》、《华人日报》和《澳洲日报》。澳大利亚有周报25家，杂志12家，电台3家，电视台5家中文网站不下百个。在大洋洲的另一个重要国家新西兰，有两个华语广播电台频率，两个电视台。现有《新西兰镜报》、《东方时报》、《信报》、《首都华文报》、《中文一族》、中华电视网、AM990中文电台、TCTV中文电视台等。其中，《新西兰镜报》、《东方时报》的影响比较大。南太平洋深处的斐济，也办有华文报纸，如2001年2月1日创办的《斐济日报》。这份报纸不仅在本国发行，现还发行到附近三个岛国：瑙鲁、汤加、图瓦卢。

华文传媒不仅发展迅速，而且在记者、编辑的收入得到一定程度的改善，有较高的收入，像在南非的记者和编辑，月收入大致在5 000 ~ 8 000元人民币之间。随着华文传媒地位的提升，其影响也越来越大，已受到海外主流社会重视，在澳大利亚大选期间，悉尼有的华文报纸几乎1/3广告版面提供给各主要政党候选人。而各政党候选人为拉拢华人也不惜花巨资在华文传媒上做广告，并乐意接受它们的采访，作出种种承诺，以在华人当中树立良好形象。

① 夏春平．新移民华文报刊成因、区域流向及特点．世界华文传媒年鉴．北京：世界华文传媒年鉴社，2003. 152

二、新移民办报

澳大利亚现有的2 000万人口中有70多万华人，近10年来，总共约有100多万外来移民，其中有近70万是华人移民，而在10年前华人移民却不到5万。在目前的70万华人移民中约有1/4，即13万为中国大陆移民，再加上数万中国大陆留学生，中国大陆的华人人口占了澳大利亚华人总人口相当大的比例。澳大利亚的人口主要集中在新南威尔士州和维多利亚州，华人人口也是如此。因此，华文传媒也主要集中在悉尼和墨尔本这两个澳大利亚人口最多的城市。新西兰华人也集中在主要城市，20万华人人口，大约有10万来自中国大陆，另有上万的中国大陆留学生，华人主要聚集在惠灵顿。南非华人也类似澳大利亚、新西兰集中城市的现象，只不过留学生还不多。

越来越多的华人新移民，渴望能够看到华文传媒，了解当地华人和中国大陆的消息。一名华文报读者的话说："这份报纸，成了我和我的华族背景之间仅存的联系。"

初来乍到的中国留学生置身异域，对生活、学习和工作均有不少现实困惑，加上语言上的隔膜，很多人突然之间觉得自己与世界失去了联系。留学生希望通过母语传媒得到关于世界及中国的政治、经济和社会情报，更期待能得到对留学生有切实帮助的日常生活信息，也可以缓解乡愁。华人新移民和留学生对华文传媒的渴求，直接促使原有华文传媒改变办报方向，催生一批由新移民创办的华文传媒。

近几年，华人新移民集资办报，包括一些留学生也自力更生办报成为新的现象。2CR澳洲中文广播电台，普通话节目主播任传功认为，中国大陆新移民群体是澳大利亚华文传媒发展的主要力量。改革开放的中国为澳华传媒输送了大量的人才资源。他说："澳大利亚第一份中文报纸为1894年在悉尼出版的《广益华报》。到20世纪20年代，悉尼和墨尔本已有五家华文报纸，但不很兴旺，时办时停。从20年代中叶到1985年，澳大利亚境内已没有本地中文报纸存在。"① 据澳大利亚《澳华时报》发行人祝敏申提供的数字，1992年以前全澳大利亚只有香港《星岛日报》澳洲版及香港《新报》创办的《澳洲新报》，1992年才诞生了第一份由新移民创办的周报《华联时报》，但是近几年，一大批的华人新移民创办了许多华文传媒。新移民传媒发展十分迅速。

事实上，澳大利亚华文传媒的真正发展始于20世纪80年代末、90年代初，而这段时间正是华人移民的高峰期。随着四面八方的华人大量涌入澳洲，尤其是数万名中国大陆留学生新移民的异军突起，为澳洲华文传媒的发展奠定了坚实的基础。

自20世纪80年代以来，从中国大陆到海外的新移民则很多是高学历人士和专业人士。这些新移民的另一个特点是他们不再像过去老移民那样重视血缘和地缘，也不

① 澳华传媒发展与中国改革开放息息相关．联合早报（新加坡），2003－09－22

再是来自广东、福建侨乡地区的沿海小村，他们更多的是来自大城市的大学和研究机构。

新移民的以上几个特点决定了他们办华文报刊的较高起点和广阔视野。他们之中有部分人过去在中国就是新闻从业者或是文化工作者。因此，新移民办的华文报刊不再像过去老移民办的华文报刊有关中国的消息只是广东和福建侨乡地区的信息，关注的是“乡亲乡音”或“一草一木”。“由于新移民来自五湖四海，所以这个‘乡情乡音’则不再是传统意义上的侨乡广东和福建的某个地区，而是扩大到整个中国大陆，对这批新移民来说整个中国大陆都是‘侨乡’。”①

由此而派生出的这些新移民华文报刊便充满现代感、时代感，报刊的文化含量和科技含量较高。

今天，活跃在澳大利亚华文传媒的主要骨干力量，许多都是受过良好教育的来自中国大陆的新移民。而且其中许多人在移居澳大利亚之前，就是中国从事新闻媒介工作的人才。

新移民报纸以周报占绝大多数，日报仅占新移民华文报纸的2%～3%。澳大利亚目前有一家新移民办的日报是《澳洲新报》，新西兰是《新西兰镜报》等。“新移民华文报刊报纸发行方式以免费赠阅为多，这一点以澳大利亚为典型。这些报纸大多以免费赠阅来扩大发行量，以此来吸引广告客户，走的是‘免费赠报，以广告养报’的模式。澳洲目前约有华文周报或双周刊20份左右，其中真正卖钱的约5家。”②

这些新移民所创办的华文报纸有一个共同的特点，就是它的创办者与国内（中国大陆）有着相同的理念和视角，他们对世界的看法和评价带有更多的中国特色。正因为如此，他们所提供的信息不但更直接、更真切，也更加具有决策参考价值。一些有大陆新移民参与或主办的海外华文报刊的网络版在大陆地区广受欢迎，充分印证了这一点。

“中国留学生、新移民是澳华传媒发展必不可少的客户和消费群体。”“目前，澳大利亚人口接近2 000万，华人人口占4%左右，约70万人。而中国大陆新移民接近华人总数的五成，且呈逐年上升之势。他们已经成为澳洲华文传媒的主要服务对象。”③ 在中国大陆新移民越来越多，留学生人数居高不下的情况下，如果华文传媒不以这些华人作为受众，那么华文传媒就不可能获得持续的发展动力。为吸引新移民和留学生的注意，华文传媒在内容上和舆论倾向当然要作适当的调整，确立了拥护中国大陆的立场。

---

① 夏春平．新移民华文报刊成因、区域流向及特点．世界华文传媒年鉴．北京：世界华文传媒年鉴社，2003. 152

② 夏春平．新移民华文报刊成因、区域流向及特点．世界华文传媒年鉴．北京：世界华文传媒年鉴社，2003. 152

③ 澳华传媒发展与中国改革开放息息相关．北京：联合早报，2003－09－22

在非洲，随着中国改革开放事业的蓬勃发展，中国与非洲的经贸往来日益密切，到西非工作、创业、发展的中国人越来越多，华人团体也相继成立。华人文化逐渐显现出强大的影响力，非洲华人社会已粗具雏形。于是，扩大交流，沟通心灵，呼唤传媒，已成为旅居西非的广大华侨华人的集中反应，而新创办的《西非统一商报》、《肯尼亚华声报》正是从这些方面来尝试满足和服务华人社会的。

三、大量增加对中国的报道

改革开放以后，随着新移民的增加，海外华文传媒有关中国大陆的报道逐渐多了起来。与此同时，中国经济的快速发展，中国加入WTO以后融入世界经济一体化的进程，引起包括海外华人在内的世界各国的瞩目，来华投资成为一个新的热点。在此背景下，中国大陆方方面面的情况，包括它的经济发展状况、市场运行情况、投资环境等就成为华人普遍关心的问题。为适应这种需要，华文传媒普遍加大了对中国的报道力度，拓宽了报道范围，过去华文报刊没有涉及或无法涉及的一些内容也充分报道出来了。如许多报纸开辟了中国要闻栏目，并在重要的版面上予以突出处理。澳大利亚、新西兰、斐济、南非、毛里求斯等华文报纸，无一例外地开辟了有中国新闻的专版，以更加深入的视角，报道更多的中国新闻，特别是中国的经济信息成为华文传媒报道的重点。

"中国经济发展强劲，社会不断进步，在发展的过程中也会出现一些问题。奥运会、世博会、外事活动等大大小小的事情以及矿难、贪官污吏、自然灾害、群体事件等，都为澳大利亚华文传媒大量报道中国消息提供了资源。往来人员持续增多，传媒开放日益推进，新闻技术的发展又为新闻资源迅速有效的传播提供了可能。近两年来，澳大利亚华文传媒对中国消息报道的增长可以说是爆炸式的。"①

近一两年来，澳大利亚华文传媒在保持对老侨乡的报道的基础上，把眼光转向北京、上海等。这种转变主要原因，一是吸引新移民，二是通过报道这些城市，反映中国发展的未来。鉴于北京、上海飞速发展的势头，华文报刊都开辟专版进行报道。

一些港台报纸也增加了对中国大陆新闻的报道量，如《星岛日报》（澳洲版）关于中国的话题不但有了新的内容，也更为深入了。华文报纸对中国的关注，始于20世纪70年代末中国改革开放。"70年代末开始，各传媒如果谁家没有关于中国大陆的报道，谁就将失去读者。"目前，不仅中立报纸，就连亲台报刊也逐渐设置和增加了有关大陆新闻的篇幅。

四、有"台独"色彩的传媒逐渐失去市场

中华人民共和国成立后，海峡两岸即形成持续多年的对峙状态。这种状态直接影

① 单仁谷．澳大利亚华文传媒发展综述．世界华文传媒年鉴．北京：世界华文传媒年鉴社，2007. 84

响到海外华侨、华人及其他报刊，使之同样形成了泾渭分明的两大营垒。亲台报刊一般由国民党海外部、国民党驻各国支部以及“台独”分子（也有一些亲台侨商）创办，拥护共产党的报刊一般由亲大陆侨商创办。由于政治、经济等方面的原因，在相当长的一段时间里，前一类报刊在海外华文传媒中占多数。这些报刊均以反共为基调，政治倾向性十分明显。直到20世纪80年代末期大陆实行改革开放政策以后，这种情形才逐渐得到改变。1978年以后，大陆全面恢复外派留学生的工作，通过合法渠道移居海外的人数也越来越多。中国大陆新移民接踵而至，一方面使亲大陆报刊的数量不断增加，渐与亲台报刊形成抗衡之势；另一方面，由于华文传媒读者群体的变化（以台、港新老移民为主转变为大陆新移民群体急剧扩展），一些亲台报刊也开始顺应潮流，淡化政治色彩，趋向中立，一些报纸还设置和增加了有关中国大陆新闻的篇幅，以吸引更多的读者。

这一时期，中国政府提出了“和平统一”祖国的方针，并形成“一国两制”的构想，不仅引起世界各国的高度关注，也在海外华人群体中产生了巨大的影响。各国华人社会纷纷成立“中国和平统一促进会”，至20世纪末，“促进会”已在全球60多个国家拥有100多个组织，成为拥护中国统一的强大力量。尽管这一时期台湾当局仍在对海外一部分亲台报刊进行资金支持，以使其保持原有的立场，但是随着形势的发展和中国国际地位的提高，反“独”促“统”已经成为华侨华人的共同心愿。坚持“台独”立场，强调台湾本土色彩的华文传媒已经与时代背道而驰，面临停刊的命运。所以，一些原本亲台湾，并接受台湾资助的华文报纸面对形势，也不得不掉转笔头，转向中立，但面临失去台湾的金钱支持。为了得到台湾的金钱支持，许多改变舆论导向的华文报纸不得不继续回归散播“台独”立场，结果遭到读者的唾弃。

主张“台独”、具有明显的政治倾向性的报纸市场越来越小。在此背景下，为了争取读者，赢得发展，许多报纸顺应潮流，改变观念，开始淡化政治色彩，改变报道态度，趋向中立。为了更多地报道中国大陆的情况，许多报刊还一改拒绝新华社、中新社的稿件的做法，公开采用带有“新华社”、“中新社”电头的新闻稿。由于亲台的华文报刊在报道态度上发生了转变，令台湾当局深感不安。“当然，由于大陆与台湾尚未统一，支持新中国和支持台湾国民党的政治倾向性依然存在，但随着形势的发展和中国国际地位的提高，具有明显政治倾向性的亲台报纸已是越来越少。”①

这种现象的存在是因为两个原因：一是因为“二战”以后全球性的、大规模的战争已经结束，许多殖民地相继独立，进入和平稳定的建设时期，而且随着华侨社会转变为华人社会，人们的注意力也从持续多年的党争、政争转移到当地社会和经济活动中来，对政治不再像从前那样热心了。二是随着国际政治格局的变化和中国国际地位的提高，华文传媒受众的心态也发生了较大的变化，党同伐异、政治攻讦一类的内

① 程曼丽．海外华文传媒研究．北京：新华出版社，2001. 251

容不再有市场，不再受欢迎，代之而起的是读者对中国大陆各方面信息的关注和对具有民族特色的传播内容的需求。为了争取读者，赢得发展，必须改变观念，顺应潮流。

这一历史性的转变说明：作为一个发展中的大国，中国在国际政治、经济舞台上的地位越来越突出，对海外华人及其传媒的影响也越来越大。

五、面对人才不足的问题

海外华文传媒的人才本来就不是很多，是新闻专业科班出身并愿意在当地作传媒工作的人就更少。新闻人才缺少造成了一系列的问题，也限制了华文传媒的发展。一些华文传媒不缺资金，但缺乏人才，造成华文传媒规模、人员、水平“三限”的景况。以《华侨新闻报》为例，其开编前会，进行评报、策划工作面临困难：新闻专业出身的员工不多。编辑稿件、排版面临困难：员工较少、设备不先进。印刷面临困难：当地工人效率偏低、由于缺乏比较先进的印刷机器，平版印刷不能自动折叠报纸，要请工人进行折报。由于报纸靠邮寄，报纸发行也面临困难，邮寄的报纸往往三四天后才能收到，对于其他城市的读者来说，新闻的时效性相对较差，而对于报社来说，邮费使得发行成本增高。较高的办报成本，使得包括《华侨新闻报》在内的华文报纸面临生存上的危机，也极大地束缚了报纸的发展。

除了南非经济稍微发达外，非洲大部分国家经济比较落后，艾滋病流行，生活比较艰苦，因此很难吸引华人在华文报社工作。报社不得不就地取材，但是第三代之后的华人大部分不谙华文，因此这种很难招到合适的人才。例如毛里求斯，华人有3万多人，但是大部分是土生土长不谙华文的华人，华文报刊如《镜报》的编辑采访工作只好由懂华文却年岁很大的华侨华人担任，可想而知，即使不考虑办报亏损的后果，他们也不得不面临当这些老人逝去后由谁继续来办报的问题。

澳大利亚每年接收中国大陆移民2万人，按道理说，华文传媒不缺人，但是由于澳大利亚比较优先吸纳理工技术人员和工商管理人才，人文学科特别是新闻学科的人才一方面比较难在澳大利亚留学，另一方面即使成功选修人文学科，但是也很难留在澳大利亚，因为很少有公司企业会招聘人文学科的中国留学生。据笔者了解，近年来，华文传媒快速发展，吸纳了大量选修人文学科的中国留学生，但是普遍薪水不高，每周仅有300～500澳元（澳大利亚人均收入大约5.5万澳元，周薪平均1 200澳元）。因此，华文传媒记者编辑流动性很大，跳槽者众，造成华文传媒经常面对人才不足，机构不稳定的情况。此外，许多记者编辑的英语水平较低，很难担当采访重要人物的重任，也是华文传媒面对的问题。当然，如果华文传媒出高薪招聘人才，相信会招到比较高素质的新闻从业者，但这无疑又会提高传媒的成本，很多传媒都无法承担这样高昂的成本。

澳大利亚、新西兰比南非发达，而且每年吸引2万左右中国移民入籍，但是仍然面临人才短缺的问题。这种现象告诉我们，华文传媒的发展除了需要大量的华人为基础外，新闻人才也是其发展的重要条件。综合澳大利亚、新西兰、南非华文新闻人才短缺的问题，不难发现这种现象是由多方面原因造成的，但主要是因为传媒从业者薪水较低的问题。解决非洲和大洋洲华文传媒人才短缺的问题，主要有赖于当地机构提供较高的薪水，不然的话，国内传媒从业者每个月都平均可以拿到8 000～10 000元左右的薪水，而国外的华文传媒每月只提供500～800美元的薪金，还要从业者背井离乡，忍受离开亲人的情感折磨，面对文化冲突的阵痛，显然很难吸引到国内新闻人才的加盟。留学生即使加盟，由于薪水过低，也会产生身在曹营心在汉的跳槽心态，新闻队伍比较难稳定下来。

面对国内生活水平不断提高，薪水不断上升的趋势，相信海外华文传媒人才短缺的问题将持续一段比较长的时间，只能随着海外华文的发展，薪水逐渐提高后逐步得到解决。

六、华文报刊前景美好

虽然非洲和大洋洲的华文传媒在发展过程中面对许多问题，而且发展非常不均衡，但是它们仍然呈现出勃勃生机。澳大利亚、新西兰是大洋洲经济相对发达的国家，吸引了大量的华人移民。由于澳大利亚人口出生率较低，为保持国家竞争力，保证充足的劳动力，澳大利亚只能依靠外来移民维持和促进国家的发展。南非也是非洲经济相对发达的国家，而且资源相对丰富，经商条件较好，因此吸引了大量移民。即使南非的治安环境比较恶劣，但仍然阻挡不了大量华人移民。华文报刊的基础是读者，当大量的中国人移民澳大利亚、新西兰和南非，而且在经济上又表现不俗，自然会催生华文热，推动华文报刊的发展。

如悉尼所在的澳大利亚新南威尔士州，华文已成为仅次于英语的第二大语言。另外，中国移民的经济实力不断增加，使报纸的广告市场越来越大，越来越强。读者和广告这两个决定传媒生存的基本市场非常景气，以致使华文报纸纷纷在新南威尔州创刊。

面对充满希望的华文报业市场，一些有实力的华文报纸开始走向扩张道路。“比如《星岛日报》出版墨尔本版，《澳洲日报》进军昆士兰州，墨尔本《大洋时报》登陆悉尼等。另外，还有华文传媒进军英文市场，出版了英文报纸。各报的广告推销员也走出唐人街，频繁出现在主流社会的写字楼中，甚至把经营的触角伸向当地白人公司。”①

华文传媒是一个族群性的传媒，日益增多的华人移民，逐渐增强了华人在澳大利亚社会的话语权，不仅报纸销量大增，而且商业价值大增。华文传媒在澳大利亚还受

---

① 单仁谷．澳大利亚华文传媒发展综述．世界华文传媒年鉴．北京：世界华文传媒年鉴社，2007. 85

到白人公司的青睐，这是因为白人公司面对消费力强大的华人，在华文报刊上做广告，可以吸引华人消费，不仅私人公司在华文报刊做广告，“澳大利亚联邦及州政府也是广告的大客户，每年在选举、征兵、戒烟、环保等事务上花费大量广告费，现在政府也注意到华人数量的增多带来的对政府信息的需求，华文传媒上出现了不少政府广告，连香港特区政府换身份证都在中文传媒大做广告（针对在澳香港公民）”[①]。这些新情况都反映了澳大利亚华文传媒日益在社会上形成强大的影响力，展示了其充满希望的未来。

① 单仁谷．澳大利亚华文传媒发展综述．世界华文传媒年鉴．北京：世界华文传媒年鉴社，2007. 85

Chapter 6　　第六章

海外华文传媒的作用与功能

Effect and Function of Overseas Chinese Language Media

伴随着中国人移居海外而诞生、发展起来的海外华文报纸，由于受到所在国政策和主流社会乃至世界整体传媒环境的影响，海外华文报刊的发展也几经兴衰。从饱经历史沧桑的海外华文报纸的发展过程中，也折射出了海外华人不平凡的生存过程。因此，研究海外华文报纸的兴衰，既可以为我们研究海外华人的艰苦创业历史提供史实，也可以为我们展望海外华人的未来，提供一个研究视角。

试想一下，海外一代又一代的新老移民，假如没有一份华文报纸，没有任何新闻手段作为桥梁，华人精神走向将会怎样地无所适从？怎样度过移民初期语言不适期的文化沙漠？怎样把母国文化与所在国文化进行比较和交融？华文报纸在起桥梁作用时，它在异文化的环境中又出现怎样的文化与传播特色呢？当我们处在以互联网为主要媒介的主要信息时代，置身西方文化与中华文化碰撞交融的文化背景中，海外华文报纸又将以何种面貌出现在世人面前，并继续担负起教育后一代和进行文化传播的角色呢？正是海外华文传媒的存在，海外华人才有机会接触到再熟悉不过的中华文化，才有机会倾听到魂牵梦萦的乡音。一份乡愁，一份亲情，在海外华文传媒中散发出来，缓解了华人心中思乡情。由于海外华文传媒发挥了华文传播的作用，因此成为沟通海外华人与中国的桥梁，成为联系海外华人与文化母国纽带，成为海外华人精神和思想的中心。

第一节　为华人提供新闻与娱乐信息

传播华人消息，是海外华文传媒不可或缺的作用与任务，也是其安身立命之本。华文传媒面对的绝大部分都是华人，如果不传播华人消息，那么华人就不可能去支持这个传媒。缺乏受众支持的华文传媒也就无法生存下去。事实上，办得比较成功的华文传媒正是充分利用自己的传播手段，千方百计地组织各种华人消息，尽量第一时间告知他们，为华人提供更为翔实的新闻内容，从而得到大多数华人的青睐和信任，其生存的根基也就深深地埋在华人社会中。如果我们翻开两份华文报纸，一份是受到许多华人拥护和支持的华文报纸，另一份是缺乏华人读者的华文报纸，仔细阅读，我们就会很容易地发现，两份报纸的质量存在很大的距离。办得好的华文报纸，不但版面编排合理，印刷精美，而且内容也相当丰富，而办得比较差的华文报纸，版面缺乏美感，印刷粗糙，内容也比较贫乏。试想一下，谁愿意花钱买这样一份缺乏吸引力的报纸呢？特别是在一个华文传媒竞争相当激烈的地方，华文传媒的传播质量，就成为影响他们在华人当中的号召力及其生存的因素。

华文传媒传播华人信息，一是传播当地华人消息；二是传播中国消息；三是传播世界其他地方的华人消息。其中，前两个是主要内容。是否为华人提供新闻与娱乐信息，已关系到它们的生存与发展。

一、传播当地华人信息

网络新闻虽然涵盖面广阔，却往往缺乏地区性的特色，而此特色又往往与当地侨民生活息息相关。因此如何在既有网络的新闻之外，寻求当地信息以充实自己报纸的内涵，实是谋求自救之道的第一要务。事实上，立足当地，才是华文传媒生存的基础。因为，了解其他地区的华人消息，可以循其他渠道，比如网络等。

在网络新闻铺天盖地向人们袭来的今天，一家华文报纸必须认清自己的定位，发挥特色，使读者觉得这份报纸不可或缺，才能立于不败之地。从笔者多年对新闻传播的学习与研究来看，保证拥有固定读者群的最有效方法之一是将新闻“本土化”，即特别要重视本土新闻的报道与挖掘。

在新闻传播学中，界定一条新闻是否具有价值，主要看五个要素：时效、重要、显著、接近、趣味。只要一条新闻中包含有这五个要素中的一个，那么就可以说这条新闻有价值。当然，价值多寡可能会产生争论，如果一条新闻中上述五个要素都具备，那是最好的事情，但事实上，这样的新闻少之又少，普遍的情况是一条新闻有两或三个要素。如果一条新闻中上述五个要素都不具备，一般来说，我们就会认为这条新闻欠缺新闻价值，编辑不宜编排这条新闻。在这五要素当中，其中的接近性因素，就是指新闻要接近读者，包括读者的心理、地理、精神、文化等。只有报道当地华人本身的新闻，才会让华人更加了解身边的情况，才会激发他们的兴趣。如匈牙利《新导报》2005 年 6 月 1 日报道《中国驻匈大使馆将实行在匈侨民登记》的新闻，介绍了中国驻匈使馆就匈牙利侨民要求登记的情况，为在匈华人及时到使馆登记身份并以此维护自身权益提供了信息渠道。像这样密切关注华人消息，及时为华人提供最新情况的华文报纸，很容易受到华人的支持，成为华人必不可少、不可代替的信息渠道。

在东南亚，华文报纸在接近性方面也做得相当不错。比如，东马的 12 份报纸，就专门做沙捞越、沙巴州华人新闻，碰到广告多的时候，就砍去西马的新闻。所以，东马的报纸虽然激烈竞争，但是都有固定的读者群。很显然，有了根据地之后，报纸就不会失去根基，这也正是东马的华文报纸虽然经营困难，但还没有达到要关门倒闭的程度，而且东马的读者也很支持报道自己身边事的报纸。

在新闻的接近性方面，东南亚华文报纸的内容五花八门，各有特色。比如，在泰国，华文报纸除了报道华人新闻外，还相当注重报道佛教盛事的新闻。而在马来西亚则更注重维护华人的利益，争取民族平等的权益。在新加坡，除了关心新加坡的事情外，还相当关心两岸的事务。

由于经常遭受当地政府的歧视，排华事件屡屡发生，华文报纸除了关心华人圈中的新闻，还报道政府出台的各种政治经济文化政策，特别是对于华人事务的政策，因为这些政策对于当地华人的生活生产影响甚大。“由于历史的原因，本地的华文报纸都负有双重使命：一是作为祖籍国与所在国的友谊桥梁，报道祖籍国的新闻与消息，使本地华侨华人了解故国发生的事；二是作为本地的一个新闻单位，为传达政府的政令，报道当地的消息与国际新闻，促进华人与当地人的关系，为建设一个美丽、富强的国家而尽一己的力量。”菲律宾《世界日报》常务副总编辑侯培水在2001年举行的首届世界华文传媒论坛上如是说。

在美国，1984年6月20日《世界日报》的一篇报道记述了黄姓华裔学生遭到白人学生群殴，双方都被警方约谈调查的事情。无独有偶1984年6月16日的《洛杉矶时报》以《圣玛利诺华裔学生的孤立》为题，报道了一名华裔女学生在中美两种文化冲突下的矛盾和孤独，以及面对种族歧视的矛盾心情。这两篇文章都报道了华人身边的事情，引起华人的普遍共鸣，华人纷纷针对文化碰撞而产生的冲突和不适进行思考，华社也举行多个研讨会，探讨华人的文化适应问题。2005年3月11日《侨报》针对美国华人新移民面对的文化差异的问题时，发表评论文章——《异国遭遇文化冲突如何应对》，指出华人新移民无论身在何处，均应用一颗善良诚挚的心去倾听、去理解、去学习、去交流，这样自然会得到同样善良诚挚的回应。该报劝告读者，心安即是家，走到哪里都不做非分之想，不做非分之事，少一些抱怨，多一分努力，脚踏实地地迎接生活、面对世界，那么即使是苦于文化纠葛的人，最终也能渐渐适应异文化环境，让快乐变得如影随形。反之，如果成日怨天尤人、闭关自守，即使寻寻觅觅到海角天边，也永远无法触摸到快乐的身影。这样一篇评论很显然能够舒缓华人的文化不适感，有助于华人新移民感受和理解文化差异，并以新的心态面对文化差异，早日融入当地社会。

如果华文传媒不及时报道关系到当地华人切身利益的新闻，从华人的角度来报道华人的动态，以及当地政府出台的对华人的政策，那么久而久之，就会与当地华人拉开距离。

除了关心国际大事以外，华文传媒更要关心华人社会发生的事情。许多华文传媒非常重视华人社区新闻，组织记者力量，采访写出关于华人新生代的就业状况、留学生毕业后进入主流社会公司或科技部门工作的情况、华人社会中文教育状况等特稿。又如华侨华人在海外谋生，特别需要了解当地社会生活的有关知识和政府的有关法律和法令，许多华文报纸就推出法律服务专版，为他们提供这方面的服务，借此可以拉近报纸与读者之间的距离。在这一方面，《联合早报》的做法值得借鉴。它从创办开始，就坚持每隔一段时间用一版与半版的篇幅刊登新加坡的有关法律知识和旅游指南，增强了华文报纸服务的针对性。在东南亚办报纸，读者对象主要是华侨华人，而与当地华人社会建立友好的关系是发展读者群的重要途径。许多华文报纸利用自己的桥梁与纽带作用，经常组织由华社领袖和名流参加的报社顾问团，定期开会听取他们对办好报纸的意见和建议，参加侨社的一些活动，并注意及时报道他们的活动，以此引起社会和政府的关注并尽快解决问题。

传媒就像社会雷达具有预警功能，华文传媒必须承担和充分发挥这方面的功能，及时预测政局，报道华人本地的新闻，才能履行自己的职责与义务，才能广为华人所欢迎。当前华文报纸在报道华人身边新闻有了很大的进步，但是仍然还有许多地方值得开拓，还需要记者、编辑不断去挖掘，要更加深入地报道华人新闻。还有那些即使看起来不那么显眼，但却具有普遍性的事物，也必须让记者去采访去挖掘。对于华文报纸来说，华人身边藏着巨大的财富，就看记者、编辑能否挖掘到。

二、传播中国消息

近年来，海外华文传媒发生突出的变化：普遍增加了对中国新闻的报道，许多报纸都增加了内地版，有些华文传媒还尝试与大陆传媒合作，转登或委托组编有关大陆的报道。

关注中国消息，特别是中国大陆新闻，是海外华文传媒一个不可或缺的任务和义务。作为海外华人的祖籍国，即使他们已形成了落地生根的心理意识，但是许多华人仍然拥有一股血浓于水的感情。翻开东南亚华文报纸，每一份报纸都会辟出至少一个专栏来报道中国新闻，有些特定时间还会开辟多个版面报告中国新闻。比如在泰国，华人就相当关心中国新闻。据朱拉隆功大学新闻系的一份调查报告，有兴趣阅读中国专题报道的读者占51%，社团新闻占37%。从调查的数字来看，海外华文传媒要想提高销量，满足华人的信息需求，就必须报道中国新闻，事实上，报道中国新闻也几乎是所有华文报纸的宗旨。

在新加坡，由于华人占主导地位，又与中国大陆的经济有密切关系，同时又想扩大《联合早报》在大陆的影响，所以《联合早报》更加关心中国新闻。如《联合早报》每天开辟专版，用两个版面对两岸事务予以报导。2005 年又成立中国新闻组，提升它的地位与其他新闻组平起平坐，足以显示出《联合早报》对中国新闻的重视。

新加坡的华文传媒报道中国相当详尽。1998 年夏发生的长江大水灾，《联合早报》、《联合晚报》和《新明日报》进行了多次、多角度的详细报道，并开设专栏探讨发生水灾的前因后果，分析颇为精辟，结论令人深思。除了报道大陆的水灾情况外，华文报纸还大力呼吁新加坡华人捐赠钱财物，以救助被洪水夺去家园的灾民，发扬了中华民族救死扶伤、乐施于人的美德。1999 年澳门回归后，两岸的统一、台湾的回归就提上了历史议程，成为华文报纸日益关注的焦点。为了深入探讨两岸统一的可能性和现实性，以及与中华民族的历史性团圆所引发的世界性课题，华文报请了不少专门研究两岸事务和国际事务的专家就两岸的局势撰写文章，做详尽的背景分析和透视，以求更加深入地介绍两岸的最新动向，展望两岸统一的发展态势等。在克林顿访华期间，华文报纸都制作专辑，全面报道克林顿访华盛况，报道鲜为人知的美国总统访华的新闻背景，邀请专家评论克林顿访华的重大意义和探讨总统访华对台湾造成的冲击，预测海峡两岸的局势发展和台湾的政策调整等。华文传媒多侧面、多角度的报道海峡两岸的局势，关注两岸的统一，反映出海外华人对中华文化母体强烈的眷恋和关注之情。

在泰国，几乎每天有一两条中国要闻刊登在华文报纸头版。“如从 1998 年 12 月 8 日至 15 日的 8 天时间内，就有《中国召开经济工作会议》、《南京鸣笛悼念卅万遇难同胞》、《天翻地覆广西巨变》、《中国驻泰国大使馆新闻官员就第十三届亚运会有关问题发表谈话》、《潮汕新飞跃，牵动我和你》、《中蒙发表联合声明》、《中国将于明年发射空间环境探测卫星》等稿件在头版位置上刊登。”①

在美国，《世界日报》、《明报》、《星岛日报》、《辰报》、《中美晚报》等都至少开辟两个版面来专门报道中国大陆的新闻，其中尤以社会新闻和经济新闻占多。《星岛日报》、《世界日报》改变了编排风格，变竖排为横排；《星岛日报》每周还出版随报附送的“大陆专辑”；《世界日报》则开辟了“神州乡情”专版。这样做的目的主要是为了扩大发行量，争夺内地来的新移民。特别是随着中国大陆经济的稳定发展，内地新闻更加吸引众多的华人读者。

海外华文传媒采用的中国大陆、香港新闻一般来自新华社、中国新闻社，但是有些报纸也会摘报香港报纸的新闻，如菲律宾的《商报》新闻讯息主要来自新华社、中国新闻社与法新社，以及香港的《文汇报》、《大公报》、《信报》、《新报》以及澳门的《澳门日报》等。台湾的新闻则来自于中央社。有些报纸也会派记者直接到中国大陆或台湾采访。像中国一年一度的人民代表大会，四年一届的台湾总统选举，有财力的报纸都会派记者到中国大陆、台湾采访。如泰国《新中原报》2003 年特派记者到大陆采访温家宝总理所做的政府工作报告，在 2004 年到台湾采访大选新闻。有些报纸还会邀请某些大陆人士担当特约记者，从事大陆的新闻采访和报道工作。而报道台湾的新闻多引用台湾本地报纸的新闻。据估算，每天海峡两地的新闻都要占据了华文报纸两个以上的版面，并被放在重要位置。泰国的《世界日报》与台湾的联合报系有密切关系，所以它的许多稿件都来自联合报系。联合报系驻大陆的记者把稿件传给台湾的联合报系总部，而总部就会把稿件传给泰国的《世界日报》分部，实现中国大陆新闻稿件的共享，也因此减少许多费用，提高新闻的独家性、现场性和时效性，再加上《世界日报》转变立场，从之前的反共反中转变成比较客观地报道中国大陆新闻，因此能够得到泰华的接受。多年经营之下，《世界日报》在泰国华人报业市场上占有重要地位。

近年来，随着大陆经济的发展，中国在世界上的地位越来越高，影响愈来愈大，海外华文传媒对大陆的报道也越来越多，特别在经济方面。华文报纸不断扩大版面和报道强度，介绍大陆迅猛的经济发展、经济政策和值得开拓的新市场等，并常常请经济专家撰写特约文章，开辟财经专栏，深入探讨两地的经济合作，优势互补，促进两

① 陈旭钦．泰国华文报纸现状一瞥．国际新闻界，1999（6）

地的经贸发展。在这一方面也得到许多国家政府的默认和赞同，特别是在新加坡，已经把中国经济发展当作本国经济发展的动力，极其重视中国的经济政策和改革形势。《联合早报》着重报道中国的经济新闻，在某种程度上也体现了新加坡政府的经济政策。因为新加坡是一个除了港口以外没有其他可供利用的自然资源的国家，严重依赖西方国家的转口贸易，扮演着货物中转站的角色，为了实现多元经济，新加坡政府有意利用大陆低廉的人力资源和广阔的市场，在经济上与大陆保持紧密联系，从而进一步发展本国经济，增强经济竞争力。所以，华文报纸强势报道中国的经济动态，体现了华文报纸作为政府喉舌的作用，扮演了经济“急先锋”的角色。

华文报纸开辟多个专版对两岸事务深入的报导，除了要加强与海峡两岸的经贸联系外，还想通过潜移默化的大篇幅的强势宣传，以增强新生代对族群的认同感，使中华文化的“根”能够深植在他们的头脑中。新加坡总理李显龙指出，“华文报纸在推动华语运动，加强与海峡两岸的经贸联系方面确实起到了其他英文报纸不可替代的作用，但却不应是其唯一目的”。很明显，李显龙认为华文报纸除了报道两岸经贸外，还应承担其他的社会功能，比如推动华语运动，倡导华人学习华语的风气等。所以，华文报纸除报道大陆的事务所负的另外一个重要使命，就是保存华语和发扬传统的文化价值观，并加强新加坡华族的认同感。如新加坡《南洋商报》和《星洲日报》创办初期注重宣扬中华文化，在新闻中比较注重介绍中国古代历史以及今天中国大陆的新变化。由于当时华人的认同感偏向中国，因此这些兼有知识性、趣味性、时效性，传递浓郁古朴的文化习俗和人文景观的新闻尤其受到远离家乡的华人的欢迎。

在中国大陆经济迅猛发展、人民生活水平得到显著提高、世界政治和经济影响日愈扩大的今天，海外华文传媒不断开辟版面强势报道大陆令人振奋的经济建设和悠久的文化历史，无疑增强了华人的归属感和自豪感，为他们了解大陆提供了一个窗口，增强了华人的族群认同感。

三、提供服务休闲信息

为加强与当地华人的联系，除了报道当地华人和中国新闻外，海外华文传媒还从服务性信息方面下手，推出了各种版面和节目，服务于本地华人社会。比如“美加华语广播网”纽约总台设“听众服务”、“服务热线”节目，内容包括“法律信箱”、“医药顾问”、“社会问题”、“社会福利”等。这些节目由社会各行各业人士与电台主持人联合主持，现场就听众电话及来信所提问题进行解答。他们还开办有天气预报（一般放在新闻节目之后）、英语教学（包括实用英语和入籍英语）等栏目。

新加坡的“958 城市频道”可以说集为城市居民服务之大成。“在‘城市生活坊’专题节目中有‘法律顾问’、‘健康与你’、‘民生民声’、‘金融行情’、‘生活极短篇’、‘茶香飘万家’、‘焕然一新青春永驻’、‘今日佳肴’、‘一世情缘’、‘健康食谱’、‘风味美食’、‘万字票中奖号码报告’、‘儿童教育常识’、‘购物常识’、‘本地历史古迹名胜'、'早点美食介绍' 等内容。"①

许多华文报纸开辟服务版面，如《星洲日报》开辟有"健康人生"、"家庭生活"、"上班男女"、"新教育"等专版；泰国《中华日报》开辟有"妇女"、"医药保健"、"科技新知"等版面；泰国《世界日报》开辟有"工商服务"、"妇女家庭"等版面；日本《新华侨报》开辟有"华人与法律"等版面。这些服务性、休闲性的版面为华人提供茶余饭后消遣的信息，既有助于他们对家庭、健康等方面的认识，也有助于传媒通过软性读物和栏目，增强内容的接近性，使报纸、广播、电视这些软性节目成为他们日常生活必不可少的内容。

四、提供娱乐信息

新闻与娱乐是传媒的两大内容，特别是对于电子传媒来说，娱乐节目更加能够引起听众与观众的欢迎。比如说，海外华语广播电台为第一时间引起听众的注意，挖空心思寻找雅俗共赏的名称。新加坡 958 城市频道有"都市生活坊"、"城市情怀"、"城市随想"、"列车 958"、"欢笑满狮城"等；马来西亚的呼声有线商业台有"标准妈咪"、"飞扬旅游"、"时光隧道"、"春青通世界"、"容光焕发新一代"、"空中医生"、"今夜星光灿烂"等；美国纽约美加华语广播网有"天上人间"、"飞跃 90"、"样样活你知"、"百老汇街上行"、"嘻哈荒镜"等，听起来十分有趣。海外华语广播电台的娱乐节目比重相当大，除音乐、戏剧外，还有笑话、猜谜、体育、小说等。2AC 澳洲华人电台以粤语播出的第一台，开设有"生活闲情"、"文化历史"、"清谈趣味"等节目，以普通话播出的第二台，开设有"山海经"、"天南地北"、"科苑杂谈"、"戏曲舞台"、"综艺采风"、"小说连载"、"周末漫游"等节目。

报纸也不甘人后，通过彩色套红的版面，利用自己深入报道的特长，对娱乐信息作更加深入详尽的报道。绝大部分的华文报纸都开辟有娱乐专版。美国《星岛日报》刊登了很多香港影视明星的新闻，以满足香港移民的娱乐要求，开辟有"娱乐新闻"等版面；《澳洲日报》也有"影视娱乐"专版；《澳洲侨报》开辟有"港台娱乐"、"内幕故事"等版面；美国《世界日报》开设有"香港影艺"、"台湾影艺"、"彩色影艺"等版面。

这些娱乐性消息与服务休闲性信息一起，构成了华文传媒的软性信息。这些信息不但改善了传媒的内容格局，使内容多样化，丰富了版面编排，而且也有助于增加传媒的活泼程度，吸引受众参与，特别是青少年的阅读、收听和收看。这对鼓励出生在当地的第二代、第三代和基本不懂华文的青少年华人学习华文、承传中华文化无疑具有较大的现实意义和积极的历史意义。

---

① 胡耀庭．海外华语电台的现状及发展趋势．广播电视信息，1994（2）

第二节　文化承传

传播中华文化，是海外华文传媒必须履行的一项传媒的教育功能，也是所有华文传媒共有的特点。对当前大多数的华文传媒来说，追求商业利益与传承中华文化并重是两大方向，它们之间并不会产生矛盾和冲突，相反却可以相互依赖和促进，共同发展。

一、华文传媒成为传播族群文化的中心

许多华人祖籍都在中国大陆，这使得他们关心家乡的变化，而且他们对方言的保留也相当完整，这要归功于华文传媒教育和家庭教育。

在传承华文方面，报纸经历了两个阶段，这两个阶段的最大区别在于政治的认同感，因之传承华文的形式有所区别。

第二次世界大战以前，海外华侨社会是一个移民社会，大部分人是从中国移入的，即所谓“新客”。他们把海外仅看做是侨居的“第二故乡”，有浓郁的“落叶归根”的观念，对祖国的政治活动积极参与，完全认同于中国，而对侨居地的事却往往表现出“在商言商，不问政治”的超然态度。但这一切在第二次世界大战后发生了根本性的深刻变化，在这些变化中，最重要的是国籍的变化，海外华侨成了当地国公民，在政治上从认同中国转向认同所在国。

在大多数国家中，由于民族歧视，存在着华人认同中国，而对当地国社会发展缺乏参与热情的现象，这使许多当地国政府相当不满。他们采取相当极端的做法，对华人采取敌视和驱逐的做法，引起华侨的愤慨，使他们更加注重华族的凝聚力，华文传媒自然成为这一方面的倡导者和实施者。1955 年以前，华文传媒心向祖国，强调自己是中国的公民，鼓励华侨学习华文，报效祖国。比如，在抗日战争期间，东南亚华文报纸号召华侨起来反抗日本侵华，并开设捐款栏目，以支援在中国的抗日活动，登载捐赠者的姓名。“仅经《星洲日报》代汇回国的捐款数额，即达 100 余万元。据华侨总汇统计，从 1938 年 10 月到 1941 年 12 月，该会筹交给国民政府的捐款就达 4 亿国币。”① 当时东南亚侨领陈嘉庚一次就捐赠一百部汽车给中国。那时华人的民族感情特别强烈，完全把自己当作中国人，所以华文报纸所传播的华文也就特别强调中国人的身份认同感。

而 1955 年之后，华文报纸变成了当地国的报纸，因此必然要改变身份，转变政治认同感。刚一开始，许多华文报纸感到相当无奈，但是考虑到世界各国不断的反

① 南侨总汇编纂．大战与南侨．见：自程曼丽．海外华文传媒研究．北京：新华出版社，2001. 111

华、排华事件都是祸起政治认同，所以为长远计，唯有选择政治认同的道路，为当地国服务，尽忠职守。从此之后，华文传媒不再宣传效忠中国的政治观，而是教育华人要为当地国服务，传播华文的目的也仅限于族群的维系，在刊登华文时，不再称“我国”的文化历史如何悠久，而只是谈中华文化如何博大精深，并鼓励华人学习华文。

战后，海外新一代华族的知识结构和素质也大大不同于他们的祖辈，他们受教育的程度普遍提高，出现了一批高级的文教科技人才。1955 年中国取消双重国籍后，海外各国的华人为争取公民权与平等权展开斗争。比如，减少当地政府对华人入籍的限制、废除歧视性的法律制度等。特别是在马来西亚，华人敢于争取自己应有的权利，与当地政府抗争，政府在一定时期也不得不考虑华人的感受，给予其更多的政治权利。然而，要争取应有的公民权，华人就须拧成一股绳，以族群的力量去表达自己的权利诉求，这时候华文的凝聚和族群认同功能就得到了充分的体现。在日益新加坡化、马来西亚化、美国化等与原住民文化同化的同时，华人不忘自身文化历史的源头，以博大精深的中华文化去丰富和发展当地国文化，延续自己的根。

李光耀先生讲过这么一段话：“我们的历史不是在祖先初到新加坡时才开始的，它早在 5 000 多年前中国文明创始时就开始。这段历史是我们历史的一部分，因此，我们继承了这个系统和文化，而且还有义务去完善它。”这段话深刻地反映了新加坡华人的文化认同观，充分反映了海外华人已经把中华文化当作当地文化的补充。

虽然华文报纸对华文传播的两个阶段呈现出不同形势，但是除了新闻外，从内容来看，它们并没有表现出很大的差异，特别是副刊，几乎与 1955 年前没有根本性的差异。这是因为海外华文的母体仍然是中华文化，要传播华文，完全抛离文化母体不可能，在谈及一个历史现象时也要溯源到中国的历史，所以，华文传媒中的华文色彩依然那么强烈。今天，华文报纸依然执著地传播着华人精神、中国历史，工作人员辛勤劳动，笔耕不辍，完全是一股华人的文化族群认同感和责任感促使他们如此努力。打开《南洋商报》、《和平日报》、菲律宾《商报》等，其副刊中关于华文学习的栏目设计得比我们国内的报纸还好，内容更加引人入胜。

二、华文传媒传承华文的重要作用

华文传媒将近两个世纪的沧桑，承受了将近二百年的风雨和磨难。今天我们仍然可从海外华文报纸看到几个世纪前海外华人祖先的背影。习俗、语言、观念等中华民族的传统仍在今天海外华人中根深蒂固。是什么原因造成今天海外华人的面貌依然，浓郁的族群色彩扑面而来？当我们中国大陆的最正统的炎黄子孙都开始褪去传统的面纱，越来越西化，不懂得保护民族文化特色的时候，海外华人为什么还要固守自己的传统观念呢？是什么原因造成他们这么强烈地维系自己的民族认同感？

笔者认为，华文传媒的文化救赎、价值观的维护和塑造功能在其中发挥了重大的作用。正是他们的文化救赎和传播，才在很大程度上继续重现昔日华人的光辉历史，继续承传着优秀和根深蒂固的民族自豪感。媒介内在的文化宣传和教育功能，成全了海外华文报纸继续承传和扩散中华文化的愿望。它们所发挥的文化使者的作用，正指引着海外华人延伸中华文化之旅。

文化是一个民族的根基，丧失了民族文化，便丧失了民族性。华文传媒的出版、发行、广播，为华人学习中文提供了一个良好的环境，也为维系海外华人族群提供了条件。

海外华文传媒，因为原先的母体文化经过移植，成为一种客体文化，同所在地区、国家的主体文化相差较大。同时，当地民族的主流文化总是居高临下“俯视”华族，甚至歧视华族，造成华文传媒无法成为主流传媒。这使得海外华文传媒几乎都选择了一条与当地土生文化融合的道路。

华文与当地文化相融的同时，还受到西方文化的侵蚀，因此华人的精神现状呈现出相当复杂的结构。为了继续弘扬华文，许多华文传媒特别是华文报纸坚持文化传播的理念，在副刊上开辟了大量关于中华文化传播的版面，电视则播放华文电视节目，比如，泰国华文电视从中央电视台购买《三国演义》，播放后收视率居高不下，受到华人观众的热烈欢迎。而报纸则发挥文学表达和形象构造的优势，推出了许多副刊，也连载《三国演义》。新加坡《联合早报》、《联合晚报》设有“根”文艺专版，《联合晚报》办有综合性文艺副刊，着力报道社会软性新闻。由于其办报方针类似小报，灵活生动，大众文化占据了全部内容的60%以上，因此颇能吸引年轻读者的青睐。马来西亚《南洋商报》、《星洲日报》设有“艺海”文艺版，《商余》副刊大量增加彩色照片，版面力求活泼生动，吸引读者的眼球。泰国《新中原报》的《艺术快拍》、《集萃》、《神州新姿彩》等专版，凸现出浓郁的中华文化色彩。菲律宾《世界日报》则开辟一份集知识性与趣味性为一体的副刊，内容有华语影视节目的介绍、本地专栏、特写、漫画、小说、艺术、幽默等，特别是它开辟的华语学习园地，为菲律宾华人学习中华文化开辟了窗口。

这些以反映当代人生活为主题的副刊文章，承载了中华文化与异文化交流的重任。华文传媒所呈现出的强烈的文化认同感和凝聚力，是联系海外各国华人的精神和纽带，体现了华文报刊存在的价值和所作的贡献。

正因为如此，华文传媒传播中华文化的功能才显得尤为厚重，更具有历史沧桑感，成为维系族群的重要工具，而华文教育与文化传承也就成为海外华文报纸的最重要特色。

三、传承华文的必要性和重要性

当前，华文传媒努力传播华文除了维系族群感、为华族争取利益表达诉求外，还有一个原因是西方价值观的入侵和当地原住民文化的影响。在这一方面，新加坡尤为明显。

新加坡处在中南半岛的最南端，自英国殖地统治者莱佛士开发以来，就以港口贸易为主要的经济支柱，所以国际化程度相当高，但是它作为一个东方社会，越来越多的华人舍华语就英语，将会改变整个社会的结构和精神面貌。正如一位在新加坡教了26年的英文教师说，英语是公认的国际语言，新加坡采用英语，吸引西方科技，引进外来投资，的确促进了狮城的经济文化发展，但是，采用英语并不是新加坡经济成功的唯一因素。早期华人移民那种不屈不挠的创业精神，以及量入为出的理财美德，是造就新加坡今天繁荣的重要因素。当时，他们讲的不是英语，而是华语。假如越来越多的新加坡人不学华语，一个英语社会逐渐形成，过去先贤遗留下来的创业冲劲是否能够得以继续保存值得怀疑。近年来，新加坡政府意识到西方式的教育严重冲击了中华文化的生存，忧虑中华文化在新加坡的衰微，在推行英、华双语教育的同时，重点推广华语普通话，倡导儒家思想，以期回归到东亚文化圈中来。

新加坡政府把弘扬东方的传统文化艺术、保留新加坡儒家价值作为其新时期整个文化发展战略中最关键性的一环。1990 年 2 月，新加坡执政领导人李光耀在接受美国哥伦比亚广播公司记者采访时告诫说："如果新加坡人尝试采取美国人那样更为自由自在的生活方式，新加坡将面临毁灭，我们不是生活在美国，而是生活在变化无常的东南亚的中心的一个小岛上，必须时时警惕振作，才能生存。"据统计，华文报纸的发行量 1982 年约为 32.6 万份，到 1991 年增加至 40 万份之后开始下滑，2007 年已经降到 183 000 份。而英文报则从 1982 年约 29 万份，增加到 1991 年的 43 万份和 2006 年的 39 万份。英文报的发行数在 1990 年第一次超越华文报。在 1992 年以前的 9 年中，3 家华文报读者人数虽然增加了 25%，但同时期的英文报《海峡时报》的读者却增加了 34%。前任总理吴作栋在 1988 年 8 月人民行动党青年团主办的一个晚宴上对新加坡西化倾向越来越严重的问题表示严重的关注，他说："我们的社会已经改变，人民阅读外国报纸杂志，收看英、美国家的广播和电视，我们在不知不觉中受到西方文化的同化，这对新加坡的华人社会来说是一个危险。"

从 20 世纪 80 年代末开始，新加坡政府重点利用具有强大传播功能的华文报纸推广华语普通话，倡导儒家思想，以重塑新加坡社会的价值观。1992 年 9 月，前任总理吴作栋在华文报"三庆"开幕式上说："推广和保留我们优秀的传统文化和价值观，是报章和书籍的主要任务，如果华文报能保持一定数量的读者，我们将可以通过语言和文化的联系，把传统的价值观保留下来，充满干劲和活力的华文报，能帮助我们保留与推广华文和传统价值观。"吴作栋期望通过华文报纸的大力弘扬，"保存新加坡各族人民的文化遗产，并维护代表新加坡精神的某些共同价值观，这样才不会迷失我们的方向"。新加坡政府借助华文报纸开展了倡导儒家思想的活动。在这一方面，华文报纸为贯彻政府决策，教育读者，让其价值观回归到儒家思想起了关键性的作用。它的宣传不是全盘否定西方自由开放的经济政策，而是在保持华人在市场经济中的竞争力的前提下，学习和吸收西方的先进科技和管理方法，实现儒家思想与资本主义经营管理理念的结合。

为了推广华语，新加坡报业控股集团专门成立从事华文传播和推广工作的部门。比如在华文报编辑行政服务部之下，有一个文教发展部，每年都要举办很多的文化教育活动，其目的有三：第一，树立一个好的报纸形象；第二，使华文报（主要是《联合早报》）在推动华族文化上扮演一个重要的角色；第三，促进华文报和读者之间的交流。

1991 年 6 月，新加坡政府批准举办长达一个月的“华族文化节”，由三家华文报纸——《联合早报》、《联合晚报》和《新明日报》主办。内容包括世界华文发展、国际华文文艺营、书画展、龙舟展、语文讲座、音乐舞蹈等一共 38 个项目。主办单位希望，通过这个华族文化节能给华族和非华族人士提供一个深入了解和认识华族文化的机会，让华族文化不断发扬光大。

不仅新加坡政府出台各种政策，要求华文报纸弘扬优秀的中华文化，其他国家同样也面对西方价值观念的入侵和改变当地族群的价值观念的问题，也同样都需要增强华文报纸文化承传的作用。比如马来西亚前总理马哈蒂尔就是一个坚定的“亚洲价值观”的拥护者，他经常发表各种反西方价值观念的言论，引起西方国家的不满。马哈蒂尔除了要求马来西亚人要有自己的民族形象外，也要求华文报纸在马来西亚播下华文的种子，教育华人坚守和弘扬自己的文化传统。从这个角度来说，马哈蒂尔还是相当开明的。马来西亚《星洲日报》社长张晓卿说得好，不管历史如何转变，我们都应该选择和信任自己的文化，让文化成为我们生活的实践，成为我们思考的活水源头，成为每一个人处理危机、渡过难关的一种凭借和依据。

在泰国，佛教文化也面对西方文化的侵蚀和影响。“我们办中文报纸和中文广播电台，最主要目的是弘扬中华文化、道德伦理观念，让海外华侨爱国爱乡精神、吃苦耐劳的美德、尊重他人和爱心延续到下一代，指引青少年避免误入歧途，努力推动华侨维持尊重当地法律，与当地国人民和平相处，共同融入主流社会，提升华人在当地国的形象。”一位在泰国多年从事报纸工作的老报人道出了华文报纸存在的价值和发展的方向。

华文传媒的文化传播受当地环境和特定的历史背景的制约和影响，但它又具有反向的推动力，对短期的社会舆论的引导和长期的社会人文景观的形成，具有重大而又深远的影响。文化遗产需要媒介的传递，特别是以华人为主体的新加坡社会如果没有华文报纸对中华文化的承传，政府决策的宣传与民族相融政策的贯彻，新加坡就难以形成今天颇具特色的人文景观。特定的社会环境和历史背景，迫使华文报纸以发挥媒介教育功能、推广华语、宣传中华文化的价值观为首要任务。在东南亚各国政府当前奉行经济高度自由的外向型经济和多种族和解和相融的政策背景下，随着华语运动日愈深入，华文教育越来越受到各国政府的重视，华文传媒将会在文化传承和弘扬中国传统文化方面承担更重要的角色，发挥更强大的作用，既为华人继续保持和传承中华文化提供条件，也为当地国保持当地民族文化提供另一个参照物，并将深远地影响后人。

应该看到，长期经受着西方现代文明的冲击和震荡，海外华人在文化心理上形成了一种强烈的寻根意识和文化归属意识，“儒学复兴”可使身在异国他乡的华裔寻觅到自身存在的文化之根，从而在与异文化的冲突中获得自身的文化归属。这种寻根和文化归属的强烈意识与“后现代社会”普遍的返璞归真情绪汇合成“儒学复兴”的主观动因，也是海外华文传媒向众多华人不懈承载和传递中华文化的一大动因。比如华文报纸的出版和发行，为新加坡华人学习中文提供一个良好的环境，也为维系新加坡华人的民族感提供了条件。在新加坡愈来愈西化、英文报纸的发行量超过华文报纸的今天，华文报纸顽强地弘扬和传递中华文化，使中华文化得以与西方文化在新加坡并存，为众多的华人所接受和肯定，从而得到了海内外华人的高度赞誉。

第三节　社团联系

华文传媒最大的贡献是使华人相互之间有了横向的联系。它为华人在经济、政治、文化和进入主流社会，为当地华人在事业、学业、交流、亲情等提供服务功能；维护华人的合法权益免遭侵犯，为其营造较好的生存环境；增强华人的凝聚力与爱国心；促进所在国与祖籍国的友好交往。

海外华人社团，是指生活在除中国之外地区的华人，为实现某种目的，按一定的要求组织起来的团体。这个团体最主要的特点就是不以营利为目的，着重解决华人内部和外部的矛盾，起到团结华人、联系华人的领导中心的作用。

华人社团具体负责与政府联系、反映华人意见的任务，是华人族群凝聚的中心，是华人争取民族权益的重要渠道和组织。华人往往通过社团了解政府的信息，而华人社团则借助组织的强大力量与政府周旋，争取使政府出台有利于华人的政策，或者调整某些不合乎或损害华人利益的政策。而华文传媒则报道华人社会的新闻，反映华人的利益诉求和精神面貌，传播思想，反映并报道华人社团的设想与策略，具有引导华人社会舆论的功效，所以，华文传媒也就成为华人社团的思想宣传工具，而华人社团也因此成为华文传媒重要的新闻来源。华人社团又必须利用华文传媒这个渠道，向华人传递社团中的一些重要信息，一方面获取华人的理解与支持，另一方面也是为了增强华人社团的凝聚力和权威性。所以，华文传媒与华人社团也形成了不可分离的关系。

一、报道华人社团的新闻

由于历史原因与宗族观念，世界各国的华人社团众多，“‘二战’后，随着华侨社会向华人社会的转化，大部分华侨社团遂变成为华人社团。其中，以血缘关系为纽带的宗亲会组织，约占华侨、华人社团总数的41%；以地缘关系为纽带的同乡会组织约占总数的25%；以业缘关系为纽带的商会、协会约占总数的21%。另外还有一些是以共同的政治、宗教信仰或其他共识为基础建立的社团组织，这类社团占近12%。前两种社团我们一般称之为宗亲同乡社团，也就是说，由血缘和地缘关系发展起来的社团是华侨、华人主要的社会组织。这显然是受传统的家族主义影响的结果。甚至连华人企业集团，也大多采取家族经营的形式，核心人物多是由同一家族的成员或姻亲组成，这在东南亚的华人企业集团中表现最为突出。”①

在东南亚十国中，多的华人社团有4 000多个，少的也有40个，这些华人社团为联系华人、维护华人利益作出了较大的贡献。在欧洲，奥地利共有华侨华人约3万人，但是却有大小华侨华人社团20个，平均1 500人就有一个社团，可见社团之多，影响之大。成立于1991年9月的奥地利华人总会是奥地利成立最早、影响最大的华侨华人组织，拥有家庭会员500户，会员遍布全奥9个州。众多的华人社团为华文传媒提供了相当多的信息来源，也提供了相当多的财源。因此，报道华人社团的新闻，这已是所有华文传媒的不变主题，不论事情大小，华人社团每一次举办活动，都会引来一大批的记者，而华文传媒也非常乐意报道华人社团的新闻。因为报道华人社团的新闻，就意味着华人的活动中心——华人社团继续存在，华人社团担当华人反映意见中介的事实。

星洲日报报业集团前执行董事颜振浩在《星洲日报》创刊75周年之际说，“《星洲日报》维护华社权益向来不遗余力，因为我们知道，华社如果没有华文报章作为喉舌，就形同失去下情上达的桥梁，困境上诉无门，正义也无法彰显。”他指出，《星洲日报》与华社之间是一种水乳交融的关系，任何障碍都不能分割这种紧紧维系着的关系，华文传媒与华社互相扶持，紧密配合，共同为族群事业的发展作出努力。

华文报纸只有密切配合和积极报导当地华人社区发生的各种重大事件，用舆论的力量和传媒的优势将华人凝聚到一起，才能把华文传媒逐步发展成为当地华人社区的一面旗帜，成为华人的精神中心。

华文传媒、华人社团和华人之间建立了越来越亲密的关系。许多社团和华人都十分乐意来到华文传媒寻求合作、支持和帮助，同样，他们也鼎力支持华文传媒的发展。这样我们又可以在华文传媒上发现一个规律，某一华人或华人社团有喜事时，该国几乎所有的华文报纸都会出现内容一致的祝贺新闻或广告。比如，在1998年12月14日泰国《京华中原联合日报》第17、20版两个拼版上，整版套红，广告内容为“泰国潮州会馆副主席许朝镇先生宠蒙，皇上陛下御代表枢密院大臣甘通·信塔哇暖空军少将颁发，模范父亲奖章志庆，宠锡殊荣，社会楷模，泰国介善堂慈善会主席李

① 朱岚. 华人华侨与海外统战. www. zhwhxy. org. cn/13/news/20030306/19243_ 0. asp，2003－03－06

光隆等仝敬贺”等。对许朝镇先生的祝贺广告，《亚洲日报》、《星暹日报》等报刊广告上也可以发现，上书“皇恩见宠”、“皇恩浩荡，楷模殊荣”、“光宗耀祖”、“皇恩宠锡，实至名归”等字样。①

笔者曾于2003年11月7日统计泰国《世界日报》、《京华中原联合报》、《联合早报》、《南洋商报》、《星洲日报》的华人社团活动的新闻或广告，发现《世界日报》25条，《京华中原联合报》20条，两者内容一致的新闻与广告为17条；《联合早报》34条，《南洋商报》37条，《星洲日报》35条，其中《南洋商报》与《星洲日报》内容一样的新闻与广告达到32条。

从上述数字来看，我们不难发现，华文传媒都热衷于报道华人社团的新闻。这也证明了华人社团的消息是华文传媒重要的新闻来源。新加坡《联合早报》甚至专门开辟了“社团天地”的版面。事实证明，一份在华人地区发行的华文报纸，必须密切配合和积极报导当地华人社区发生的各种重大事件，用舆论的力量和传媒的优势将大家凝聚到一起，才能把一份新报纸逐步发展成为当地华人社区的一面旗帜。许多华文报纸的创办人是各个华人社团的领袖，他们相互间既有竞争，也有较为密切的联系，所以，华文报纸对社团很微小的动态一网打尽式的报道也就是相当自然的事情，但同时，我们也有忧虑，华文报纸的新闻、广告同质化的程度相当高，这会不会影响华文报纸的销路和发展？

在俄罗斯，《莫斯科华商报》根据俄罗斯是一个非移民国家，华人少，90%以上是商人、整体素质不高、正当权益得不到保障，以及中俄战略形成了伙伴关系等特点制定了办报的十二字宗旨：引导华商、团结华商、服务华商，并据此确定了办报的三大职能：一是服务职能，为提高当地华人的生存与发展能力、保护他们的合法权益和增强团结服务；二是沟通职能，充分利用好这个平台，加强华人内部、华人与祖籍国和中俄两国人民之间的信息交流；三是引导职能，在华人中树正气、顶歪风、不媚俗，发挥好传媒积极、正确的引导作用。该报强调要加强与华人社团的联系，要倾听华人社团的意见，报道华人社团的新闻，以拉近华文传媒与华人社团的距离。这些宗旨和原则，都体现了华文传媒对华人社团新闻的重视。

二、反映华人社团的诉求

早期的华人社团（准备地说，应是华侨社团），地域性相当强，往往是同村同乡自然形成华侨华人社团，有点类似中国的宗族。由于华人初到海外，人生地疏，生存相当困难，他们往往会到与自己原籍相近的地方居住或者乞求援助，而中国人有较强烈的宗族观念、乡亲观念。俗话说：“老乡见老乡，两眼泪汪汪。”乡亲一般也对他们施以援手，以增加华人的力量，慢慢地由于利益归属以及解决小范围的小纠纷，他

① 陈旭钦. 泰国华文报纸现状一瞥. 国际新闻界，1999（6）

们会推选一个德高望重的人来充当和事老，而这个和事老在解决区域性华侨的问题时，树立威信，慢慢地在他们中形成组织，这就是华人社团的雏形。随着华人经济实力的增长，他们遇到了其他华侨的竞争，迫切需要通过宗族的交涉来解决彼此的争端，或者向政府争取权益，于是华人社团就成立了。随着时势的变化，华人社团由同宗、同乡组织起来，然后慢慢发展成不分地域、血缘的华人社团，甚至发展成世界性的组织。但在一些当地政府严令禁止而后放松华人政策的国家中，因为经过漫长的严厉的华人政策，从中国大陆移居来的华人相当稀少，现在新成立的华人团体已较少按照血缘、地域的方式，而是为争取华人与当地原住民平等的政治、经济、文化权利而成立的组织。所以，华人社团的功能是由加强人际交往和维护经济利益归属转向争取政治经济文化权利，从自然团体向有组织纪律性、有目的性的社团转变。

这样的历史发展过程，就注定了华人社团的功能是反对种族歧视，抗议苛税，为华人排忧解难，解决华人内部的纷争，加强华人间的团结，振兴商务，发展公益事业，联系乡情，弘扬中华文化，促进中国统一，反对“台独”活动等。

维护华人社团的诉求，比较典型的事件是马来西亚的华团民主诉求事件。1999年8月16日，12个华人社团成立了诉求工委员，要求政府赋予华人与马来西亚人平等的政治权利，提出了17项民主要求。然而，这些民主要求却被巫青团抗议。巫青团认为掌握了马来西亚经济命脉的华人试图剥夺马来西亚人的政治特权，首相马哈蒂尔指责华人社团是民族主义者，矛盾严重激化，华族与马来族的冲突一触即发。经过华人社团、政府、巫青团的协商，华人社团暂时搁置其中比较激进的民主要求，事情于2001年1月5日得到解决。在这一期间，几乎所有马来西亚的华文报纸都从民族和解的角度，维护华人团体的民主诉求，认为华人与马来人不平等的政治权利始终要得到解决。《南洋商报》2001年1月7日发表了一篇题为“与未来会话：不再有诉求了?”的文章，呼吁华人团体不要泄气，要继续勇敢争取自己应有的政治权利。

与未来对话：不再有诉求了?

我相信诉求工委会是考虑到广大马来人社会的感受，因此站在国家的立场，尊重各族的感受。如果因为时机还不成熟，有太多噪声和干扰，某一方无法收到真正的信息，最好的做法就是搁置不说，等机会再现时再努力。而下次的提呈（法）和战略的工作，要部署得更好。

诉求是民声，只要乐意改善现状的人民，就会有诉求。人民是永久的，政治人物是瞬变的过客。一个有决心的人民会让这些声音再寻管道出现。

类似这样的民意诉求，在世界其他地方也屡见不鲜。华人社团代表了华人社会，因此，华人通过华人社团向政府争取利益，政府面对由华人代表的华人社团的诉求，也不得不考虑华人的利益。因此可见，华人社团就成了华人、政府之间的桥梁，而反映华人的民意、促使华人社团行动的桥梁则是华文传媒，由此可见，华文传媒、华人社团有共同的作用，也有不同的功能。反映民意，形成舆论，作用最大的当然是华文传媒，传媒对舆论的引导和呼吁对政府制定政策有一定的影响作用，但是政府在制定政策时，往往会倾听华人社团的意见，所以华人社团在政府决策时有更大的影响作用。如果华文传媒与华人社团能够团结起来，通过舆论向政府提供意见时共同发挥作用，那么华人就有可能更好地维护自己的利益。

三、在华人社团中扩大影响

华文传媒报道华人社团的动态，除了获得华人读者的支持外，还希望得到华人社团的资金支持，特别是像老挝、越南、印度尼西亚、柬埔寨等经济比较困难的国家，华文报纸时常需要华人社团的资助，才能维持下来。

在印尼，新创办的华文报纸除了《印度尼西亚星洲日报》、《国际日报》外销量都不超过 1 万份。而按照当前的报业发展规律来看，这样小的发行量是很难获得盈利并实现资本的原始积累以向前滚动发展的。所以，印尼的华文报纸不是亏损经营，就是勉强维持生存。而想要在短时间内，提高发行量，又与印尼华文绝迹 30 多年的事实相违背。所以，华文报纸要想有快速发展，只能等待今后几年，随着华文教育的发展，报纸的销量才能提高，这种现实的存在，迫使华文报纸必须加强与华人社团的联系，从华人社团当中获得资助，包括购买报纸、刊登广告和现金捐赠等。

在柬埔寨、老挝、越南、缅甸，华文报纸的销量很大程度上依靠不断增多的新移民。据了解，现在柬埔寨的中国湖南商人就有上万人。而经过 20 世纪 70 年代的反华、排华，华文报纸在柬埔寨经商严重缺少基础，所以，柬埔寨的华文报纸一方面以发展和传播中华文化为己任，另一方面也不得不与中国在柬埔寨成立的各个商会打交道，经常免费送一大批报纸给这些华人社团，并经他们之手转送给来办事、联系的华侨华人。通过华人社团派发报纸、征订广告而扩大影响和增强知名度，这是华文报纸生存与发展的好办法。《柬埔寨星洲日报》在这方面就做得比较好，扎根华人社会，密切联系华人社团，销量达到 5 000 多份，已开始赢利。

海外华人多少与华人社团有点联系，因为个人在当地发生经济纠纷时，只有依靠华人社团的力量才有可能解决问题，特别是当地华人要争取与当地原住民平等的权利时，单枪匹马根本无法与团体力量相提并论。在马来西亚，政府为缓和种族矛盾，在出台涉及华人的政策时，要听取马华公会的意见，如果马华公会没有表示太多的异议，就说明这个政策能得到华人社会的普遍接受，而如果马华公会强烈反对该政策，就说明这个政策严重不符合华人利益，如果继续执行下去，势必官逼民反，引起社会问题，政府必须及时修改政策，甚至废除政策。所以，东南亚华人社团在当地的影响力相当强大。一些大的华人社团在召开会员大会时，政府领导人也会应邀参加，并在会上发言，阐述华人政策。华文报纸如果能通过华人社团这个渠道加强对其会员的宣传，树立品牌，让华人知道有这么一份华文报纸在为他们服务，这显然有助于华文报纸提高发行量，招揽更多的广告。因此，每一次华人社团在举办各种活动时，都会看到各种华文报纸的负责人与记者一起携带大量报纸向华人免费派发，加强对华人的公关，扩大影响。

华文传媒与华人社团保持紧密关系，不遗余力地报道它们的动态，以获得华人社团的好感，扩大在华人社团中的影响，而华人社团因为传媒报道它们的新闻可以增强社会影响力，也会不断向其会员推荐购买华文报纸，这样华文报纸就与华人社团形成了鱼水不能分离的关系。

第四节　维护华人利益

在关系到华侨华人的整体形象、利益和中华民族尊严这些原则问题上，华文传媒都会及时地站出来讲话，这既是责任，也是贴近读者的行动，增强华人族群的认同感，从而在受众当中树立威信。

华文传媒与华人利益紧密相连，如果失去了华人的支持，华文传媒也就失去了安身立命之本。正如菲律宾《商报》71周年庆典时社长于长庚所说："在本报七十一年的发展路上，我们离不开华社。七十一年来，我们与华社一起呼吸，我们与华社一起悲歌和欢笑，我们与华社一起前进和发展，换句话说，没有华社，本报根本不能成长。更不必说壮大了。"菲律宾《世界日报》总编辑侯培水也认为："从报纸的定位来说，菲律宾华文报既是一家华人的报纸，也是一家菲律宾报纸，首先应为华人社会服务，站在华人的立场，作为他们的忠实代表与喉舌。如果离开了华人，离开了华人社会，那就不成为一家华文报纸，当然也就不会得到他们的支持与爱护，换句话说，生存就成为问题了。众所周知，报纸既是一个新闻单位，也是一个言论机构，只有忠实地为读者服务，报道他们喜闻乐见的新闻，作为他们的喉舌，讲出他们的心里话，为他们的疾苦奔走，才能得到广大读者的支持。"①

正因为担负起维护华人权益的重任，许多华人把华文传媒当作维护自己权益的重要手段，在遇到困难和自身权益受到损害时，往往会向华文传媒投诉。比如，2005年《华侨新闻报》每月收到华人民众投诉可多达10件。华文传媒在为华人争取和维护权益的同时，获得了华人的信赖和支持，也在华人社会以至主流社会形成了很大的影响力。

① 彭伟步．东南亚华文报纸研究．北京：社会科学文献出版社，2005. 204

一、报道不平事

华文传媒敢于报道社会上的不平事，特别是华人受到歧视和不公平对待的事情。

2005 年 7 月 12 日，日本《华人周报》收到一名叫朱丽媛的读者发来的传真，称她在墨田区押上小学上五年级的儿子崔桐在学校遭到老师的殴打，致使孩子头部受伤，住进了东京都立墨东医院。接到这个传真后，该报记者立刻与当事人电话联系，并对该事件进行了详细的了解和报道。该报不惧日本右冀势力的威胁，坚持把事件采访报道出来，引起了日本社会的关注。《华人周报》报道此事之后，2005 年 7 月 16 日，被打儿童的家长朱丽媛女士就打来电话，介绍押上小学的正副校长在学校接待了崔桐的父母，五年级三个班级的班主任和崔桐的汉语翻译田中女士也列席。打人的高木老师道了歉，高木老师说，事情发生后，想写信向崔桐的家长道歉，因为按照日本的习惯，写信道歉是最郑重的方式，最能表达当事人的诚意。

華人週報
Chinese Weekly
疫情緩和 中國之旅可以成行
在日華人科技精英聚會一堂
東京ファイナンス株式会社
TEL：03-3436-2211
888中文卡拉OK

图 6－1 《华人周报》2003 年 6 月 12 日

在新加坡，《联合晚报》的创刊号开宗明义："报纸必须与民众声息相通，基于这个信念，我们竭力反映民情。"在新加坡华人占主体，华人的利益不会像在其他国家那样缺乏保障，但是《联合早报》和《联合晚报》仍然把反映民情作为自己的责任。虽然这两份报纸不可能报道不利于政府形象的新闻，但是在涉及民生问题，又不太具有政治敏感性时，仍然会报道一些维护基层人们利益的新闻。《联合早报》的宗旨"作为一份全国性报章，维护国家社会利益，接近中下层人民，积极反映民生民情，维护母语和传统文化及价值观，吐露华社心声"，其宗旨相当清楚地表明了自己的办报思想。

在菲律宾，华文报纸历史上发生过一起比较著名的"华婢事件"，很能反映华文报纸不屈不挠的精神。创刊于 1925 年的《新闽日报》因报道华婢事件而引起诉讼案件。《新闽日报》创刊后，不久侨界就发生"华婢事件"。有人买了一名华人婢女，该婢女受到非人道的对待，时常受到主人的虐待。《新闽日报》和《华侨商报》知道此事，便加以报道，结果引发一场官司。被报道和批评的主人把《新闽日报》和《华侨商报》告上法庭，要求法庭判其诽谤罪。诉讼案拖了 3 年，直至 1929 年，该报主编吴半生（战后改名为吴重生）被判处徒刑两个月及罚款 300 比索，吴半生上诉于最高法院，幸得当时首席法官美国人马尔科姆基于新闻自由等原则判其无罪，吴半生才免受牢狱之苦。

华文传媒的受众主要是华侨华人，而与当地侨团建立友好的关系是发展读者群的另一重要途径。许多华文报纸利用自己的桥梁与纽带作用，经常组织由华社领导和名流参加的报社顾问团，定期开会听取他们对办好报纸的意见和建议，参加华社一些大的活动，并注意及时报道他们的活动，听取他们对当地面临的困难和诉求的意见，并及时反映和报道出来，以体现华人社会的声音，使政府在出台一些涉及华人的政策时，能顾及华人的利益。比如，菲律宾《商报》倡导华人要与所在的华社多沟通联系，华人应经常通过上层华人领导机构，向政府有关部门负责人进行接触，反映并交换意见，以谋求谅解与合作，并维护华人的正当权益和保障其生命财产的安全。

华文传媒把维护和争取华人利益当作自己应尽的责任，它们相当重视华人在政治、经济、文化上的权利，经常站在他们的立场上替华人说话，有时引起政府的不满。马来西亚的《南洋商报》经常受到政府的训斥，也是因为它们经常发表与政府不同的言论，维护华人利益。比如，马来西亚政府推行马来人优先政策，积极扶助马来人办企业，而华人不仅没有享受到政府的各种优惠政策，而且还屡受限制。1975年政府出台《工业协调法》，就是一项严重挫伤华人积极性的法令，《南洋商报》和《星洲日报》就对此项政策进行了猛烈的抨击。

应该肯定地说，华文传媒在维护华人利益方面不遗余力，敢于发表言论，争取政治平等权利，坚持真理，不畏惧权势。比如，1998 年印尼发生的大规模排华事件，许多华文报纸就发表了许多措词严厉的批评文章。

1998 年 5 月 13 日至 15 日，雅加达、梭罗和印度尼西亚其他地方发生的大规模有组织的针对华人的骚乱再次震惊世界。1999 年 12 月 28 日，印尼棉兰、万隆等地又发生了针对华人的零星骚乱事件。在棉兰，1 000 多名印尼渔民和流氓冲击当地渔港，破坏了 13 个属华人的冷冻货地、烧坏 40 艘渔船和数十辆卡车并抢劫 5 000 多吨海鲜。在万隆，一家华人所拥有的纺织厂被几百名印尼村民放火烧毁。《联合早报》、《南洋商报》、《星洲日报》对其相当关注，并且在不同程度上谴责骚乱分子。《联合早报》1999 年 12 月 30 日发表质疑文章《棉兰万隆反华事件疑由旧政权及军方策划》，怀疑骚乱分子有军方背景，要求印尼彻查骚乱原因。《联合早报》还在网上专门设立印尼骚乱的论坛，公布骚乱中印尼人强奸华人妇女的照片。《联合早报》的文章因此引起新加坡、印度尼西亚两国外交纠纷，但是《联合早报》并不畏惧印尼军方的压力，不断大篇幅报道印尼暴民丧尽天良的行为，引起世界各地华人强烈的愤慨，随之在全世界形成维护印尼华人利益的“黄丝带”运动，在国际上形成强烈的反响，联合国为此专门成立印尼违背人权调查委员会，派专员到印尼作实地调查。当时的哈比比总统也不得不成立专门委员会调查事件真相。

马来西亚《星洲日报》还顶着政府的压力，坚持开辟大量版面报道华人受难的新闻，控拆印尼不法分子对华人的侵害，抨击印尼政府歧视华人。

二、利用评论维护华人权益

华文传媒在维护华人利益时，除了利用新闻报道手段外，还采用评论体裁，发表政府应正视华人利益诉求的文章。

2005 年 8 月 11 日，日本“二战”投降纪念日即将来临，日本《华人周报》发表了署名王东的评论文章《广岛和长崎的悲剧根源在哪里》，文章从日本明治维新开始谈起，谈论日本的国家转型，指出在从民族国家的观念建成到军事力量现代化等方面日本的进步极其迅捷，堪称典范，但论其内在的政治理念和文明结构，明治维新则留下了严重的隐患，日本的政治体制轻易地滑入了法西斯独裁的轨道。与纳粹德国不同的是，日本是军国主义色彩更加浓厚的军部法西斯。文章最后评论说，如果日本继续不承认侵略罪行，那么不但亚洲、世界将面临战争的危险，日本自己也将深受其害。

文章认为，明治维新为了使日本迅速摆脱落后的国际地位，采取了比西方殖民者更急切更贪婪的对外扩张政策，盲目追求“富国强兵”，最后导致日本社会的内在断裂。20 世纪 30 年代，日本能建造世界上最强大的舰队，“大和”、“武藏”威风凛凛，可在乡村却是民不聊生，贫农不得不卖儿卖女。这导致大多出身农村的中下级军人的极端倾向愈演愈烈，“以下克上”的方式将整个国家逐渐拖入战争旋涡。总之，日本就好像武侠小说中的邪派高手，一味追逐进境，不惜自残身体，甚至挥刀自宫，最终走火入魔。广岛和长崎的悲剧，究其根本，实为日本褊狭的近现代化进程使然。文章指出，近几年日本右翼势力不断扩大和挑衅，日本政府缺乏坦承历史、真诚道歉的勇气，中国唯有加快发展经济，加强国防建设，才能最终防备和威慑日本右翼势力的挑衅，也才能维护中国的国家利益，世界华人才有一个和平稳定的发展环境。这篇文章发表出来之后，得到了在日华人的共鸣，但是却惹恼了日本右翼势力，他们派人前往报社抗议示威甚至威胁要杀死该报工作人员，但《华人周报》不畏右翼势力，在后来的文章中也刊登了一系列日本军国主义给中国、亚洲、世界带来灾害的文章。

与华人血肉相联，与他们同甘共苦，喊出他们的心声，表达他们的心愿，传达他们的思想，维护他们的利益，是华文传媒的基础，也是体现它们存在的价值之处。抛弃了这个原则，华文报纸也就不会再为华人所器重，也不可能得到华人的信任。2005 年 6 月 2 日匈牙利《新导报》的一位读者来信，就充分反映了华文传媒与华人的密切联系，有助于增强读者信任感的情况。“一位福建的华商告诉记者，本报近期登载的频繁检查后的思考连续报道，作为全匈发行量最大的华文周报，从不同角度反映了华商的意见和建议，表现了新导报对广大华商生存环境的高度关注，作为商人来说非常关心这些报道。现在对于大检查来说，大家已经麻木了，而最关心的应该是匈牙利的法律法规，这与商人关系最密切，特别是由于语言障碍，很多人不是很明白，希望报社能采访匈牙利相关部门，把中国人的情况告诉他们，看他们怎么回答。”①

传媒应该提供一个真实、全面、客观的现实世界，切实履行其环境监测和社会整合的功能，满足受众的信息需求，以便让他们在各自有限的生活空间里及时掌握外界动态，做出符合自身利益的反应和行为。笔者认为，正是华文报纸的使命感和责任感，才使得他们不遗余力地维护华人权益，也正是这种原因，华文报纸才得以具有百年不衰的顽强生命力。从华文报纸维护华人权益的历史中，我们看到了它们内在感人的精神，看到了报人的社会责任感。

比如，2005 年中国与欧盟、美国发生纺织品贸易纠纷时，《欧洲时报》对法国传媒片面报道中国的纺织品威胁、夸大中国纺织品对法国的冲击进行了反驳。该报于 2005 年 6 月 17 日发表《纺织品冲突与传媒的角色》一文指出，法国传媒报道欧盟进口中国纺织品大幅度增长时所用的词汇和调门，如“爆炸性增长”，“上升 600% 以上”，“法国的纺织企业将纷纷倒闭，两万多人眼看就要失业”，“欧盟纺织业 250 万就业受到威胁”等，从总统、总理、部长到企业家、专家都上了“火线”，要抵抗中国纺织品的“入侵”。为了抵抗中国纺织品的“入侵”，法国传媒对中国纺织品大量进入法国作了大幅报道，新闻机构的有关宣传（我们只能称之为宣传，因为很难找到一些理性分析的痕迹）也达到了顶点，无论是赞成派还是反对派都在这个问题上大做文章，听众或观众要想得出理性的结论几乎不可能。欧盟进口商联合会和有关专家对 2005 年 1 月份中国产品进口明显增长有一些合理的解释，但由于其“冲击力”远不如传媒在第一时间报道的那样有震撼力，所以也成了可以“忽略”的因素。至于中国在这 10 年期间如何在纺织业大量投资以改进产品的质量并提高竞争力，在传媒看来更无出现的必要。《欧洲日报》的文章批评法国传媒，在报道中欧纺织品贸易方面，其诚信值得怀疑，他们不以尽可能客观地报道真相为首要原则，忽略民众的知情权，不仅抛弃了立身之本，更有加剧危机的风险。同时，文章呼吁中国要直面世界对中国产生的“歧视”，通过各种手段反击“歧视”，维护中国以及海外华商的利益。

在美国，华文传媒也勇于发表评论，维护华人形象。2005 年 6 月 20 日美国《星岛日报》发表一篇名为《美国广告丑化移民》的评论：“有一则银行广告，片中的银行男职员温文有礼，强调银行有懂华语的职员，该男职员用带有口音的中文说：‘我们同声同气。’对不起，这绝对不是同声同气，是怪声怪气。为了下一代能保存中国文化，这类广告在未改正发音前，应该禁播。然而，在另一则电话公司快速 DSL 服务的广告中，片中的亚裔男主角在升降机中手机响起，四周人等投以讨厌的眼光，这位男亚裔也低头不好意思地离开升降机。这是在中文电视台播出的版本，但在英文电台，主角换了是白人，他的手机响起时，升降机内的人都投以微笑羡慕的眼神。为什么一个广告会有完全不同的两种版本呢？以上种种，算不算是歧视呢？可以说是见仁

① 邓尚喜．频繁检查后的思考．新导报（匈牙利），2005－06－22

见智，但除了歧视外，还有更好的解释理由吗?”

又比如，2001年7月，离决定由哪一个城市主办2008年奥运会只有几天的时候，巴黎街头突然冒出直接攻击北京的广告，广告竟将代表奥运的五彩环改为五个手铐，这是对奥运精神的亵渎。《欧洲时报》为此发表了评论员文章，批驳了“无疆界记者协会”的做法，此举也受到了有正义感的人们的一致称赞。

除了在新闻中维护华人利益外，各华文传媒还开辟了评论版，对关系到华人切身利益的新闻事件进行评论，希望达到形成和引导舆论的目的。华文报纸站在华人的立场，发挥自己的责任，为华人同胞的利益服务，由此得到了广大读者的支持与爱护。所以，要使报纸增强影响力，除了要做独家新闻、深入报道外，还要经常刊登有影响力的评论。

评论及特别报道，最能代表报纸的风格，亦最能吸引读者群的关注，但对于一般发行量不大的华文传媒来说，做这方面的报道因需群策群力而常感力有不逮，所以唯有采取新闻与言论联动的方式，扩大影响。事实上，由于办报是长久的事业，如不能逐步克服技术上的难关，形成自己的思想体系，时间久了终将缺乏与读者相互间的思想激荡，而丧失了维系群体的力量。

评论是报纸的灵魂，体现报纸办报方向，影响比较大，所以规模较大的华文报纸都设有评论版或专栏，要么编辑自己写评论，要么邀请名人加盟，发表特约评论员文章。比如《联合早报》的言论版，每天均有数以百计的读者投稿，其中来自中国大陆的读者投稿尤其多，几乎每一篇关于两岸的言论都被中国大陆的网站所转载；马来西亚《星洲日报》、《南洋商报》，日本《中文导报》、《世界日报》、《侨报》、《辰报》等，几乎每天都有社论，注重本地的事务评论，也相当注重对中国事务的评论。

评论既可以表达专家学者的观念，也可以表达民间的声音，传递的是公众的意见信息，是一个民主建设的新渠道。事实上，正是由于新闻有时候出现缺位的现象，人们才不得不把关注度转移到事情的评论上来，希望通过评论，推动问题的解决，引起政府的注意。评论在舆论监督方面有显著作用，也显示了评论深化和提升新闻思维深度的特点。

华文报纸评论多，一是因为中国报人都有针砭时弊、抨击社会黑暗、开启民智的风气和思想；二是华文报纸由于生存比较困难，资金欠缺，很难派出许多记者到基层采访，这样独家新闻就更少了，但要支撑起版面，扩大影响，就唯有通过阅读其他报纸的新闻，请几个特邀作者来撰写评论。所以，在东南亚华文报纸中，出现了不少著名的言论家，如早期新加坡《叻报》的叶季允、《中兴日报》的胡汉民和汪兆铭、《启南日报》的徐勤[①]、马来西亚《南侨日报》的胡逾之和夏衍、缅甸《新仰光报》

① 虽然徐勤是一个顽固的保皇党人，推崇君主立宪制思想，为世人所批评，但从客观的角度上来说，他仍然可以说是一个著名的政论家。

的徐四民和杨水源、越南《时代报》的徐盘石（也叫徐安如）、菲律宾《商报》的于长庚等。

综合华文报纸的言论，大多数评论关系民生，呼吁政府尽快解决民生问题。因为这些话题不会影响到政府的形象，不会影响到他们执政，所以属于“小打小闹”。这样也能为政府所接受，同时也能贴近华人，帮助华人解决实际问题。但是有一些涉及华人切身利益的政治和经济问题，华文报纸也敢于起来抗争，比如马来西亚的华文报纸，他们的评论相当深刻。“在舆论面前，政府在执行有关华人政策时，也不得不考虑华社的态度，以恐引起华人不满，爆发社会动乱。总体而言，报纸的影响力只局限于华人社会，同时为了避免惹恼政府，刻意注意舆论导向，华文报纸的言论还是相当温和及有建设性的。”①

通过多种渠道和方式发表维护华人权益的文章，形成社会重视华人权益的舆论，表明海外华文报纸的行动已从当初毫无保留地接受不合理要求，转变为理性和有目的地改变自己的社会和政治地位。这是海外华文报纸走向成熟的一个重要体现。

第五节　促进华人团结

促进华人团结，推动华人社会的发展，把华人拧成一根绳，团结一致争取华人的权益，也是华文传媒的一大任务。在海外，中国人不太团结，内讧不断，甚至相互指责和对骂，一方面严重影响华人扩大族群影响和争取华人权益，成为改善华人社会地位的最大障碍；另一方面也在其他族群中形成了相当不良的印象。其他族群对华人如此不团结也感到十分费解。就以美国的犹太人和华人来说，美国犹太人大约有 500 万人，华人约有 300 万人，但是两者在美国社会造成的影响有相当大的差别。美国犹太人可以左右美国的政坛，而华人却在政坛中影响甚微，这种现象非常值得我们反思。笔者认为，其中一个原因，就是美国华人派别众多、不团结。这种不团结的局面已经给华人带来了相当多的不良后果，也阻碍了他们争取更大的权益。因此，作为传播华人信息、联系华人社会的最重要渠道，华文传媒责无旁贷地负起促进华人团结的责任，共同为华人创造一个良好的发展环境。

一、华人缺乏团结

华人虽然同文同种、同为血脉相连的兄弟，但却相互疑忌甚至敌意甚浓。为争权夺利，华人之间的争端层出不穷。如马来西亚马华公会之间的派别之争，印尼刚成立的华人政党之争，菲律宾商会的领袖之争等，都使得华人社会各自为政，削弱了华人

① 彭伟步．东南亚华文报纸研究．北京：社会科学文献出版社，2005. 128

的整体力量。例如，历史上在辛亥革命前夕革命党与保皇党发生言论大战，20 世纪 40～70 年代期间，由于华文报纸分裂为亲中国大陆与亲台湾两大阵营，他们分别攻击对方，令华人相当困惑。而现在，则因为经济利益发生冲突，比如前边提到的马华公会领导人之争、马华公会与民政党之争等。

造成华人社团内讧的原因有三个。一是早期殖民主义者分而治之的政策，他们为掠夺东南亚的资源，在不同时期重用某个社会阶层，造成不同阶层的华人之间产生敌视态度。如英国殖民主义者莱佛士在新加坡为发展经济，保护经商的华人，而忽视了从事手工业者的低下阶层的华人利益。在新加坡的发展初期，甚至包括《叻报》在内的华文报纸也比较重视商业，维护从事工商业者的华人利益，漠视了低下阶层。

二是台湾与中国大陆对华人的争夺。例如，1954 年 3 月，在台湾当局的支持下，杨启泰成立菲律宾商总，为华人的利益抗争，其中尤以抗争“零售商菲化案”与“米黍菲化案”影响最大，由始至终得到华人的支持。中菲建交后，特别是中国开始改革开放，大批菲华前往大陆投资，产生了亲大陆与亲台湾两派。随着中国的强大，亲大陆派逐渐占据上风，不满亲台派占据领导位置，于是在商会领袖改选之时，把亲台派赶下台，但是亲台派不甘失败，几次在菲总商会与亲大陆派争夺会长职务，甚至于 1997 年不惜与亲中派对簿公堂。当时两派的报纸如《商报》、《世界日报》与《联合日报》也发生过言论冲突。

三是为争权夺利拉拢选票。比如在印尼，“人们普遍认为，华人社会不团结，表现为：派别林立，社团分裂，新客华人与土生华人鸿沟较深，一些华人领袖互不服气，难于团结。典型的事例是：5 月排华社会骚乱后，雅加达先后出现两个较大华人社团组织：印尼百家姓协会，熊德怡准将为总主席；印尼华裔总会，江友山硕士为总主席。两个华人社团发展很快，在全国都有许多分部。2000 年 8 月 17 日印尼国庆 55 周年，这两个华人社团为争夺华人社会庆祝印尼国庆的主持权闹得很厉害，弄得许多华人社团左右为难，最后由瓦希德总统女儿出面协调，双方才联合共同主持印尼国庆”①。苏哈托倒台后，华人成立了四个比较有影响的政党，即印尼融合党、中华改革党、印尼大同党、印尼佛教民主党。他们为了拉拢华人选票相互攻击其他华人政党，相互揭短，以致华人在 1999 年选举时严重分散选票。而华文报刊在 1999 年的选举立场有所不同。立场不同，必然导致他们报道的取向不同。如《呼声》在 1999 年选举前后刊登了一系列文章，体现了自己不看好华人政党的立场，如《华族最好投谁的票》（1999 年 5 月 7 日）、《排除普选即将到来之前的犹疑》（1999 年 5 月 8 日）、《印尼奋斗民主党首战大捷而欢呼》（1999 年 6 月 1 日）、《也谈大同党的失败》）（1999 年 8 月 11 日）、《也谈大同党的失败》（1999 年 8 月 12 日）。作为一个从苏哈

① 温兆炎．印尼华人社会的发展与前景．世界华人名人网 http：//www.celebrity86.com/tangren_ yangiu/pag/xi6.htm，2003－09－03

托独裁专政倒后新成立的政党，其肯定存在不少缺陷，需要社会的理解，更需要华文报刊的支持。所以，华人不团结的现象不利于华人争取政治平等权利。

除了派别、区域、观念等因素造成华人不团结、华文传媒各立山头的原因外，华文报纸之间存在着一个不可忽视的矛盾，就是华人读者数量少，为求生存，它们之间也形成生死存亡的竞争，相互揭短时有发生。更令人忧虑的是，华文报纸的创办者往往是当地比较有势力的富商，他们往往会担任当地某个华人社团的会长、副会长，如果这些华人社团发生纠纷，就会多多少少影响华文报纸的客观性。许多需要华人社团金钱捐赠维持生存的华文报纸会受到捐赠人意志的影响，有时也会自觉不自觉地充当捐赠人的喉舌。“比如，《诚报》由印尼当地华人企业家及文化人组成的‘民族觉醒基金会’创办，为印尼第十份华文报。这份报纸的报道理念和宗旨多少会受到基金会负责人思想的影响。如果企业家与文化人的观点出现差异，文化人要么接受企业家的观点，要么就只能离开报社。而报纸如果缺乏有思想的文化人，步《龙阳日报》的后尘关门停刊也是有可能的。如何保证报纸不受出资人的影响，保证客观公正的报道态度，一方面有赖出资人的大公无私的智慧，另一方面也需要报纸建立一套比较完善的职业操守。像上述所说的多个问题，都引起我们对华文报纸如何保持客观公正精神的问题的思考。为实现客观公正的报道理想，华文报纸要尽量减少利益冲突。传媒主要负责人最好不要加入某党派、团体、组织或某利益集团，更不要在其中担任职务。政治立场不要为任何人左右，团结一切可以团结的个人、党派和社团，给他们说话和见报的机会。这是新闻工作者成熟的标志，要提倡包容性，增加自己的耐性，并以开阔的心胸包容所有的事物，同时也应与不同种族和不同信仰的人多接触，学习接受他人的好思想，而不能一味地按照某人的意思行事。”①

华文传媒要力争主流社会及无直接政治利害关系的广告客户，因为他们不卷入传媒事务，只从事商业运作，有利于传媒的生存和发展，又使传媒有发挥余地。要开阔视野，加强与各界的合作，使传媒有更广泛的发展基础，实行多种经营，发展“专业中的副业”（比如，发展与报纸相关的文化产业），为读者提供多元化的服务，既可增加收入，又不致以牺牲公正、客观和全面为代价，获得社会各阶层的认可与支持，使自己的生存建立于社会公正、正义的基础上。这样才能团结更多的华人，才能使华文传媒有更广泛的受众基础，才能树立客观公正的形象。

二、以促进华人团结为己任

针对海外华人不团结已经严重影响华人自身发展的现实情况，目前，海外华文传媒已经不再只做了解中国内地和港台地区新闻的工具，而是有意识地增加了对当地社区的报道，同时鼓励华人加强团结、维护自己的权利。

① 彭伟步．东南亚华文报纸研究．北京：社会科学文献出版社，2005. 399

美国《世界日报》在美国的定位和角色就是："效忠美国，热爱中华，创造美国华人的最大福祉，争取美国社会以平等待我族裔。"该报多次呼吁美国华人团结起来，摈弃派别之见、地域之见，共同创造美国华人的新时代。它刊登了很多关于华人团结有助争取权益的新闻，现身说法促成华人团结。作为一份来自台湾地区的华文报纸，能够摈弃意识形态之见、地域之见、派别之见，从维护华人团结的宗旨出发，这种做法是相当可贵的。比如，"9·11"事件发生后，《世界日报》对纽约华埠社区面临的困难做了详细报道，引起了主流传媒的广泛关注。纽约华埠生活着台湾和大陆的移民，台湾移民大约有10 000多人，而大陆移民则有25 000人左右。《世界日报》能够抛弃门户之见，不但报道台湾移民面临的困难，而且还用很多的篇幅报道来自大陆华人移民的困难，足以说明《世界日报》在促进华人团结这方面发挥了很大作用。

其他美国华文传媒也以促进华人团结为己任。美国《侨报》2005年6月29日发表作者为素风的文章《同胞需要宽厚相对》，呼吁华人要团结，和睦相处。

"恶性竞争"的问题一直存在。过去华侨在遭受歧视的大环境下群居华埠，相濡以沫，但因职业技艺相近，容易彼此恶性竞争，例如，过去华埠的洗衣业、餐馆业都发生过恶性竞争。现在，新移民由于语言、技能和资本问题，不少人要靠餐馆、摆摊和小商店维生。看到别人店里生意不错，就在附近再开一家同类店铺，但假若附近街坊的购买力难以维持两家店铺，就会演变成相互杀价，争取有限生意的"恶性竞争"，有时不免使两店都在盈亏的边缘挣扎。于是，原店不满，而新店心虚，双方易生嫌隙。

中餐馆的"恶性竞争"现象并不少见。也许，开店前做点市场调查，能减少"恶性"竞争的烈度。同时，恶性竞争现象也意味着新移民需要职业训练，扩大就业的范围。联邦职训计划对于新移民扩大就业很有助益，最近职训经费遭到削减，实在令人遗憾。

此外，华裔作为美国一个少数族裔群体，生存之中已充满竞争和辛酸，同胞之间更需要宽厚相待，彼此关切，相互谅解，和谐相处，不要煮豆燃萁，更要避免诉诸暴力。

在加拿大，华文传媒也肩负着促进华人团结的重任。针对新旧移民的矛盾，《环球华报》2005年4月7日发表李牧的评论《种族心结与华裔群体》。

从加拿大东部到西部，在华人企业打工的新移民，因工资低、无加班费、克扣福利和管理态度等原因，普遍对老板严重不满，这种不满很少在西人企业中存在。因为移居北美的时间不同，能大规模雇工的华人老板绝大多数有广东籍背景，而打工维生的又以非广东籍大陆新移民为主。

这样的冲突，原本属于个体之间，却被放大到群体背景下。"老华人专吃新华人”、“香港人最坏，其次是台湾人，大陆人最好”、“广东老板，恨不得把工人攥出水来”这样的词句长期流传在新移民之中。与之针锋相对的一些语句也出现了，例如网络上出现“最不愿意雇用大陆移民”这样的话。发人深省的是，因为珍惜工作机会、遵守纪律和吃苦耐劳，华人打工者在加拿大劳工职场上是很受欢迎的。

华人族群中类似的群体性现象不限于老华侨和新移民之间。到加拿大读大学预科和本科的自费留学生中不乏勤俭奋斗、学有所成者，却鲜有对这个群体的正面评价。令人忧虑的是，这种华人族群内部，因地域、移民背景产生的不良思维定式，有向下一代扩展的迹象。

历史上儒释道合一趋势及当代意识形态的单一性，汉族人口占绝对多数比例的现实以及汉文化的强大，造成中国人长期生活在单一民族、单一文化与单一精神取向的环境中。严格地说，大多数中国人只是从传播渠道了解种族歧视和种族平等这些概念。中国人传统上对户籍人口的轻视，近年对东北人、河南的群体攻击，以及民族交界地区千百年来存在的小规模冲突，对具体现实干扰很有限。随着中国的和平崛起，无论是国内还是海外，华人群体与世界的交流越来越多，重新反省种族问题已不限于理论需求。

在巴黎出版的《欧洲时报》也相当重视华人的团结问题。法国华人有来自香港、台湾、大陆的移民，这些移民由于来自经济发展程度不同的区域，存在相互歧视的现象，有些移民漠然对待其他区域的华人，造成华人之间存在隔阂的局面。对于这样的局面，《欧洲时报》从民族复兴的角度发了很多评论，倡导华人团结，共同发展。

在东南亚，2000 年，菲律宾《世界日报》就多次发表评论，批评许多华人社团对新移民存在歧视、不愿意提供援助的做法。《世界日报》2000 年 2 月 15 日针对菲律宾华人歧视新来移民，在华人内部造成矛盾的情况，发表了一篇文章，呼吁不要歧视新来移民，要发挥华人乐施好善的优良传统，为这些新移民提供帮助，一起建设菲律宾。“我们还应当帮助所有来自大陆的新移民，我们永远不要因为许多新移民不会说英语、菲语、闽南话，或者仅仅因为他们是小商小贩，就歧视他们。我们自己的父母和先祖是从哪儿来的？我们怎么能忘记我们自己的祖先移民者，他们中的大多人甚至是华语的文盲，不像现在新移民，他们多能读写华文。我们为什么要陷进菲律宾传媒的种族主义陷阱中，这些传媒总是强调新移民中的坏人或毒贩，而不报道很多人的努力工作和好品质，我们应当帮助贫穷和处境不利的华人。”① “这篇文章发表之后，引起菲律宾华人社会的普遍反思，使华人社团从歧视新来移民转变为为新移民服务，有些华人社团还亲自到新移民的住宿地了解情况，嘘寒问暖。许多华人社团意识到自己为新来华人移民做得不够，主动举办了为新移民服务的活动，比如说，举行菲律宾

① ［菲］李天荣．种族危机：加强菲华社会的历史性挑战．（菲）世界日报，2000 - 02 - 15

法律政策讲座和培训班，在节日期间，举办各种文娱活动，减少新移民的文化和心理变化所带来的寂寞感，使他们尽快融入主流社会。更重要的是，华人团体意识到，如果不为新移民提供生活上的帮助，而让他们铤而走险，从事各种违反法律的职业，不仅使他们走上自我毁灭之路，而且还会影响到整个华人社会的声誉。所以，华人社团的思想有了统一，也改变了许多华人对新移民的看法。"①

对于新加坡华人社团不团结的情况，新加坡《联合早报》也对其进行了批评。2005年3月29日，《联合早报》发表王琨的文章《华社领导人需要理想和抱负》，评论新加坡华人社团的发展。文章引用新加坡内政部长黄根成的话说："如果不切实进行领导层更新，即使过去曾经为华社作出许多贡献的传统华族社团，也将因为不能迎合潮流，而最终失去新一代新加坡华人的支持。"

作者说，"我在华族社团活动了这么多年，看到这圈子的领导人经常明争暗斗、互相排挤，目的在于想尽办法进入理事会或坐上主席（会长）的位子。可是一旦坐稳位子，往往却无法兑现竞选时对同宗或同乡会员所许下的承诺。这么多年来，我深深感受到华族社团领导层失去了一些更重要的东西，那就是大公无私的献身精神，以及高瞻远瞩的眼光，而这两者正是带领华族社团开创新局面的重要因素。

但是，华族社团和宗乡会馆的领导人一旦当选，如要突破现有的框框，并且打开新的局面，却不是一件很容易的事。我在社团活动多年，感觉到一些宗乡会馆的领导人已逐渐失去前人所拥有的理想和抱负，也没有为社团创造将来的远大计划。目前，华族团体和宗乡会馆领导人所要找回的，就是已失去的理想和抱负。

在过去，这些领导人都有使命感，不计个人利益，出钱出力，无怨无悔，一切都以大局为重。因此，多能将个人利益放在一边，为会馆创造收入，为同宗同乡争取福利。正因如此，这些领导人普遍受到华人社会的尊敬，他们所要推行的计划，往往容易得到华人社会的支持。新加坡海南会馆已在3月18日解散理事会，进行两年一度的理事改选。这家会馆过去几度改选都闹出风波，成为报章上的新闻，今年的选举看来也将会有另一番龙争虎斗。我们希望这次的选举能减少无谓的斗争，当选者也应该设法为会馆制定新的方向。因为，领导人最后还是必须交出成绩，才能面对广大的社群。"

维护华人团结，这是海外华文传媒除了报道华人消息、传承文化之外的又一大任务，也是有别于中国传媒的显著特点。虽然这种责任和义务使得海外华文传媒的包袱过重，甚至步履蹒跚，但是为了华人的整体利益，华文传媒责无旁贷。令人遗憾的是，一些由台湾人士主办的海外华文传媒敌视中国大陆，敌视大陆新移民，对中国大陆采取抗拒态度，甚至鼓吹国家分裂的言论，实为华人所不齿。如台湾民进党在日本

① 彭伟步．东南亚华文报纸研究．社会科学文献出版社，2005. 397～398

的“联络本部”，以及“扁友会”等“台独”势力，建立鼓吹“台独”的《台声报》等舆论阵地，再加上日本的一些极右的团体及其舆论工具，天天在宣传着“台独”的主张。然而，这些华文传媒要么经营困难，要么关门倒闭，如澳大利亚的《自立快报》、南非的《侨声报》等。

三、反独促统形成统一战线

努力打破历史局限，弥合政治分歧，促进中华的民族大统一，是海外华文报纸的主流。中国早日实现和平统一，是所有炎黄子孙的共同心愿和民心所在。

2005年8月10日，《莫斯科华人报》发表俄罗斯中国和平统一促进会主席温锦华的评论文章《莫斯科华文传媒“促统”大业中的作用日显》，作者高度评价了俄罗斯华文传媒在促统反独的作用。文章举例说，《莫斯科华人报》除了报道俄罗斯和独联体华侨华人反独促统等爱国行动之外，还把目光放远全球。在2000年8月柏林、2001年7月东京、2002年3月悉尼、2003年莫斯科等地召开的全球华人促进中国和平统一大会上，屡屡发现《莫斯科华人报》特派记者忙碌的身影。

反独促统已经成为海外华人社会舆论的一大趋势。海外华文传媒如果违逆这种潮流，就必将陷入困难甚至不利的境地。反独促统，复兴中华民族责任感，使众多派别的华人社团、华文传媒团结在一起。鼓吹台湾独立的华人社团越来越受到华人唾弃。对于促进国家统一，反对台湾独立，这一关系到中华民族复兴的大是大非问题上，绝大多数的华文传媒都站在了中国大陆一边，他们采取各种形式抨击“台独”。许多华文传媒都秉持这个立场，与“台独”势力作坚决斗争。对于一切“台独”言行必须及时地予以揭露和批判。多年来，对于华人要求台海两岸展开和平谈判的呼声，很多海外华文报纸顺应历史潮流，发表众多在“一国两制”的原则下早日实现和平统一的文章和言论，支持祖国的统一事业。美国芝加哥《辰报》创刊时开诚布公地宣示：“一个昂首屹立在东方的中国，是所有中国人和海外华人的希望。”除《辰报》之外，法国的《欧洲时报》、美国的《美中晚报》、巴拿马的《侨声日报》、罗马尼亚的《欧洲侨报》更鲜明地再次公开举起旗帜，坚持一个中国的原则。新加坡的《联合早报》、《联合晚报》，马来西亚的《星洲日报》、《南洋商报》等报纸对大陆和台湾的关系走向格外关注，经常开辟专栏、专版讨论两岸事务，如请专家就两岸的局势撰写文章，做详尽的分析和透视求更加深入地介绍两岸的最新动向，探讨两岸统一的可能性，以及统一的条件等。许多海外华文传媒还借各种有中国参与的影响巨大的国际活动，发表社论抨击“台独”，如2001年北京申奥成功之时，《莫斯科华人报》以最快的速度编发了社论，社论中指出：“北京赢得2008年奥运举办权，这不仅仅是北京的成功，而是全体中国人民的成功。不仅仅是北京的胜利，也是整个中华民族的胜利。北京申奥成功，充分显示了13亿中国人民、3 000万海外华人和包括台湾同胞在内的全体炎黄子孙的向心力和凝聚力。‘反独促统’，这是人心所向，大势所趋。”

在历史上，海外的华文传媒也一直受到中国大陆与台湾政治的影响，分成不同的派系，互相间有合作也有竞争。但随着中国的迅速发展，这种派系的界限逐渐模糊起来，对大陆报道呈现出客观公正的趋向。一些传媒不仅在新闻报道方面一改过去"一边倒"的倾向，还创办了一些受大陆新移民喜爱的栏目。像有台资背景的美国《世界日报》也在2005年2月"扁宋会"之后，于2005年3月7日发表评论《"台独"敲响丧钟，阿扁诚信破产》，抨击了"台独"。

"扁宋会"的后续效应正在台湾岛内持续扩大。看看绿营面对陈水扁不留余地批判和民进党的低调回应，已可了然陈水扁白纸黑字签署"扁宋会"的十点共识和承诺，此即"台独"无望论，对绿色阵营是一严重打击。"扁宋会"再次证实：民主社会最大的考验绝不在有无英雄和神话，"台独"神话的破灭只不过是反映了一个现实。

对中国各行各业的巨大成就及其在海外造成的巨大影响，华文报纸予以客观公正、准确及时的报道，这使许多旅居华人侨胞精神振奋，备受鼓舞。一位侨居达拉斯十多年但一直没有回过国的中餐馆老板张先生看完《美中晚报》后深有感慨地说："过去我除了通过越洋电话从国内的亲朋好友那里了解一些祖国的真实情况之外，别无途径。从那两家台湾人办的报纸上看到的尽是贬低我们大陆的消息。现在可好了，我们终于有了你们这家比较客观中立的报纸。"① 另一位从台湾来到达拉斯多年并从事保险业的陈女士说："你们《美中晚报》真不错，将我从别的传媒上得到的对大陆的坏印象完全翻了过来，等我得空了，一定要亲自去大陆走一趟，看看那里究竟是好还是坏。"② 由于《美中晚报》在达拉斯的出现，使得过去长期向负面倾斜的不利于祖国大陆的舆论得到了平衡，甚至逐渐占据了上风。每当有的传媒登载出一些攻击污蔑中国政府和人民的文章或报道时，许多读者马上就会讲："别听这些报纸（指的由台湾商人主办《达拉斯时报》和《达拉斯新闻》）胡说八道，我们去看看《美中晚报》怎么说的……"③ 在那里的华人心目中，《美中晚报》已经成为报道中国情况最有权威的新闻传媒。

2005年3月14日，中国通过《反分裂国家法》，以法律的形式对"台独"分子的法律责任作出了明确说明，并对何时动用武力防止分裂也作出详细规定。对于这一

① 金鸣峰．如何受两岸三地侨胞欢迎——《美中晚报》创办两年来的几点体会．中国新闻网．www. fcm. chinanews. com. cn/2001 -08/21 -2/27. html

② 金鸣峰．如何受两岸三地侨胞欢迎——《美中晚报》创办两年来的几点体会．中国新闻网．www. fcm. chinanews. com. cn/2001 -08/21 -2/27. html

③ 金鸣峰．如何受两岸三地侨胞欢迎——《美中晚报》创办两年来的几点体会．中国新闻网．www. fcm. chinanews. com. cn/2001 -08/21 -2/27. html

法律的出台，众多海外华文传媒都撰文发表社论，表示支持中国制定《反分裂国家法》。2005 年 3 月 15 日委内瑞拉华文报纸《委国侨报》和《委华报》分别发表社论，支持中国全国人大 14 日通过的《反分裂国家法》。

《委国侨报》在题为“反分裂促统一”的社论中指出，为了反对和遏制“台独”分裂势力分裂中国，促进中国的和平统一；为了维护台海地区的和平稳定，维护中国国家主权和领土完整，维护中华民族的根本利益，制定《反分裂国家法》是完全必要的。社论认为，“台独”分裂势力分裂国家的活动，日益成为两岸关系发展和中国和平统一的最大障碍，成为台湾海峡与亚太地区和平稳定的最大威胁。社论呼吁台湾同胞警惕“台独”势力分裂国家的活动，并强调说：“我们同属中华民族，都是华夏儿女，让我们进一步加强往来和交流，增进彼此间的理解与信任，争取两岸早日和平统一。”社论最后指出，台湾自古以来就是中国神圣领土不可分割的一部分，维护中国主权和领土完整是国家的核心利益，是包括台湾同胞在内的全体中华儿女的共同义务和共同愿望。

《委华报》发表的社论指出，《反分裂国家法》是实现祖国统一的法宝，两岸要统一，就一定要制止“台独”势力的分裂活动，要制止“台独”分裂活动，就一定要立法，依靠法律这个有利的武器。社论认为，中国政府审时度势，及时制定了《反分裂国家法》，“有理有据，合宪合时，顺应民心，符合民意”。社论最后说，有了《反分裂国家法》这个法宝，就可以最大限度地孤立一小撮“台独”顽固分子，团结一切可以团结的人，调动一切可以调动的积极因素，组成浩浩荡荡的大军，向着祖国统一的目标前进。有了这个法宝，祖国统一大业有望早日得以实现。

目前，海外华人社会拥护中国完全统一，反对“台独”，这在一定程度上限制了“台独”在海外华人社会的扩散和发展，形成了反对“台独”相当有利的氛围，但是我们也要看到“台独”势力仍然相当猖獗，少数几个国家支持台湾独立，以及台湾民进党政府推行“去中国化”政策，都使我们清醒地看到反独形势仍然相当严峻，需要我们以及海外华人社会的共同努力。同时笔者也希望中国大陆更加繁荣和透明，减少腐败现象，关心台湾民众，避免发表一些伤害台湾同胞的言论，以改变海外亲台华人的思想，筑起反“台独”、海外华人大团结的阵线，实现中华民族的和平统一。

第六节　推动华人参政议政

政治新闻从来就是报纸的孪生兄弟。关注政治，报道政治新闻，发表政治言论，承担社会或政府的舆论工具，是综合性报纸与生俱来的职责。2004 年美国几乎所有的主流报纸，如《新闻周刊》、《纽约时报》，对美国共和党及民主党大会以及总统选举的报道都非常广泛，篇幅也相当大。在英国，当地的报纸都会以相当多的版面报道保守党与工党大会的内容，因为执政工党的大会直接影响到英国政府的政策，所以读者都非常关注。

政治新闻涉及面比较广，关系到人们的切身利益，因此具有相当高的敏感性，人们也会从政治新闻中获取政府变动的消息，以加强对社会动态的把握，从而避免自己受到损失。西方报纸如此，海外华文传媒更是如此。处在民族矛盾和斗争的旋涡中，华人在政治上又处于弱势的地位，华文传媒更加注重报道政治新闻，为华人提供及时的政治动态，避免重蹈过去反华排华的历史。事实上，华文传媒除报道中国大陆、港台、国际和地方新闻外，也开始注意报道当地政府的动态，例如美国大选和其他社会立法事件。这在某种程度上证明华文传媒已一步步地和主流传媒接轨，关系也越来越密切，更加注重政治形势的发展。

长期以来，华文传媒鉴于当地华人比较微妙的政治、经济、文化环境，鉴于华人不太关注政治，只埋头创造物质财富的传统，在政治报道和宣传方面投入大量精力，鼓动华人履行其参政议政的职责。然而，众多当地政府出台的有损华人的政策，促使华人社会和华文传媒认识到，华人只有走出埋头经商的习惯，积极参与政治竞选，掌握一定的政治权力，才能为当地其他种裔所重视，也才能更好地维护华人的利益。事实上，华文传媒在政权更替、国家大选之际都会推出各种选举专栏、专版、专刊，重点介绍政治选举的情况，并呼吁所有的华人用手中的一票来影响政情的发展，并投身候选人的行列中，显示了华人的政治诉求。

一、注重政治新闻报道

华文报纸对华人参政议政相当重视，不仅在政治选举当中花费大量精力和版面报道新闻，而且平时也相当重视报道政治新闻，一方面作为报纸的重稿，另一方面唤起华人对政治的兴趣，激发他们参政议政的热情，培养他们投身政治的思想。

在美国，华文传媒不遗余力地推动华人参政议政，大量报道有关政治选举的新闻。如美国《侨报》2005 年 8 月 15 日以“陈焕英宣布退选郡参事‘陈赖之争’烟消云散”为题报道了困扰阿拉米达郡华裔社区已久的“陈（焕英）赖（燕屏）之争”。新闻高度评价了陈焕英为集中华人选票，保证华人当选而退选的行为：“对于陈焕英，华埠人表示相当尊敬她，在以后的竞选中，会一如既往地给予支持。华裔社团与陈焕英和赖燕屏在过去多年都保持良好关系，互相扶持着一路走来，不会因为前段时间的小小问题而有芥蒂。”此外，《侨报》为推动华人参政议政，还相当详细地刊登了有关选民登记的新闻，如于 2005 年 8 月 15 日报道了新闻《初选选民登记 19 日截止》，呼吁够资格的华人选民要及时到有关政府部门登记，以便影响选情。

在东南亚各国当中，对政治选举最感兴趣、投入精力最多的应该是马来西亚的华文报纸，它们的新闻不但有深度，而且还有大量相关的言论；不但为华人提供了翔实的新闻内容，而且还为华人详尽分析政治形势，鼓励华人积极参政，影响选举结果。华文报纸这种强烈的政治参与意识，自然培育了马来西亚华人比较高的从政和参政意识，所以，每一次马来西亚的政治选举，各个政党都不敢忽视华人并纷纷向华人许下诺言，改善华人的生存环境，放松华文教育的政策，甚至还拨款资助华文小学。诸如此类，反对党和执政党在选前频频向华人示好的动作，一方面显示了华人在选举过程中的作用，另一方面也显示了华文报纸在培育华人从政和参政方面的巨大作用。

比如，2004 年 11 月，马来西亚多个政党陆续召开一年一度的代表大会，特别是巫统和马华公会两大国阵成员① 相继召开党大会，各个华文报都以铺天盖地的版面予以报道。《南洋商报》对巫统和马华公会的大会，几乎都有近十版的报道。这是因为 2004 年是巫统党的选举年，进行该党领导人的换届选举，而巫统又是主导马来西亚政治的政党，巫统代表大会的讨论与决策直接影响到国家政策甚至是华社的前景，因此，《南洋商报》辟出大量版面报道巫统的新闻。这样读者不但可以听到国家决策层中的巫统领袖的想法，而且可以听到来自全国各地的基层马来人的声音，他们谈到许多关于华社或华教的问题，都值得华人关心。以往马来和英文报纸都会大篇幅报道巫统的党大会新闻，相对而言华文报纸关于这方面的新闻数量比较少。在 20 世纪 80 年代或之前的华文报，报道巫统大会只专注于大会的总结，而较少报道代表的辩论内容。但是随着政局的发展，以及华人出生率下降，民族意识不断增强，参政热情不断高涨，华文报纸自然会用相当多的版面来报道巫统的新闻，并配发相关言论，探讨巫统代表大会的纲领对华人的影响。2004 年华文报纸对巫统大会的报道非常广泛，不亚于其他马来文或英文报纸。

华文报纸在报道政治新闻时，特别是报道其他族群的政党新闻时，由于语言不同，华文报纸报道政治新闻时出现一个相当有趣的现象，那就是照片多过文字。由于照片更加直观，即使不懂华文的其他族裔都能看明白其中的意思。当然，华文报纸也会关注和报道反对党的代表大会，特别是它对华人的意见，以做到客观公正和平衡报道。比如在马来西亚，报道最多的新闻是人民行动党（华人政党），其次才是回教党（伊斯兰教）。如果以国会中的各政党议员比例来计算，其实华文报纸报道反对党议员言论的比例，并不比执政党议员少。

当然，华文报纸在报道政治新闻时，也会以新闻价值为依归，尽量选择新闻价值多的新闻。比如执政党的华人政策，华人政党的动态，华人的参政态度等，都会成为华文报纸政治新闻的来源，它们占的比例也相当大。一家报纸对政治新闻的报道角度和数量，会很明显地反映出该报纸的政治取向。《南洋商报》言论比较激烈，数量也比较多。这就很明显地反映出《南洋商报》比较注重政治新闻的报道，也从中反映了《南洋商报》在鼓动华人参政议政方面有很强的意识。

在一些言论比较自由的国家，由于竞争激烈，华文报纸在报道政治新闻时，竞相

① 巫统是代表马来人的最大政党，马华公会代表华人的最大政党，他们与代表印度裔的国大党和另一个华人政党民政党一起组成执政的国阵。

用激烈、尖刻的言词批评自己不喜欢的候选人，甚至采取人身攻击的方法来报道政治新闻。如泰国，华文报纸在报道政治新闻时，都会利用一些候选人的问题大肆炒作和攻击。曾做过总理的川立派和现任总理猜信，都受到华文报纸的严厉攻击，其言辞之刻薄，世界上只有几个国家才能与之媲美。

在华人受过残酷压制的印尼，随着独裁者苏哈托下台，印尼引入民主体制，实行全民普选制，给华人参政议政提供了更多的机会。所有刚创办的华文报纸在痛定思痛之后，都对政治新闻发生了强烈的兴趣，希望通过对华人参加竞选的报道，来教育华人运用手中的一票，影响选情，积极参政，改变自己的命运。因此，它们大量报道瓦希德下台、梅加瓦蒂上台的新闻，对 2004 年总统选举作了高密度的报道，并配发了大量言论。很显然，大量有关政治选举的新闻，有助于华人对政治动态的了解，也有助于他们冷静地动用手中的选票去影响选情。从这一方面来说，华文传媒对政治选举的高度关注是影响和鼓励华人参政议政走出的第一步。

二、鼓励华人参政

从来不存在一个天生就有强烈从政和参政意识的民族，只有当一个民族面临其他种族的镇压和驱赶，处于险境的时候，才会想到应该培育本民族的从政和参政意识。事实上，一个民族即使在经济上再有地位，如果缺乏政治地位，物质财富也会很快化为泡影。1998 年印尼大规模的排华、反华事件，就很清楚地说明了这一点。华人数十年辛苦积聚下来的财富，一夜之间就被破坏，许多华人从一个小康家庭之一员一下子变成一无所有的穷人。所以，相比较而言，马来西亚华人是比较幸运的，这当然也归结于该国比较民主的体制和华人强烈的从政和参政意识。

民主意识要去争取，要经过培育。海外华文传媒鉴于各国种族矛盾，华人缺乏政治权利的事实，在培育华人的从政和参政意识方面作出了巨大贡献。华人要扩大影响力，争取自己的权益，只能培养出更多的杰出人才，鼓励他们从政，为本民族的利益说话。为了保护每个华人的利益，华人必须团结起来，作为一个族裔整体参政。这绝不是什么“族裔本位主义”，而是为追求真正的人权、民主、平等的行为。华人参政的含义，就是指华人要通过选举这种方式，显示整体的力量，来表达、保护自己和所有华人的利益。华文报纸特别呼吁有条件、有能力的华人精英挺身而出，参加竞选议员、政府高官。因为“有了华人在政府任职，华人的利益就可以得到保护”，不然的话，华人就只能属于“二等公民”。“在苏哈托掌权期间，华人虽然在经济上取得了显著的成绩。但是华人参政的渠道被堵死，对华人的政治排斥几乎杜绝了华人在公务员、军队、司法界的从业机会，华人只能通过权钱交易表达自己的利益。这种人为的职业分工使华人或被视为‘经济动物’而受到鄙视，或被视为控制印尼经济的集团而遭到非议。在苏哈托政权面临危机时，华人往往成为政治动荡的牺牲品和转嫁社会危机的‘替罪羊’。”①

苏哈托下台后，华人才活跃起来，积极参政议政。1999 年 6 月印尼举行议会选举，这是苏哈托下台后，印尼国内一次相当公正民主的政治活动，犹如脱缰之马的华社，一共派出上百名华人参选，他们当中有学者、律师、商人，都属华人新生代，华人在登记当选民方面表现出的热情程度是历来最高的。“在雅加达、泗水、万隆、三宝垄、望加锡、坤甸等大城市，华人选民比例达三成或以上，发挥了一定影响力。”②

在争取华人利益方面，由于经历 30 多年的文化和思想禁锢，印尼华人深有体会，华文报纸不断鼓励华人参与政治选举，表达华人的声音，反映华人的诉求，要求政府正视华人的呼声。比如：“《世界日报》对族群平等地位的争取，如取消印尼国籍证明书，废除‘支那’不雅的称呼，享有平等的参政权，都不遗余力。对华人社团的活动，华文教育与中华文化的传承与发扬，都有详尽的报道。”③

对于华人公开、大胆追求政治权利的行动，华文报纸也敢于公开报道。“2000 年 5 月 11 日，约有 25 名华人青年在雅加达总统府外示威，公开要求审讯前总统苏哈托等人，并为华人在过去多次骚乱中所受到的迫害负责。这次示威在印尼来说只能算是小规模，但对于当地华人来说却是迈出了不寻常的一步，意味着华人敢于公开表达自己的声音。”④ 印尼事务学院院长克列登对此评论说：“多年来华人不能表现自己和文化，现在他们可以示威了，这是印尼的一大转变，显示华人终于得到了政治权利。”⑤华人敢于表达自己的政治权利要求，华文报纸敢于公开予以报道，这说明印尼华人逐渐走出埋头商业、不问政治的局面，也反映了华文报纸不惧政府压力，敢于维护印尼华人权益的勇气和决心。这是一个相当大的进步。

鉴于华人受到的不平等对待，印尼华文报纸尽力鼓动华人从政和参政。《印度尼西亚商报》2000 年 11 月 2 日报道了中华改革党（PARTI）主席佐哥·苏西洛关于华人参政的谈话，鼓励华人在政治上求得发展。苏西洛称，为使华人族群不仅贡献于经济领域，也要参与所有生活领域包括政治领域，这样才能消除华人族群和其他族群之间的隔膜。苏西洛的这番话被人认为是苏西洛在试图拉拢华人的选票，为自己在 2004 年的总统大选打好基础的努力。但无论苏西洛的动机如何，他的讲话显示了华人在印尼政坛中的作用。

在华文报纸的鼓动下，也由于华人经历了那一段非人待遇，印尼华人在 1999 年

---

① 张锡镇．“五月骚乱”之后——印尼华人政策的变化极其原因．www. people. com. cn/wsrmlt/jbzl/2001/05/30/zhang/zhang. tml，2001－05－30

② 华人新生代积极投入选举．南洋商报（马来西亚），1999－06－02

③ 崔贵强．东南亚华文日报现状之研究．南洋学会（新加坡），2002. 132

④ 印尼华人首次示威．南洋商报（马来西亚），2000－05－13，参考方金英．东南亚“华人问题”的形成与发展．北京：时事出版社，2001. 139

⑤ 华人首次示威．南洋商报（马来西亚），2000－05－13

议会选举中，纷纷参选并踊跃投票。《国际日报》总编辑李卓辉2004年4月7日介绍说，在2004年获准参选的24个政党中，有17个政党派出华裔候选人竞选议会议员，总人数超过210人，在总共7 786名候选人中占2.7%。其中，新印尼联合党把12名华裔作为选区主要候选人。另外，在全国32个省竞选人民协商会议（简称人协）代表的920名候选人中，也出现了20名华裔候选人，这些都是前所未有的。按规定，每个省将选出4名代表参加印尼最高权力机关——人协，与全国议会选举产生的500名议员共同行使立法和监督中央政府施政的权力。

在泰国，华文报纸也担当了匡济时事、论政报国、调和并呈现多元意见的社会公器，而作为报人，由于长期对社会和政坛的观察，政治意思比较敏感，善于洞悉政治形势的变化，因此报道的新闻具有相当高的参考价值，能为选民的政治取向提供借鉴，甚至影响选民的投票意向。因此，华文报纸又担当了意见集中地的角色。每当大选进行期间，泰国《世界日报》大量收到不同地区华人的投稿投书，与报社交换观点、启迪思考、达成共识，对华人投票形成了重大影响。

民权与参政，一向为泰国《世界日报》优先处理的"两桩"新闻。争取特定华人司法正义与社会公平，是华人社区及华文报纸保障民权的努力，而集体、长期的权益维护，则非通过政治参与才能实现。近年来，鼓励华人参政及投票，是《世界日报》持续不懈重点报道的主题，从华人候选人的集中介绍、政见分析到政党政策差异，无不详细分析，甚至由报社推荐人选、推介法案，供华人选民参考，以求提高投票率与参政兴趣，使华人形成不可忽视的政治力量。近几年来，华人选民踊跃投票及参选，其热烈情况与过去冷漠回避有天壤之别。因此，华文报纸经常受到候选人的拉拢，其负责人频频要求接受华文报纸的采访或乐于到报社畅谈自己的政见。一些没有受邀请接受采访的候选人甚至诉诸法院，指称某华文报纸违反新闻客观公正和平衡报道的原则，要求该华文报纸提供他发布竞选纲领的机会，以此通过华文报纸吸引华人的选票。比如，2001年泰国大选期间，各个政党为了获得华人的选票，纷纷在华文报纸做广告，刊登新年贺词，恭贺和祝愿华人荣华富贵，步步高升，甚至更加肉麻的祝贺词也时常见诸报端。由此可见华文报纸在该国政治选举中的作用。

由于泰国的华人政策相当宽松，同化程度比较高，华人从政和参政意识相当高。20世纪50年代的一项调查发现，在华人领袖中，有83%的人能操极流利泰语，而1965年至1966年的政府内阁，在19位阁员中，有12位是有中国血统的。"目前的国会，约有30%的议员是商人，其中多数是中泰混血后裔。""1987年的政府内阁成员44人，有中国血统的占1/2以上，包括总理察猜·春哈旺上将和几位副总理、部长与部长助理在内。高级军政官员中80%有中国血统。"①

在法国，华文传媒也鼓励并呼吁华人选民用手中的一票来影响选情，维护华人的

① 曹云华．泰国华人社会初探．世界民族，2003（1）

利益。2002年5月6日，旅法华人一反以往对政治的淡漠，他们或奔走呼号，或举家出动，积极参与这次法国总统大选的投票，表现出应有的公民意识与热情，为法国华人参政议政营造了良好的氛围。

法国华文传媒《欧洲时报》2002年5月6日报道说，5月5日，法国华人以空前的热情，积极参加总统大选投票，尽公民义务，维护民主传统，以实际行动，旗帜鲜明地反对极右势力。

法国总统第一轮选举出现了出人意料的结果，极右势力勒庞的得票率竟然居高不下。选举结果使法国群情激奋，全民动员反对极右势力抬头。华裔社团和各华文传媒，纷纷对华人同胞发出号召，鼓励大家投票，有的更打出广告，明确呼吁把票投向希拉克。

第二轮投票当日，在巴黎华人聚居区的各投票站，投票人数显著上升。有的华人表示，投票关系到法国的前途，作为法国公民，有义务站出来，维护共和国的民主。有的华人则表示，投票的华人越多，华人的分量就越重。所以为了华裔族群的整体利益，应该积极投票。来自柬埔寨的华人陆先生说，他们全家十几口人，今天都在不同的地方参加了投票。

《欧洲时报》2002年5月6日因此发表评论：

2002年法国总统选举第一轮投票，极右势力出乎人们意料之外而冒头，引起所有法国人的思考。使得每个法国人都得在将自己神圣的一票最后投给谁的问题上作出认真的思考。

在这次选举中，有选举权的法国华人积极参加投票所表现出来的热情，让法国主体社会看到了华人融入当地社会的决心。而这次大选过程，对华裔族群来说，无疑是上了一堂生动的政治生活课。要维护我们的正当权益、要当地社会尊重我们，我们应该如何做，今后的思路肯定会更清楚。

全球经济走向一体化的今天，提倡多种文化交融，是时代的主流。极右、极"左"思潮都不会得到大多数人们的拥护和支持。这次法国总统选举的最后结果就充分说明了这一点。希拉克在第二轮投票中以高比分战胜勒庞，正是法国人民意志的体现。

总的来说，华文报纸在鼓动华人参政方面相当尽力，无论哪份华文报纸都竭尽全力让华人意识到：不论哪一个领导人上台，华人要想改革自己的命运，都必须参政议政。华文报纸是一个大众传播工具，起着塑造人们行为和思想的巨大作用。笔者认为，如果一个国家中华人从政参政意识相当高，而且以实际行动参与政治选举，那么大功劳应该记在华文传媒身上。如果没有华文传媒的鼓动和培养，唤醒华人沉睡的参政意识，华人是不可能把自在的维护自己利益的观念转变为自觉的从政和参政意识。从这点来说，华文传媒在鼓动和培养华人政治选举意识方面作用尤其显著。

三、提出华人参政的策略

海外华文传媒作为一种宣传工具，具有强大的舆论形成和引导功能，它对华人的政治选举有着举足轻重的作用，一着不慎，全盘皆输。华文报纸在政治选举当中的敏感性和重要性由此可见一斑。当前，华人参政面临许多问题，特别是在华人数量相当少，人口比例处于极其微小的国家，如果华人不团结，华文传媒不改变报道策略，那么完全依靠华人选票，帮助华人成功当选议员或其他职务，则是不现实的。所以，华文传媒的竞选口号和参政议政策略的改变，不仅关系到华人的参政，而且还关系到整个族裔的政治前途。

在美国，众多华文传媒都意识到华人派别众多、选票分散不利、华人内讧的现实问题，均提出了策略性的华人参政意见，呼吁华人在政治选举中不要自相残杀。美国《侨报》2005 年 8 月 15 日报道了困扰阿拉米达郡华裔社区已久的“陈（焕英）赖（燕屏）之争”，对陈焕英退选的决定，华埠社区赞声不绝。报纸借奥克兰发展基金会陈锡澎的话，高度赞扬了陈焕英的“聪明和远见”，说如果两名华裔参选，投票人和支持者都不知所措，而票数和竞选支持资金会被分散，结果必定是两败俱伤，事倍功半。现在这个局面，不止是对赖燕屏有好处，对于陈焕英竞选州参议员和团结亚裔社区的选票都益处良多。显然，华人明智地决定政治选举的方向，将有助争取华人利益，而避免华人在政治选举中自相残杀。集中力量参选，影响选情，让主流社会感受华人的力量，这是华人争取政治权力、维护自身利益的重要手段，然而，这种策略的实施也有赖于华文传媒的宣传和疏导。

在菲律宾，华文报纸也积极鼓励华人从政和参政，但是由于华人人数比较少，如果以选区直选方式参与选举，不可能赢得当选国会议员的机会，因此，华文报纸提出政治选举的迂回策略。比如《世界日报》指出，“新一轮的参政路向，应避免参加竞选公职，因华人人数在菲占比例太少，菲国地理形势也不利高职位候选人活动。只有以高学历和勤奋的工作态度，谦卑和清廉的作风获委公职，才能青云直上，如现任农业部长黄严辉，就是一极好例子。”①

一直以来，华人的整体形象在原住民眼中欠佳，这里面有相当多的因素，但不可否认的是，华人社会也确实存在相当多的缺点。其中，华文传媒某些不合理、不理性、不恰当的做法，也是造成华人整体形象不佳的一些原因。如华文传媒关于是否融入主流的话题争论颇多，见仁见智，这种争论式的探讨都是值得提倡的。但是有一点必须清醒认识到，不能以保持族裔特色、维护多元文化为借口，对本民族一些陈旧、不文明、不合现代法制精神、不尊重本地文化传统的做法抱住不放，拒绝改进，从而

① 蔡青桓．也谈“菲华公会”的可行性．世界日报（菲律宾），网站 http：//www. worldnews. com. ph/news1/y 6. html

引来原住民的指责和排斥。华文传媒报道的种种有损华人形象的言行举止，诸如炫富、家庭暴力、扰邻等，虽只是少数华人所为，但势必降低华人在各族群中的声誉和评价，对华人参政之路极为不利。又比如，菲律宾华文报纸对华人家事广告的刊登来者不拒，无论家事大小，广告内容是否理性和健康，只要华人付广告费，华文报纸都统统见报。据笔者观察，这些广告当中，大部分是炫富的内容，如某人60大寿，在海鲜大酒店大摆宴席，恭请各位嘉宾莅临，这些类似内容都相当刺激当地原住民特别是比较贫穷者的心理，华人被认为是为富不仁。华文报纸这些不太健康的内容，使华人从政面临许多困难。华人自20世纪50年代就开始参加竞选，但几乎没有在直选区中获胜的事迹，只有被总统委任的国会议员，这种现象不能全怪华文报纸，但是作为大众舆论的工具，华文报纸的行为是很值得反思的。

在马来西亚，过去《南洋商报》为华人族群维护和争取各种权利，值得称道，但是笔者也发现，《南洋商报》在某些内容和策略方面似乎欠缺技巧。比如，言论过于激烈，缺乏理性，一味从华人族群的利益出发，而没有瞻望整个社会的大环境；过于注重华人的内部事务，两耳不闻窗外事，使得华人的眼光仅仅局限于华人族群当中，而缺乏开阔的视野去审视马来西亚社会的整个变迁。所以，鉴于社会环境和种族关系的特殊性，《南洋商报》改变了过去对其他族裔政治发展的报道，无论是深度和广度都比以前有了提高。

这种报道策略的转变，一方面帮助华人能够更加深入地了解其他族裔政党的纲领，另一方面，通过言论的配发，阐述学者对政治发展形势的看法和预测，为华人从政和参政提供新的策略，培养华人机动灵活的竞选策略，提出自己的诉求，不但有助于华人参政，而且还争取到华人的权益。比如，随着形势的变化，面向马来人的巫统现在面临另一个面向马来人的政党——回教党的激烈挑战，26%的华人成为这两个政党争取的选民。在选举前夕，主导政治的巫统为拉拢华人，都会出台有利华人的政策。巫统还资助华文教育，任命有名望的华人出任部长，甚至还在华人欢度春节之际，向华人拜年。这种举动常受到回教党的强烈批评，认为巫统利用政府的资源，拉拢华人，违反了公正竞选的原则。为了拉拢华人，伊斯兰回教党的领导人也会在春节期间向华人示好，甚至还会说“恭喜发财”，以拉近与华人之间的距离，希望得到华人的选票。回教党这种举动在以前简直是天方夜谭。基于这样的形势，也为更加深入地了解其他政党的情况，华文报纸大幅度增加了巫统与回教党的新闻，利用他们之间竞争激烈的矛盾，阐述华人应该争取的权利，特别是呼吁华人要出任政府的官员，在决策时有华人的声音，传达华人对政策的看法。

早在马来西亚独立之前，1947年1月《南洋商报》针对华侨缺乏公民权的事情，在社论中提出警告：“华侨的商业利益与政治权利分不开，没有政治权利，我们工商业随时可以被别人排斥，被别人侵犯，华侨工商家不能不关心当地政治制度。”1969年马来西亚发生种族骚乱之后，华人在政治上处于弱势地位，在政治上缺乏建树。对此，《南洋商报》2000年5月18日以“财长一去不回头”为题报道新闻，提醒华人，1974年陈修信不再任财长后，马华公会就未再担任内阁要职，在马来西亚政治生活中没有决定性发言权，作用和地位日益边缘化，提醒华人要积极入阁。

此外，《南洋商报》还针对华人入职公务员越来越少的情况，于2000年3月24日发表两篇文章《华人也不爱当公仆》和《华裔好男不当差》。“近来华人公务员的人数不断下降，在20世纪50年代和60年代招聘的华人公务员现在几乎全退休，70年代起招聘的公务员，大部分为马来人。目前马来人公务员共有45.436万人，而华裔公务员只有6.4867万人。在1999年申请成为公务员的总人数中，华裔只占1.77%。还有，目前马来西亚警务人员一共为7.9181万人，其中华裔警官和警员仅为2 259人，只占2.9%。华人公务员越来越少，会影响到华社的利益。”针对马来西亚华人的参政态度，《南洋商报》采访马华公会副会长黄家定后发表文章认为，“如果26.8%的华人力量能够在大选中凝聚起来，可使华人能在国家政策制定方面发挥左右大局的作用，这不仅有利华人社会今后争取更大的权益，而且有利马来西亚的国家利益”。①

调整华人参政的策略问题，在印尼也亟待解决。华人只占印尼总人口的4%左右，这种人口比例就决定了华人不但自身要团结，而且还要寻求其他族裔的支持，但是从1999年至2004年的政治选举来看，华文报纸虽然喊出了民族和谐、共同发展的口号，但是仍然局限于华人族群，并没有真正促进其他族裔了解更多的华人情况。比如，华文报纸还只是停留在对华人参政的报道，而忽视对其他族群对参政的看法的报道，久而久之，他们的思维、视野、见解仅仅局限于华人世界，对主流的政治、经济、文化、教育、社会各方面了解不够，对相关政策、措施、法令、规章、风俗知之甚少，游离于主流社会之外。

参政不是少数华人侨领的事，如果华文传媒不为广大华人提供所在国的政治形势发展的有关信息，不关心所在国的政治运作、经济社会发展，华人怎能清醒地认识到自己所处的尴尬的政治环境，制定出合理的策略呢？华人也不能只满足于选一两个华人议员，而应充分运用选举权，选出真正无种族偏见、有智慧、有才干的不同族群的政治家。如果没有这样的意识和紧迫感，华人就永远谈不上与其他族群的所谓“平权”。所以，及时调整报道策略，更新观念，以更加包容的心胸去展望华人参政，这是包括印尼在内的所有海外华文传媒今后急需加强的工作。

四、华人参政有赖华文报纸的团结

参政，除了要撇开私心杂念外，还需要大量长期艰苦细致的努力，在华人本身的素质和形象上多做文章，才能水到渠成地实现华人的参政梦。华人参政不只是少数热

① 方金英．东南亚“华人问题”的形成与发展．北京：时事出版社，2001.92

衷政治的侨领的个人抱负，而是关系到整个族群能否被主流社会所接纳的问题。从华人的历史和现状来看，要实现华人从政和参政的梦想，首要的问题就是要解决华人的团结问题。针对华人政党比较多，且各自为政、自相残杀的现象，《南洋商报》对华社不团结进行批评，指出："华人社会不团结现象严重，这种不团结在政治上表现为马华公会、民政党、民主行动党、人民团结党、华人统一政党等，政治见解相异，四分五裂。从20世纪80年代中期开始，民主行动党把大部分时间花在指责马华公会和民政党上，而马华公会和民政党则把时间花在答复行动党的指责上。"① 但事实上，华文报纸之间也存在相当不团结的情况。

除了华人社团要摒弃前嫌和门户之见，跳出社团的小圈子，以全局为重外，华文传媒更要承担促使华人社会团结、教育华人爱护族群形象的任务，开辟华人参政的新领域。在现实当中，华文传媒在这一方面做得尤其不足。华文传媒在报道华人失利的时候，常常把原因归咎于华人不团结，指责选举制度对华人不公。只想当然认为华族要支持华人候选人，一旦该候选人落选，便相互指责，而不思考本身各自为政、相互攻讦的缺陷，既无助于族群融合，也无法促进华人参政。

华文传媒由不同的人创办，一般来说，创办传媒的人都是富甲一方的人物，他们同时担任某个社团的领袖，由于各种目的，社团之间就会产生矛盾，甚至反目成仇。而华人之间的矛盾直接影响到华文报纸的立场，再加上华人读者少，传媒之间的竞争相当激烈，他们相互拆台，产生必欲置之死地而后快的情绪，面对其他华文传媒的困境，他们也会幸灾乐祸，甚至还落井下石。由于立场不同，华文传媒虽然在鼓动华人参政议政方面相当努力，但是在实现华人参政的梦想方面，效果却相当不明显。比如说，在泰国2001年选举过程中，由于各报立场不同，华文报纸对猜信的报道出现很大差异。《中华日报》高度赞扬猜信有领袖风采，能带领泰国走入一个更加富强的时代，而《亚洲日报》则质疑猜信，不相信他能治理好泰国，出台有利华人的政策。华文报纸不团结，虽然都是政界在选举时的拉拢对象，但是却缺乏华人的团队精神。

试想一下，如果华人自身选票分散，如何能确保自己的领袖如愿当选？也就是说，如果缺乏对整个华人群体的认同，只局限于各地区的小集团利益，互相争斗，得利的当然不会是华人自己。印尼的情况尤其混乱：华人社团众多，都希望自己能够成为华人社会的龙头老大，而华文报纸也加入混战，结果参加竞选的政党不少，但是却极少有政党能够获得国会席位。华人不团结，华文传媒各自宣传自己心仪的候选人，甚至为获得华人选票，还在竞选期间相互拆台。

在马来西亚也存在这个问题。过去《南洋商报》和《星洲日报》似乎成为水火不相容的对手，其工作人员也相互敌视。最大的华人政党——马华公会成了华人争权夺利的中心。马华公会加入国民阵线，而华人又成立一个影响相当大的政党——人民

---

① 方金英．东南亚"华人问题"的形成与发展．北京：时事出版社，2001．90

行动党，与马华公会抗衡。显然，两个政党并存，就会分流选票，很明显对马来人有利。2001 年马华公会收购了《南洋商报》后，支持《南洋商报》的华人与《星洲日报》闹翻了天，马华公会也备受华人的指责。华人社会分化的问题相当严重。

2001 年马哈蒂尔宣布马来西亚为伊斯兰教国家，在这样的政治现实面前，华人只能靠族群的力量来维护自己的利益，因此作为舆论工具，华文传媒更要强调华人的团结，提醒华人随时准备选举，要不断发表有关华人团结、共同争取权益的言论，以促使华人正视团结的问题。

团结问题一天得不到解决，华人参政的梦想就一天无法实现。群雄混战，华文传媒各自为政，只宣传自己的候选人，而其他的种裔却抱成一团参加竞选，结果自然可想而知。所以，鼓动华人团结一致地参政议政，是华文传媒应尽的一份责任。

华文传媒的功能与作用与其本身的性质是吻合的。作为面向华人的传媒，又生活在其自身为非主流传媒的社会和国度里（新加坡除外），华文传媒要想生存下来，只能通过与华人的联动，报道他们身边的事情，沟通华人社会之间的联系，维护华人的利益，传承中华文化，消除异国他乡的文化疏离感和寂寞感，成为连接当地国与中国的桥梁与纽带。如加拿大的《加华新闻》提出，要把报纸办成“来自世界各地的华人认识加拿大的窗口”，道出了它的服务宗旨。事实上，不仅《加华新闻》提出了这样的口号，几乎所有的华文传媒都秉持了同样的宗旨。可以说，如果华文传媒丧失如上的功能与作用，那么华文传媒就很难在华人社会中生存，也不可能得到发展。只有充分发挥这些功能，华文传媒才能拥有厚实的受众基础，才能实现滚动发展的目标。

第七节　肩负提升海外华人形象的文化使命

华文传媒不仅是一个传播信息的载体，而且也是文化传播的重要渠道和工具。当前中国经济迅速发展，国际地位日益提升，处于民族复兴的关键时刻，华文传媒可以通过文化传播的形式，与世界其他民族文化进行对话，展现中华文化博大、宽容的文化性格，塑造海外华人的新形象，从而减少不利中华民族复兴的负面声音，华文传媒也籍此担当文化使者的角色，实现文化融合和种族合解的使命，与其他民族共同缔造多种文化共处，多元思想共存的和谐社会。

一、华文传媒的文化承传

华文传媒历史悠久。它可以追溯至唐朝的《邸报》，但在新闻界真正公认的近现代报业的开始则是 1815 年于马来西亚马六甲创刊的《察世俗每月统纪传》。当时这份教会报纸的主要目的虽然在于宗教的传播，但是它的创办对东南亚华人和中国大陆影响却相当深远。它冲破了清朝的言禁，打开了言论自由的大门，带给中国新的思想和风气，有力地促进了中国的思想进步，在海外也开启了中华文化传播的重要窗口。以《察世俗每月统传》海外办报为标志，相继有海外华文报纸创刊。其中早期在文化传播作出贡献的有新加坡创刊的《叻报》、《新国民报》、《南洋商报》、《星洲日报》等。

《叻报》于1881年12月10日创刊，是一家真正具有新闻性的日报，人称“南洋第一报”，一直出版到1932年，维持了51年，因此在华文报业史上有重要的地位。创办人薛有礼既是一个商人，也是一个文化人，在追求商业利益和文化传播两个目的促使下，决定创办一份华文报纸，希望在海外传播中华文化，舒缓海外华人的文化苦闷，发扬中华文化，促进海外华文教育，后人因此高度评价薛有礼办报的贡献。

随之而后的两份颇负盛名的报纸《南洋商报》和《星洲日报》也在文化传播方面不甘人后。如五四运动期间，新文化运动直接影响《南洋商报》的风格，其副刊《新生活》全部采用白话文，为海外华文报纸的版面和文风带来一股文化清风。1929年1月15日在新加坡创刊的《星洲日报》，办报目的除了促销商品外，也是为了在海外倡导文化传播。创始人胡文虎在创办该报的宣言中阐述使命：“求民族、政治、经济的平等地位；力倡华侨投资祖国，藉定国基；提供各种教育，沟通中西文化，以增进华侨地位。”为了提高报纸的文化水平，胡文虎还请了当时在文学界相当有名气的作家郁达夫做副刊编辑，促进了《星洲日报》文学副刊的发展。可以说，几乎所有的海外华文传媒都把文化传播作为已任，在海外传播中华文化和对异族文化的介绍等方面作出了巨大贡献。

比如说，几乎所有的华文报纸都开辟副刊，不但介绍了中华文化，也刊登了翻译过来的异族文学作品；不但为华人提供了丰富的精神食粮，而且为他们提供了了解异族文化和窗口和渠道，充分体现了华文传媒文化传播、联结和融合的功能，担当了重要的文化使者的角色。它们在传播中华文化的同时，也塑造了刻苦、勤奋、节俭、善良的华人形象。

二、当前华人在异族中的形象

总体而言，异族对海外华人的评价是相当正面的。中华文化的美德：“温、良、恭、谦、让”在海外华人当中得到充分体现，异族也对华人的这些美德给予了充分肯定。比如说，马来西亚前总理马哈迪尔就充分肯定华人的品格，鼓励马来人向华人学习。数千年传承下来的美德和传统，使得华人在任何一个地方都能与异族和平共处，勤劳致富，但不可否认，由于文化的复杂性和多元性，由多种地方文化组成的中华文化也存在一些不容忽视的问题。

比如说，早期菲律宾华人奢侈浪费的形象，印尼华人缺乏参与社会慈善事业的责任心，唐人街的孤岛文化、带着五千多年的文化优越感对待异族文化等，都促使我们反思中华文化的不足之处，也使得我们必须内省作为大众媒体和文化载体的华文传媒在传播中华文化的同时，如何教育华人改变不良风俗，改善与异族的关系，平等地对待异族文化，实现文化间的共处与发展，实现中华文化的进一步变革。

由于宗教和文化的隔阂，华人的政治效忠问题常被政客所利用，并因此常常成为替罪羔羊。例如，印尼原住民常常透过印尼文传媒对华人的报道来了解华人族群的情况。在极端民族主义影响下，印尼文传媒经常把华裔描绘成"掠夺者"、"吸血鬼"等，挑拨了原住民和华人之间的关系。由于在印尼文传媒工作的记者、编辑都是原住民，他们持着一贯的立场和价值观来报道华人新闻，多少偏离了客观公正精神，但是笔者也想，为什么印尼传媒可以找到这么多的题材批评华人？大量批评华人的新闻，也从某种角度来说明华人确实存在一定的缺陷。印尼华人早期存在不太关心其他种族贫困人口的生活的情况，拒绝与其他文化进行融合和交流，带着数千年悠久的历史文化优越感居高临下看待原住民文化，与原住民产生了隔阂。这种隔阂在政客的煽风点火之下，就会引发针对华人的骚乱，使华人蒙受巨大损失。印尼不断发生的反华和排华事件。每一次的反华和排华，都为华人带来无尽的伤痛，使他们对现实产生恐惧和对前途的绝望。

在马来西亚和菲律宾，华人的政治效忠也被占多数的原住民所怀疑。华人一直被认为是外来人，是漂泊者，是投机者，并因此经常出现反华的声音和行动，甚至政府不断出台限制和针对华人的政策，并进行立法，而在美国，白人在主流媒体歪曲报道下，对华人形成了"间谍"形象。对于这些负面形象，笔者认为，华文传媒除了要强烈表达华人权益不受侵犯的声音外，同时也应反思华人的行为，在民族和解方面做更多的工作，发挥文化交流的功能，使华人更好地融入社区，同时也了解异族文化，理性地与异族展开对话，使异族能够平和地看待中华文化和华人。

当前许多国家都在内心上对华人的崛起存在相当多的疑虑。这是因为中国经过长达30年的改革开放，经济得到长足发展，国际地位得到空前提升，许多国家在恐惧中国强大的同时，也对境内华人也产生不信任感，前面所说的华人政治效忠便是困扰许多国家的政治问题。由于华人勤奋、刻苦、节俭和灵活的经商头脑，华人很容易在与异族的竞争中占得上风，这使得当地政府为压制华人的发展，出台了许多歧视性的政治、文化、经济、教育政策。这种对华人的恐惧，实质上来自于对中华文化的恐惧。在这种政治文化背景下，一些别有用心的政客便利用当地原住民对中华文化的恐惧，出台和渲染了中国威胁论、黄祸论等，不但丑化了中国，也丑化了海外华人。

华人形象的改善和提升，中国政府当然要承担主要责任，要通过政治和文化改革，塑造更加开放、民主的形象，但海外华人也可以在改善异族对华人的形象方面有所作为。其中之一，便是通过文化传播，来实现文化的沟通和互动，让异族能够有机会了解华人。

一个民族精神上的成熟绝非表现在排他性，而是以深刻的理性思维、辩证的分析及严谨和宽容的思想，不断学习的精神为标志，这是建设海外华人良好形象的重要动力。因此，海外华文传媒无论在内容上，还是传播的方式上，都应注重民族的融合，强调文化的包容性和开放性，传播多元文化，以求社会稳定，民族团结，要淡化极端、偏激与狂热情绪，抗拒种族政治，实现民族真正和谐。

三、华文传媒文化传播的误区与不足

勿庸置疑，华文传媒在维系族群的认同，传播异族文化等方面作出了卓越贡献，但是我们也应看到，很多华文传媒自成系统，自我封闭，只限于在华人圈里传播，对所在国主流媒体和社会漠不关心，缺少影响，缺乏沟通，甚至谈不上文化交流。

华人移居到某个国家或地区，由于文化的差异和生活风俗的不同，华人与当地原住民的文化交流面临许多困难，在文化观念出现重大差异的时候，许多华人拒绝与原住民进行交往，对中华文化孤芳自赏。然而，如果我们一味强调中华文化的优越感，而忽视了与其他民族的沟通和融合，就会更加封闭自己，断绝与当地土著的文化交流与融合，使华文在当地变成一个文化孤岛，成为在异族眼中的文化异类。这样的文化不可能得到真正的发展。

文化交流和融合必然带来民族文化的改变，笔者认为，这种代价是值得付出的。华人在与当地民族的交往中，要接受和融合当地民族的文化，才能使自己能够继续生存在这个国家中。然而，一些华文传媒从维护华人族群认同感的角度出发，抵制文化融合，拒绝介绍异族文化，甚至不屑向异族传播中华文化。这种比较极端的文化传播方式和思维，忽视了国际形势的改变，忽视了华人的生存环境，与全球化的文化传播相悖。事实上，如果华人仍然不抛弃“落叶归根”观念，并建立“落地生根”的新思想，培养国家认同感，全面投入到建设民族和谐社会中去，形成既保存本民族的文化景观，又融入原住民文化习俗的新文化，华人就会永远受到原住民的猜疑，就会始终被原住民当作外来人，在政治上始终无法理直气壮地要求权利和话语权，从而在政治和经济上得不到根本的保障。

令我们欣喜地看到，基于华人动辄受到原住民排挤和打击的现实，生活在海外的华人已经意识到文化融合的重要性，他们纷纷想到通过各种方式来传达本族与其他种族文化融合的思想。比如说，他们纷纷创办华文报纸或者当地语言的报纸，发出民族和解，团结合作，共同繁荣等声音。如，经历了98年种族骚乱后的印尼华人，创办了多份华文报纸，喊出了消除社会歧见，实现民族平等，共同促进印尼发展的口号。《和平日报》的“唯有和平，才能避免分裂”，《印度尼西亚商报》的“加强全民团结及促进经济繁荣”，《千岛日报》的“虽以华文为信息传媒，却是百份之百的印尼民族报业，印尼华人早已落地生根，溶入主流社会，把自己一切奉献给自己的国家－印度尼西亚共和国”，《世界日报》的“争取族群平等，传承中华文化，实现文化融合，促进种族和谐”等，都反映了华人对反华排华的深刻认识：只有民族和解，文化融合，相互理解，建立民主社会，才能实现印尼的长治久安，华人的生存权和发展权才能得到保障。

隔阂产生偏见，偏见产生冲突，而要解决冲突的问题，最佳的途径就是沟通，特别是文化的沟通。经过悠久历史文化熏陶的华人，应该有宽广的胸怀去面对文化观念的转变，并把海外华人的文化变异作为中华文化的补充和发展，甚至为中华文化的发展提供启迪。事实上，一种文化的发展，是吸收了其他文化的精髓而发展起来的。中华文化要想继续发展下去，除了保持许多美德和良好传统外，也应吸收异族的文化，从而形成更具包容性，更具全球化的文化视野，从而培育华人良好的公民道德，宽广的胸怀去面对文化间的竞争，提升华人的形象。

四、华文传媒肩负提升华人形象的文化使命

传播中华文化，是华文传媒必需履行的重要使命。对当前大多数的华文传媒来说，追求商业利益与传承中华文化并重是传媒的两大任务。实现上，他们之间并不会产生矛盾和冲突，相反却可以相互依赖，相互促进，共同发展。商业化是华文传媒赖以生存的基础，而文化传播则是华文传媒凝聚华人力量，维系族群认同感的重要手段。它们两者是相互影响的。比如说，《星洲日报》一直秉持文化办报的理念，创办了“世界华文文学奖”和“花踪奖”等推动华文文学的活动，在世界华人当中影响很大，不仅传播了文化，推动了文化发展，同时也拉近了华人读者，提高了销量。

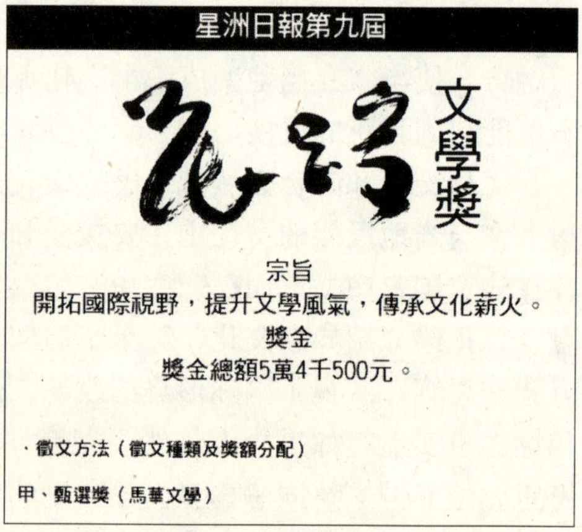

图 6－2　星洲日报第九届花中文学奖

一直以来，华文传媒在传承华文方面不遗余力，但文化使命随着形势的改变而有所变化。比如说，海外华文传媒在传承中华文化过程中就经历了两个阶段，这两个阶段最主要区别在于政治的认同感。所以传承华文的办报宗旨就有一些差别，但是这种差别却没有根本改变华文传媒的文化使者的角色。

第二次世界大战以前，海外华侨社会是一个移民社会，大部分人是从中国移入的，即所谓“新客”。他们把新马仅仅看作是侨居的“第二故乡”，有浓郁的“落叶归根”的观念，对中国的政治活动积极参与，完全认同于中国，而对侨居地的事却往往表现出“在商言商，不问政治”的超然态度，但这一切在第二次世界大战后发生了根本性的变化。这个变化是体现在国籍的变化。大多数海外华侨从政治上认同于中国转向认同所在国，入籍当地国，成为当地国民，于是中华文化成为当地的一种民族文化，迫使他们在远离文化母国的地方吸收当地文化来发展自己。

然而，这种只专注于本族文化的传播还是不足够的，它们还应承担了解和传播异族文化的责任，因为只有这样，我们才能更加了解异族，才能放下民族的歧见，才能相互了解，展现中华文化宽容恭让的品格。

很多华人都说华族常被当地政府边缘化，但是我们是否有过反思，在政府作出边缘化的政策之前，我们有没有从异族的角度思考他们对文化的忧虑，有没有想到，我们也在有意无意地边缘化异族的文化呢？华文传媒除了一味抗争外，有没有在各民族文化融化和交流作出努力，是否带着先天的文化隔阂感和抗拒感去与其他种族文化交流呢？比如说，我们有过出版以当地主流语言的书籍来介绍中华文化？我们有过报道主流社会的思想和文化？诸如此类，都使得我们对华文传媒在承担不同文化交流和沟通角色的反思，也促使我们更进一步思考传媒如何更好地承担文化使者的角色，去履行文化间的互动，从而达致种族间的和解。

五、构建提升华人形象的文化传播平台

笔者认为，通过文化传播，达到文化共存，提升华人形象的目的，构建提升华人形象的文化传播平台是当前华文传媒的重要任务之一，也是现时期的重要使命。

文化概念是英国人类学家爱德华·泰勒在1871年提出的。他将文化定义为“包括知识、信仰、艺术、法律、道德、风俗以及作为一个社会成员所获得的能力与习惯的复杂整体。”泰勒认为，文化是共有的，它是一系列共有的理想、价值观和行为准则，它是使个人行为能力为集体所接受的共同标准。文化与社会是密切相关的，没有社会就不会有文化，但是也存在没有文化的社会。

文化是学习得来的，而不是通过遗传天生具有的。人类通过学习才能把文化一代代的承传下去，固定下来。故此，结合《辞海》关于平台的定义，笔者认为，文化平台是一种为各种知识、信仰、艺术、法律、道德、风俗以及作为一个社会成员所获得的能力与习惯的复杂整体提供一种交流的手段和空间。文化平台的建立有助于思想的交流。

从人类文明史和文化社会学的视角来看，中华文明既是一个无可争议的文化源地，又在人类历史进步的长过程中构成了充满活力的文化体系，在世界的东方形成了一个文化圈或文化大区，并向整个世界辐射出充满魅力的文明之光。中华文化，是中华民族赖以凝聚和发展的纽带，是华夏子孙世世代代倾心呵护和捍卫的精神家园。从这个意义上说，构建华文传媒传播中华文化的文化平台，就是要以中华文化的核心思想和价值为基础，通过展现中华文化博大精深，不尚武，以和为贵，与人为善，对社会、国家负责任的思想，通过与其他文化间平等的交流，共同促进世界多元文化的发展，并为此提升华人在为世界和平和各种族的共同发展作出贡献的形象。

文化交流是理解对方、沟通心灵的最佳途径。中华文化在传播过程中不但可以增进各个国家主流社会和异族对中华文化的了解，而且可以推动华人与异族友好关系的发展，增进彼此之间的了解，从而彰显文化交流的独特魅力。构建文化传播的平台，让世界了解中华文化，了解华人勤劳、善良的性格，不仅可以展示中华文化的风采，可为华人在当地赢得更多的理解，而且通过潜移默化的文化熏陶活动，影响和感动异

族，并与他们一起喊出“求同求异”、“和平相处”、“共同发展”的心声。

华文传媒既要传播中华文化，让其他种族了解中华文化，同时，它们也应该了解和介绍异族文化。通过文化间的彼此交流，有助于减少族群间的误会，形成更加多元化的思想和观念。比如说，星洲日报通过有系统地翻译伊斯兰学者的学术文章和书籍，如《马来西亚伊斯兰神谕刑法》（2004 年）、《马来西亚伊斯兰教律与现代国家概念》（2004 年）、《蜕变中的马来西亚》（2004 年）等，让华人更深入地了解马来人的习俗和伊斯兰文化，这样可以促进华人对马来人的了解，从而在与他们的交往当中，有意识地尊重他们的文化习俗，赢得他们的尊重。华文传媒要充分利用传媒的教育和信息沟通功能，建构华人了解世界的文化平台，帮助他们深入了解不同种族的思想观念、价值取向、道德标准、宗教和政治信仰，通过多种渠道，运用多种方式，完整准确、全面真实地介绍其他种族情况，充分展现华人热爱和平、与其他种族共同创造和谐社会、对社会勇于承担责任和义务的思想。

中华文明的历史，既是自我创新的历史，也是一部中外文明的交流史。中华文化形成、累积和发展的过程，就是一个不断吸收、融合人类文明成果并加以民族化的历程。华文传媒建构“让世界了解华人，让华人了解世界”的文化平台，是中华文化继续繁荣和发展的重要手段，是中华文化与异族文化进行对话和心灵沟通的重要渠道。

介绍异族文化，吸纳异族的文化精髓，同时向异族展示绚丽多彩的中华文化，以全球化的视野了解世界的文化格局及各种地域文化的特色和趋向，这是我们必须要面对的问题，也是化解种族矛盾，增进理解的重要渠道。我们有博大的文化胸怀，有璀璨的历史文明，应该主动展现善意和诚意，迈出与异族和解和共同发展的步伐，在相互碰撞和交流中展示中华文化，让异族感受和了解中华文化。因此，秉持“让世界了解华人，让华人了解世界”的文化传播理想，海外华文传媒在构建文化传播的平台，可以采取很多种形式。比如说，华文传媒可以把一些有关中华文化的新闻报道或者文学作品结集翻译成当地语言出版，或是翻译当地的文学、学术作品向华人推介，或是举办文化交流活动，邀请异族学生参与，与他们展开文化对话，或是举办一些华族与异族文化交谊的活动等，这些都是建构文化平台，加强不同文化的了解与沟通的有效措施。

文化交流是和华人走向世界、走向未来、树立良好形象紧密联系在一起的。文化交流看起来好像是办几个展览，演几场戏，开几个讲座，实质上是我们却可以通过这些文化活动告诉异族和世界，华人在想什么，做什么，华人对世界未来的期望是什么，华人有无承担社会责任。同样，我们也应通过华文传媒这个渠道，把异族的优秀文化引进来，也了解其他种族在想什么，做什么。基于这样的互相了解，才能够建立一种信任，才能消除敌对和歧见，才能逐渐改善和提升形象，既为华人赢得更大的发展空间，也为中国的发展创造一个良好的国际环境。

“中华民族是热爱和平的民族，中华民族是一个负责任的民族，华人的发展不会妨碍任何人，也不会威胁任何人，只会有利于世界的和平稳定、共同繁荣。”这个“和谐社会”和“和谐世界”的理念和主张具有理论的穿透力和现实的针对性。

今天，中国经济、社会迅速发展，海外华人在当地的地位和重要性随之得到提升，我们在看到民族和解，文化融合存在种种困难的情况下，更应看到形势对华人发展呈现有利的一面，更应以全球化传播的视野，博大的胸怀，前瞻性的眼光认识通过文化传播，营造和谐种族社会的重要性和必要性，要抓住当前世界人民追求和平和稳定的普遍性追求，在种族文化间架起桥梁，加强文化交流。文化之旅是心灵的沟通，也是消除种族隔阂，改变华人形象的破冰之旅，更是种族相互谅解的重要途径。作为面向大众传播的华文媒体，更应当承担“让世界了解华人，让华人了解世界”的责任，建构文化交流的平台，去消除社会不和谐的声音，履行社会缓和剂与粘合剂的作用，体现华文传媒文化使者的角色，展现华人与人为善，与异族共同发展的美德和愿望，实现和谐社会的愿景，从而提升华人包容、博大、负责任、爱当地国家的整体形象。

Chapter 7 第七章

华文报纸社会影响力

Influence of Overseas Chinese Language Press

衡量一个传媒是否有影响力，主要看其是否对社会具有号召力和动员的能力，具体表现便是其社会舆论是否能够影响政府的决策，是否能影响政府政策的变动，以及受众对传媒的信赖和尊重，使传媒的影响深入社会的各个层面，形成强大的社会知名度。

按照现有的社会理解，所谓影响力（influence）是指“文化活动者以一种所喜爱的方式左右他人行为的能力”①。“其实，更本质地看，影响力是一种控制能力，这种控制能力表现为影响力的发出者对于影响力的收受者在其认知、倾向、意见、态度和信仰，以及外表行为等方面和目的性的控制作用。传媒影响力是通过信息传播过程实现的，因此，其影响力的发生势必建立在收受者关注、接触的基础上，因此，传媒影响力从内涵上看，是由‘吸引注意（媒介及媒介内容的接触）’+‘引起合目的的变化（认知、情感、意志行为等的受动性改变）’两大基本的部分构成的。”②

中国人民大学喻国明教授指出，传媒影响力的本质特征在于它为受众的社会认知、社会判断、社会决策和社会行为所打上的“渠道烙印”。影响力是传媒在长期发展过程中形成的，包括传媒在社会和受众中的信誉度、权威性和公信力。衡量传媒影响力保持的指标分为两类：一是受众之于传媒的行为忠诚度（接触的频率和接触的稳定性等），二是受众之于传媒的情感忠诚度（人们对于传媒的心理依赖程度、满意与满足程度、传媒在人们心目中的价值分量等）。

“影响力是传媒最有价值的内在品质，是传媒在市场竞争中制胜的关键性因素。在影响力下，传媒的社会效益与经济效益可以达到有效结合。从长远发展来看，影响力是传媒最可珍视的资产，是传媒保持持久的竞争活力的不竭之源。”③ 影响力成为传媒重要的无形资产，可为传媒创造巨大的物质财富，是可持续发展的基础。增强社会影响力，关系到华文传媒的生存与发展。

第一节　作为主流媒体的华文报纸影响力

除了中国外，新加坡是世界上另一个以华人为主导的社会。在世界上再也无法找到除中国和新加坡之外华文传媒在社会上成为主流传媒的国家了。

新加坡华人大约占77%，其他族裔占23%。这种人口比例结构，使华人成为主流族群。然而，新加坡的地理环境被马来西亚、印度尼西亚所围绕，国土面积大约700多平方千米（大约有一半是经填海而来），人口450万（2006年），国家小人口少。1965年新加坡脱离马来亚联邦后建国伊始，便把英语推广放在首要的位置上，

① 覃广光，冯利，陈朴．文化学词典．北京：中央民族学院出版社，1988. 725

② 喻国明．关于传媒影响力的诠释——对传媒产业本质的一种探讨．新闻战线，2003（6）

③ 喻国明．关于传媒影响力的诠释——对传媒产业本质的一种探讨．新闻战线，2003（6）

不仅把英语作为官方语言，而且还把其作为华族、马来族和印度族三大民族沟通的唯一媒介，除此之外，英语还帮助新加坡迅速融入国际社会，及时了解国际社会的资讯，根据国际经济的变动而调整国内经济政策。客观来说，英语为新加坡的独立和经济发展，以及社会稳定作出了巨大贡献。

然而，英语在新加坡的使用不断上升，直接削弱了华语在社会上的媒介语言地位。越来越多的青少年接受英文教育，接受双语教育（华文和英文教育）的人比例很少，只有优等生才有机会进入十所特选学校。他们将会是治理国家的社会精英，而更多的学生因为政府推广英语而荒废了华文，造成华文在新加坡日益衰落。

媒介语言的变化，使新加坡华文报纸从主流媒介的地位一下子下降到亚主流传媒或者次主流传媒的地位。虽然政府在20世纪80年代倡导华语运动，但是面对社会西化程度日益加深，华文报纸的主流地位将更加被弱化。

一、华文报纸是社会稳定的工具

新加坡政府一直认为，社会整体利益重于个人的价值，有序的社会比追求个人自由更重要。因此，为求社会稳定，塑造有序社会，在政府看来，政府对传媒的法律控制也就显得相当合情合理。这正如李光耀在回击西方记者时说，如果新加坡采用美国式的新闻自由标准，新加坡就不可能达到今天经济繁荣、社会稳定的目标。因此，政府必须通过立法和修改法律来监控传媒，使之按照政府设定的轨道行走（见表7－1）。

表7－1　新加坡主要管理传媒的法律

时间	法律调整和颁布方式	法 律
1963 年	制定	《煽动叛乱治罪法令》
1963 年	制定	《内部安全法令》
1965 年	修改	《不良出版物法令》
1972	修改	《不良出版物法令》
1974	制定	《报纸和印刷法令》
1977、1986、1988 和 1990 年	修改	《报纸和印刷法令》
2002 年	制定、修改	《报纸和印刷法令》、《新加坡广播管理法》

除了通过法律管理外，政府还通过成立报业控股公司、购买报纸60%以上的股份、合并报纸等办法基本上将所有华文报纸牢牢控制在自己手中。

新加坡目前有七家日报，其中有两家英文报纸（《海峡时报》和《商业时报》），三家华文报纸（《联合早报》、《联合晚报》和《新明日报》），一家马来文报（《哈利安报》*Berita*，*Harian*）和一家印度文报（《淡米尔报》*Tamil Murasu*）。所有印刷出版的刊物均由新加坡报业控股公司管理。

在政府的控制下，华文报纸无论在内容上，还是在新闻报道的角度、方法上，都要考虑政府的立场和观点，与政府保持一致，特别是《联合早报》带有明显的政府喉舌的性质，内容侧重政治新闻，每天都有赞成政府的社论、言论和评论国家的大政方针、政策法令等内容。前总编黎德源说："《联合早报》的办报方针，一是要客观报道每天发生的新闻，二是站在国家立场上为读者提供健康的知识和娱乐。"②由于新加坡政府控制了华文报纸的大部分股份，并且对华文报纸的言论严格控制，严禁传递有违新加坡安全的华人社会团体的信息，华文报纸实际上起着贯彻政府政策的传播工具作用。

二、华文报纸影响力减弱①

新加坡的华文报纸在非主流与主流之间摇摆。我们说它们是非主流，是因为英文教育越来越深入，华文教育越来越低迷，华语水平越来越低，华文报纸随着华文教育的困境而被非主流化。我们说它们是主流，是因为新加坡仍然是一个华人主导的社会，而象征华人族群认同的华文报纸仍然拥有强大的话语权，它的发行量仍然能够保持在18万份，政府丝毫不敢小觑华文报纸的影响力。例如，2007年4月8日，一位读者向《联合早报》反映，她在没有反抗，而且也没有任何暴力行为的情况下，只因为与一位店铺老板吵架，就被警方用手铐限制了自由，因此，她指责警方有滥用职权之嫌。报道之后，第二天警方有关负责人便出来澄清，认为当时警察先多次好言劝告女事主，并给予帮助，告诉她如果不满店铺女老板可向有关机构投诉，要求她不要在公开场合大声喧哗，而女事主不听警方劝告，在多次劝谕不听之下，警方只好用手铐铐住女事主回警局调查。虽然这是一件很小的事情，但是警方重视报纸的报道，并及时出来澄清，并不因为《联合早报》是华文报纸就不理睬该报的投诉，足以反映《联合早报》的影响力。

由于英语得到政府的大力推崇，华文教育一落千丈。虽然许多华人能够说华语，但是华文水平却非常低。在越来越英文化的社会里，虽然华文报纸仍然拥有很大的发行量，但是与英文报相比，它的销量不断下跌，影响力也逐渐被削弱，甚至被边缘化。

1. 华文报纸销量下滑

华文报纸的销量逐年下降，这已是不争的事实。随着新加坡不断英语化，越来越多的读者转向英文报纸，或者上网阅读英文资料。我们看新加坡两份最具影响、最具代表的《海峡时报》（英文报）与《联合早报》（华文报）每年销量及增长趋势，就可以充分反映华文报纸处于弱势地位的事实。见表3-8。

《海峡时报》的销量是《联合早报》的两倍多，《联合早报》2006年销量有所回升，但是也仅增加了1 124份，从2000年至2006年，总的趋势是不断地往下滑。这

① 此小节引自拙文《族群和文化认同：从新马华文报纸的历史看其与华人的关系》研究论文的部分内容。此文是笔者2007年接受新加坡国家管理局邀请，从事学术访问时完成的，该研究论文现存于新加坡国家图书馆。

个销量还包括在中国上海和北京等一些城市的发行，比《星洲日报》36 万份，已经相差甚远，甚至比不上《中国报》。由此可见，新马两地的华文报发展已经出现了相当大的差距，见表 7－2 和图 7－1。

表 7－2　英文报纸与华文报纸年度销量比较　　单位：份

各语言报纸	2000 年	2001 年	2002 年	2003 年	2004 年	2005 年	2006 年
《海峡时报》	390 363	388 728	389 225	389 248	380 197	386 167	388 500
《联合早报》	196 667	193 299	189 912	190 981	184 445	181 876	183 000

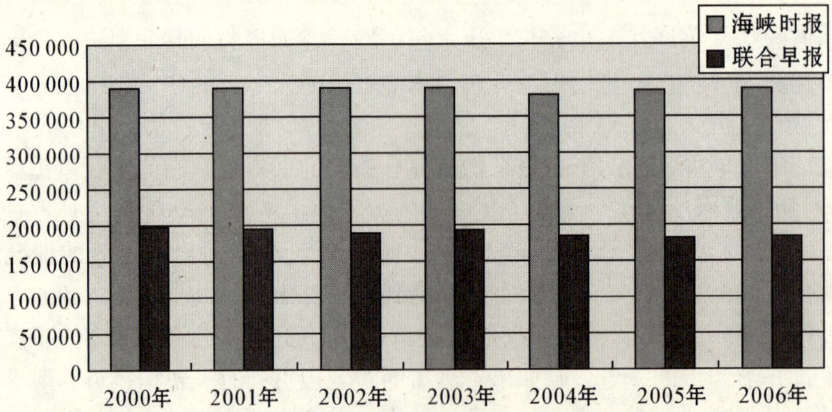

图 7－1　英文报纸与华文报纸年度销量比较

在新加坡各语文报纸中，《海峡时报》一天的发行量相当于 3 份华文报纸发行量的总和，反观马来文、淡米尔文报纸，虽然发行量比不上英文报和华文报，但是它们能长期保持在一定的数字，这就说明马来人、印裔虽然也受到英语化的影响，其影响程度却远远小于华人。这两个族群在保护族群语言方面相当成功，如表 7－3 所示。

表 7－3　新加坡各语文报纸每年销售统计表　　单位：份

		2000 年	2001 年	2002 年	2003 年	2004 年	2005 年	2006 年
The Straits Times	Weekday	390 363	388 728	389 225	389 248	380 197	386 167	388 500
	Sunday	391 211	392 059	391 233	387 205	388 796	39 410	402 600
The News Paper	Weekday	116 395	112 472	120 180	120 394	115 915	113 331	111 400
	Sunday	140 373	140 209	148 577	152 080	154 004	148 273	145 300
The Business Times		34 454	31 067	31 205	27 519	27 515	31 361	30 400
Streats（街趣报）		200 000	200 000	220 000	280 000	280 373		

（续上表）

		2000 年	2001 年	2002 年	2003 年	2004 年	2005 年	2006 年
Weekly New Strait Times		4 115	6 199	3 551	2 658			
Today		200 000	200 000	200 000	200 000	200 000	200 000	200 000
《联合早报》	Weekday	196 667	193 299	189 912	190 981	184 445	181 876	183 000
	Sunday	209 081	204 849	200 929	198 326	194 640	193 733	191 300
《联合晚报》	Weekday	137 511	127 402	131 179	127 021	124 134	128 626	123 900
	Sunday	127 713	122 089	130 193	120 879	123 634	125 522	125 000
《新明日报》	Weekday	126 061	114 653	117 222	126 541	123 639	123 526	120 800
	Sunday	118 441	112 483	118 685	122 029	121 234	124 363	122 600
《我报》								120 000
《星期五》		57 468	57 767	62 092	65 657	62 523	72 756	70 000
《大拇指》		63 315	46 525	38 501	37 088	29 944	33 577	38 400
Berita	Harian	63 789	63 156	63 376	61 177	58 503	55 658	62 500
	Minggu	72 652	71 989	70 365	68 209	66 000	64 186	72 100
Tamil Murasu	Weekday	8 908	9 401	8 608	7 928	8 504	8 790	10 200
	Sunday	15 216	15 525	15 325	15 119	1 532	15 852	17 600

注：Streats 是一份免费英文报纸，我报是一份免费华文报纸，主要在人流比较聚集的地方发放，如地铁口、商业区等。

在报纸发行总量的比较表中，如表 7－4、图 7－2 所示，我们通过计算得知，从 1995—2006 年，英文报纸在 11 年间增长了 43.65%，而华文报却仅增加 12.03%。英文报增长的幅度是华文报的 3.5 倍。英文报增长的速度相当惊人。这也从一个侧面反映了新加坡社会英语化程度的加剧。

表 7－4　各语文报纸发行量　　单位：份

各语文报纸	1995 年	2000 年	2001 年	2002 年	2003 年	2004 年	2005 年	2006 年
英文报	508 399	941 212	932 267	960 610	1 017 161	1 004 000	730 859	730 300
华文报	488 874	460 239	435 354	438 313	444 543	432 218	434 028	547 700
马来文报	60 237	63 789	63 156	63 376	61 177	58 503	55 658	62 500
淡尔文报	5 795	15 216	15 525	15 325	15 119	1 532	15 852	17 600

注：只统计周一至周六的日发行量，而不统计周日发行量。由于 *Weekly new strait times*、《星期五》和《大拇指》属于周刊，因此也不统计在内。2005 年英文报纸发行量大幅下降，是因为这一年 *streats*（《街趣报》，免费英文报纸）停刊。

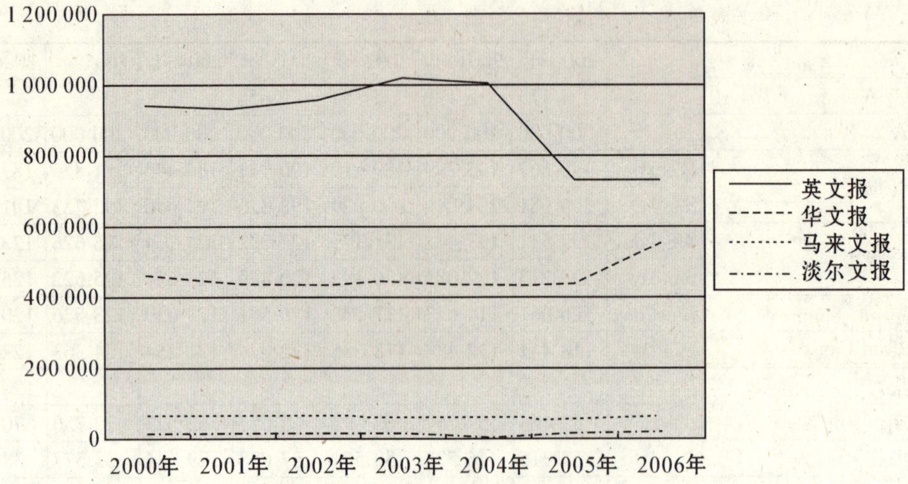

图 7-2 各语文报纸发行量统计图

从新加坡报业控股公司出版的各语文报纸的网上读者群发展趋势图来看，华文报纸与英文报纸之间的距离也逐渐在拉大，见图 7-3。

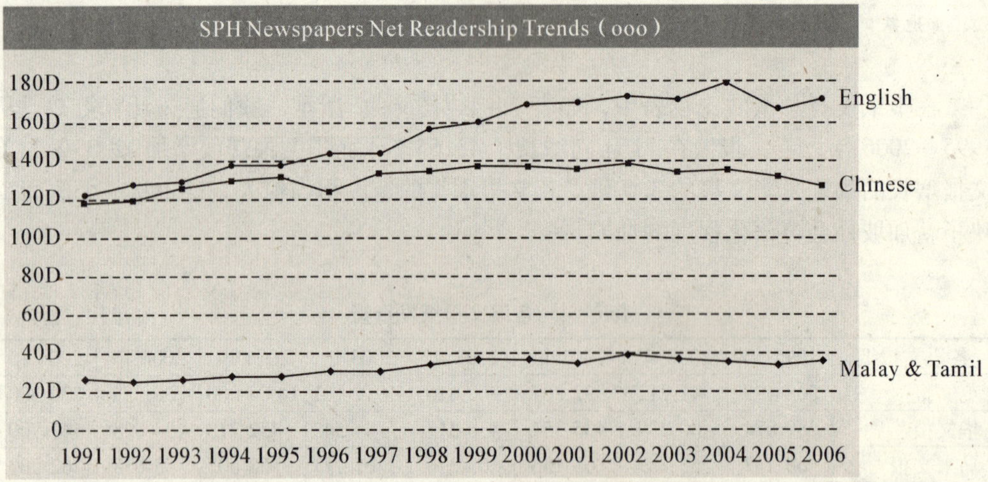

图 7-3 报业控股各语文报纸网上读者群趋势图

事实上，华文报的销量在英语化越来越加剧的情况下仍然能够保持在 50 万左右，最大的功劳应属于外来移民。2000 年，从境外移居新加坡的华人总数达 436 756 人，见表 7-5。这么庞大的移民数字，为华文报纸生存提供了厚实的读者基础。这些移民，特别是中国移民和马来西亚华人，刚刚定居在新加坡，对语言的适应需要一定时间，于是华文报纸成为他们了解新加坡社会的重要工具。在大量移民的支持下，华文报才不会如雪崩那样，在很短的时间内消失。

表 7－5　2000 年人口普查（Census of population 2000）　　单位：份

	Add up	Chinese	Malays	Indians	others
Singapore	2 647 393	2 038 986	418 703	1 658 233	23 870
Outside Singapore	563 429	436 756	35 689	74 270	16 714
Malaysia	303 828	258 406	28 184	15 317	1 921
Indonesia	29 314	21 858	6 797	384	275
China，Hong kong and Taiwan	145 876	145 428		119	329
South Asia	58 293	142	257	57 350	544
Other Aisa	14 459	5 187	253	465	8 555
European countries	4 687	1 417	29	240	3 001
USA and Canada	3 414	2 205	26	139	1 044
others	3 558	2 114	143	256	1 045

注：新中坡每 10 年做一次人口普查。

虽然《联合早报》比较重视中国新闻，在北京、上海、广州、重庆、香港、台湾等地派驻了记者，又特聘了许多撰稿人，在中国形成了较大的影响，然而，媒介是一个敏感的文化和思想传播工具，中国政府一直对包括《联合早报》在内的传媒进入中国持有戒心，因此，虽然《联合早报》在中国影响很大，但也只能是“墙内开花墙外香”，这充分反映了当前华文报纸在新加坡的话语权被减弱甚至被边缘化的尴尬。

《联合早报》网站（早报网）虽然号称新加坡是浏览量最大的报纸网站，但是 2006 年 1～10 月的统计显示，87% 却来自中国，新加坡本地的读者仅占 5.74%，见图 7－4。这说明英文报纸在新加坡更受到重视，影响力也更大。

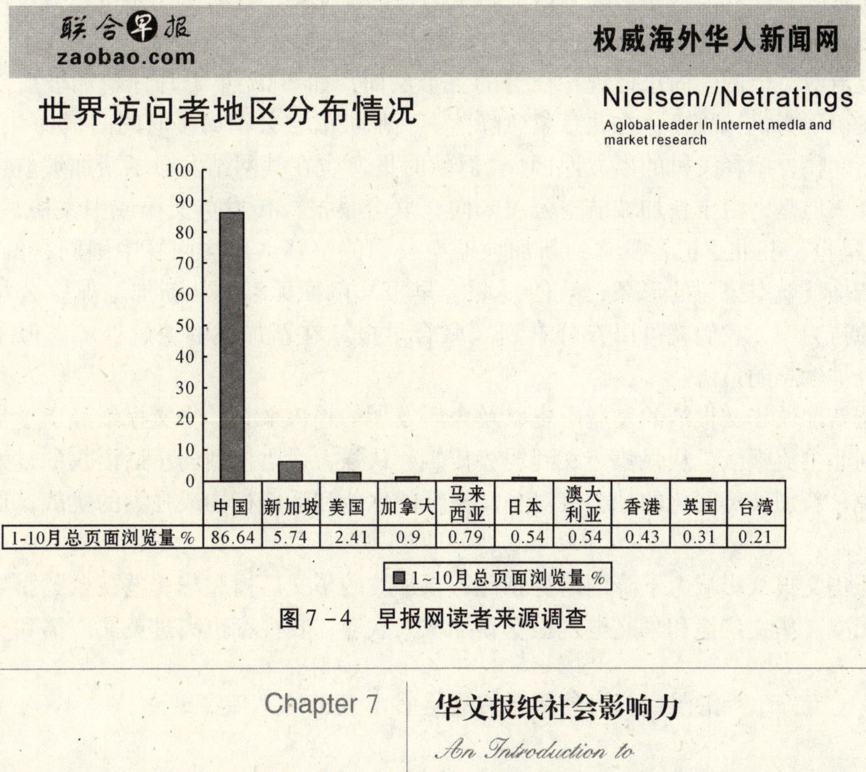

图 7－4　早报网读者来源调查

《联合早报》的地位衰落，真实地反映了新加坡英文与华文传媒地位的差距，也反映了在全球化的时代与背景下，即使世界兴起华语热，华文报纸作为族群性的媒介，很难在世界上形成社会主流传媒。除非中国有朝一日强盛到有能力改变英语作为世界通用语言的地位，华文取而代之，此时华文报纸才会成为世界各国的主流传媒。

2. 社会精英关注程度低

在新加坡，影响政府决策往往是那些受过英美英文教育的精英，公务员、高级官员也大多是受英文教育的人士，因此，他们经常阅读的是英文报《海峡时报》，而非《联合早报》、《联合晚报》或《新明日报》等华文报。实际上，自新加坡独立后，管理新加坡的都是受过西方教育的精英，如李光耀等。一大批受英文教育主导社会的发展的官员，就更加注重英语的发展。但是他们往往依据《海峡日报》所反映的民意制定和实施政策，以至一部分早期受华文教育的人士的利益被忽视。

早期情况如此，目前英文仍然凌驾于华文之上。政府、国会议员大部分是受英文教育的华人。他们缺乏华文教育，许多人不会写也不会说华语，因此他们只能通过《海峡时报》来了解华人动态，了解民意，并在上面刊登阐述个人施政思想的文章，但是购买和阅读《海峡时报》的读者，又是接受英文教育比华文教育更多的人群，因此《海峡时报》的读者不具备充分的民意代表性，事实上，政府官员只通过《海峡时报》来了解华人的动态是不足够的。这一方面反映了受英文教育的官员缺乏对华人社会更深入的了解，另一方面也反映了《海峡时报》在社会舆论当中话语权更加强大的事实。如果哪一天本土出生的新加坡人不讲华语了，华文教育不存在了，那么华文报纸也就只能依靠从马来西亚、中国移民来支持，这时华文报纸就真正沦为非主流传媒，话语权和影响力也就彻底被边缘化了。

政府对英语的崇尚也体现在社会的各个层面，如 2007 年 1 月，新加坡航空公司一架飞机因为机械故障，在北京紧急降落。新加坡航空公司第一时间向《海峡时报》传发新闻稿，解释飞机的事故原因。《海峡时报》也在其网站发布了新加坡航空公司的解释，但是，由于新加坡航空公司未向《联合早报》传发英文稿或中文稿，因此，《联合早报》驻北京记者没拿到新加坡航空公司的解释，无法回答中国同行的提问，维护新加坡航空公司的形象，致使《联合早报》颜面无存。从新加坡航空公司厚此薄彼的行为中，我们就可以充分看到《联合早报》在新加坡的尴尬处境，似乎其成了一个被遗忘的角落。

从新加坡华文报纸的发展历史以及今后发展的趋势来看，华文报纸经历了从主流报纸到非主流报纸，从强势传媒到弱势传媒，从强大话语权到弱小话语权的过程。总体来说，新加坡英文化的社会将对华文报纸的地位和话语权构成强大的挑战，形势不容乐观。

与华文报纸影响力下降的趋势相比，新加坡的华文广播和华文电视台的影响力却有增无减。华文广播和华文电视很受新加坡人欢迎，收视率也高过英文广播和英文电视。华文电视不仅受华人欢迎，而且也受到马来族和印度族的欢迎，特别是香港电视剧，更是受到包括马来族和印度族在内的新加坡观众的欢迎。一位马来族的妇女对笔者说，她每天都观看香港电视剧，也很喜欢看香港电视剧，华文水平无意中得到了提高。这是因为观众比较容易从电视画面获得资讯。

新加坡优频道和8频道经常在周一晚上播放国会辩论议题，从而使观众有机会了解国会辩论的议题，并了解国家即将出台的新政策。不过，这些新闻都是从维护政府权威，帮助政府解释政策的角度出发的。政府在重要政策公布之前也会要求华文电视台制作有关领导人访谈的新闻特别节目，以此消除公众的疑虑。比如2007年2月，李显龙公布了新的财政预算案，这一预算案将延续五年。这个预算案大幅调高消费税，结果在社会上引起相当大的反响。公众普遍存在疑虑，消费税调高，将使人们的负担加重，特别是低下层的人们，生活将更加困难，反对党利用此课题批评政府漠视低下层人们的生活疾苦。为消除公众的不满情绪，李显龙亲自率领高级官员在社区召开马来族、华族、印度族基层领袖答辩大会，讲解预算案中调高消费税的初衷，并说明对低下层人民有税费补贴政策。优频道和8频道全部转播了李显龙答辩过程，而英文电视台则只侧重于李显龙对预算案的解释。因为李显龙在答辩大会中，长时间使用华语解释政府的政策，这使得华文电视有更大的优势报道答辩大会的实况。李显龙为何要在社区多次使用华语解释预算案，也是基于基层当中懂华语的人士较多，讲华语能够贴近社会基层，反映政府关心人民疾苦等原因。

华语广播电视比英语广播电视更强势，除了广播电视与报纸具有不同的传播特点外，还要归功于中国大陆、香港和台湾电视节目的贡献。新加坡华文电视节目80%以上来自中国大陆、香港和台湾。香港的电视剧、中国大陆的纪录片，特别是时事、旅游和文化节目尤其受欢迎，在新加坡的收视率很高。另外，华文广播语言通俗易懂，也是广受听众欢迎原因之一。华文广播和华文电视的卓越表现，以及大量来自大陆、香港的电视节目，对于延缓新加坡社会的英语化和西化，保护新加坡中华文化，保留华语作出了巨大贡献。

第二节　作为非主流媒体的华文报纸影响力

除了中国和新加坡外，世界再无以华人为主导的国家，但是在一些国家中，华人力量不容小视。他们在政治、经济、文化教育等方面取得的成就，不仅推动了华族的发展，而且也为当地国家作出了巨大贡献。这些国家中，在亚洲，以马来西亚为代表；在欧洲，以法国和英国为代表；在非洲，以南非为代表；在大洋洲，以澳大利亚和新西兰为代表；在北美，以加拿大和美国为代表；在拉丁美洲，以巴西为代表。除了中国和新加坡外，华人虽然是少数族裔，但是，他们在维护华族利益，弘扬中华文化，推广华文教育方面不遗余力。他们所创办的各种华文传媒虽然是非主流传媒，但是影响力却很强大，其中尤以马来西亚华文报纸为代表。

一、华文报纸舆论的威力

在民主国家，华人手中的选票已经成为影响当地国家政治选举的重要力量。面对华人经济上的成就，以及手中的选票，任何一个候选人都不能小视华人的舆论。因此，华文传媒的舆论常常能够引起政界的注意，并经常采取补救措施。如2003年2月23日发生美国总统候选人希拉里竞选班子拒绝华文传媒采访后，受到华裔和亚裔的批评，不仅道歉，并特别承诺拨出时间，接受华文报纸专访的事情。这件事情充分反映了华文传媒强大的舆论影响力。

政治人物丝毫不敢对华文传媒掉以轻心，对其舆论特别敏感。如马来西亚前首相马哈迪指责华文报纸，尤其是《南洋商报》和《中国报》利用华社问题，指责政府和执政的联合阵线（巫统、马华公会和国大党），使反对党如民行党从中得利。他说，国阵1999年底在鲁乃州议席补选落败，主要也是《南洋商报》和《中国报》的报道所致。他说："这两份报纸指责我煽动华人的情绪，以致引起华人反对政府、憎恨政府，要求华人不要把选票投给政府。"

在马来西亚，每逢国会选举，华文报纸的政治与选情分析，已经成为华人观察和决定选票的重要资讯。因此，政治人物对这些分析相当关心。华文报纸也第一时间向华人告知选情，如《星洲日报》曾经一天出版七次号外，报道选情。因为华人所支持的政治候选人是否获胜，直接影响到华人的切身利益。鉴于华文报纸强大的舆论权和社会影响力，非华族的候选人经常与其联络，打好关系，希望报纸多报道他们的正面事迹，以此在选举时能够得到华人的选票。

因为拥有强大的政治动员能力，马来西亚的华文报纸在种族问题上毫不让步，因为华文报纸一再谦让，不但会让华人失去信心，而且在某种程度上还会让华人产生华人政党退让的印象。因此，在维护华人权益方面，华文报纸敢反击马来人，以改变华人在政治上软弱无力的局面。在南非，针对华人接连受枪击死亡的事实，华文报纸起来向政府抗议，要求政府采取切实措施，维护华人利益，打击罪犯，也促使南非政府采取措施，保护华人的人身财产安全。

在美国，华文传媒不遗余力维护华人权益。2007年1月29日，纽约十一频道电视台接到一位非裔女士的投诉，称其在位于布鲁克林区的"新福建"餐馆购买的外卖"芥蓝鸡肉米饭"中混有老鼠肉。当天，该台在没有经过任何检验求证的情况下以《令人作呕的食物》为题播出独家专题节目。此后不久，该电视台再次播放有关"鼠肉外卖"事件的追踪报道。报道播出后，纽约市卫生局专门前往"新福建"餐馆进行检查，并未发现任何啮齿类动物或违规行为，餐馆顺利通过了美国官方的卫生检查。事后，许多网友纷纷谴责纽约十一频道电视台的报道有诬蔑中餐、误导消费者之嫌，其行为显然是为了提高收视率而故意耸人听闻。所有的纽约华文传媒都把此事件作为关系到美国华侨华人切身利益的大事来报道，抗议十一频道电视台有意制造新闻。华侨华人也纷纷团结起来，一致抗议纽约十一频道的不实报道，迫使纽约十一频道不得不向外界作出澄清。

华文传媒虽然在绝大多数国家属于非主流传媒，但是它们的政治动员能力，以及在影响舆论的能力上有时丝毫不逊色于主流传媒，它们的力量让主流社会不敢小觑。“2005 年 6 月，美国两个著名的调查机构公布一项调查结果显示，美国少数族裔的传媒受众高达 5 100 万人，几乎相当于美国成年人口的 1/4。调查还发现，来自中国、韩国和越南的移民非常依赖于从本民族语言传媒获取信息，即使他们方便使用主流的英语传媒，但还是喜欢本族语传媒提供的信息，他们需要靠本族语的传媒来表达他们的声音。这个调查结果让美国人大开眼界：原来在英语主流传媒之外，那些看来并不起眼的少数族裔传媒竟有如此不可忽视的影响力。美国传媒在报道这一调查结果时，形容那些少数族裔传媒为‘躲藏在平常人视野之后的巨人’。”①

这个调查结果也给了我们重要启示，华文传媒对华侨华人读者主流社会的影响和作用相当大。在美国是如此，在世界各地也是如此。华文传媒是华侨华人获取资讯的重要来源，也是他们表达心声的重要平台，其社会影响力有时并不局限于华人社会。

二、华文报纸发展迅速

海外华文传媒随着中国移民大量移居海外，发展相当迅速。虽然许多华文传媒规模比较小，但是能够在异国他乡办起华文传媒，这本身就是为建设当地华人社会作出贡献。它们对华侨华人的报道，被国内传媒转载、放大，令当地政府也不得不出来澄清和解释。

新兴的华文传媒地区，如加拿大、美国、澳大利亚、南非，华文传媒产业兴旺发达，他们都是近年来中国移民大量移居的地区。这些移民受过良好教育，直接推动了华文传媒的发展。海外华文传媒早期的诞生地——东南亚，华文报业现在仍然相当发达。如马来西亚的华文报业不仅没有衰落，而且高速发展。2005 年，马来西亚每天华文日报的销量超过 100 万份，比当地的主流传媒——马来文报纸和英文报纸的销量还高。在马来西亚，华文报纸虽然是非主流报纸，但是它的影响力丝毫不逊色于马来文报纸和英文报纸。它们是内安部重点关注的对象，境内有 20 家华文报刊，竞争十分激烈。这是因为马来西亚有 625 万的华人，华人经济实力强大，境内的华文教育系统和完善，使得华文报纸一直拥有大量忠实的受众。

① 郭招金在世界华文传媒论坛上的主题报告 . http：//news. sohu. com/20070902/n251910308. shtml，2007 - 09 - 02

1. 华文报纸销量和广告超越其他语报纸①

在马来西亚亚，华文教育虽然受到政府的压制，但是华文报在2004年为止前7年仍取得3.1%的增长率，比淡米尔文报（+2.8%）及英文报（-0.1%）还高。2005年7月1日至2006年6月30日，马来西亚发行审计局发表了马来西亚的日报发行量。所有日报发行量达到了250万份，创下了历史最高纪录，其中华文报纸发行量最高，每天达100万份，一年来增长了9%；英文报发行量第二，为68万份，增长4%，见图7-5和图7-6。马来文报纸的发行量为67万份，增长了3%。在英文报纸中，《星报》发行量每天为31万份，而《星洲日报》发行量则已突破了36万份。马国约有87%的华人大约522万的华人通晓华文，其中77%大约402万的华人为华文报读者，由此可见，国内各报读者群持续增长，传媒未来展望相当乐观。而华文报不断上升的渗透率，有利于提高报纸发行量。

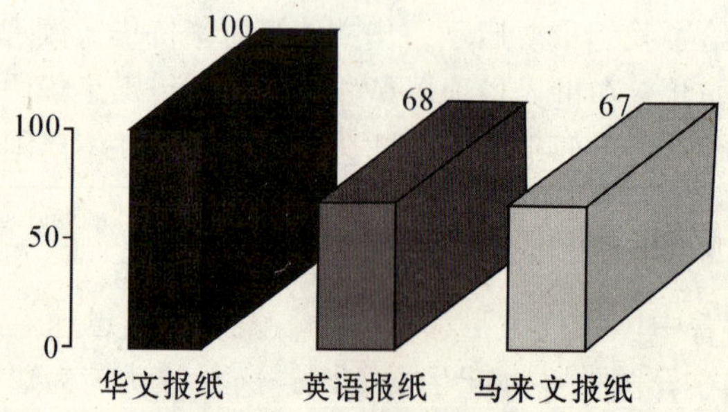

图7-5 马来西亚发行审计局对境内日报销量的统计
（2005年7月1日至2006年6月30日，单位：万）

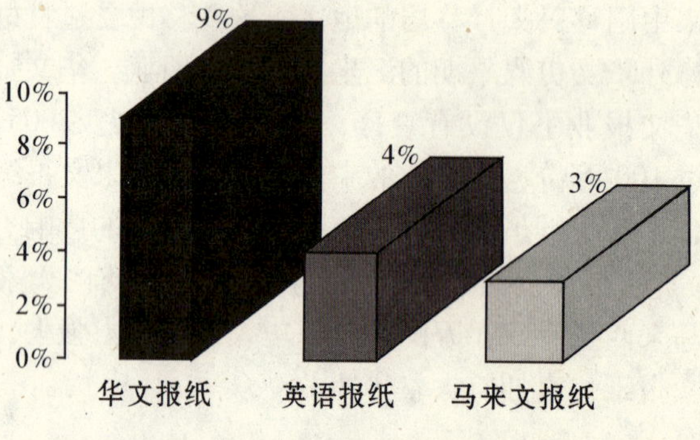

图7-6 各报销量增长率（2005年7月1日至2006年6月30日）

① 此小节引自拙文：《族群和文化认同：从新马华文报纸的历史看其与华人的关系》研究论文的部分内容。此文是笔者2007年接受新加坡国家管理局邀请，从事学术访问时完成的，该研究论文现存于新加坡国家图书馆。

在报业集团营运方面，华文报纸影响力最大的《星洲日报》取得了相当惊人的成就，营业额每年有6%~7%的增长，而税后盈利则达到惊人年均22%的增长。从财务收入趋势图来看，《星洲日报》的收入每年均在增长，见图7-7。

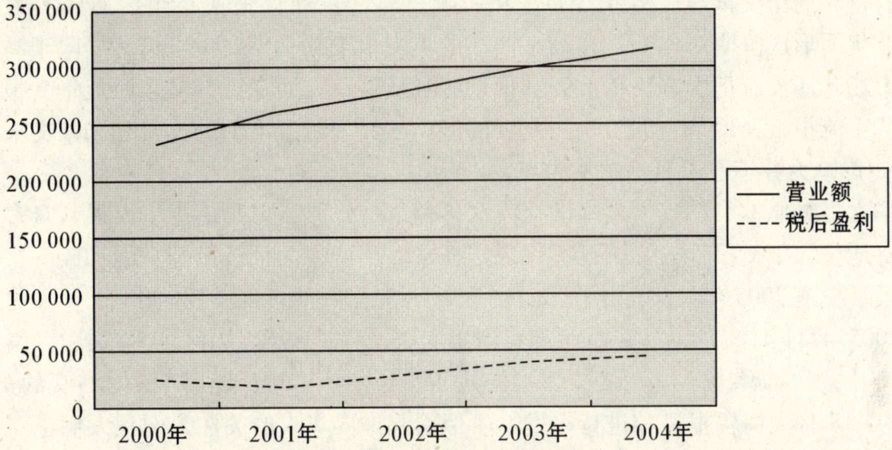

图7-7 2000—2004年《星洲日报》财务趋势图（单位：千）

2005年3月31日，星洲媒体集团的净利高达597.7万令吉（1令吉相当于人民币2.1元），年均激增34.14%。到了2005年12月31日，从3月份到12月的9个月营运收入中，平均取得19%的增长，从308万令吉增至35 313万令吉。

根据2005年AC尼尔森的报告，报纸与电视的广告总投入比2004年增长3%，其中英文报仅增0.9%、华文报7.7%，马来报7.8%。《星洲日报》估计2008年财政年的广告收入可增长9%~10%，即广告收入达4亿令吉左右。从数据来看，华文报的广告前景令人感到十分乐观。

2004年星洲媒体集团挂牌上市，在市场上引起抢购风潮。2006年10月17日，《星洲日报》社长张晓卿通过名下的益思（Ezywood Option）私人有限公司，以64 675 800令吉，从南洋报业控股大股东兼马华公会的华仁管理有限公司，购买南洋报业集团21.02%的股份。之前，张晓卿名下的常青集团已经购买了23.74%的南洋报业集团的股份。这样，张晓卿就一共拥有了44.76%的南洋报业的股份，一跃成为南洋报业的最大股东。

2007年1月29日，星洲媒体集团与香港明报报业集团宣布合并，并邀请南洋报业集团参加。拥有星洲媒体集团和南洋报业集团的股东可置换香港明报集团的股票，也就是说，明报集团将收购星洲媒体集团和南洋报业的股份，并在香港和马来西亚两地股票市场上市。合并后的明报集团因此一举成为中国大陆、香港、台湾之外最大的华文传媒集团，足迹将遍及全世界。

一旦合并完成，明报集团便拥有三个子公司：星洲媒体集团、南洋报业集团、明报集团。这样它便成为中国之外，实力最雄厚的华文出版巨头，不但拥有与中国传媒业进行竞争的势力，而且进入中国传媒业后，也将以更加开放和先进的管理模式，在中国、世界的华文传媒产生强烈冲击和影响。与《星洲日报》重组，形成实力雄厚的报业集团形成鲜明对比的是，马来西亚的英文报纸和马来文报纸仍然局限于马来西亚的市场，还没有把影响力扩散到其他地区，从这一方面来说，马来西亚华文报纸虽然是非主流报纸，但是它的影响力发展的能力已经超越了境内的英文和马来文报纸。

2. 影响力并不亚于其他语文报纸

华文报纸原本只是华人之间的交流和传播语言媒介，但是由于华人人数众多，经济较有地位，华文报纸的影响已不仅限定在华人族群，而且扩散到其他种族。这可从华文报纸报道2005年发生的中国女子在马来西亚受辱的事件中反映出来。

2005年11月3日，马来西亚警察滥用职权，强迫三名中国妇女脱衣。三位中国妇女离开警察局后，向华人议员郭素沁投诉，17日华文报纸获知三位妇女的遭遇，于11月18日大篇幅报道和进行揭发，不但引起世界华人的关注，而且人们也对华文报纸的特点、功能和责任有了更深的了解，报道不仅在马来西亚引起轩然大波，而且还令世界注目。

目前，马来西亚共有20家华文报刊。这些华文报纸日销量超过100万份，读者超过300万。无论是销量，还是读者数量，华文报纸都比马来文报的读者纸多。这在马来西亚是一个相当独特的现象。

在马来西亚，由于华人生育率日趋下降，从建国时占其总人口的56%下降至现在25%。虽然总人数有近625万，但现在马来人的人口比例已经超过了华人和印裔的总和。由于历史原因，马来西亚政治主要由马来人主导，但是在报纸的影响力方面，华文报纸并不逊色于马来文报纸。这是因为华人人口虽然日趋下降，但是在经济方面却有相当大的实力。所以，依靠强大的经济实力和系统完善的华文教育。华文报纸没有像其他东南亚国家一样，面临日渐严重的经济问题和读者群减少的问题，其影响反而越来越大。在这样的背景下，华文报纸发挥了相当大的社会影响。

在中国女子受辱和疑似华人女性被迫脱衣等辱及华人事件中，华文报纸很清楚报道此事，必将给马来西亚政府带来严重的负面影响，不仅影响中国和马来西亚两国的关系，打击中国游客赴马来西亚旅游的信心，而且会令马来西亚的国际形象受损。华文传媒敢于报道此事，体现了崇高的新闻职业精神。

笔者统计自11月18日至12月30日，马来西亚5份影响较大的华文报纸对中国女子受辱案的新闻和评论，发现不但新闻数量多，评论也多。平均每天最少有13条关于这方面的报道及评论，见表7－6。

表 7－6　马来西亚影响较大报纸关于中国女子受辱的新闻和评论数量统计

报纸	数量		
	《新闻》	评论	总数
《星洲日报》	178	31	209
《南洋商报》	147	23	170
《中国报》	197	16	213
《光明日报》	163	14	177
《光华日报》	154	16	170

另据笔者对上述 5 份报纸有关新闻与评论的内容分析，发现强烈批评警方滥用职权，歧视华人，侵犯人权的新闻与评论占了大多数。从表 7－7 可见，非常不满意和不满意警方做法的新闻总数达到了 59.5%，而满意警方解释和做法的只有 5.1%，见表 7－7。

表 7－7　马来西亚华文报纸关于中国女子受辱的新闻态度调查

报纸	非常不满意		不满意		一般		满意		非常满意	
	数量	比例%	数量	比例%	数量	比例%	数量	比例%	数量	比例%
《星洲日报》	25	12.0	80	38.3	90	43.1	14	6.7	0	0
《南洋商报》	32	18.8	89	52.4	41	24.1	8	4.7	0	0
《中国报》	30	14.1	85	39.9	92	43.2	6	2.8	0	0
《光明日报》	23	13.0	87	49.2	52	29.4	15	8.5	0	0
《光华日报》	22	12.9	85	50.0	58	34.1	5	2.9	0	0
《总数》	132	14.1	426	45.4	333	35.5	48	5.1	0	0

为了表明报社的立场，许多华文报纸于 11 月 18 日头版位置，用特大的标题，报道了中国女子受辱事件。《星洲日报》头版头条——《善待中国游客》，其中“善待”两字竟然比报头大了两倍，反映了他们对警方强烈不满的态度，鲜明地体现了自己的立场，也反映了该报维护华人利益，匡扶社会正义的宗旨和立场。

在此次事件中，除了在新闻中大幅报道中国女子受辱以及疑似华人女性被迫脱衣等事件，马来西亚华文报纸还利用各种评论来体现自己的宗旨，比如刊登社论、评论员文章、读者的来论，一方面为华人提供表达意见的空间，另一方面也使报纸增强影响力，特别是华文报纸连续发表社论，构成了强大的社会舆论，全面展现了华人喉舌的形象，见表 7－8。

表 7－8　华文报纸关于中国女子受辱事件的社论

报纸	时间	社论
《星洲日报》	11 月 23 日	妥善处理滞留境内的中国游客
	11 月 24 日	建立保护举报人制度
	11 月 26 日	警队要往上提升，不能向下沉沦
	11 月 28 日	尽速成立独立投诉委员会
	11 月 30 日	以诚意互信处理好受辱事件
《南洋商报》	11 月 19 日	正视警察羞辱游客事件
	11 月 24 日	严查警方骚扰报案人事件
	11 月 25 日	实际行动比解释更重要
	11 月 30 日	设立投诉警队独立单位
《中国报》	11 月 18 日	严打警队败类
	11 月 19 日	问题不在警方身上
	11 月 28 日	揭警滥权或侵犯女权
	11 月 29 日	整顿警队此正其时

除了上述 3 份报纸连续发表社论，对中国女子受辱事件进行评论外，其他华文报纸也通过各种评论批评警队和政府的做法。比如，报纸刊登了警方逼迫女性脱衣检查的新闻后，警方不但没有检讨自己的行为，反而千方百计地寻找偷拍者，以图打击报复。众多华文报纸刊出社论和读者来论，指出警方的做法会进一步损害其形象。《光华日报》11 月 27 日的评论认为："在禁区内偷拍是抵触法令的行为，警方可以依法处置。但是，由于羞辱外国人事件影响国誉，权衡轻重，录像片段所显示的更为严重的违法行为，警方不应本末倒置。"

华文报纸在为华人争取和维护权益的同时，获得了华人信赖和支持，也在华人社会以至主流社会形成了很大的影响力，促使首相不得不出面安抚华人，并设立调查组，调查真相，同时还派内政部长、旅游部长前往中国解释并道歉，避免两国关系受到损害，同时努力挽回中国人赴马来西亚旅游的信心。

事实上，在其他一些涉及华人切身利益的政治和经济问题，华文报纸也敢于起来抗争，他们为维护华族的利益，坚持华人受华文教育的权利，无论是新闻，还是评论都相当有深度。华文报纸的新闻视野不局限于华族，而是把眼光撒向全国，在马来西亚形成了对政府强有力的监督，在社会上形成了强大的舆论话语权。

华文报纸有关揭露政府腐败和弊端，反映民生问题，都会得到政府的关注，政府部门的负责人也会出来解释，并尽快解决有关问题。从这个角度来说，华文报纸并不因为它是非主流报纸其影响就会减弱，相反，随着中国经济的迅速发展，中国成为马来西亚重要的贸易伙伴，华人因为在语言和文化上的优势，因此能够担当中马经贸关系的桥梁角色，华文报纸的影响力也因此越来越强。

三、海外华文报纸舆论引起中国的关注

虽然海外华文传媒受当地国法律的管理，是当地国传媒的组成部分，但是由于他们以华文为传播语言，因此它所形成的舆论不仅影响华人社会，而且还会引起中国的关注。

我国传媒报道海外华人受到不公正对待的途径主要来自三个渠道。一是由于我国驻外机构很多，特别是新华社、中新社常会转载海外华文传媒的报道，他们转载后的新闻报道又会被我国国内的传媒转载，引起受众的关注。比如，2005 年 11 月 3 日在马来西亚发生污辱华人妇女的事件，外交部和驻马来西亚大使馆就密切关注事件的进展，并要求马来西亚政府调查，采取措施避免类似事件的再次发生。二是网民转载海外华文传媒的网站，并被传统传媒转载，在国内引起很强大的舆论。又如，新加坡《联合早报》报道2004 年4 月 20 日所罗门群岛发生排华骚乱。三是海外华文传媒相互转载，我国网民又从海外华文传媒获悉，并转贴，引起公众的关注。比如，澳大利亚《星岛日报》报道，新西兰报业评议会2007 年6 月 11 日裁定，《北与南》杂志一篇讨论包括华人在内的亚洲移民和罪案的封面文章，违反准确和反歧视的原则。这条新闻被新加坡《联合早报》、马来西亚《星洲日报》等转载，网民从这些网站看到新闻后，又粘贴到我国的网站上，引起网民的关注。

图 7 – 8　《中国报》2005 年 11 月 25 日

由于中国经济力量日益强大，在国际上的地位也得到迅速提高，许多国家希望从中国迅速发展中获得经济利益，都加强了与中国的经贸和文化教育联系。因此，他们不愿意华文传媒的一些关于华人受到不公平对待的新闻而损害与中国的关系，因此他们往往应华文传媒的要求对事件进行调查，并妥善处理。

随着中国经济的发展，越来越多的公民有钱赴国外旅游。目前，我国已经成为世界重要的出境游国家之一。2003 年我国出境旅游人数已经超过日本，成为亚洲第一大客源国，根据世界旅游组织的统计，我国已经成为世界第七大客源输出国。世界旅游组织预测，到 2020 年，中国将成为世界上第一位旅游接待大国和第四位客源输出国。2007 年 1 月至 5 月中国出境游人数达 1 603 万，同比增长 14%，全年出境游人数将超过 3 500 万人。在消费方面，我国公民也不逊色于其他国家。最近在澳大利亚的一份调查研究表明，中国游客在澳大利亚的平均消费是日本游客的 4 倍。

鉴于我国庞大的出境游人群和广阔的市场，世界各国都加强了对我国的旅游推介活动。目前，已有超过 118 个国家跟中国签署了旅游目的地协议，其中有 76 个国家

已经在接待中国游客，而澳大利亚、泰国、韩国、日本、新加坡、法国、意大利、德国和瑞士等旅游目的地正准备在中国投入重金，进行宣传和推介，以吸引中国游客。2006 年在北京举办的第二届中国出境旅游交易会，吸引了 31 个国家和地区的 120 名参展商。海外参展商比重达到八成，显示中国公民已经成为其他国家旅游业争取的对象。

很显然，世界各国面对中国出境旅游的巨大蛋糕，都不愿意海外华文传媒的负面报道而损害在旅游国形象。例如，2006 年澳大利亚华文报纸报道了中国公民受到导游误导，高价购买商品的新闻后，政府对此事相当重视，立即展开调查，惩罚了该名导游，并整顿导游队伍。

中国的迅速发展，不仅使海外华侨华人的地位上升，而且使华文传媒在当地的舆论也受到特别关注，无形之中撑起海外华文传媒的腰杆。华文传媒虽然是非主流传媒，但是在这棵大树的“荫护”下，舆论的力量得到显著增强，有时甚至并不逊色于当地主流传媒。

第三节　双语报纸的影响力

由于华文报纸是一种族群性的报纸，其影响力常局限于华人社区，而对主流社会影响较小，因此为扩大华人声音，表达华人诉求，维护华人利益，华文报纸采取三种方式加强与主流社会的交流与沟通，传达华人的呼声，实现族群间的谅解、和平共处：第一种是一份报纸出版华文版和当地语言版，但夹在一起发行，我们称之为双语版报纸。比如在美国，双语报纸就是既有华文的版面，又有英语的版面；第二种华文报开设华文版和当地语言版，但各自分开发行；第三种是华文报业集团干脆另办一份当地语言的报纸，面向主流社会独立发行。

一、双语版报纸的影响力

华文报纸出版双语版其中一个考虑就是为双语家庭服务，其中主要是为两种家庭服务。第一种家庭是，由于华人家庭接受不同的语言教育，他们就会阅读不同语言报纸。第一代移民对中国怀有很深的感情，而第二代在当地出生，他们对中国以及中华文化的印象相当模糊，因此为满足这部分家庭的信息需要，一些报纸出版了双语版报纸。第二种家庭就是混血家庭。他们接受不同语言教育，双语版报纸则可分别满足他们对信息阅读要求。

在美国，“据一份调查报告显示，美国亚裔的第二代中，高达 3/4 的人口对本民族的语言不能熟练掌握。今年 8 月，台湾发表一份调查报告结果与此类似：在美的台湾同胞 59 万，其最大特征是高学历。出生在美国的新生代中，近 8 成会听汉语，近 7.4 成会讲汉语，会读会写中文的却只有 1/4。调查结果显示，假定新华侨华人都是华文传媒的读者，他们的下一代可能只有1/4成为华文传媒的读者。为争取这批并不熟悉汉语的华裔读者对华文传媒的阅读兴趣，华文传媒正在尝试出版双语报刊”①。

此外，华文报刊出版双语版还有一个考虑就是增加销量。一般来说，出版双语版的报纸都是规模比较小的报纸，扩大销量是他们首要考虑的问题，只有提高销量，才能招揽到广告，才能维持生存，因此双语版的华文报纸兼顾了华人和其他族群，有助于提高销量。

笔者从已掌握的资料，列举了一些双语发行的报纸，见表7－9。不难发现，出版双语版的日本华文报纸数量最多，这种情况一方面反映了日本华文报纸规模小，数量多的事实，另一方面也反映了华人希望通过出版双语版，加强与日本人的沟通与交流。

表7－9　各国出版双语版的华文报刊一览表

创刊时间	报纸	创刊地
1993年8月30日	《东方时报》	日本
1996年8月1日	《日本侨报》	日本
1992年4月	《中日新报》（周报）	日本
2001年8月1日	《关西华文时报》（双周刊）	日本
2000年2月27日	《南华报》	日本
2004年12月25日	《新民晚报》	日本
1996年	《法华报》（现名华报）	法国
1994年3月	《欧中经贸》（杂志）	法国
1977年7月1日	《加京华报》	加拿大
1966年9月12日	《印度尼西亚日报》（已被马来西亚《星洲日报》接管，变成全华文报纸）	印度尼西亚
1991年2月	《比华侨报》（1版比语、1版英语，双月刊）	比利时
1992年	《澳华日报》，创刊时为《华联日报》，1996年改为现名	澳大利亚

由于规模小，发行量小，第一版又是华文，当地其他族裔经常以为双语版报纸是华文报纸，因此即使这些报纸免费取拿，他们也不会索取阅读。从这方面说，双语报纸一般只为华人家庭服务，无形之中，双语报纸对影响主流社会的作用很小。因此虽然双语版希望加强主流社会对华人的关注，但实际上起的作用不大。

我们还注意到一些主流传媒或政府，为加强向华侨华人传播有关信息，出版了双语版报纸，但是，这些报纸站在主流传媒和政府的角度，不可能全面、客观地反映华人的诉求。如1966年9月12日，为实现华人与政府的沟通，当时印尼情报局在政府

① 郭招金在世界华文传媒论坛（第四届）上的主题报告．http：//news. sohu. com/20070902/n251910308. shtml. 2007－09－02

的同意下，出版了一份双语报纸——《印度尼西亚日报》。这份报纸成为从1966—1999年之间的唯一一份华文报纸。但是，由于编辑自主权被情报局所掌控，无法更多地反映华人社会的真实情况，维护和捍卫华人的利益，因此其发行量一直上不去，每天的发行量只维持在5万份左右。《印度尼西亚日报》每天出八版，其中三版半为中文，其余为印尼文。这家报纸自称创办宗旨为“向不大懂得印尼文和只懂华语的印尼居民提供有关政府措施、法令条例和事件的说明”。由于政府主导，宗旨仅是向华侨华人传播政府政令，华侨华人的心声根本无法得到反映。目前，此份报纸被马来西亚《星洲日报》收购，改名为《印度尼西亚星洲报》，变成了纯粹的华文报纸。

二、当地语言版的影响力

华文报纸编辑当地语言版，并独立发行华文版和当地语言版，主要有两种情况。一是使用华文报名出版当地语言版，但与华文版分开发行；二是华文报纸另出一份当地语言报纸，并采用与华文报纸不同的报名。（单独发行当地语言版或不同报名的当地语言报纸，见图表7－10）。很显然，这种报纸比一份报纸同时印制双语版并夹在一起发行的报纸，对主流社会的影响力更大，但成本更高，要求也更高。同时，由于要打入主流社会，必然要与当地语言报纸进行竞争，因此需要的资金也更多。

单独发行当地语言版或出版另一份当地语言报纸，这对华人社会的好处是不言而喻的。与其他当地语言报纸相比，由华人创办的当地语言报纸把视野集中在华人身上，向当地人传播华人社会的消息，因此不仅可以向当地人介绍中华文化、华人生活，而且还可把华人的心声传播给主流社会，以引起主流社会的关注，减少误会。

表7－10　华文报纸单独发行当地语言报纸一览表

创刊时间	报纸	创刊地点
1982年1月20日	《西华报》（英文版）	美国
1985年5月1日	《美亚新闻》（独立报名）	美国
2001年11月	《圣路易时报》（英文版）	美国
1978年	《婆罗洲邮报》（英文，独立报名）	马来西亚
2005年5月21日	*El Mandarín*（西班牙语，独立报名）	西班牙

这些报纸为增进族群的交流，反映华人诉求作出的贡献。比如，《圣路易时报》得到了FCC（领养中国孩子家庭），CAFÉ（中美交换家庭），IH（国际希望之家）等组织的大力支持和鼓励。2002年11月，密苏里联合学区决定将《圣路易时报》英文版作为学区各学校中华文化及语言教学辅助教材。

针对西班牙人排华事件在近几年不断发生的现象，西班牙《欧华报》创办了“*El Mandarín*”，以弘扬中华文化为己任，架起中西交流的桥梁，并免费派送给西班牙当地人民，对于加强西班牙人对中国的认识以及对华侨华人的了解做出了贡献。

日本华文报刊利用出版日本语版，大量报道华人社会的优秀人物，积极树立华人社会的正面形象。“如日本《侨报》1997 年首创‘负笈东瀛写春秋——在日中国人自述’征文活动，在华人社会引起强烈反响。104 名活跃在各个领域的中国人把自己的奋斗经历诉诸纸面，寄来了生动的征文，在上海教育出版社的支持下，出版了厚达 785 页、60 多万字的纪实文集，记录了在日中国人的形象，反映了中国人在日的生活与艰辛努力，在中日两国产生了很大影响。2000 年，日本侨报社又把该书译成日文，推出了《中国人的日本奋斗记》日文版，对改变日本人对在日中国人的偏见起到了很大的作用。”①

事实上，生活在异国他乡的华人时时刻刻都看到华人受排挤的事实，都在思考如何改变华人在异国他乡的命运。由于中国与其他国家的文化，意识形态都有比较大的差距，特别是西方经常把中国人的思想方式等同于社会主义意识形态，总是以为由共产党执政下的中国缺乏民主和自由，并且居高临下地俯视华人和中华文化，造成文化冲突时有发生。

鉴于华人在他国受排挤所遭受到苦难，许多知识分子都认为，华文报纸只有融入当地社会，客观地传播华人和中国信息，才能有助于改善华人在当地人头脑中的形象。因此，他们便想到创办双语版报纸或单独创立当地语言报纸来改变当地人对华人的印象。英国《英中时报》创办人陈明亮决心在未来几年内创办一份英文报纸，他说：“外国人对中国的了解挺少的，而且当地传媒对中国的报道还是比较偏，我要让他们看一些真实的报道。”②

由于华文报刊创立当地语言版和独立的当地语言报纸并单独发行，脱离华文报纸进入主流社会，不仅成为面向主流社会传播华人信息的有效传媒，而且还成为当地人和政府了解华人以及中国重要的渠道，他们能够因此更深入地了解华人社会，对华人提出的各种诉求也会有所了解，并及时加以解决。所以，创办当地语言版或者独立的当地语言报纸，对于增进当地人对华人和中国的了解相当有帮助，然而，就笔者目前的观察和研究来看，大多数报纸多数都是免费派发，而且出报时间长，基本上是周报，版数也少，而且广告少，一般都是两张八个版，很难详尽及时地报道华人社会的状况。只有少数报纸面向市场，如马来西亚的《婆罗洲邮报》，但它以市场为导向，把更多的版面报道当地马来人的生活，对华人反而报道较少，有时为了求得生存，甚至采取折中的手段，平衡华人与政府的矛盾。如何喊出华人声音，又能够在市场上求保生存，确实值得海外华文报纸思考。比如，马华公会（马来西亚华人政党）拥有的英文报纸《星报》，目前在英文报市场中销量第一。由于走的是为主流社会服务的

---

① 段跃中．日本华文传媒发展综述．世界华文传媒年鉴．世界华文传媒年鉴社，2003. 108

② 华文传媒论坛访谈录：华文报纸表达华人声音．中国新闻社，2007 - 09 - 01

路线，它对华人的新闻报道得很少，为维护华人利益的新闻也比较少，实际上政府也不希望《星报》变成只为华人服务的英文报刊，因此在促进种族之间的互信和了解方面作用不甚理想。

此外，还有当地主流传媒出版华文报刊，开设华文广播或华文电视台，但是由于站在主流社会的角度报道华人社会新闻，未能尽到全面客观的新闻报道责任，甚至带着歧视性的眼光报道华人。比如，英国 BBC 虽然每天一个小时用华文广播华人新闻，但是报道的大部分都是中国的负面新闻，给人一种专门抹黑中国及华人形象的感觉，中国留学生和新移民现在都不愿意收听 BBC 华文广播。

有些国家的主流传媒看到华文传媒大有可为，于是与华文报刊组成策略性联盟。如 1998 年 4 月，《星岛日报》与多伦多星报集团组成策略性联盟。《星岛日报》可以利用星报集团的配送网络，为读者提供更快、更新、更全面的信息服务。多伦多星报集团主要经营传媒生意，旗下包括加拿大发行量最大的日报《多伦多星报》，以及《咸美顿观众报》（*Hamilton Spectator*）。集团还拥有在南安省的 Metroland 社区报业集团，Harlequin 爱情小说出版社以及其他几个数码传媒，如星报网站 www. thestar. com。这种策略性联盟对华文传媒的发展很有帮助，华文报刊既能保持编辑自主权，又能借主流传媒集团扩大发行网络，促进华文报业的发展，也对进入主流社会有帮助。

因此，评价这些以当地语言为传播载体，并单独发行的报纸或版面在主流社会中的影响力，笔者认为，它们确实促进了让更多当地其他族裔对华人的了解，但是由于规模小，市场化程度不高，因此不仅使华文报纸增加财政负担，而且报道的广度和深度也比较有限，再加上当地政府的种种限制和疑虑，华文报纸寄希望通过单独发行当地语言的报纸或者版面来传播华人声音，很有难度，而且一些当地人往往觉得华人主办的这些当地语言报纸所刊载的内容有悲情意识，刻意把自己塑造成受害者角色，反而加深了对华人的偏见，但是华文报纸意识到采取这种方式来改变华人被歧视、主流社会对华人的偏见，无疑是正确的行动，本身就是一种进步。这种通过创办当地语言的报纸或版面，也确实有助于解决华人与当地人因为文化背景而产生的文化思想冲突等问题，促进中华文化在当地的传播。

Chapter 8 第八章

海外华文传媒面对的困难与发展策略

Difficulties and Development Strategies of Overseas Chinese Language Media

随着越来越多的留学生到海外留学，以及越来越多的中国公民移民海外、经商，海外华文传媒也随之迅速发展。在非洲，东非、西非新涌现了一些华文传媒，南非不断有新的华文传媒创办。在其他洲，也出现类似非洲的情况，特别是对于一些经济比较发达的国家，移民和经商的华人数量呈现显著增长的同时，推动了海外华文传媒的迅速发展，如欧洲、澳洲和北美洲的华文传媒无论是数量还是质量都得到了显著提高。华人数量的增长以及实力的增强，也就促生了华文传媒。所以，在一些经济比较发达，人数比较多，民主思想又比较浓厚的国家，华文传媒得到了长足的发展。然而，华文传媒迅速发展的同时，我们也要清醒地看到海外华文传媒的发展也面对许多困难，这些困难如果得不到有效解决，就会严重影响和阻碍它们的发展，如果不推出一些有针对性、合理的解决策略，就会严重阻碍华文传媒的发展。

第一节 海外华文传媒面对的困难

当前一些地区的海外华文传媒发展困难，主要是因为它对于一个使用华语的国家来说，是异文化，是外来传媒。当地政府虽然不反对其创办，但是也没有给予优惠政策，一些国家甚至还采取种种措施限制华文传媒的创办和发行，这就使华文传媒除了面临受众少、资金少、广告少的困难外，还要面对当地政府的文化政治制度的影响。所以，华文传媒的发展显得步履维艰。

一、受众减少

受众减少有两种情况。一是华人数量增加，但是懂华语的人数减少，必然会影响华文传媒的发行与传播。另一种情况是，华人数量也在减少，这种情况就更加严重了。如果得不到源源不断的受众群的补充，那么当老一代懂华文的华人故去之时，而新一代的华人又不懂华文，那么华文传媒便缺乏生存的基础了。所以，发展华文传媒，除了要加强经营管理和创新外，也要加紧培育新一代的华人读者。

据笔者统计，当前华人受众减少有几个原因：一是华人的出生率越来越低，如在东南亚；二是当地华人向外移民，如印度等；三是华人受到同化程度相当高，如欧洲、美洲等。

1. 出生率低

笔者对资料进行统计，发现从1990—2000年（有些国家统计的年份是1999年或2004年），东南亚各国除了少数几个国家外，其余国家的华人在该国人口比率都出现下降趋势，见表8－1和图8－1。

表 8-1　东南亚各国华人人口及比率统计表（1990—2000）

国别	总人口（万）		华人人口（万）		华人人口比率变化	
	1990 年	2000 年	1990 年	2000 年	1990 年	2000 年
菲律宾	5 600.4	7 530	110	103	5.6	1.37
柬埔寨*	746.9	1 230	30	50	4	4.07
老　挝	370.3	500	1	16	0.37	3.2
马来西亚*	1 609	2 308	509.7	594	32	25.7
缅　甸*	3 210.2	4 750	71	100	2.2	2.11
泰　国*	5 265.4	6 300	465	649	8.3	10.30
文　莱	25	33.7	4.35	5	17.4	14.84
新加坡*	258.8	317	192.8	243	74.5	76.70
印度尼西亚	166 866.2	20 350	600	1 000	3.6	4.91
越　南*	6 121.8	7 680	96.17	100	1.57	1.30
东南亚华人总计	190 074	50 999.7	2 080.02	2 860	11	5.60

注：*表示最新人口统计年份不是2000年，新加坡、缅甸和泰国为2004年，柬埔寨和马来西亚为2002年，文莱为1999年，越南为1998年。印尼华人人口有些人说1 000万，有些人说600万，所以数字可能会有些出入，这里笔者以1 000万作为核算数字。

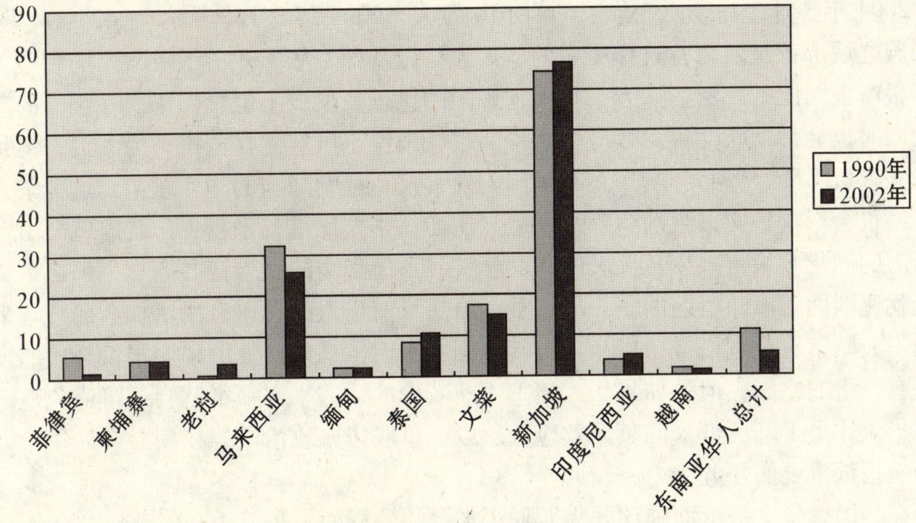

图 8-1　东南各国华人人口与比率比较图（1990—2000）

表8-1的数字和图8-1的图示很清楚地告诉我们，在2000年，除了老挝、泰国、印度尼西亚、柬埔寨、新加坡华人人口有所上升外，其余国家的华人比重都呈下降状态。更重要的是，华人总量在东南亚所有人口中的比重严重下滑，幅度达5.4%，几乎减少了一半。表8-1和图8-1又告诉我们，菲律宾是唯一一个人口比

重与数量同时下降的国家，其余的国家，人口数量都有不同程度的增长，比重下降的那些国家，如马来西亚华人口比重下降，是因为其他种族的人口数量上升，而华人的出生率低，此消彼长，华人人口在该国的比重便呈下降趋势。

近年来，在马来西亚，华人人口比例逐年下降比较严重。马来西亚是多元种族国家，各种族中以马来人居多，占全人口的58%。华人虽居第二，但占全人口的百分比逐年减少，至今只约占25%，引起华人社会的忧虑。

据马来西亚人口专家提供的数据显示，1957年马来西亚独立时，华人人口比例约为40%，1998年时占30%，到2001年已降至25.7%，预测到2021年将降至21.3%。此外，华人人口迅速老化的情况也令人担忧，15岁以下华人人口比例明显下降，2001年只有22.5%。

从统计表来看，马来西亚华裔人口不是“绝对”减少，而是“相对”下降。据当地传媒报道，从1961年至2000年的近40年里，马来西亚华人人口从300万增加至560万，增长比例是87%。马来西亚华社研究中心主任文平强表示，华人人口其实是在增加，但是速度很慢，比例下降也是对比其他族群的增长率来说的。如在出生率方面，1957年，印度族人为7.9%，华人是7.3%，马来人是6.0%；到了1995年，华人的出生率开始大幅下滑，比例跌至2.5%。

2004年3月，马来西亚华人约有610万人，2007年3月，人口有625万，排在马来族之后。正是因为有这样庞大的华人人口做基础，华人才能维持自己的利益。而华文报纸也因此有广泛的读者。华人在该国的比重减少，不但影响华人在该国的影响力，同时也会带来联动负面效应，对华文报纸来说，虽然生存危机不会太大，但是由于华人人口下降，势必影响华人在马国的发言权，影响马国的华人政策，这种华人政策最终也会影响华文报纸的生存与发展。比如，华人比重越来越少，政府就会出台更加严厉的同化政策，减少甚至关闭华文学校，不懂华文的华人势必增加，那么华文报纸也就逐渐面对不断萎缩的华人读者量。虽然目前华人的总量有所增加，而且马来西亚的华人政策也还宽松，所以相比较其他国家来说，马来西亚的华文报纸今后的发展还是有一定的空间，但是如果华人比重不断减少的话，华文报纸就会不可避免地遇到许多华人比重下降所带来的负面效应。所以，争取华人政治平等权利是今后华人，也是华文报纸重要的任务。

在泰国，华文报纸面临比马来西亚更加严峻的局面。虽然1990年至2000年，泰国的华人人口比重有所增加，但由于数十年来，泰国政府推行一套文化同化政策，鼓励族际间通婚，使得现在许多华人都不懂华文。泰国《新中原报》社长兼执行总编辑林宏认为，华文传媒是维系海外华人社会的重要纽带，泰国华人社会的信息、华人社区与中国的交往、中泰两国的重大事件、中国的状况等，主要靠曼谷的六家华文报纸向华人传递，因此华文报纸在华人当中的影响相当大。

目前，资金不足，优秀采编人员匮乏，市场不大，广告刊登不多，成为泰国华文报纸寻求生存空间的主要问题。2001年泰国《新中原报》社长兼执行总编辑林宏在接受中国新闻社记者采访时坦承："由于近期泰国的华人社会正在发生重大变化，传统的、潮州人占华人总数八成以上的架构正在悄悄改变，他们大多逐步融入主流社会成为泰国人。虽然来自台湾的人越来越多，弥补了一些华文报纸的读者空缺，但毕竟不能与原来生活在泰国的华人数量相比。由于读者人数锐减，一些年轻的华裔商家由于不懂中文，对登载中文广告兴趣不大，一些广告公司也缺乏好的商业广告设计的中文人才，种种因素造成华文报纸生存的恶劣局面。"①

在其他东南亚国家，同样存在华人人口增长率低于其他族裔的情况。在菲律宾，华人比重10年间在所有东南亚国家下降最多，从5.6%降至1.37%，人口不多，对华文报纸的影响就更大了。原本懂华文的华人就不多，现在不但华人的人口比重下降，人口数量也下降，如果不加强华文教育，华文报纸受到的冲击相信在今后几年将会越来越明显。

东南亚华人占当地人口的比例越来越少，随着时间的推移，有朝一日华人就会被当地族裔彻底同化。华人人口的减少，必然导致华人读者减少，随之而来报纸的销量也会减少，华文报纸传播的功能和影响力就会降低，报纸不可避免地进入恶性循环，最后也就无奈选择停刊，华文报纸从此消亡。

2. 当地华人向外移民

这种情况大多发生在非洲、东欧、亚洲等经济欠发达的地区。在亚洲，印度是一个典型的例子。20世纪50年代，印度华侨华人高达5万人，仅加尔各答西北郊塔坝一地就有2万多人。然而，20世纪50年代末开始，中印两国交恶，边境发生战争，处于中印两国之间的华人受到牵连。许多华人被驱逐，甚至被关进监狱，严重打击了华人在印度生活的信心。大量华人移居到香港、台湾、加拿大等地，在印华人数量锐减。

由于印度是一个人口大国，生存竞争大，而且又是一个发展中国家，所以，印度不像世界上一些新的移民地点那么有吸引力。一位刚刚大学毕业的华人小伙子说，印度失业率太高，薪水又非常低，留在当地，前途实在一般。此外，印度在接受外来移民方面虽然采取了欢迎态度，但是限制也比较多，这也直接影响到华人的移民。所以，在印度华人大约只有6 000人。华人不入反出，自然减少了在印华人的数量。较少数量的华人，其华文传媒的生存与发展自然会受到严重影响。

在非洲、东欧、拉美一些地区也有类似情况。

19世纪中叶，由于美国歧视移民的政策，大批华人从芝加哥移民古巴。1874年，在古巴的华人已达到10多万人，哈瓦那华人区成了美洲最大、最繁荣的华人区。1959年，卡斯特罗领导的古巴革命胜利后，以私营业主为主的华侨华人大批离开古

① 泰国华文报纸的生存面临危机．中国新闻社，2001-09-06

巴，前往美国和其他拉美国家，只有少数人留下。随着时间的流逝，老华侨逐渐去世，又没有新的中国移民到来，古巴华人的数量越来越少，华人社会日趋衰落，目前全古巴的华侨华人总共才有1 000多人，华人区现在的居民大多数是不懂华文的华裔。

在东欧，据官方统计，近2万中国人居住在布达佩斯，而民间估计的数字为5万。中国人来了，他们不仅将东方的气息带入城市的大街小巷，更对匈牙利的经济生活造成了持久的影响。中国人在此设立了近千家小型企业，主要从中国进口些廉价的小商品在匈牙利出售。此外，各种华人的服务业也是遍地开花，这同时满足了在匈华人自身的消费需求。虽然越来越多的华人涌入布达佩斯，然而，华人一般喜欢在这里经商，或者把这里作为通向西欧的桥头堡，较少的华人下定决心在此定居，一有机会，他们便会流向经济相对发达的西欧。所以，匈牙利的华人的流动性相当强，传媒也就缺乏比较牢固的受众基础。

俄罗斯是中国的邻国，与中国有着广袤的共同边疆。由于中国和前苏联在六七十年代关系恶化，中国移民至前苏联的人很少。直到20世纪80年代，随着中国和前苏联都进行了改革开放，这才有了两国的贸易和人员交往，到俄罗斯工作和定居的中国人与去西方的有很大不同。他们多数不是来留学的，而是从事商贸的，他们本身的学历也不高，甚至有不少人初来时连俄语都不会说，他们利用俄罗斯经济困难和商品匮乏，向俄罗斯倾销大批中国制造的价廉物美的商品。

在许多中国人心里，俄罗斯并不是理想的移居地，它只是一个过境走廊，中国人想去的是欧洲、美国和加拿大。但仍有不少人还是留了下来。“在俄罗斯的中国人中只有1.5%的人表示想把家安顿在俄罗斯。与其说俄罗斯担心中国扩张，还不如说中国人更担心自己在俄罗斯的前途，更害怕俄罗斯人。他们说，之所以不打算在俄罗斯安家，是因为俄罗斯的局势不大稳定。半数中国人认为自己的收入属于中等。”①

古巴、匈牙利、俄罗斯仅是三个反映华人不愿长期生活在当地，而千方百计地想移民其他经济更加发达地区的典型国家。但是，这三个国家华人的心态却反映了一些经济欠发达的华人移民的真实心情。许多华人仅是把当地国家当作羁旅之地，并没有落地生根的想法。在这样的华人社区中，华文传媒的生存与发展与面临相当大的威胁，不可能得到长远的发展，甚至还会随着华人的流动而停刊。这在许多国家已经有相当明显的反映。

3. **文化同化**

由于要融入当地主流社会，随着时间的推移，越来越多的华人后裔不懂华语。例如，愈来愈多在美国出生的华人，不会看中文，完全是一副“黄香蕉”的面孔。同化已经成为华语最大的威胁。这种威胁来自四个方面。第一，许多国家对入籍当地国

---

① 余红，江山．海外华人的冰山一角．21世纪，2001（7）

的华人进行当地语言的教育，甚至不允许开办华语学校，这就迫使华人小孩要学习当地语言，这样他们就少了许多学习华语的时间和机会。一些小孩只有在家里或者参加社会上的华语培训班，才能得到锻炼华语的机会。第二，华人要融入主流社会，也不得不融入当地文化，到了第二代、第三代，这些华人的后裔许多就不懂华语了。第三，华语学习对于长期生活在以字母为构成语言的国家中的华人而言，确实比较难学。华语是以象形、会意、方块字的形式出现在华人面前，要学好华语，就要了解中国悠久的历史文化，而这对于生活在其他国家来说，显然难度很大，学习精力和时间都无法得到保证。所以，许多华人小孩都有畏难情绪，宁可选择其他语言，而不愿意学习华语，这对于原来是血管里流着华人的血但不愿意学习华语的华人来说，显然是一大讽刺。第四，由于世界上许多国家都曾受到英国的殖民统治，而且英语也成为世界上通行语言，所以，在一些国际化程度很高，官方语言还是英语但已脱离英国殖民统治的国家，华人为了找到更好的工作岗位，花更多的时间学习英语，从而逐渐荒废了华语学习，这是现实造成的。这四个原因，都是客观因素，也是几乎所有华人都要面临的问题。

文化同化速度很快，华人又不得不融入当地主流社会，当老一代懂华文的华人逝去后，中华文化的保存就面临很大的危机。越来越多的老华人相继去世，而后来懂华语的华人不增反减，那么华文传媒就面临受众群越来越小的危机。

在新加坡，由于长期的英国殖民统治，英语已成为新加坡社会最重要的工作语言。此外新加坡推行高度外向型自由经济战略，强调经济的高度开放性和与世界各国联系的政策，侧重于英语教育，因此许多华文学校的学生毕业之后，往往很难找到学以致用的工作，造成众多华人舍华语就英语的局面。“据调查，华族学生在家里讲英语12年内的人数增长了12倍，从1980年的9%迅速增加到1992年的31%。《海峡时报》在一篇报道中引述一次调查报告时指出，新加坡受英语教育年龄在25岁以下的华族年轻人，只有11%～17%阅读华文报，而有80%的学生没有阅读华文报。”①

对此，社会中一批有识之士对华文报业的生存和发展甚为关注。他们认为华文报不单是华族的文化遗产，也是国家的有用资产。在种族情绪还未消除的社会环境中，华文报纸负有一项神圣的任务，实现民族真正和谐，才能使国家发挥更大的团结力量，对建设和社会的改造作出更大贡献。马来西亚新山著名华人律师杨培根在1986年10月发表的一次演讲中指出：“办报是搞民族事业，……我们要让华裔学生知道华文是我们的母语，是民族的根，无论如何我们都要掌握它，珍惜它。这样华文报就一定有接班人。华文报也要刻意避免宣传极端的民族情绪，要实现民族的和解和相融……”

在异国他乡生活，华人最迫切、最现实的问题就是要尽快掌握当地的语言，这关

① 吴庆棠．新加坡华文报业与中国．上海：上海社会科学院出版社，1997.255

系到他们以及后代的生存与发展。所以，华人舍华语而就其他语言，这是可以理解的。如何增加懂华语的华人，甚至懂华语的外国人，笔者认为，只有发展中国的经济，促进中国的全面发展，扩大改革和开放，融入国际社会，这才能使华语在世界产生更大的影响，也才能使更多的华人和外国人自愿和自觉地学习华语。从目前世界上的华文热来看，足以说明随着中国经济的迅猛发展，华文一样可以像英语、法语、拉丁语那样，扩大影响，并成为世界通用语言。这样，就为华文传媒的生存与发展就提供了保障。

二、资金欠缺

目前，海外华文报纸一般采取四种经营模式。一是以免费赠报、免费收听收看，登广告养报；二是有偿卖报、收听、收看，兼登广告养报；三是企业养报、养广播电视，在创办企业后，将企业的部分盈利作为办报、办广播、办电视的资金报纸、广播、电视刊登大量企业的广告；四是华人企业、社团、个人捐资维持。这四种模式当中，前两种是比较符合传媒业的市场发展规律的，也是传媒发展的正确轨道，但是，后二种却成为目前华文传媒主要的表现形式，说明海外华文传媒市场化程度不高。

在华人比较多，经济比较发达的国家，采取四种经营管理的模式运营海外华文传媒的情况都存在，但是相对而言，前两种经营模式比较多。而在华人比较少，经济欠发达的国家，则主要采取三、四种模式。传媒只能作为企业的附属品，或是只能靠华人、社团的捐赠来维护日常的运作。很显然，前两种能够促进华文传媒的健康发展，而后两种则使华文传媒的发展面临很大的问题。资本是传媒运作的保障，缺乏资金，传媒就谈不上发展，因为传媒业也是一种产业，要靠大量资本的投入，而且产业的产品生产、流通和消费能够形成一个健康、周期性的循环，这样才能使资本的投入有产出。然而，在大多数华文传媒中，只有投入，没有产出，必然会影响投资人的投资信心。无利可图，自然会使许多投资人望而却步，因此，当前包括美国在内的海外华文传媒都面临着过度竞争、资金短缺、市场不大的矛盾与问题。

1. 过度竞争

从海外华文传媒的发展现状来看，它们都呈现出过度竞争的问题。在俄罗斯，就有7家日报，数家周刊和杂志。而俄罗斯华人总人口据说最多50万，这样算起来，大约有5万华人看一份日报或周刊。这个比率还是相当高的，但是在一些华人人数相当少的国家，如匈牙利、罗马尼亚等国家，平均只有500人甚至更多人才看一份报纸，显然这种比率很难推动报业健康发展。

国内的研究者常常在研究中走入一个误区，在谈论海外华文传媒时，总是援引某个国家华文传媒总数，但是却没有看到过多的海外华文传媒会影响传媒的生存与发展，使它们缺乏必要的发展资金，从而使它们始终无法做大做强。

如果我们仔细研究华文传媒的创办地和发行范围，不难发现，在华人聚集的地方常常有数份，甚至数十份华文报纸挤在那里办报。比如，泰国的6家华文报纸就在曼谷一地印刷发行。而曼谷华文报纸市场再大，也很难一下子挤进这么多的报纸。所以，泰国华文报普遍盈利不高，发展缺资。2002年《新中原报》社长兼执行总编辑林宏在接受中新社记者采访时说，“目前泰国6家华文报中规模最大的是《世界日报》，设备与人才都较充足，报份约为3万多份，其读者群主要为在泰国经商的13万台湾商人及其家属，所以经营状况较好。然而，除了《世界日报》外，其余报纸却只能处于维持阶段，谈不上盈利像《新中原报》这样历史悠久的本地华文报，目前只能做到没有亏损，还不能盈利。”

在欧洲，华侨华人在分布上呈现出的“大分散、小聚集”的格局，读者分散，且由于读者来自大陆、香港、台湾以及东南亚地区华侨华人的再移民，各自的文化背景有差异，读者的口味不一样，竞争激烈，报纸定位困难，发行成本高，广告收入少。广告收入少，就必然会影响到资金的积累和报社的滚动发展。所以，欧洲的华文报纸也面临资金短缺的矛盾。

在北美加拿大和美国，华人众多，经济也比较发达，但是传媒也相当多。许多曾经在报社工作的华人到了加拿大后，无法找到更好的工作，于是重操重业，办起华文报纸来。所以，面向华人社区发行的华文报纸相当多。虽然这些华文报纸发行只有数千份，但是由于加拿大、美国经济比较发达，华人经济也较有实力，所以维持不成问题，但是要谈滚动发展，却是一件相当难的事情。

所以，华文数量多并不总是一件好事，还要看该华文报纸的影响力、竞争力、收入以及发展的动力。我们不能因为海外华文传媒的数量有增长便沾沾自喜，也不能因为数量减少而感到悲观，而是要深入分析华文传媒的受众群是否增加或者减少，华文传媒是否做到了滚动发展，影响力是否得到增强。华文传媒的良性发展必须建基在良好的经营管理。然而，许多华文传媒都存在管理不善的问题。

2. **经营管理欠佳**

良好的经营管理是报纸良性发展的重要基础，而广告则是报纸生存的血液。报纸的经营管理必须创新，才能发展，才能吸引广告。早期的报纸大多都是基于商业的考虑兴办起来的。如《南洋商报》是由陈嘉庚创办起来的，它的主要目的就是追求商业利润。《星洲日报》由“万金油大王”胡文虎创办起来的，当时也是基于商业的目的创办的。为了促销“虎标”万金油，他多次在报纸刊登广告，花了很多钱，于是萌发了自己创办报纸，推销万金油的想法。他说：“与其花钱登广告，为何自己不办报？”当时在刚创刊的《星洲日报》打出“最畅销的药品，必定是千千万万人最常见的药”的广告语，成为广告历史上经典的广告语。

胡文虎通过创办《星洲日报》既推销了万金油以及其他系列的产品，又吸引其他的华商到《星洲日报》刊登广告，从中得到许多好处，于是他不断在其他华人聚集的地方创办报纸，如1935年在新加坡创办《星中日报》，1939年在马来西亚创办

《星槟日报》，1950 年在泰国创办《星暹日报》等，后来还在厦门创办《星光日报》，在汕头创办《星华日报》，在香港创办《星岛日报》，逐渐形成了星系报业公司，但如今由于管理不善，胡文虎创下的星系报业基本都已转手他人。1999 年 3 月，香港星系报业星岛报业集团因为胡仙房地产投资失败，而转手他人，而且虎豹别墅也出售给他人，令人感慨。

由此可见，创办和维持一份报纸需要庞大的财政支持，如果创刊时没有雄厚实力作基础，创刊后不能进行良好的经营管理，那么很快就会使报纸陷入低谷，面临停刊倒闭的危险。《南洋商报》创刊后到 1930 年，由陈嘉庚独力经营，虽然小有盈利，但是投入太大，由于 20 世纪 30 年代后期爆发全球性的经济危机，陷入经济困境的陈嘉庚感到负担沉重，不得不让《南洋商报》脱离陈嘉庚的企业。1933 年，李光前等人重组《南洋商报》。胡文虎在创办《星洲日报》之前，于 1923 年在缅甸创办《缅甸晨报》，聘请了多位经理，也曾经改版为晚报，但都无法经营下去，不得不在 1930 年停刊。

印尼《龙阳日报》停刊的事实也给我们诸多的启示。印尼华文报剧烈竞争的后果，开始出现了“适者生存”的现象。泗水在近 40 年后出版的第一份华文报《龙阳日报》，终于在 9 月 15 日停刊。该报于 2000 年 2 月 5 日春节当天试刊，3 月 1 日正式出版，是在印尼第二大城市泗水出版的华文日报。它是由印尼文日报《朝阳日报》（*Harian Surya*）同东爪哇一名纸业老板张君联营创办，每天出版两大张（八版），开始时只翻译新闻和娱乐体育为主，华文水平较差，错别字偏多。后来，这份报纸在 2000 年 3 月起进行改革，内容和编排有极大改善，印刷和华文水平也大为提高，但可惜由于发行管理不好，加上雅加达《国际日报》、泗水《千岛日报》和台资《世界日报》竞争，9 月 1 日《国际日报》又同东爪哇最大日报《爪哇邮报》合作，开始在泗水印刷全面发行，终于使由《指南日报》（*Kompas*）接管后的管理层做出决定，把《龙阳日报》停刊。原《龙阳日报》的编辑主任林麟辉说，该报发行量每日只有近 2 000 份，主要是发行部掌握在不会讲华语的人手上，没有认真做好发行和服务工作，致使报纸停滞不前，最终停刊。

传媒核心竞争力应该包括内容、发行、广告三种开发和组织能力，收入结构的选择和调整只有建立在内容价值提升的基础上才会有效；同样，只有恰当、理性的传媒收入结构模式才能使内容的价值得以展现，并最终实现传媒自身利益的最大化。在 2002 年，拥有近 3 800 名员工的新加坡报业控股集团营业额达到 9 亿多新元，约合 43 亿人民币，税后净利则为 3 亿多新元，约合近 15 亿人民币。作为新加坡最大的上市公司之一，集团 2000 年的营业额曾高达 10 亿新元，净利达到 4 亿多新元。集团依托旗下丰富的报纸内容和上千名记者编辑，还成立了电视与网络部门，建立起多传媒平台。亚洲 1998 年开始爆发金融风暴，广告收入下降，而报业为建设优频道电视网络投入不少资金，于是联合报业控股公司从 2001 年底起，集团及时调整策略，包括减薪、裁员，紧缩电视投资规模。经过这番整顿后，截至2002年8月底，集团员工成本减少了14.5%，职员总数计3 769人，比一年前少了599人，大大减轻了公司的负担。这种因应国际经济形势及时作出的策略调整，一方面避免报业陷入不利的经济困境，另一方面又根据市场形势反思投资策略，这种适应市场形势的企业运转机制值得肯定，也值得其他海外华文传媒学习。

报纸要在市场上运转自如，并形成良性发展循环，主要靠报纸的销量。销量没有达到一定数量，谈创收和盈利都是一种梦想。道理明摆着，销量低下就很难吸引大的广告商，而提高报纸的销量，主要靠报纸的价格。《叻报》刚创刊时，销量相当不理想，每天印刷800份，还有许多卖不出去，除了当时华人读者少，定价8角，价格比较贵，也是一个主要原因。

现在制约华文报纸发展最大的问题就是资金上的问题。如果资金上得不到解决，这些定价等于甚至高于那些纸张数多的报纸，但内容上又无法创新，实现差异性生存，那么就会面临关门倒闭的危险。

目前，在东南亚诸国中，盈利的只有几份报纸，如新加坡的《联合早报》、《联合晚报》；马来西亚的《星洲日报》、《中国日报》、《光华日报》、《光明日报》；泰国的《世界日报》、《星暹日报》；菲律宾的《世界日报》等。其余的则努力维持生存，像印度尼西亚刚创办的许多报纸，则面临停刊的危险。

在泰国、马来西亚、新加坡，华人一般都聚集在几个城市中，如泰国的曼谷，马来西亚的吉隆坡、槟城，而菲律宾、印度尼西亚岛屿众多，华人相当分散，所以华文报纸就很难建立起发行网络，而且建立起庞大的发行网络，费用相当高。因此，只能借助邮政部门发行，而这些邮政部门的效率又成问题，往往是今天的报纸通过邮政部门送到另一个比较远的地方，变成了前天的报纸，甚至一个星期前的报纸。特别是在印尼，由于岛屿众多，传送困难，报纸缺乏时效性的问题就更加严重。所以，在菲律宾、印度尼西亚，华文报纸也就只能选择在华人比较集中的地方发行，显然，这些华人的数量是相当有限的。发行管道不畅通，费用过高，定价不合理，成为限制华文报纸滚动发展的一大成因。

我们欣喜地看到，海外华文传媒当中已经涌现出几艘航空母舰。如香港《星岛日报》、《明报》加美创立的分版，台湾的《世界日报》，美国的《美南新闻》等。经过数年，甚至数十年的不懈努力和开拓，这些报纸在海外终于扎下根来，而且进入了一个比较良性的发展轨道。它们有不俗的收入，如香港《明报》被马来西亚《星洲日报》的老板张晓卿控股，张晓卿经过对马来西亚、香港华文传媒的整合，现在已经形成了横跨亚洲、欧洲、美洲，经营报纸、广播、电视、出版业等华文传播业，2004年的总收入已经达到10亿美元，成为中国大陆外一个最强大的华文媒介集团。又如美国的美南报业集团，经过数十年的开拓，该集团已经拥有子报将近10种，而且还经营其他的华文传播业，如广播、电视、网站、电话黄页等。这些新涌现出来的华文媒介集团，让我们看到华文媒介在世界的希望和影响，但是我们也要清醒地认识到，像这些在世界具有影响力的媒介集团还是太少，而且经营额比美国规模比较大的媒介集团，收入也有巨大距离，发展华文传媒仍然任重而道远。积累资金，扩大生产，整合资源，仍然是海外华文传媒在发展过程中最重要的任务。

三、人才欠缺

报道新闻性不强，内容同质化程度高，报道质量需要提高，这是当前华文传媒，特别是报纸普遍存在的问题。比如，有些报纸没有明确的主旨，缺乏个性和创造力，相互模仿和抄袭，甚至连报纸版面设计都大同小异；网上下载的内容太多，自己采写的东西太少，优秀文章就更少了；编辑、排版和印刷质量参差不齐，整体水平亟待提升等。这些问题表面上看，好像是办报质量有问题，但实质却是缺乏资金和人才。不少报纸的主编人员告诉笔者，华文传媒要想发展壮大，面临着三大问题：一是经费不足，二是采编人员专业素质较低，三是报道质量不高。

1. 版面编排过于港台化

专业采编能力素质不高，自然会影响报道质量，由于缺乏经费，所以很多传媒投机取巧，从网上下载新闻，结果造成报纸缺乏独家新闻。缺乏经费对一家报纸来说，可能会好办一些，如出让股权，让大企业、大华人实业家捐赠等，解决一部分的经费，使报纸继续运作下去，但是缺乏人才，报纸就可能比较难办，特别是对于在一些新移民比较少，经济又欠发达的国家，这个矛盾相当难解决。

在北美发行量最大的四大报纸《世界日报》、《星岛日报》和《明报》、《侨报》，也不同程度地存在这个问题。虽然有不少从内地去的、受过专业训练的记者和编辑加入他们的采编队伍，在一定程度上有助于提高这些报纸的质量。但从总体看，这些报纸的编排和文字水平等某些方面仍逊于内地的主流传媒。有位北美报人对记者说，四家报纸除了《侨报》外，背景不是台湾就是香港，高层中从内地来的更是凤毛麟角，这些都或多或少地影响了报纸的内容和编排风格。在许多内地新移民读者看来，这些报纸港台味太重。比如随报附送的《明报周刊》，介绍的大多是香港的影星和歌星，这使得大陆移民读者很难接受。

虽然港台、大陆同属中华文化，但是由于历史原因和地域原因，有些词语的使用和文法已出现了变化，如何规范使用汉语，避免误会，也时常考验着办报人员的智慧。

比如，在国际上发行的华文刊物，怎样穿透“文字的围墙”、怎样建立“放诸四海而皆准”的中文，避免任何的“文字误会”，就很令人头疼。香港传媒大字标题用的港式中文如“歌星梁咏琪‘恨’嫁”，在台湾及中国大陆会被解读为“歌星梁咏琪痛恨婚姻”，但其实意思刚好相反，指的是“歌星梁咏琪渴望婚姻”。台湾传媒大字标题说“李登辉老神在在”，香港及大陆读者翻破字典都不知是什么意思，但台湾读者都知道这是“气定神闲”的意思。同样，中国大陆传媒说的“双规”、“直面人生”、“吹黑哨”等，港台读者也大多丈二和尚摸不着头脑。华文世界的文字割裂，用法分歧，似乎于今尤烈，更不要说繁简之别，闹出了很多大笑话，如大陆传媒“翻译”繁体字，出现“过繁”现象，把经济“系”写成经济“係”、“范徐丽泰”写成“範徐丽泰”、王后变成“王後”。这都是必须透过更密切的文化交流才能扫除的文字障碍。

近几年来，大陆移民成为华人移民的主流，在世界各地，大陆移民都占了大多数，特别是加美地区，大陆移民比港台移民多3倍以上。所以，这些港台报纸不请来自内地受过新闻教育的人士协助办报，推出符合大陆移民阅读口味的版面和内容，就会流失这些数量巨大的华人读者。所以，这就是为何那些由留学生或是从大陆移民到海外，在海外办报，比较容易受到读者欢迎，发行量快速提高，对原来的报纸构成严重挑战的原因。像在澳大利亚、新西亚、南非、加美等地，虽然《星岛日报》、《明报》、《世界日报》发展比较快，而且《世界日报》在美国的影响也相当大，但是留学生、大陆移民办的报纸，其发展更加迅速。这种现象很大原因可以归咎于留学生、大陆移民办的报纸能够切合大量留学生、大陆移民的阅读习惯，无论是版面编排、报道内容，还是报道的方式、遣词造句，都比较符合大陆留学生、移民的口味，留学生、大陆移民看到一份与自己文化习惯相同的报纸，自然会产生亲近感，这些报纸受到留学生、大陆移民的追捧也不足为奇了。

2. 缺乏专业的新闻人才

办传媒需要专业人才，但华文传媒往往受经费限制，不可能以较高的薪酬雇到专业的新闻工作者。有许多报纸都是一人身兼多职，既当记者，又当编辑，还要拉广告。许多采编人员根本没有做过传媒工作，拼版、编辑、美工和印刷都相当粗糙。在欧洲，报业人员更是奇缺。一位荷兰华文报纸的主编，原来是学美术的，“单枪匹马”办了份双周刊的报纸。为了填满这十多个版面，他不得不从互联网上下载很多“稿件”，实际上是个“文摘报”。像这样的传媒，维持下去都很难，更不用说进行深度报道了。泰国《新中原报》的所有雇员中，能写华文的采编人员只占20%，而且年龄偏大，接班人成为该报社最紧迫的问题。

新闻人才严重缺乏，是制约华文报纸发展一大瓶颈。在东南亚诸国中，销量比较高，经营比较好的报纸，都聚集了大量优秀的新闻人才，而那些处境危急的报纸，其工作人员往往身兼两职，白天到公司上班，晚上到报社值班，甚至一些报社的工作人员纯粹是义务性质。事实上，现在一些华文报纸担任编辑的，都是那些上了50岁的老编辑。这种现象的产生，一是因为许多国家文化程度比较高，华文比较好的年轻华人，要么嫌工资待遇低，无法养家糊口，不愿到报馆工作，要么老编辑又不放心那些华文水平比较低的年轻人担任编辑。比如在印尼，经历35年华文在印尼被禁止流行的历史，现在年龄低于40岁的华人基本上不懂华文了。所以，印尼华文报纸全部加起来的销量大约10万份多一点。而印尼的华人大约有1 000万，但大约100人才读一份报纸，这个比例是相当低的。所以，新创办的华文报纸面临两大难题，一是严重缺乏懂华文的华人记者、编辑，二是缺乏华人读者。这两个因素使得我们对印尼的华文报纸的生存抱相当谨慎的乐观态度，对印尼华文报纸充满了希望。

华文报纸水平不高是全球海外华文报业普遍存在的问题。“在美国，就编辑艺术和文字水平来说，美国华文报并不见得高明，至少，与中国大陆、香港和台湾还有一段距离，比东南亚国家也好不到哪里去。例如，2005年8月15日某报头版头条的大字标题：‘勿忘过去爱和平创未来’。副题是：‘中国及世界各地华侨华人纪念抗日战争胜利六十周年’。副题过得去，主题就不够活泼，一个句子中，有的是三字一个音节，有的是四个字一个音节，读起来不大流畅，也没有文采。这样的题目出现在头版头条的位置，就不大醒目，难以吸引读者。”①

记者、编辑水平不高的现象，有其客观原因，但有实力的大报也时时出一些令人遗憾的错误，就很不应该了，如东南亚某些报纸竟把伊斯兰教说成是东罗马帝国的国教等。另外华文的使用也出现不少问题，不少华文报刊语病太多，令人读之生畏。特别是在翻译文字中，华文文法被外语“西化”的现象尤其严重，令接受传统华文教育的读者很难适应。

在印尼，创办不久就倒闭的《龙阳日报》和《新生日报》就是因为欠缺华人新闻人才而关门的。“《龙阳日报》编辑、记者水平低下，是它停刊的又一因素。该报有十多位职员，大多没受过正规华文教育，更不用说编报的基本训练了。因此，报纸错字连篇，不少文章不合华文语法规范。以2000年2月5日试刊号为例。它的‘致读者’不过寥寥数十字，却难以读懂：‘虽然我们不同德民族，但是为密切我们的友好关系与加强团结，我们龙阳日报在你们面前到齐’。什么叫‘不同德民族’？令人莫名其妙，‘在你们面前到齐’读起来也很别扭。印尼文‘Anak Pak Harto’应译为‘哈托伯的儿子’，该报却译为‘总统爸爸的儿子’，在同行中引为笑谈。”② 已退休的华文报人李焕清指出，当局长期禁止华文教育后，造成印尼面临严重的华文人才断层问题，现已问世的华文报华文水平有待提高，有的文句完全不通或错别字一大堆，简直是“不堪入目”。当地华文报纸欠缺人才，也可从报纸的负责人的谈话中反映出来。《印度尼西亚商报》编务负责人之一王维理说：“我们已登广告4次征聘精通中文与印尼文的翻译员，应征者40人，合格的只有4人。”③

《新生日报》是由苏哈托政府的前新闻部长、戈尔卡集团主席哈莫可家族的《城市邮报》报业集团所经营。《新生日报》出版时，由不谙华文的《城市邮报》总编辑

① 书欣．一家之言：美国华文报之我见．世界日报（菲律宾），2005－08－25
② 黄昆章．从《龙阳日报》的停刊看印尼华文报业的沧桑．国际新闻界，2003（3）
③ 印尼对华人政策出现转机 多家华文报日前问世．华声报，2000－02－18

索非安兼任主编，初期曾聘请马来西亚3名有经验的华文新闻工作者主持编务，其销路一度达到7 000份，但不久上述三人因资方没有履行与他们所签订薪金合同而离职后，再加上受到后来问世、与海外华文报系挂钩的《世界日报》及《国际日报》的竞争，销路便一落千丈。

据了解，刚创刊时，《新生日报》在雅加达印行，与《世界日报》和《国际日报》一起颇受读者欢迎。这跟三家华文报的华文水平比其他印尼华文报的水平高不无关系。过去30多年来，独家华文报《印度尼西亚日报》的华文水平曾长期为读者所诟病，如今该报内容虽已有所改善，但其华文素质却未见好转，主因是印尼十分欠缺华文人才。

与此形成鲜明对比的是，新加坡的《联合早报》人才济济，能够吸引到高素质的人才加盟，使《联合早报》几乎不存在上述问题。“1993年，华文报业新闻从业员共达344人，男性229名，女性115名。以年龄层论，20~30岁的男女性分别为23人与40人；31~40岁的男女性分别为62人与53人；41~50岁的男女性分别为74人与17人；51~59岁的男女性分别为70人与5人。可见40岁以下的报人超过半数，女性约占1/3，居年轻新闻从业员的多数。当年的新闻从业员来自新加坡、马来西亚、中国、英、美、法、澳洲、新西兰、意大利、加拿大、越南等。”[①] 在联合报业控股公司工作的工作者的薪金也相当高。

报业控股把员工分为12级，每级都有确定的薪金水准，并按工作业绩给予2~6个月薪金水平的花红奖励，7~12级为高级职员，为稳定这些人才，集团给这些高级职员在5年内，每年有以第一年的股票价格购买1%股份的优先选购权，而实际购买要从第三年开始，如中途离开集团优惠即予以取消。

据崔贵强在其所著《东南亚华文日报现状之研究》一书中披露，新加坡《联合早报》一个初入行的记者或编辑，基薪新币20 000余元，另有第13个月薪金，再加2~3个月花红。换言之，每年可领取15~16个月的薪金。记者出外采访，交通津贴约300~400元；而编辑则可领取夜班津贴300余元。每年年终还可再获得该年总收入的4%。高级采访员工如高级执行记者、编辑主任及总编辑等，领取更高薪金，享受更多福利。至于马来西亚华文报员工的薪金，以大报《星洲日报》为例，集团把员工分为ABC三等，每等三级的三等九级制，以此确定薪金水平，薪金每年小调整增加6%，三年大调整增加10%，年终视工作表现给予4个月以上薪金水平的花红奖励。普通记者与编辑的基薪每月1 600马币，另加花红一个月，记者采访可领取交通津贴约480马币，外加超时津贴，此外有年终花红，相比较起来，新加坡人的待遇远远胜过马来西亚的报人。

显然，好的经济收入能吸引优秀的人才加盟，这也是《联合早报》何以办得那

---

① 我们的七十年. 新加坡控股报业有限公司，1993（6）：14

么成功的原因之一。目前，除了新、马两地的华人华文水平较高外，其他国家的报纸记者、编辑都存在水平不高的问题，如不抓紧解决这个问题，华文报纸的质量就会始终上不去，最终影响到华文报纸的生存与发展。因此，笔者认为，要在短时间依靠当地华人支撑报业，还不如聘请邻近国家的华人人才，甚至中国大陆的文化人参与办报，这样可在短时间内解决记者、编辑华文不高的问题，又可以通过帮扶措施，逐渐提高记者、编辑的华文水平，从而实现华文报纸的良性快速发展。

第二节　加快华文传媒发展的策略

对于各国的文化政治制度的限制，靠华文传媒自身的努力，虽然可以起到一定的成效，但是却不能解决根本性的结构问题，因此，争取获得比较宽松的传媒发展环境，除了要靠中国正确的外交政策外，也要打好与当地政府的关系。同时华文传媒还要针对当前各种弊端，加强对自身的改革与彼此间的合作，通过策略性的互动与联合，来发展壮大华文传媒。

随着走出国门的华人越来越多，海外的华文传媒也迅速发展起来。纽约市区的许多报摊都有各种华文报纸出售；在罗马尼亚首都布加勒斯特的中餐馆里，读者可以在等着上菜的同时，阅读当地出版的华文小报。看华文电视已经成为海外许多华裔家庭每晚的固定节目。进入20世纪90年代，北美、西欧和东南亚已经逐步形成了三个华文传媒的重要地区，海外华文传媒呈现出繁荣景象。然而，面对分散的华人，以及竞争过度激烈，华文传媒普遍存在维持困难的现实情况，集团化就成为改善华文传媒经营管理，增强实力的重要措施和方法。事实上，过度竞争，对于一个还处于创办期、远未成熟的华文传媒来说，无异于釜底抽薪。华文传媒的当务之急是要增强实力，积累原始资本，才有可能增强传媒的竞争力，才有可能增强生存能力。

一、整合资源

北大教授程曼丽2003年接受《国际先驱导报》记者的采访时说："现在的华文传媒分布不是很合理，存在扎堆现象，比如俄罗斯有十几家华文报纸，全部集中在莫斯科。"① 由于市场空间狭小，因此"争食"现象比较严重，一些报纸不得不用"拆墙脚"、"几家斗一家"这样的恶性竞争手段来取得市场。这一方面不利于华文传媒进入主流，一方面也限制了华文传媒整合资源以扩大规模，只能沦为传媒世界边缘的"游击队"。

海外传统的华文传媒，近几年数量虽然有了较大增加，但其读者主要是唐人街的

① 全世界华文媒体联合起来．国际先驱导报，2003-09-27

华侨华人，报纸的发行范围很受限制。版面一律竖排繁体，有的甚至是粤语报，用字典里找不到的字。就连当初《人民日报》（海外版）、《华声报》也竖排繁体，许多读者所关心的内容也以社区新闻为主，有的华文报纸甚至还有一些低级趣味的东西，以满足较低层次市民的兴趣。有些华文报纸是免费发行的，侨胞可以在唐人街的报摊上自行取阅，报纸靠唐人街的广告收入来维持，这类报纸当然更离不开唐人街。仅在唐人街发行的海外华文传媒不仅对主流社会缺乏影响力。就是对唐人街以外的华人社会，影响力也很有限。在这种情况下，华文传媒难以提高层次，更谈不上成为“主流”。

据业界人士介绍，这几年欧洲华文传媒市场一体化的呼声越来越高，诸如文化资源的共享，作者、编辑及出版人员的共享都在讨论之中，经济合作前景看好。北大教授程曼丽认为，同一地区的华文传媒应该建立相应的协作组织以加强协调，甚至由专业人士提供特稿方面的专业服务。她说：“从理论上来看，一个地区如果能有一份权威、主流的华文报纸就是比较理想的。”① 泰国《新中原报》社长兼执行总编辑林宏也认为，“就以泰国华文报纸的情况来说，几家中文报纸成立联合股份公司，出版一份早报，一份晚报，人员合成两班，设备只留一套，这样可以大大降低成本。”② 他期望这个建议能赢得业界的共识。

事实上，整合资源，联合办报，海外传媒的视角和经营理念加上中国传媒的资金和人才优势，已经在实践中被多位传媒的负责人认同为最理想的合作模式。马来西亚星洲日报报业集团总编辑萧依钊说，马来西亚的华文传媒近年来已经由各自为政、恶性竞争的格局，向融合兼容的集团化方向发展。虽然数量众多的报纸能够在某种程度形成多元化的办报特色，但是由于过度竞争，报纸的盈利空间很小，人才和资金却远远不如大陆的传媒集团。所以，她认为：“整合华文传媒的资源，实现传媒集团化，并加强与其他地区的华文传媒的合作，是海外华文传媒发展的必由之路。“如果中国传媒与海外华文传媒结合，相信其效果绝不是一加一等于二。”③

关于跨国华文传媒各个层面的合作都不乏成功的例子，《国际日报》集团主席熊德龙就非常高兴地表示，两年前，《国际日报》创办了印度尼西亚版，并在印尼采取与香港《文汇报》东南亚版和《人民日报》（海外版）组合发行的新办法。这一内容组合深受印尼读者欢迎。

近几年，华文传媒在海外的影响力有了明显提高，但是在整个世界传媒格局中仍处于弱势地位，这是一个不争的事实。中国新闻社社长刘泽彭把华文传媒的联合比喻为“中国结”，希望各个传媒间能紧密合作。北京大学程曼丽也指出，目前中国的影

---

① 全世界华文媒体联合起来．国际先驱导报，2003－09－27
② 泰国华文传媒有待整合发展．中国新闻社，2001－09－07
③ 全世界华文媒体联合起来．国际先驱导报，2003－09－27

响力和关注度不断扩大，正是华文传媒发展的大好时机，如果传媒能全面整合资源，互惠互利，21世纪华文的声音进入世界言论主流并非没有可能。从单干走向联合，在自愿的前提下，将华文传媒分散、有限的人力、物力、财力进行优化组合，使其逐步完成从“游击队”向“正规军”的转变，这不仅有助华文传媒的壮大，而且也有助它们成为影响力相当大的主流传媒。

20世纪20年代创刊的美国《时代》周刊，创刊伊始就朝一个大英语世界传媒的目标进发，逐渐建立一个全球的发行网，也在各地派驻特派员、记者，快速分享了全美及其他英语国家与地区的资讯。这一张巨大的信息网，为美国网住全球“英语人”的心，也建立了一个传媒的王国，为战后的“美国世纪”打下了重要的基础。既然《时代》周刊能够成功地实现目标，华文传媒就应该吸取它的有益经验，逐步建立一个横跨全球的华文传媒联合体，尽快促进华文传媒发展壮大。

近年来，海外华文传媒出现了整合的趋势，特别是港台背景的一些传媒集团纷纷加速内部资源整合，以应对全球化的挑战。泛华集团于2001年收购了陷入困境的《星岛日报》，宣称“有华人的地方，就要有《星岛日报》”。目前，该报已在纽约、旧金山、洛杉矶、多伦多、温哥华、悉尼和伦敦出版，并准备进军非洲和欧洲大陆。自称为华人世界之龙的“台湾联合报系”也不甘落后，以下属《经济日报》、《联合晚报》、北美《世界日报》、泰国《世界日报》、法国《欧洲日报》等多家报纸的实力，建立了政治新闻、财经新闻等中心，提出了“中央厨房”的观念。但是，由于政治、经济等多种原因，尚未出现真正有实力整合海外华文传媒的集团。曾有欧洲华文传媒的主编人员提出建议，以较大规模的报纸为主体，在欧洲其他国家发行地方版，实行华文报业整合，然而目前这样做仍有相当大的困难。“一些中小华文传媒也曾做过这样的尝试，但不是由市场推动的整合往往维持不久。整合成功与否，只能由市场决定。以北美华文传媒为例，现在已经是几分天下。各大报瓜分了市场，处于激烈竞争的阶段，谁的实力也不比对手强多少，更何况还有政治、历史和地理等各方面的原因，谁也吃不掉谁，但是资源整合，集团化是华文传媒发展的必然方向。”①

目前，华人相当分散，有些国家的华人很少，如果在这些国家创办华文传媒，或者收购当地的华文传媒，可能对于整个华文传媒都不是好事，也有可能违背市场规律，但是华文传媒不整合分散的资源，就肯定不可能做大做强。只有建立集团化的华文传媒，才有可能上规模，获得更好的回报。所以，笔者认为，针对当前的华文传媒小而差，弱而虚，滥而粗的现状，整合资源是华文传媒发展壮大的主要而且有效的手段。对于一些华人少，经济欠发达的地区，资源可能无法整合，但是可以采取合作的方式，向这些报纸提供信息。笔者希望，全世界的华文传媒联合起来，实现全球性的华文信息共享联盟，不仅可以帮助各地的华文传媒丰富内容，而且还可以加强协助，

① 丁刚．海外华文媒体面临整合．环球时报，2003－09－24

增强华文传媒的实力，这对于华文传媒来说是相当有意义的做法。

二、避免过度竞争

目前，海外华文传媒布局不太合理，受华人数量和集中度的影响，传媒有“扎堆”的现象，如俄罗斯华人较为集中的城市有10多个，而十几家华文传媒却全部集中在莫斯科，其读者群覆盖了俄罗斯全境数十座城市和乌克兰及白俄罗斯等周边独联体国家。这在地域广阔的俄罗斯既降低了信息的时效性又增加了发行成本。在日本，仅东京一地就聚集了20多家华文传媒，在北美等地区均程度不同地存在这种问题，形成多家传媒挤在狭小的空间里“争食”的局面。在南非，大多数华文传媒在开普敦。在东南亚，情况也是如此。

大部分的华文报纸都集中在华人聚集的地方，尤其是东南亚各国的首都，往往十几份报纸都挤在那里办报，都想分一杯羹，结果竞争十分激烈。一份新创办的报纸倒闭了，过不了多久，又有一份报纸创办，给人既有点前赴后继，又有飞蛾扑火的感觉。泰国曼谷一地就聚集了6家报纸，几乎全国最有影响的华文报纸都集中在曼谷。菲律宾马尼拉、印度尼西亚雅加达也几乎聚集了该国所有的华文报纸。马来西亚稍微好一点，但是报纸扎堆的现象也相当严重。吉隆坡聚集了全国影响相当大的四份报纸，而东马两个州聚集了12家报纸（包括《南洋商报》、《星洲日报》在东马开设的子报）。报纸聚在一块办报，必然会产生竞争，除了马来西亚、新加坡外，华人读者原本就比较少，数家报纸挤在一块办报，严重分散了读者群。

在泰国，华文报纸日发行总量约13万份，但是全部由设在曼谷的6家报纸分享，平均每家发行2.1万份。读者群分散，影响力也就不如一份发行90余万份的《泰叻报》（泰文报），随之而来广告量也分散，更严重的是，中国人一向有不团结的文化传统，这种不团结的心态直接影响到各报纸的竞争，恶性竞争事件时有发生，除了抢市场外，各报还为此相互攻击，恶语相向。有时候，报纸为了消灭对方，还不惜通过价格战来淘汰实力不济者，以致两败俱伤，令海内外华人相当感慨。

以马来西亚为例，据2004年的人口统计，该国总人口是2 308万人，华族占23.96%，计有约610万人，其中大部分居住在西马。由于西马的华文教育普及，华文的识字率相对比较高，对华文报纸的需求量比较大，所以在西马，竞争虽然激烈，但是各报的读者群比较多，最少的也有7万份以上，各报仍然有一席生存之地（见表8－2）。

表 8－2　马来西亚主要报纸发行量及读者群一览表

年度	星洲日报		南洋商报		中国报		光华日报		光明日报		总发行量	
	读者群	销量	读者群	销量	读者群	销量	读者群	销量	读者群	销量	读者群	销量
1991. 7－1992. 6	680000	187039	649000	185429	327000	100108	300000	65763	64000	18286	202000	556624
1992. 7－1993. 6	730000	203000	714000	204000	378000	108000	219000	62571				
1993. 7－1994. 6	787000	214000	716000	189255	408000	116571	308000	88000				
1994. 7－1995. 6	779000	222571	691000	197429								
1995. 7－1996. 6	761000	217429	617000	176286	445000	127143	244000	69714	195000	55714	2262000	646286
1997. 7－1998. 6	862000	246286	614000	175429	582000	166286	272000	77714	254000	72571	2584000	738286
1998. 7－1999. 6	891000	254571	522000	149143	553000	158000			231000	66000		
1999. 7－2000. 6	966836	298921	618793	187458	443086	202066	269000	72058	315115	90033	2612830	850536
2001. 7－2002. 6	1171685	334767	512204	146344	692370	197820	244948	69985	406991	116283	3028198	865199
2002. 7－2003. 6	1198488	342425	534510	152717	717154	204901	241892	69112	363815	103947	3055859	873102

注：报纸销量与读者群的比例大约 1∶3.5，即一份报纸通常有三个半读者阅读。表格中中国报 1999 后的发行量为日报和晚报之和。销量单位：份；读者群单位：人。

在东马，情况却比较严峻。“据统计，2000 年西马五家华文报日销量约 74 万份，读者高达 260 万人，但在东马，华人人口约 70 万人（沙捞越约 48 万，沙巴则只有 22 万），华文报日销量约 10 余万份，读者大概只有 30 余万人。”① 这样计算，每份报纸平均只发行 8 000 份。这样的销量仅可维持，谈不上发展。“销量最高的是《星洲日报》，发行量在 30 000 左右，其次是历史悠久的《诗华日报》与《华侨日报》，各销 25 000～30 000 份，接下来是《美里日报》、《亚洲时报》，各销 12 000～15 000 份，《国际时报》发行量为 3 000～5 000 份，《中华日报》、《晨报》、《沙巴日报》每日发行仅有 1 000～2 000 份。”②

造成报纸过度竞争的原因，与华人社团热衷于办报来传达社团信息有关。许多华人社团一有资金除了办教育外，都会想到办报，把报纸当作其机关报，来传递本社团的消息。比如说，柬埔寨的《柬华日报》，就是柬埔寨华人总会机关报。它通过发动会员定购《柬华日报》，使《柬华日报》得以生存，与我国的党委机关报的发行情况类似，但是这样一份依赖华人社团来维持生存的报纸，是否能经得起市场的大浪淘沙，令人怀疑。由于华人社团要么自己创办报纸，要么通过购买其他报纸的股份来传达该华人社团的消息，造成有些国家的华文报纸之间不团结的现象更加严重。华人社团众多，报纸集中在一个地方，市场小甚至萎缩，又缺乏灵活机动的办报策略，使得华文传媒始终做不大，也因此限制了华文传媒在当地的影响力。

在美国，虽然华人众多，但是派别也相当严重。有“左”、“中”、“右”之分。在历史上，海外的华文传媒也一直受到中国国内政治的影响，分成不同的派系，相互

① 崔贵强．东南亚华文日报现状之研究．南洋学会（新加坡），2002. 278

② 崔贵强．东南亚华文日报现状之研究．南洋学会（新加坡），2002. 115

间有合作也有竞争，竞争也很激烈。纽约的华文大报，原来比较有影响的有《世界日报》、《星岛日报》和《侨报》，1996年又增加了《明报》。《明报》后来居上，很快占领了相当的市场份额，但是，即使是号称美国全国性的华文报纸，也因为发行手段有限、工运费十分昂贵而在外地发行量十分有限。这样的环境，更加要警醒华文传媒之间的健康竞争和合作，避免过度竞争，减少不必要的浪费和恶性竞争，充分利用现有的资源和环境，尽快发展华文传媒。

三、创造盈利机会

由于报业生存空间日益狭小，部分报社为求生存，必须运用资源发展外围企业（或关系企业）实施跨传媒合作。这样就要求报社建立集团化管理，以协调各个外围企业的行动。目前所见的外围企业有杂志、出版、信息、多媒体、行销顾问、娱乐公司、旅行社；此外，也有传媒参考日本“社内公司制”的作法，将社内各部门朝独立公司发展，如印务部成为印刷公司、广告部成为广告公司、发行部成为物流公司，实现多种经营，多元化生产，以降低报纸经营的风险，扩大盈利面，防止报纸一旦出现问题，就只能选择倒闭的命运。

世界上很多成功的报业集团，就是采取扩大与报纸有关的业务，来使报社得到滚动发展。比如，报社还可以利用现有的人员设备增加报社的有效收入，包括排版设计、翻译、代办、外勤人员兼接广告、承接印刷业务等。印刷业是相当赚钱的一个行业，而印刷报纸一般都是在凌晨开机，早上4点钟就结束印刷，那么如果没有其他业务的话，机器就空置，得不到充分利用。如果报社成立集团，通过创建印刷公司承揽社会上的印刷业务，那么这些机器一开动起来，就意味着金钱滚滚而来。

面对报业经营环境的改变，如世界外围经济变坏，报社应积极改造经营体制，加强对组织的合理性改革，解雇一些不必要的工种和人员，以期减少人事费用开支等，收缩经营的业务范围，减少因为经济变坏带来的损失，不能死撑一些亏损的部门，使整体的营销都处于不利情况。

报社作为一个企业，一个组织，要以创造利润为中心。只有创造利润，才能获得可持续发展动力，才能增强抵御各种风险的能力，才能生存下去，滚动发展。

例如，1983年，《南洋商报》与《星洲日报》按照新加坡的法令合并成报业控股集团。虽然新加坡报业控股集团按国家要求不以盈利为主要目标，但追求利润是新加坡报业集团的核心价值观念，因为回报股东是所有上市公司存在的根本出发点。自公司前执行主席林金山1988年上任至2002年底宣布卸任，集团股东的资金增加了6.5倍，集团分发的年股息增加了6倍。集团净利比1988年翻了4番，市值达73亿新元，成为新加坡第六大上市公司。林金山是新加坡著名银行家、企业家和政治家，他从中学时代就开始经商。他父亲当时拥有5个加油站，林金山每日下午得逐个收取当日销售收入。因此，他懂得了每分钱都来之不易，也因此学会管理一个集团下不同子公司的知识。林金山管理报业集团时，强调不断增加盈利、降低成本并且提高生产效率。虽然报业集团规模庞大，旗下以4种语言出版15种报纸，同时经营电视与网络电子传媒，但推行盈利为本的原则十分坚决，如果某个业务出现问题，他要及时进行决策，看是否有必要继续经营下去，如果不行，要及时停止这个业务，以防这个不良业务拖累整个集团。所以在面对1998年开始的亚洲金融风暴时，他及时调整集团的经营策略，减少电视频道和其他业务的规模和支出，减少亏损，从而使集团不至于在金融风暴期间一蹶不振。虽然广告量减少得比较多，但是由于有其他的业务支撑报业的运作，所以报业控股这棵大树能够安然度过金融风暴。

华文传媒是维系海外华人社会的重要纽带。华人社会的信息、华人社区与中国的交往、中国与东盟各国的重大事件等，都是华文传媒报道的主要消息，但华文传媒的传播对象重叠，报道的内容大多相同，造成资源的重复浪费，受众分散，影响力降低。因此摆脱困境的办法唯有实现报纸的整合，通过资源的重新调配，提高华文报纸的竞争力。华文传媒根据自身情况，成立报业集团，实现报纸、广播、电视的融合，出版两三份针对不同对象的报纸，开辟一两个广播电视频道，各司其职，既可以实现资源的有效配置，降低成本，又可以集中精力营造影响力，实现利润的最大化。

第三节　海外华文传媒前瞻

随着中国经济迅速发展，社会全面进步，再加上中国拥有悠久的历史文化，现在世界兴起了一股学习华文的热潮。在世界兴起华文热的同时，许多不懂华文的华人也重新加入学习华文的行列，学习华文的人数因此大增。中国新闻社总编辑郭招金说："哪里的经济发展，社会稳定，国际地位不断上升，哪里的语言和信息就成为人们竞相学习和了解的对象。中国发展了，人们也希望了解更多的关于中国的信息，因此新世纪的海外华文传媒步入持续稳定发展的黄金时代。"① 持续的华文学习热，无疑为海外华文传媒的生存与发展提供了条件。据统计，随着海外华文传媒不断增加，受众群也在扩大。印尼在2000年前后就诞生了11家华文报纸，说明华文传媒在海外有广阔市场。许多华文报纸不仅成为当地华人了解华人社区和中国的信息，更成为当地国民了解华人、中国的重要资料来源。

一、面临发展良机

虽然华文传媒面临许多困难，但是从当前中国经济迅速发展的趋势和华文学习势的情况来，华文传媒正迎来多个发展良机。

① 郭招金．华文媒体将逐渐步入黄金时代．http：//www. qianlong. com/，2003－09－19

1. **留学生、移民增多**

在海外兴起华文热的同时，一股向海外学习的热潮也在中国兴起。除了大量中国人移民海外之外，每年都有数十万的中国人到世界各国留学。这些留学生文化素质高，对华文报纸的发展有相当大的促进作用。

俄罗斯和其他独联体各成员国，长期以来都是中国留学生的重地，过去10年，留学俄罗斯的中国学生数目更是增长近10倍。香港《苹果日报》2005年7月26日报道，目前中国民间到俄罗斯留学风气相当炽热，仅2004年留学俄罗斯的人数就逾1万人。

在俄罗斯留学，不仅每年学费比留学欧美低5～10倍，而且回国的学生很多都能找到不错的工作。很多在俄经商的中国企业，也向留学生招手。能够找到比较好的工作，再加学费比较低，而且俄罗斯还可以成为到欧洲其他国家的跳板，这自然使俄罗斯成为中国学生热衷的留学国家之一。此外，到俄罗斯经商的华人也大量增加，每年都有接近1万人以各种方式进入俄罗斯从事各种工作，如经商、农业、工业等。大量留学生和移民进入俄罗斯，使俄罗斯华文报纸迅速发展起来，迄今已有4份华文日报，1份周报，还有数份杂志。

据美国国土安全局的统计数据，全美2004年来自中国内地、台湾和香港三地的人数共有3.8万多名，另有6万多名拿到绿卡，成为美国永久居民。其中，加州入籍的华人最多，占全美华人入籍总数的45%，而纽约州则排在第二。在加州入籍华人中，2.7万多人来自中国内地，占加州华人入籍总数的70%。另外30%则分别来自台湾和香港。而在获得绿卡的华人中，加州也占多数，纽约州紧随其后。美国也是中国留学生聚集最多的地方。据中国内地一家调查公司的数据显示，有76%的北京大学理科学生和80%的清华大学工科学生有意留学美国。

根据英国文化协会的统计：1998年，英国大学只有2 860名中国学生，而2005年的中国学生人数已达到32 000人，短短五年，增加了11倍。中国各类留学生加在一起实际已经达到70 000人之多，他们每年在英国的消费高达7亿英镑。中国留学生已经成为英国经济的重要补充。

据日本法务省入管局统计，截至2000年末，在日中国登录者为335 575人，进入日本的中国人呈增长之势。其组成结构是：日本人配偶者5 525人；永住者52 960人；定住者37 337人；留学生71 863人；研修生22 163人；各类就职者及经营者超过10万人，此外还有为数众多的日本国籍归化者和超期滞留者。中日关系并没有影响中国留学生留学日本的热潮，中日民间的交往仍然相当频繁，移民也相当多。每年都有5 000多人前往日本从事日本稀缺的劳动力工作。

上面几个仅是中国留学生、移民国外的统计数据，笔者从有关部门的统计数据了解，每年留向国外的移民、留学生有数十万之众，这么庞大的人口流量，由于生活在异国他乡，对故乡的思念，对母国的眷恋，自然会使他们产生强烈的了解母国信息的渴望，这种母国文化情绪和传统的中国文化观念，很自然地促进华文传媒的发展。

越来越大的移民群和留学生人数，给华文传媒的发展带来了机会和希望。2005年8月14日，《远东经济评论》把华文传媒在全球的发展当作封面故事。文章说，从纽约到马来西亚，寻找家乡新闻的华文读者群正在增加。

文章引用美国康涅狄格州纽黑文大学国际商务学教授乔治·哈利（George Haley）的估计：散居在世界各地的数千万海外华人拥有高达1.1万亿美元的财富。而马来西亚智囊机构亚洲战略和领导研究所的首席执行官姚先生称："看看美国、澳大利亚和西方市场就会发现，那里上乘的华文出版物依然寥寥。那些地区都是巨大的、而且正在增长的市场，那里的人们很喜欢读华文新闻。"①

令人着迷的华文传媒市场就在这一巨大的人群中。这个市场吸引了来自马来西亚的木材大王张晓卿、香港泛华集团主席何柱国，以及号称北美第一大中文报的《世界日报》。

据《远东经济评论》的文章介绍，原籍福建的张晓卿，从木材生意中赚了大笔现金，于1987年，以500多万美元的代价，收购了被政府勒令停刊的《星洲日报》，后重组管理团队，并追加两倍投资，成功将该报盘活。1995年，他收购香港明报出版集团，并几乎同时从时代华纳收购了地区性华文新闻杂志《亚洲周刊》。张晓卿表示，传媒现在是他商业帝国中的"核心业务"。他要把自己的传媒帝国拓展到华人聚居的悉尼和旧金山。他手下的一位管理人士称，该报计划投资1 000万~1 500万美元，在纽约、多伦多和温哥华这几个中心实现"两位数的增长"。

《远东经济评论》的另一篇文章称，三年前，香港泛华集团在传媒行业还名不见经传，但其主席及创始人何柱国却立志要让集团成为一家服务于全球华人社会的多传媒公司。泛华与《人民日报》建立了一家合资传媒发行公司，并在中国深圳建立新闻制作中心，同时与大陆和台湾的报纸建立版面交换关系。目前，泛华在澳大利亚、北美和英国出版16种报刊，读者群约200万人。

泛华集团真正的业务扩张是从2001年收购陷入困境的《星岛日报》开始的。当时该报老板胡仙把报纸卖给了商业银行家拉扎兹（Lazards），拉扎兹又以接近7亿港元的价格转手卖给泛华。泛华集团在香港证交所上市。2002年财政年度，该集团收入10亿港元，实现利润1.66亿港元。

泛华集团宣称，有华人的地方，就有《星岛日报》。目前，他们在纽约、旧金山、洛杉矶、多伦多、温哥华、悉尼和伦敦出报，2005年进军非洲和欧洲其他市场，为公司带来2.55亿至3亿美元的年收入。

从上述几家的发展形势来看，我们可以说，随着海外留学生、移民的大量增加，海外华文传媒的前景也会越来越好。

---

① 张晓卿：杨建世界中文报业帝国．远东经济评论，2005-08-14

2. **华文教育热潮席卷全球**

华语教育的发展，也带动了海外华文传媒的发展。汉语水平考试（HSK）设立15年来，参考人数从2 000多人发展到2004年9万多人，2005年更将突破10万。参加汉语水平考试的海外考生每年增幅达40%。由于考试人数过多，涉及面广，一个版本的汉语水平考试很难满足不同领域、不同地域和不同年龄考生的要求，目前商力、旅游专业的HSK版本也即将展开，见表8－3。目前全世界学习华文的人数有3 000万。

表8－3　汉语水平考试发展情况

年度	汉语水平考试发展情况
目前	世界34个国家设立汉语水平考试考点151个
近两三年	参加汉语水平考试的海外每年增幅达40%
2004年	参加汉语水平考试的人数9万人
十几年前	参加汉语水平考试的人数2072人

在东南亚地区已有华文教师2万多名，在许多国家都把华文列为第二外语，如英国等。在韩国、美国，华文已经作为高考可选择的一门外语进入考试体系，许多高校也希望中国HSK更加完善，为各国选拔学生提供依据。美国开始或计划设立华文程度的中小学有2 500个。华文学习风气也带动华文报纸销量大幅增加。

从2002—2005年，泰国华文报的销售份数由每日10万份增加到13万份，而且以后还会增加。据泰国老报人《新中原报》社长兼执行总编辑林宏表示，报份增加的原因是由于泰国各学府内学习华文的人数已增加至5万人、中泰经贸合作的增加提高了人们阅读华文报的兴趣，以及一些来自中国大陆和台湾的新移民自然成为读者。

在柬埔寨，华文虽然不是柬埔寨的官方语言，但随着柬埔寨华侨华人人口的日益增加和他们的社会地位的不断提高，当地中文也随之日益普及和受到重视。据2003年7月30日中新社报道，时下在柬埔寨学习中文已不再是华侨华人后代的“专利”，而是成为越来越多的当地年轻人的追求。走进一所所中文学校，看到的已不再是清一色的华侨后代。除了在本国学习汉语，许多华侨华人在家境并不十分富裕的情况下，仍千方百计把子女送回中国的学校学习和进修。到中国留学的柬埔寨大学生也越来越多。目前柬埔寨全国已有华校80多所，在校生5.6万人，仅金边市潮州会馆属下的端华学校就有学生1.2万多人，在东南亚各华校中名列前茅。柬埔寨中文教育已形成自己一套完整的教学和管理体系，包括统一学制、统一教材和统一师资调配等。近几年来，柬埔寨的华文报纸也发展很快。《星洲日报》也发行柬埔寨版，现在日发行量达到5 000多份，笔者在柬埔寨调查，曾目睹了当地青年在星期六、星期天学习华文的热闹场面。一些偏远地区的柬埔寨人则非常遗憾没有机会学习华文。当笔者问他们为何学习英语而不学习华文时，他们很无奈地说，没有华文老师教他们学华语。他们明确说，很渴望学习华文，掌握华语后，能找到好工作。

在美国，也有数量众多的懂华语人口。根据美国《侨报》2005 年 6 月 7 日报道，美国著名的传媒受众调查公司阿毕特龙（Arbitron）于 2005 年初在纽约和洛杉矶对 1 268 名华人广播听众进行调查，结果发现 56.2% 的华人最爱听的还是华语广播。在为期一周的调查中，调查人员更发现，约有 82.5% 年龄在 12 岁以上讲华语听众每周平均收听 16 小时的广播，他们中有 53.6% 受过大学教育，23.1% 的家庭收入超过 7.5 万美元。调查还发现，约有 80% 的华裔经常阅读华文报刊，25% 的华裔观看华语电视的次数多于观看主流的英语电视。这种数据反映了华文传媒在美国有相当广泛的基础。

许多学习华文的学生，为了提高自己的华语听说写水平，都会收听华文广播、电视、报纸，显然有助于华文传媒受众群的增加。

三、华文网络传播迅速发展

当信息破壁而来，在远隔千里的人们之间相互传递时，过去被物质所拘束的空间，逐渐失去了它的重要性，电子传媒改变了社会相互作用中时间和空间的意义。

网络的出现已经深刻地影响人类社会，渗透入人们的日常生活。《纽约时报》与英国《经济学人》杂志指出，“因特网掀起信息传播革命，受到最大冲击的首推传统报业”；美国英特尔公司前总裁安迪·葛洛夫（Andy Grove）声称，传统报业正面临网络公司大量篡夺分类广告市场，以及电子报无所不在的言论夹击，传统报业“若不能妥为调适因应，三年内将遭市场淘汰”。安迪葛洛夫的断言或许有些武断，但是网络对传统报业的冲击却是显而易见的。鉴于网络巨大的社会功能及潜在的巨大市场，具有前瞻性的报业主管都开始积极着手投入网络发展，迄今为止，大多数的报纸都上网发布消息。网络已经成为众多传媒新的争夺市场。而对于海外华文报纸来说，他们又如何面对报纸的冲击和挑战？

1. 华文传媒纷纷上网

为迎接网络的挑战，海外华文传媒以积极主动的心态参与网络新闻竞争。新加坡《联合早报》是东南亚华文报纸中最先上网的一份报纸。《联合早报》顺应形势发展的需要，于 1995 年 8 月在因特网开设了网页，发布新闻。当时考虑为避免电子版影响印刷版的销路，采用了电脑控制、自动上网的低投入模式。1997 年 4 月，为进一步提升早报形象，应付来自同行业的挑战，华文报集团决定投入电子版专职编辑人员，努力改变以往电子版面呆板、对突发新闻反应迟缓等弊病。

马来西亚《星洲日报》于 1995 年 10 月 18 日上网，《南洋商报》于 1996 年 1 月 1 日上网。当年 6 月，《南洋商报》的用户就达到了 200 万人次，平均每月超过 35 万人次。由此可见，网络对吸引和扩大读者群具有不容忽视的重要性。

由于《联合早报》是东南亚所有华文报纸率先上网、影响相当大的网上报纸，笔者具体介绍《联合早报》的信息传播，借此为其他的华文报纸提供一些启示。

《联合早报》电子版目前每日发布的资讯大约为300张网页，分为新加坡、亚细安、国际、中国、财经、体育、社论、言论、天下事、副刊及漫画天地等专栏。另外电子版还开设特别报道专辑，包括金融股市风云、早报75周年、电脑网络专版、小白船作文集、汉英双语版、网上娱乐城、体育大看台、旅游汽车专版、养兵千日、有闻必录、医药新知、星期画页等专辑，基本上做到每日更新或每周更新，遇到重要事件或读者关注的热门话题，也特别策划报道专辑，如印尼动乱、克林顿访华、世界杯足球赛、安瓦尔被拘捕等专辑，这些专辑的增设，大受世界华人的欢迎，成为网上《联合早报》的重要特色。

网上《联合早报》每天平均收到数十条读者电子邮件，对读者反馈非常重视，一般做到有问必答，多由主编回答，有时甚至由总编辑亲自回答。通过这种措施，网上《联合早报》加强了与读者的联系，并及时根据他们的有益意见，对电子版面的内容和形式加以改进。由于网上《联合早报》具备互动双向交流、检索极其容易、可以快速发布大量信息等传播特点，而且可以提供更加翔实的背景材料、容易、简单操作的界面，而且文化蕴涵丰富，因而深受上网者欢迎。《联合早报》1998年公布的数据显示，3月浏览数达到2 456万人次，其中美国读者占50.34%，中国读者占11.18%，新加坡读者占8.98%，加拿大读者占5.58%，日本读者占3.6%，马来西亚读者占2.64%，英国读者占5.58%，印度尼西亚读者占2.18%，法国读者占2.04%，澳洲读者占1.52%。《联合早报》2003年网上读者有60%来自中国大陆，2007年此数字已上升至87%。虽然，在中国还没有向海外华文传媒打开大门之时，网上华文传媒却启开了中国传媒市场的大门。《联合早报》通过上网，一下子就成为世界瞩目的华文大报，成为世界了解新加坡、中国大陆、台湾的窗口。新加坡虽然没有办法在中国出版报纸，但是却通过网络间接地进入了中国报业市场，在中国读者群中引起强烈反响。

《联合早报》上网后的成功，启示华文报纸要想跟上时代的步伐，必须要跟新技术接轨，利用新技术来报纸服务，扩大影响，增强报纸的竞争力。网络的出现，为华文报纸的发展提供了新起点，创造了新的传播模式，它不仅是一个工具，还是变革华文报纸传播方式，促进华文报纸全球化的手段。它使得华文报纸传播的手段更加多样化，更加能吸引读者的注意，增强影响力，扩大知名度。

2. 华文传媒从网络寻找新的发展点

毋庸置疑，与网络传媒相比，传统报纸最大的限制在于发行。譬如，新加坡《联合早报》要想在中国发行，如果从新加坡运到中国来，那费用可能会成倍增加，甚至造成新闻变旧闻。报纸要增加发行，就要建立报纸的分发中心，而这种分发中心就意味着加大投入。传统报纸每发行一份就增加一份成本，信息的传输必须仰赖交通工具和大量人力派送，纸张人工等生产成本和运输价格上涨时，报纸的经济效益必会受到波及。就目前东南亚的华文报纸的经营来讲，除了几家大型报社，东南亚其他的华文报纸很难有大批的资金用于建立报纸的分发中心，而且影响也有限，不像网络一样没有国界。一条重大新闻一上网，就被世界各个角落的读者所阅读。

网络传媒可以采用数据库的传播方式，可同时接受无数读者上网阅读，不须增加自身的发行成本。由于是电子报纸，它可以做到现在进行性的新闻报道，发行范围也是无远弗界。另外，网络传媒的优点是消息面广、更新及时、互动性强，它像一座大型图书馆，读者可以依据个人需要寻找大量资料。不过因为网络传媒必须仰赖计算机传输信息，在携带的便利性、视觉的舒适性方面就远不如报纸来得方便。但基于网络传播的巨大优越性，未来的世界属于网络传播，此话却一点不假。

鉴于网络传播巨大的优势，许多海外华文传媒都意识到海外华文传播的突破和发展在于电子报纸的建立。它可以充分利用网络互动性、传播速度快的优势，加强对华人新闻的报道，并从中建设综合性网站，不但上网卖新闻，而且还可以实现电子商务。这样，华文传媒就可以实现多元化经营，避免报纸产品经营的单一化。技术的发明和创造，满足了华文读者上网的需要，为华文传媒发展电子版展示了光辉的前景。

目前许多较具规模的华文传媒都建立了自己的网站，如美国的《明报》、《星岛日报》、《世界日报》、《侨报》，东南亚几乎所有的华文报纸，澳大利亚的《澳洲新报》等，都在网上开设电子版。

海外华文传媒，其读者主要是华侨华人，报纸的发行范围很受限制。因特网不仅已成为一种新型的传媒，而且对于传统的印刷传媒而言，从获取信息到传送版面，都离不开因特网的帮助。因此，因特网对海外华文传媒的作用和影响，可以说是全球化环境下探讨海外华文传媒的重要视点之一。

因特网的出现，使得华文传媒可以突破地域甚至人种等等的局限性成为可能。人类的信息文化的发展：语言—文字—活字印刷—广播—电视—国际因特网，时间和空间的限制一直在缩小。在网上，互相的链接不仅打破了时间和空间的界限，甚至也打破了政治上的某些界限。在这种情况下，报纸要争取读者，争夺市场，没有真正的客观公正及速度快、范围广，便不可能取胜。1998 年 5 月印度尼西亚发生排华暴乱的时候，就是因为因特网上发布了一些华人妇女受迫害的图片，引起了全世界华人的抗议和声援。台湾大地震时，也有海外华人通过因特网了解到台湾的灾情。

虽然众多华文传媒已经充分重视网络的作用，但是，据笔者统计，上网的华文传媒大概只有 15% 左右，也就是全球 500 多家华文传媒，真正上网的，大约只有 75 家左右。从这个数字来看，显然反映了华文传媒有待发展因特网的事实。为在信息时代占领制高点，发挥网络的作用，不论对华人，还是华文报纸来说，都是一种机遇和挑战。网络对于华文传媒来说，不论从社会效益还是从经济效益来看，终究是它们的重要出路。

在海外，特别是在东南亚，华语已经成为仅次于当地语言、英语的第三大语言。为了寻找更多的商机和工作的机会，越来越多的当地原住民学习华文。笔者相信，随着华文报纸的发展，华文教育的进步，会出现越来越多既懂华文新闻传播，又懂网络传播的新型传播人才，充分发挥电子网络先进的功能，那么华文报纸网络传播的优化就不再是一个梦想。

海外华文传媒在默默从事着新闻工作时，不能只低头拉车而忘了抬头看路。“网络时代带来的新传播理念已经席卷全球，传媒革命势在必行。”① 虽然网络正在逐渐改变华人的阅读习惯，却不至于全然取代报纸，但是基于华文传媒先天与后天两者都出现不足的情况，既要负起传播新闻，影响社会舆论，传播华社消息，推动华文传媒发展的重任，又要承担培养华人读者的任务，以便为自己的生存创造后续动力。

3. 华文传媒发展网络传播的思考

传媒的传统价值，可以说体现在传播信息的过程中。实际上传统传媒的获利，也是通过信息的传播实现的。网络传媒的优势在于，其“生产方式”不仅涵盖了“传播”，而且涵盖了信息的“吸收”、“消化”。网络传媒的互动性，可以帮助读者（客户）在接收到信息后，予以解读、运用乃至增值，它令大量的甚至无数的个案探讨成为可能，而这在传统传媒中是无法想象的，传统传媒至多只是选取典型案例。而在这个过程中，信息的价值也得到了升华，其附加值的效益甚至可能远远超越传统价值。

在这个认知基础上，网络传媒必须突破传统传媒的生存方式——一种主要靠广告和发行体现价值的方式，而应该对受众群进行深度开发。这样的定位，一方面是现实生存的考虑，全球迄今为止还难以有一家网络公司像大多数报社那样靠广告就能维持；另一方面是避实击虚的竞争策略，在不放弃传统价值源争夺的同时，大力挖掘传统传媒不占优势的市场。

笔者认为，建设华文传媒网站根据自己的定位可以从两个方面进行，一是建立全面、资讯相当丰富的海外华人信息总汇，与中国内地、港台的综合性中文网站相呼应。这需要相当大的实力与资源，要实现这个目的，必须要建立全球性的华人信息交流网络。如果能建立这种网站，那么这种网站无疑是相当具有竞争力的。这可以为众多想了解海外华人信息的人们提供相当全面、深入地全球华人动态信息。另一个是根据自己的财力和物力，把网站建设成一个相当专业的信息传播中心。网络时代获取信息的成本可能为零，这为建立“大而全”的网络传媒创造了条件，但同时也削弱了单个网站的个性。“大而全”当然有其市场，但这个市场相对是比较容易饱和的，并且也容易令竞争成为一种成本很高的消耗战、阵地战。而选择自己的主攻方向，根据自己特长，背靠实业，走专业化道路，其回旋空间也相当大。对于大多数网络传媒而

① 冯荣生．面对新世纪的海外华文传媒——网络时代的海外华文传媒应如何应对挑战．世界华文传媒年鉴．北京：世界华文传媒年鉴社，2003. 157

言，往深度发展，可能比往广度发展更有前景。比如说，澳大利亚“佳来”网站单靠财经内容、单靠会员的点击，就将包括主流社会英文网站在内的大多数同类网站甩在了后面，这正好说明了“专一性”的华文网站是有一定的生命力的。

作为面向华人传播的网站，一定要切记自己的传播职能，要为华人服务。就澳大利亚而言，华人人口仅占总人口的4%，而据有关专业资料显示，在澳洲都市地区的房屋交易中，华人买主占非常高的比例，远远超过其人口比重；虽然没有确切数字表明有多少华人在买卖澳大利亚股票，但全中文信息的“佳来”网站能够在全澳证券类网站中雄踞第38名，也足以反映华人在澳大利亚股市中的力量。

全球华人的经济力量，以及由此带来的巨大传媒市场，是任何一个传媒都不可忽视的。海外华文传媒，凭借自己的血缘关系以及对中华文化的了解，完全可以依靠全球性华人资源而获得巨大的发展空间，尤其在促进中外交流方面，具备长足的先天优势。这也是其他语言网站无法比拟的优势。但是从当前海外华文传媒所建立的网站来看，其内容大多是报纸、广播、电视的文字网络版，没有充分利用网络的优势和特点，浪费了网络资源，失去了扩大华文传媒影响，发展网络事业的机会。这是一件很令人遗憾的事情。比如，现在学华文的老外越来越多，上网看华文的老外也会越来越多。美国华文电视在文化城波士顿开播半年多，每天只在上午8：00至8：30播半小时，居然有许多洋人观众。他们把这作为学习中文、了解中国的重要工具。从这个意义上说，我们可以推断，有许多“洋人”是潜在的华文传媒的受众。现在世界已经兴趣一股华文热，我们能不能从网络的教育功能出发，开辟网上华文教育的频道，吸引洋人的参与？这样一方面可以扩大华文网络的受众群，另一方面也可以通过华文网站影响洋人，改变他们对华人的看法。但是像这样一些网络功能的开发与利用，在华文网站上却看不到，特别是传统华文传媒建立的网站更是看不到，这是相当可惜的。

目前海外的多数华文传媒，特别是传统的传媒，虽然意识到因特网的作用，但是由于诸多原因没有上网，或是没有充分开掘网络的功能与特性，反而是一些新移民的网站，图文并茂，办得有声有色。这就说明一些历史比较悠久的华文传媒需要改变思维，改变传统的运作方式，通过建立华文网站面向更多的唐人街以外的受众，这无论是从社会效益、还是从经济效益来说，都是华文传媒的重要出路。

第四节　我国面向海外传播存在的问题及展望

作为华人的祖籍国、文化母国，中国大陆如何通过众多的华文传媒或英文传媒加强对中国的宣传，来改变其他国家对华人的偏见，消除敌意呢？中国大陆传媒如何与海外华文传媒加强联系，共同组成全球性的华文传媒联盟，共同对海外华人、洋人进行传播呢？这个就是我国面向海外传播的问题。2005年8月21日，《羊城晚报》报道，一位在广州生活的加拿大归侨坐公交车时不慎丢失了钱包。这位归侨根本没有抱有失而复得的希望，但是因为钱包中有重要的个人证件，看到《羊城晚报》开辟有失物声明与招领的版面，就尝试在这个版面刊登失物声明。令这位归侨意想不到的是，该钱包竟然真的可以物归原主。这位归侨非常感动，对报社说，他从此改变了对中国的看法。报社问这位归侨之前对中国有什么看法，该归侨坦率地说，他在国外，都是通过当地主流传媒了解中国情况，感到中国世风日下，所以对中国也产生了某些消极的看法。

从这则新闻中，我们看到了加强面向海外传播的重要性。一位华人对中国已经存在如此消极的看法，那么对于非华裔的人士，他们会对中国产生何种消极态度，往深下去想，就更令人不安了，如此可见，我国有关部门要有增强面向海外传播的紧迫感，要尽快建立全球性的华人信息交流网络，通过海外华文传媒这个渠道和桥梁，来改善他国人民对中国的不良看法，消解误会和敌意，为我国的建设创造良好的国际环境。

一、我国面向海外传播的现状

1964 年 3 月，第八届全国广播会议提出了“立足北京，面向世界”的对外宣传方针。然而，随之而来的文化大革命，使这一宣传方针并没有得到落实。1983 年 8 月，为推进对外宣传，北京召开首次“全国电视对外宣传工作会议”明确规定：中央台和地方台都是一身二任的宣传单位，既要抓好对内宣传，又要抓好对外宣传。会后，中央台国际部充实力量，调整机构，内部改称“对外部”。地方台纷纷成立专门的对外宣传机构。1983 年才只有一家设立对外部，1984 年就有 19 个省台成立了对外部或对外组。

1992 年 10 月 1 日，CCTV－4 国际频道节目正式面向海外华人开播。1997 年 6 月 27 日，为配合香港回归，英语频道开始对外试播。从当年 9 月 20 日开始，英语频道向世界播出，每天 17 小时 30 分钟，从而开辟了中央电视台以中英文两个频道并举对外宣传的格局，实现了中央电视台面向海外报道的重大突破，对加快中国电视进入外国主流社会具有重要意义。它是中国电视走向世界与国际电视接轨的关键性举措，电视面向海外传播发展产生了质的飞跃。2000 年 9 月 25 日，英语国际频道 CCTV－9 正式开播，开创了我国的英语电视时代，使我国的面向海外传播向图文并茂方向发展。2004 年 10 月 1 日，中央电视台正式开播西法频道，这是中央电视台继 CCTV－4（中文国际频道）和 CCTV－9（英文国际频道）之后开办的第三个国际频道，这标志着中国电视面向海外传播又跃上了一个新台阶。

应该说，从 20 世纪 80 年代开始，政府就已经开始重视海外传播，而且在近几年不断加大对面向海外传播机构的投入，面向海外传播也取得了相当大的成果。CCTV－4、CCTV－9 已经在全世界 130 多个国家落地，全世界的观众可以通过卫星收看到它的节目。CCTV－4、CCTV－9 为中国扩大在世界上的声音，提高中国的海外传播打下了基础。但是，就目前而言，它的传播效果仍有待提高，而且到了不改善不行的时候。比如，2005年，西方传媒对中国的报道非常频繁，一方面是由于中海油收购优尼科在西方所引发的激烈讨论，另一方面五角大楼公布年度中国军力报告再次让“中国威胁论”甚嚣尘上。“西方传媒以及舆论对中国是否构成威胁讨论得如火如荼，然而作为主角之一的中国在这场讨论中却很少能够让国际社会听到自己的声音。这并不是说官方传媒没有尽力反击西方的指责，而是因为官方传媒的声音实在是走不出国门。怪不得中海油的老总傅成玉选择亲自撰文将自己的观点通过《华尔街日报》(2005年7月19日）来向美国读者传达。”① 由此可见，提高我国面向海外传播的效果，已经成为我国有关部门扩大中国声音、传播中国政府和平发展意图当务之急的大事。

二、我国面向海外传播存在的问题

在国际传播方面，美联社、合众国际、路透社、法新社每天发出的新闻量占据了整个世界新闻发稿量的4/5，传播世界各地的新闻，其中90%以上是由美国和西方国家垄断。西方50家传媒跨国公司占据了世界95%的传媒市场。世界传媒发展很不平衡，“西风压倒了东风”，美国等西方发达国家控制了新闻舆论和传媒市场，形成了“媒介帝国主义”。“媒介帝国主义”衍生了“文化帝国主义”，发展中国家的声音一直得不到客观、公正的反映。

面向海外传播是软实力的重要组成部分。面向海外传播效果不佳长期以来就是困扰我国国际地位和国际发言权的一大问题。国情问题专家胡鞍钢教授称：“中国的传媒实力相当于美国的47%，但是国际传播能力却只相当于美国的14%。”从数字来看，提高我国面向海外传播的能力和效果对于扩大我国在国际上的声音，维护我国国际形象已经迫在眉睫。

1. 传播效果有待提高

为什么听不到中国的声音？为什么任凭温家宝总理在美国大声阐述中国政府的政策，西方传媒还是从反面进行报道？外交部发言人孔泉在一次回答记者提问时曾经这样无奈地感叹道：“我个人印象最多的一次，记者向我提出了75个问题，但我发现对我的回答你们（外电）报道非常有限。有时候我讲了40分钟也不见西方传媒有任何报道。”②

CCTV－4、CCTV－9虽然在全世界130多个国家落地开播，然而，卫星电视频道落地，不等于有人看，有人看不等于说能够达到预期的效果。

2005年8月在北京举行的朝核问题第四轮六方会谈，吸引了500名记者参加，

① 王兴栋．推进新闻自由才能增强影响力．联合早报（新加坡），2005－08－18

② 王兴栋．推进新闻自由才能增强影响力．联合早报（新加坡），2005－08－18

国际社会相当关注，然而所有参加这次六方会谈报道的中国记者都有一个感受：中国记者是获取独家信息最不便利的一个群体。“中国政府内鲜有消息人士向记者提供独家信息。中国政府和传媒的关系还是一种管与被管的关系，当政府官员遇到新闻记者时总觉得要高后者一等，鲜有主动向后者报料的情况。所以本轮会谈反映在中国传媒上的报道都很让人失望，许多国内传媒还拼命引用西方传媒以及日本和韩国传媒的报道。这一点实在是很讽刺。”①

上海外国语大学郭可在其论文《中国英语传媒传播效果研究》中，通过2000—2001年人际面对面调查、网络调查和专家访谈，发现观看CCTV－9的观众有89.8%是居住在中国的中国人，外国人只有2.9%，而且他们都是居住在中国的外国人，见表8－4。由此可见，CCTV－9传播的范围和观众构成都有问题。CCTV－9主要是面向海外传播，现在却变成了对内传播。

问题更严重的是，在众多观看电视节目的中国人当中，“学生受众的比例达37%，高居榜首，而以英语学习为目的的受众比例则更高，达80.9%。相比之下，以信息需求为目的的受众比例仅为6.5%。我国英语传媒虽然拥有一定的外国观众，但从上海的实地调查中发现，来华外国受众中对我国英语传媒新闻报道的认同度只有16.7%，而大多数外国受众持反对（19.7%）和谨慎的模糊态度（46.9%）。这一结论虽然还需在更大范围的调查中验证，但却从一个侧面说明了我国英语传媒在国际受众中的认同度较低，传播的内容不符合观众需求，由此可见，我国英语传媒所面临的任务还很艰巨”②。

表8－4　CCTV－9调查期间的受众构成

受众构成	百分比
居住在中国的中国人	89.8%
居住在国外的中国人	6.1%
居住在中国外的外国人	2.9%
居住在中国的外国人	1.2%
	共4182人

在关于观众对我国英语传媒可信度的调查当中，结果也令人不容乐观。在上海调查人们是否相信中国英语传媒的人群中，完全相信的只有24.2%，而不太相信的人群占63.6%，见表8－5。

① 王兴栋．推进新闻自由才能增强影响力．联合早报（新加坡），2005－08－18

② 郭可．中国英语媒体传播效果研究．国际新闻界，2002（4）

表 8－5　外国观众对我国英语传媒可信度

你是否相信中国英语传媒	百分比
相信	24.2%
不相信	15.1%
既相信又不相信	45.4%
不想发表意见	18.2%
	共 66 人

对于面向海外传播的效果，至今笔者没有看到有关部门有价值的效果调查。对于这种情况，“《中国日报》的常务副总编黄庆认为，目前许多英语传媒不敢或不愿做受众调查，因为调查的结果可能会使传媒本身难以接受”①。受众效果调查的严重缺失，必然造成我国面向海外传播的自我中心主义。“我国面向海外传播过程中有时还存在靠‘拍脑袋’来决定国外受众心理状况和需要的现象。”② 由此产生的新闻报道，其效果可想而知。

然而，台湾联合报系在泰国接办《世界日报》，从偏台湾到现在比较客观，泰国华人普遍能够接受这份报纸。大多数阅读《世界日报》的读者都知道这份报纸属于台湾联合报系的，但是读者仍然能接受这份报纸，他们反而很少阅读我国的面向海外发行的报纸，原因在哪里？台湾的联合报系能够在泰国成功日发行报纸 2 万份左右，我国的报纸为何不如台湾的报业集团呢？据笔者了解，《环球时报》是周报，每周二出版，4 开 6 张 24 版，在全世界发行，主要面向欧美地区，“2001 年发行量为 125 万份，在东南亚发行较少，而国内销量占了相当大的比重”③。“2001 年《人民日报》（海外版）是日报，对开 3 张 12 版，每天向全世界仅发行 7.84 万份，这个数字一直到 2006 年仍然提高。”④ 2003 年《中国日报》日发行量 10.15 万份，2006 年上升到 15 万份，但是也有相当一部分是在国内销售的。我们再从下表可以发现一个问题，那就是《环球时报》、《人民日报》（海外版）和《中国日报》在 2000—2006 年的发行量都没有一个飞跃（见表 8－6 和图 8－2）。《环球时报》、《人民日报》（海外版）、《中国日报》专门面向海外读者，与国外媒介发行数量与发展趋势来看，显然有很大差距，足以反映我国面向海外传播尴尬的现实。

① 郭可．试论我国面向海外传播中国际受众心理研究．http：//www.sina.com.cn，2003－10－13
② 郭可．试论我国面向海外传播中国际受众心理研究．http：//www.sina.com.cn，2003－10－13
③ 中国新闻年鉴．北京：中国新闻年鉴社，2002.522
④ 中国新闻年鉴．北京：中国新闻年鉴社，2002.522

表 8－6　2000—2003 年《人民日报》(海外版)、《中国日报》日发行量一览表①　　(万份)

年度	《人民日报》(海外版)	《中国日报》	《环球时报》
2000	7.30	9.81	100.01
2001	7.84	9.91	125.01
2002	7.84	10.66	125
2003	7.84	10.15	101.58
2004	7.85	10.30	101.01
2005	7.83	10.50	128.03
2006	7.84	15.00	125.01

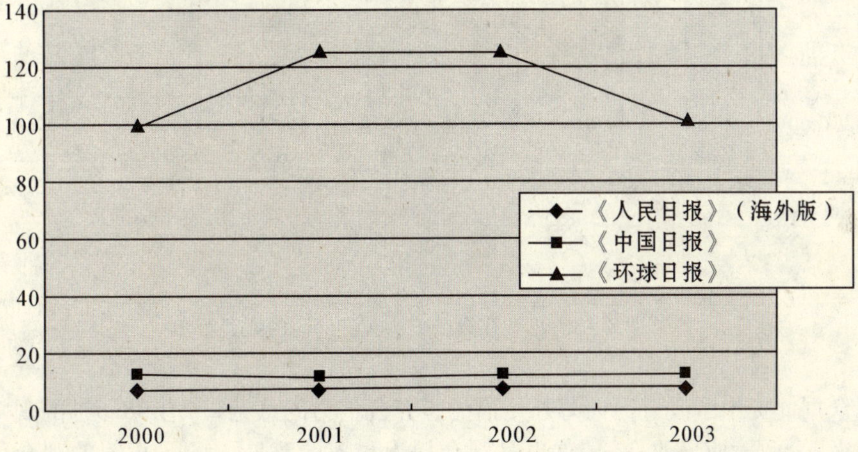

图 8－2　2000—2003 年《人民日报》(海外版)、《中国日报》日发行量增长趋势

2. 新闻欠缺客观公正

媒介报道要客观公正，正面新闻与负面新闻比例要恰当。哪一个方面占据优势，都会丧失新闻报道的客观性和公正性。

在中国，长期“报喜不报忧”的舆论思想表现为正面新闻过多，典型事物过多，负面报道少。这种报道趋向很容易引起人们逆反和抵制的心理。这样人们很容易产生媒介每报道一条正面新闻，都是为政府做宣传的印象。因为这种报道趋向不符合人们生活的逻辑。人们不相信政府做的事情都是对的，所以过多的正面新闻，就很容易让受众产生新闻不真实的感觉，一旦这种感觉固定下来和扩散出去，必然会造成新闻媒介公信力的危机，人们就会背弃这个媒介。所以，我国面向海外传播的效果不佳很大程度是因为这种原因造成的。

① 中国新闻年鉴．北京：中国新闻年鉴社，2001.410（2002.522；2003.493；2004.624；2005.547；2006.623）

在一项关于专门从事面向海外传播的 CCTV－9 的效果调查中，“报道不够专业”、“用词存在偏见”、“意识形态差别”、“夸大中国正面形象”、“由政府控制”、“背景信息不足”、“负面报道不够”是影响媒介公信力的重要因素。“其中，报道不够专业、负面报道不够、由政府控制是三大影响媒介公信力的要素。”① 见图 8－3。

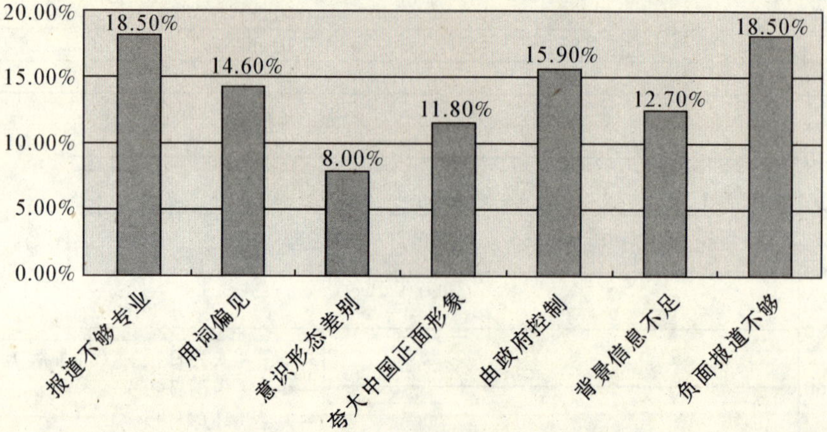

图 8－3　影响媒介公信力欠佳原因的要素

观众据此提出了改进面向海外传播的媒介公信力的意见。“有 38.6% 的观众认为‘政府的媒介政策应该改变’，这也是观众提出最多的意见，将近 17% 的观众认为节目设计应该改进。”② 从这两个主要的改进意见来看，不难发现，要想提高 CCTV－9 的公信力，媒介政策必须首先改革，其次就是要提高新闻的业务水平。事实上，这两个要素也是国内媒介发展的重要条件，见图 8－4。

对于 CCTV－9 所做的调查结果，CCTV－4 也存在类似情况。长期以来，由于我党对媒介的严格管理，造成了一些掌管海外传播的人形成“不求有功，只求无过”的观念，新闻不能出格，不能报道负面新闻。结果面向海外传播缺乏活力，因循守旧，缺乏创新。

① 郭可．中国英语电视媒体国际影响力分析——以央视英语频道（CCTV－9）为个案．中华传媒网 http：//academic. mediachina. net，2004－05－13

② 郭可．中国英语电视媒体国际影响力分析——以央视英语频道（CCTV－9）为个案．中华传媒网 http：//academic. mediachina. net，2004－05－13

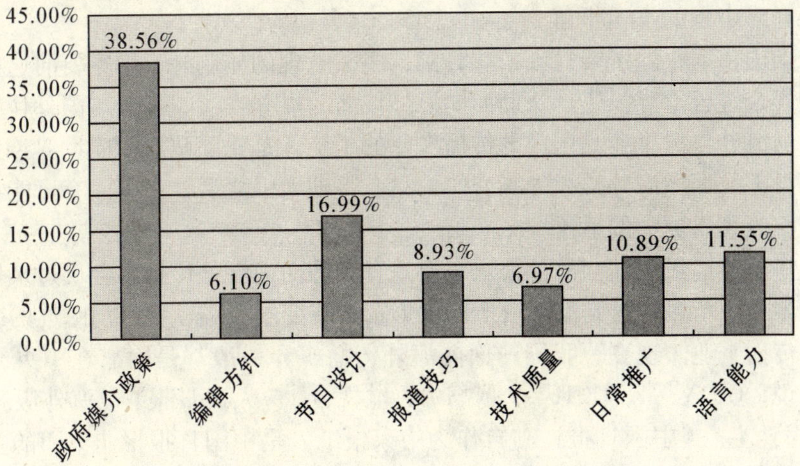

图 8-4　CCTV-9 需改进的方面

事实上，国内放松对新闻的管制，以开明、开放的形象出现在世人面前，非但不会影响中国政府的形象，反而会获得更加好的传播效果。"连宋"访大陆时，CCTV-4 对很多重大活动的全程直播，事实证明这样做不仅提高了大陆在台湾同胞心目中的形象，同时也为大陆的领导人塑造了一个更显亲切、更为正面的形象。与此同时，央视的国际频道通过这一系列的直播，收视率得到提高。两方面的效果都非常好。

国内环境与国际环境不同，我国实行社会主义媒介体制，但是其他大部分国家实行的资本主义媒介体制，因此，面向海外传播就要根据国外的传播环境对媒介政策进行适当的调整，按照新闻专业主义的精神去选择和报道新闻，这样才有可能提高我国面向海外传播媒介的亲和力和公信力，也才能提高传播效果。

3. 面向海外传播事业缺乏投入

面向海外传播缺乏投入，这是许多从事面向海外传播人的共同的感受。面向海外传播于 20 世纪 90 年代才开始发展，更需要政府的投入。面向海外传播事业关系到我国国际地位，关系到政府的国际形象，因此，政府应该把面向海外传播事业当做社会的公益事业来对待，把面向海外传播当做一种特殊的事业进行投资。

我国是一个社会主义国家，意识形态与西方特别是与美国有着根本性的差异，所以，西方国家会把中国强大当做是对世界和平与稳定的威胁，会采取各种手段来遏制中国的发展，甚至不断通过美国政府资助的电台来宣传美国的价值观，损害中国政府的形象。可以预料的是，意识形态的长期对峙，必将导致中国在今后相当长的一段时间内，都将面对西方国家的意识形态的渗透，面对美国各种电台的诱惑性和鼓动性的宣传。而要对抗西方国家颠覆中国的图谋，中国政府必须加大发展本国的面向海外传播事业，即首先就是要发展国内的媒介事业，培育他们走向国际市场的竞争意识，反击国外媒介对中国的不实报道。

发展国内传媒，除了要打破条块分割，多头管理的体制外，国家要向这些面向海外传播的媒介进行重点投资，扶助面向海外传播的媒介发展，增强与国外传媒竞争的实力。面向海外传播事业是国内的传播事业的延伸，是我国政府面向世界传播中国声音的重要渠道。面向海外传播的媒介实力只有得到增强之后，我国才有可能在国际上扩大发言权，获得更大的话语权。

面向海外传播虽然面向海外公众，但是有效的面向海外传播，会反过来促进国内公众的凝聚力，所以，这是有形资产向无形资产转变的过程，要以前瞻性的眼光看待面向海外传播事业。现在，我国的面向海外传播媒介一般都是附靠在中央级的媒介上。比如说，CCTV－4、CCTF－9 依靠中央电视台，《人民日报》（海外版）附靠在《人民日报》上。《中国日报》独自作为一家报纸，是中国日报报业集团的主报。除了《中国日报》外，这些面向海外传播的媒介由于运转经费金额不足，对中央电视台、人民日报社都是一个极大的财政负担。

以央视为例，由于央视实行市场化操作模式，实行电视收视率末位淘汰制，各频道、各栏目都不得不千方百计提高收视率。这种做法对于提高电视的质量，促进各频道和栏目的竞争有相当大的好处。事实上，近几年来央视节目的质量有相当大的提高，是这种机制产生的效果，但是这种做法也会造成条块分割的矛盾，谁愿意会把自己辛辛苦苦制作的节目免费送给 CCTV－4、CCTV－9 来播出呢？一方面，央视实行市场化运作模式，另一方面又要通过计划经济体制供养处于计划经济时代的 CCTV－4、CCTV－9，这样两者就会造成角色和利益上的冲突。同样的道理，《中国日报》也是这样。《中国日报》既肩负传播中国政府方针、政策的任务，又要承担在市场上发展的重任，这样，他们虽然不敢违背中央要求《中国日报》面向海外传播的要求，但是为了生存，他们又只能走市场化的道路，两者常常发生矛盾。从发行量来看，有 2/3 都集中在中国，而且对象大部分是学生，这就迫使《中国日报》还不能把全部的精力投放在面向海外传播上。

或许人们会说，《人民日报》按行政手段摊派，而央视则垄断了全国的电视资源，非常应该承担面向海外传播的任务。但是，把纯粹传播政府理念的面向海外传播频道当做走入市场的传媒来管理，这将给面向海外传播的媒介造成相当大的困难：一是信息资源的共享的问题，二是经费划拨的问题，太少无法成事，太多则会影响到整个传媒其他业务的发展，其他频道和子报会产生不满情绪。

笔者认为，政府要么把面向海外传播作为独立的媒介进行管理，把这些原本承担面向海外传播的频道和子报从传媒集团当中剥离出来，变成一个纯粹公营性的媒介，政府投入资金，按照新闻规律，客观准确地向外传播中国发生的事实。政府投资，建立专门面向海外传播事业，以更好地服务于政府；要么政府让面向海外传播的媒介以市场化的管理手段，发展壮大，政府只要求这些面向海外传播的媒介客观、公正地报道政府的信息，这也是一种办法。政府通过开放媒介政策，加速发展媒介，使其以完全市场化的操作模式来具备在国际市场上竞争的实力，从国内走向国外，实现从国内传播到国际传播的转变。

此外，政府还可以依照市场经济规律的要求，引导网站走向面向海外传播。网站是一个面向海外传播的好方式，网站没有国界，传播速度快，如果政府引导网站加强面向海外传播的建设，那么网站就能承担起面向海外传播的重任。事实上，现在很多网站都设置了英文版、法文版等，这就为国外的网民浏览中国的新闻提供了便利，如人民网就设置了英语、法语、俄语、日本语、阿拉伯语的频道。这些频道的设置，显然有助外国人了解中国。网站信息量大、传播迅速、成本小、跨国界传播，所以比印刷媒介、广播电视的传播更具有优势。如果我国报纸、广播、电视想在其他国家落地，要经过层层审批，甚至由于其他国家的媒介政策，经过努力也无法得到落地权，但是网络就不一样。网络可跨国境传播，根本不必要经过其他国家的审批，所以，我国对外宣传管理部门要相当重视对网络面向海外传播的功能开掘，扶持一批重量级的面向海外传播的网站，使之成为外国了解中国的窗口，实现中国面向海外传播，展现中国政府正面形象的目的。

通过多种手段，加大对面向海外传播事业的投资，使其承担起传播中国政府声音，扩大中国政府的影响，反击其他国家对中国的负面报道，才能推动面向海外传播事业的发展，改变面向海外传播停滞不前的状况，塑造中国政府良好的国际形象。

三、我国面向海外传播的改进策略

“在知识经济时代，谁的传媒业先进，谁就获得了知识经济的主动权，在全球一体化的市场竞争中就会处于主动和领先地位，因此，传媒业也成为衡量一个国家综合国力的重要指标，并在很大程度上决定着一个国家在国际政治、事务中的话语权。”① 如果我国面向海外传播长期处于可有可无的状态，那么即使我国经济、社会再怎么发展，仍然面对西方发达国家传媒的舆论轰炸，而我国只能被动地进行反击才能挽回形象。

我国政府常用常规思维去开展面向海外传播，结果常常处于被动的局面。西方传媒通过舆论攻击，在国际上已经造成重大的负面影响，之后，我国有关部门才出来反击，消除负面影响。虽然反击可能在一定程度上可以消除负面影响，但是负面影响已经造成，我国要想消除这种影响，要付出较大的努力。事实上，人们对负面影响的效应很难消除，这也是为何欧美许多人仍然对中国存在偏见的主要原因。因此，我国政府要改变被动应战的思想，要主动出击，维护中国利益。与其被动地接受西方强势传媒的轰炸，何不采取预先出击的方法来预防负面舆论的产生？而且采取预防的手段所

① 袁军，胡正荣．面向二十一世纪的传播学研究．北京：北京广播学院出版社，2000. 176

取得的效果比事后花费十倍的努力进行弥补和反击的效果要好得多。疾病的预防比治疗效果好，说的就是这个道理。但要采取预防性、主动性的舆论出击，需要强势的传媒。这种预防和主动出击观，再次强调了面向海外传播实力对于一个国家信息传播和维护国家安全的重要性，说明了面向海外传播能力对维持政府、国家形象的重要性。

笔者认为，改善面向海外传播效果，解决上述面向海外传播过程中存在的问题，可循下面两点进行。

1. 改革面向海外传播体制

由于体制上的原因，媒介作为党和政府的“喉舌”和“工具”，使舆论监督形成两个基本特征：内部性和单向性。“内部性是指媒介在受控下，不可能接受太多的来自社会公众的监督，而只能是在政府允许和接受的范围之内，政府领导媒介共同开展自我监督，开展‘批评与自我批评’；单向性是指监督的权力是来自更高一级的党政部门，下级不能监督上级，因为媒介是按照等级原则建立起来的垂直命令型组织。”①

这种媒介管理体制，使媒介丧失了本应该具有的对社会诸领域的好奇心，失去了传情达意的功能，而且有碍公众实现知情权。在这种体制的束缚下，国内传媒的发展受到相当大的限制，面向海外传播得不到迅速发展，能力得不到增强，面向海外传播的媒介报道信息严重失衡，公信力下降，结果传播效果不佳。其实，负面报道也有其价值，甚至在某个阶段，负面新闻比正面新闻更有价值。媒介管理要破除“家丑不可外扬”的观念，对于已经发生的负面事实，要允许传媒客观地报道，特别是不要限制面向海外传播的新闻自主权。对于国外受众提出对外新闻报道不平衡的强烈反应，国务院新闻办主任赵启正说：“我们愿意对外介绍一个真实的中国，既愿意介绍中国的进步，也愿意说明中国的缺点或不足。”② 笔者希望这种思想能够真正贯彻到面向海外传播的实处，切实赋予面向海外传播的媒介更大的新闻自主权。

2. 改革现行的人事任命制度

缺乏激励机制，是影响面向海外传播发展的一大原因。由于传统经济体制的影响和我国干部管理体制方面的弊端，造成工作人员缺乏动力。由于媒介是党和政府所有，党和政府可以委任官员到媒介担当领导，但是这些领导往往缺乏对媒介运作的认识，甚至是媒介业务的外行，但是由于他们受党和政府委派，掌管了媒介的发展权，结果即使媒介在经营上出现问题，这些官员可以不负责任，甚至拍拍屁股就被换到另一个地方任职。由于缺乏向上层流动的渠道，良好的业绩并不能保证工作人员能得到提拔，媒介从业者就缺乏心理激励的动力，对媒介发展就会处于观望状态，特别是对于面向海外传播这一领域，由于政治色彩浓郁，领导按照政治挂帅的媒介管理理念，从事面向海外传播，而这种管理理念又不符合面向海外传播的实际情况，了解和谙熟

① 刘刚．转型期中国政府与媒介关系分析．北京大学图书馆，索引号032/M2002（45）（硕士论文）38

② 赵启正．中国政府重视信息传播．参考消息，2005－05－17

面向海外传播的从业者由于没有掌握领导权，他们提出许多具有建设性的意见，往往得不到采用，结果面向海外传播的发展就只能停留在原有的状态中。

笔者认为，要提高面向海外传播媒介的公信力，提高传播效果，激励面向海外传播从业者的积极性和主动性，媒介管理政策要因时、因地进行改革，不能照搬国内的媒介管理理念用于面向海外传播事业中。要破除面向海外传播就是意识形态宣传的观念。如果这种观念得不到改变，那么面向海外传播就不可能取得重大突破，政府也不可能通过面向海外传播来塑造更好的国际形象。

面向海外传播效果不佳，已经成为阻碍中国良好形象传播的绊脚石。随着我国日益强大，各种攻击性的言论不断增加，特别是中国威胁论在海外很有市场。虽然在某些国家、某些政客推出中国威胁论有其政治目的，但是不可否认，我国面向海外传播实力和效果的欠缺，也是造成中国威胁论在海外扩散和蔓延的一大因素。如果我国再不直面面向海外传播效果不佳的事实，改正面向海外传播的体制，那么，我国的面向海外传播就不可能取得突破，就无法起到扩大和反击各种攻击我国的言论和维护中国的国际形象的作用。由于面向海外传播效果欠缺，我国在很多时候不得不请出领导人亲自到国外访问，来提升中国的国家形象，这既是对我国面向海外传播效果严重欠缺的反映，也说明加强面向海外传播，获取较好的传播效果，已经关系到我国的可持续发展，关系到我国是否能够实现民族复兴，国家统一。鉴于面向海外传播存在的许多问题，有关部门能正视这些问题，并及时予修正，加快发展我国的面向海外传播，扩大我国在海外的声音，维护国家利益和形象，提升中国的国际地位，为我国的社会发展创建一个良好、安全的国际环境，也帮海外华人更深入了解中国的同情。

当前"台独"势力在台湾兴风作风，其"台独"倾向越来越明显，越来越公开化。在"台独"势力极为猖獗的现实面前，中国大陆更应该加强对海外华人的联系，促进世界华文传媒的联谊和交流，共同把"台独"影响局限于岛内，形成海内外统一氛围包围"台独"的局面。

虽然国内存在不少问题，如腐败和官僚风气严重，但是我国经济迅速发展，社会稳定，各项事业蒸蒸日上，营造了复兴中华民族的良好氛围。在这样好的发展形势下，我国面向海外华人传播的传媒更应该抓住这样的机遇，合情、合理、合法地传播政府对统一的看法，明确公开立场，唤醒那些长期以来，在国家观念上含糊海外华人。在关系到中国统一和民族复兴的原则问题，面向海外华人传播的传媒在表达鲜明的态度的时候，也要讲求策略，不能一味高调、居高临下地宣传中国统一，而是要采取说理的方法，阐述台湾分裂对中国造成的无法估计的严重后果，以动之以情，晓之以理的技巧，使其树立中国统一的信念，促进海内外华人的大团结、大发展。

参考文献

1. 世界华文传媒年鉴．北京：世界华文传媒年鉴社出版社，2003

2. 世界华文传媒年鉴．北京：世界华文传媒年鉴社出版社，2005

3. 世界华文传媒年鉴．北京：世界华文传媒年鉴社出版社，2007

4. 2001 年世界华文传媒论坛论文集．香港：中国新闻社香港分社出版，2001

5. 2003 年世界华文传媒论坛论文集．香港：中国新闻社香港分社出版，2003

6. 2005 年世界华文传媒论坛论文集．香港：中国新闻社香港分社出版，2005

7. 2007 年世界华文传媒论坛论文集．香港：中国新闻社香港分社出版，2007

8. 王士谷．华侨华人百科全书·新闻出版卷．北京：中国华侨出版社，1999

9. 程曼丽．海外华文传媒研究．北京：新华出版社，2001

10. 彭伟步．东南亚华文报纸研究．北京：社会科学文献出版社，2005

11. 吴庆棠．新加坡华文报业与中国．上海：上海社会科学院出版社，1997

12. 方积根，胡文英．海外华文报刊的历史与现状．北京：新华出版社，1989

13. 杨力．海外华文报业研究．北京：北京燕山出版社，1990

14. 方汉奇．中国新闻事业通史（第一卷）．北京：中国人民大学出版社，1992

15. 王士谷．海外华文新闻史研究．北京：新华出版社，1998

16. ［新加坡］卓南生．中国近代报业发展史．北京：中国社会科学出版社，2002

17. 冯爱群．华侨报业史．台湾：台湾学生书局，1967

18. 舒敏．新加坡最早的华文日报——《叻报》（1881—1923）》，新加坡《南洋学报》，1978

19. 王慷鼎．战后初期的新加坡华文报刊（1945—1948）．新加坡：新加坡国立大学，1982

20. 王慷鼎．《中南日报》研究．新加坡：新加坡国立大学，1983

21. 王慷鼎，姚梦桐．郁达夫研究论集．新加坡：新加坡同安会馆，1987

22. 王慷鼎．新加坡华文报刊史论集．新加坡：新加坡新社，1987

23. 王慷鼎．新加坡华文日报社论的沿革．新加坡国立大学中文系，1989

24. 王慷鼎．新加坡华文日报社论研究 1945—1959. 新加坡：新加坡国立大学中文系汉学研究中心，1995

25. 王慷鼎．新加坡华文报刊史研究的回顾与前瞻．新加坡：新加坡国立大学中

文系，1994

26. 王慷鼎.《槟城新报》政论编目索引. 新加坡：新加坡国立大学中文系汉学研究中心，1996

27. 崔贵强. 新马华人国家认同的转向 1945—1959. 南洋学会（新加坡），1990

28. 崔贵强. 东南亚华文日报现状之研究. 南洋学会（新加坡），2002

29. 崔贵强. 新加坡华文报刊与报人. 新加坡：海天文化企业，1993

30. 崔贵强. 东南亚华文日报之研究. 华裔馆出版，2004

31. 朱自存. 纵观华报五十年，马来西亚华文发展实况. 吉隆坡：东方企业有限公司，1994

32. 叶观仕. 马新新闻史. 韩江新闻传播学院，1996

33. 吴庆棠. 新加坡华文报业与中国. 上海：上海社会科学院出版社，1997

34. 徐艰奋. 铁笔春秋：马来亚《益群报》风云录. 新加坡：新社，2003

35. 彭伟步. 东盟五国对外媒介政策透视. 国际新闻界，2002（6）

36. 彭伟步. 马哈蒂尔与传媒. 国际新闻界，2004（2）

37. 彭伟步. 东南亚华文报纸版面编排史. 中国记者，2005（4）

38. 彭伟步. 从中国妇女受辱案看马来西亚华文报的历史责任. 东南亚研究，2006（3）

39. 彭伟步. 从新马华文报纸的历史看其与华人的关系. *BiblioAsia*（新加坡国家图书馆学报），2007（2）

40. 王传荣. 袁方办报. 华人时刊，1997（16）

41. 澳文. 澳洲中文报刊沧桑. 海外学人（台北），1988

42. 黄昆章. 澳洲的华文报刊. 广角镜（香港），1995（月刊）

43. 邹德浩. 华文报纸在加拿大. 环球日报，1999-08-06

44. 咏之. 澳大利亚的华文报纸. 新闻爱好者，1999（1）

45. 方曙. 惨淡经营中的拉美中文报刊. 地平线（香港），1980（11）

46. 方实. 温哥华中文报业巡礼. 华人（香港），1984（月刊）

47. Chen Mong Hock. *The Early Chinese Newspapers of Singapore* 1881—1912. Singapore University of Malaya Press，1967

48. Akashi，Yoji. *The Nanyang Chinese National Salvation Movement*，1937—1941. [Lawrence] Center for East Asian Studies，University of Kansas；sole distributors in the U. S. A. & Canada：Paragon Book Gallery，New York，1970

49. Minority Rights Group. *The Chinese of South-east Asia* . London：Minority Rights Group，1992. Minority Rights Group

50. Elizabeth Sinn. *The Last Half Century of Chinese Overseas* . Hong Kong：Hong Kong University Press，1998

51. Lu, Yu-sun. *Programs of Communist China for Overseas Chinese. Kowloon.* Hong Kong: Union Research Institute, 1956

52. Francis L. K. Hsu and Hendrick Serrie. *The Overseas Chinese: Ethnicity in National context, Lanham.* Md.: University Press of America, 1998

53. Yen, Ching Hwang. *Studies in Modern Overseas Chinese History.* Singapore: Times Academic Press, 1995

54. Suryadinata Leo. *China and the ASEAN States: the Ethnic Chinese Dimension.* Singapore: Marshall Cavendish, 2005

55. R Kusuma Snitwongse, W. Scott Thompson. *Ethnic conflicts in Southeast Asia.* Singapore: ISEAS Publications, 2005